知识就在得到

杨立新民法典讲义

LECTURES on CIVIL LAW

著

上

新星出版社　NEW STAR PRESS

目录（上）

CONTENTS

前言　学懂《民法典》，做好当代人 / 001

第一章　人的权利义务与民事法律行为
Chapter 1

001 | 自然人
　　　脑死亡后，夫妻间的婚姻关系还会存在吗？ / 013

002 | 民事权利能力
　　　爷爷奶奶能给未出生的胎儿赠送"传家宝"吗？ / 017

003 | 民事行为能力
　　　父母可以追回未成年子女给主播打赏的钱吗？ / 022

004 | 住所
　　　打官司的地点不同，会影响赔偿金额吗？ / 028

005 | 宣告失踪
　　　欠债人下落不明，债主应该怎么办？ / 033

006 | 宣告死亡
　　　"亡者归来"，未再婚的配偶可以不恢复婚姻关系吗？ / 039

007 | 民事权利
　　　夫妻离婚，可以争夺宠物狗的"探望权"吗？ / 045

008 | 民事权利客体
　　　玩家的网络游戏装备被盗，可以向游戏公司索赔吗？ / 050

009 | 民事权利取得与失效
　　医生未经患者同意切除其身体组织，需要赔偿吗？ / 055

010 | 民事权利行使与滥用
　　在自家院里挖水井，造成邻居房屋损害，要承担赔偿责任吗？ / 060

011 | 民事义务
　　顾客撞到商场玻璃门，受伤后可以请求赔偿吗？ / 066

012 | 民事责任
　　乘客从火车地板裂缝中跌落造成重伤，可以找铁路公司索赔吗？ / 072

013 | 诉讼时效
　　注射针头断在血管里，43年后受害人还能要求医院赔偿损失吗？ / 077

014 | 除斥期间
　　看错价格签了合同，一个月后还能请求撤销吗？ / 082

015 | 民事法律行为
　　无偿为他人保管物品，物品受损后需要赔偿吗？ / 088

016 | 意思表示
　　租房期限已满，只交租金不新签合同也能续租吗？ / 093

017 | 民事法律行为生效
　　不知情错填认购单，行为会产生法律效力吗？ / 099

018 | 虚假行为
　　为规避限购商品房的假离婚，是否发生离婚法律效力？ / 104

019 | 隐藏行为
　　为担保借款而签的房屋买卖合同，有法律效力吗？ / 110

020 | 恶意串通
　　关联公司签订的合同损害了他人利益，被损害方该怎么办？ / 114

021 | 违法与背俗行为
　　为斡旋招标而出具的欠条，有法律效力吗？ / 118

022 | 重大误解
　　有奖促销开奖后，商家能以印错奖券为由不兑付奖金吗？ / 123

023 | 欺诈行为
在不知情的情况下购买了"凶宅",知情后能退房吗? / 128

024 | 胁迫行为
在暴力威逼情况下签订的合同是有效的合同吗? / 132

025 | 显失公平
乘人急需低价收购轿车,交易可撤销吗? / 137

026 | 代理
接受他人委托卖车却和自己签了合同,如何认定行为效力? / 142

027 | 无权代理
代理持股却擅自出售股票,行为有法律效力吗? / 147

028 | 表见代理
未获授权就在商店柜台里售货,交易行为有效吗? / 151

029 | 见义勇为
抢救落水者受了损害,能要求被救者补偿损失吗? / 155

030 | 善意救助
好心救人反倒损害了被救者,责任该怎么认定? / 161

第二章　维护尊严的人格权益
Chapter 2

031 | 人格权
民警把自己掌握的明星隐私告诉好友,侵害了什么权利? / 167

032 | 一般人格权
逼迫未成年人给狗下跪道歉,侵害了哪种人格权? / 172

033 | 公开权
壮阳药广告盗用明星照片,侵害了明星哪种权利? / 178

034 | 人格权请求权
车内隐私视频被公开,该如何保护自己? / 184

035 | 合理使用人格要素
明星和粉丝吵架上报纸,报社构成侵权吗? / 189

036 | 死者人格利益保护
死者被诽谤,近亲属该如何维护权利? / 193

037 | 人格利益准共有
遗孀公开亡夫与其前妻的隐私,侵害了谁的人格利益? / 199

038 | 生命权
绝症患者无法忍受痛苦,可以要求安乐死吗? / 204

039 | 身体权
为什么人体器官捐赠合法,买卖就是违法? / 209

040 | 健康权
临床试验抗病毒疫苗,可以向受试者收取费用吗? / 214

041 | 性骚扰
老板给下属微信发色情图片,侵犯了什么权利? / 218

042 | 人身自由权
强制让健康员工进精神病院,侵害了哪种人格权? / 224

043 | 姓名权
被人冒名顶替上大学,如何维护自己的权利? / 229

044 | 肖像权
用AI换脸"恶搞"他人,受害人该怎么维权? / 235

045 | 声音权
司仪模仿明星声音主持婚礼,会构成侵权吗? / 240

046 | 名誉权
在网络上遭他人诽谤,该如何维权? / 246

047 | 荣誉权
自己的发明被他人拿去参赛还获了奖,该怎么维权? / 251

048 | 隐私权
诉讼离婚,可以把丈夫的隐私信息当证据提交吗? / 256

049 | 个人信息权
个人信息被求职网站出售,该怎么维权? / 261

第三章 平等和谐的亲属关系
Chapter 3

050 | 亲属
村民的丈夫是外来人口,能够领取村集体收益吗? / 269

051 | 身份权
妻子未与丈夫协商就做了人工流产,侵害了什么权利? / 274

052 | 结婚
女子遭男友逼迫领结婚证,该如何维权? / 280

053 | 婚姻无效
表哥和收养的表妹没有血缘关系,两人能结婚吗? / 286

054 | 可撤销婚姻
婚后发现对方隐瞒患有重大疾病,该如何维权? / 291

055 | 配偶权
丈夫出轨,妻子能签忠诚协议让他"净身出户"吗? / 295

056 | 间接侵害配偶利益
丈夫被撞伤丧失性功能,妻子能主张损害赔偿吗? / 301

057 | 家事代理权
丈夫为还赌债私自出卖共有房屋,妻子该怎么维权? / 305

058 | 夫妻共同财产
丈夫舅舅送他一套房,离婚时可以共同分割吗? / 310

059 | 婚内分割共同财产
妻子擅自将共有的房屋卖给父亲,丈夫可以请求分割卖房款吗? / 315

060 | 夫妻约定财产
丈夫欠下巨债,妻子能以财产AA制为由,不共同还债吗? / 320

061 | 夫妻个人财产
婚前拆迁获得房产,婚后加上了妻子的名字,房子由两人共有吗? / 326

062 | 夫妻共同债务
婚姻期间丈夫独自借款,妻子要共同偿还吗? / 332

063 | 亲权
未用丈夫精子做人工授精，离婚后，能要求男方支付对子女的抚养费吗？／337

064 | 亲属权
儿子能以将来不赡养为由，阻止父亲再婚吗？／342

065 | 亲子关系否认和确认
丈夫发现儿子不是亲生的，可以否认父子关系吗？／348

066 | 监护
姑姑和舅舅，谁更有资格当小女孩的监护人？／354

067 | 监护关系
母亲被撤销监护资格后，还需要对女儿承担抚养义务吗？／360

068 | 监护职责
叔叔担任监护人，可以抵押侄子的房产去炒股吗？／364

069 | 成年意定监护
老年人与养老院签了监护协议，儿子还能取回监护权吗？／369

070 | 登记离婚
丈夫对妻子实施家暴，登记离婚时也需要经过离婚冷静期吗？／373

071 | 诉讼离婚
妻子怀孕期间，丈夫发现孩子不是自己的，可以起诉离婚吗？／379

072 | 法定离婚理由
婚后发现女方没有女性特征，两年后男方还可以请求离婚吗？／385

073 | 离婚过错损害赔偿
丈夫在分居期间出轨，妻子诉讼离婚时可以要求赔偿吗？／391

074 | 离婚后子女抚养
离婚后孩子一直由母亲抚养，8年后父亲还能申请变更抚养权吗？／396

075 | 探望权
离婚后,父亲能以儿子备考为由,拒绝让母亲探望吗? / 402

076 | 夫妻共同财产分割
妇女离婚后搬出村子,对结婚时分到的承包土地还有权益吗? / 406

077 | 家庭财产
婚前和父母共同生活劳动,结婚后能要求分割家产吗? / 412

078 | 收养
收养儿童多年后,被发现曾有犯罪记录,收养行为还有效吗? / 416

第四章　生存发展的财产基础
Chapter 4

079 | 物权
农民经批准代建电网,被国家收回后可以请求补偿吗? / 425

080 | 物权法定
抵押房子借款,约定抵押期为半年,超过半年后抵押权还有效吗? / 431

081 | 不动产登记
买房后一住三年忘了过户,能实际取得房屋所有权吗? / 437

082 | 动产交付
还不上钱拿设备抵债,破产后,设备还会被取走吗? / 443

083 | 物权请求权
商场要开业,部分业主拒不装修,其他业主应当怎样维权? / 446

084 | 所有权
把牛卖给肉联厂后,发现稀有牛黄,这笔意外之财归谁所有? / 451

085 | 善意取得
丢失的玉镯被他人转卖,失主发现后还能追回吗? / 457

086 | 相邻关系
　　树木自然生长拱裂了邻居家围墙,会构成侵权吗? / 461

087 | 添附
　　租客装修房屋后,出租房增加的价值归谁所有? / 466

088 | 征收征用
　　征收居民住房,可以以安置房的价格计算补偿金吗? / 472

089 | 共有权
　　对共有的汽车有70%份额,能单独决定卖车吗? / 477

090 | 建筑物区分所有权
　　物业公司出租小区广告牌取得收入,收入归全体业主吗? / 484

091 | 住改商
　　业主买房后将住宅改为商铺,其他业主可以制止吗? / 490

092 | 车位归属
　　在小区人防工程里建设的车位,归全体业主所有吗? / 495

093 | 物业管理
　　业主投票更换物业公司,同意人数过半,决议会生效吗? / 501

094 | 土地承包经营权
　　租了农户的耕地,可以转手抵押给银行吗? / 508

095 | 宅基地使用权
　　城镇户口居民能继承父母在农村的宅基地吗? / 513

096 | 建设用地使用权
　　买房后土地使用权到期了,续期时要补缴费用吗? / 519

097 | 居住权
　　父亲立遗嘱让保姆在房子里居住,儿子继承房产后有权赶走保姆吗? / 525

098 | 地役权
　　协议约定不得阻碍海景房视野,土地转让后约定还有效吗? / 531

099 | 抵押权
　　借款时,约定抵押未来取得的财产,约定有效吗? / 535

100 | 抵押财产
开发商抵押车位后，还能把车位转卖给业主吗？ / 541

101 | 质权
担保借款的玉石价格暴跌，债主可以转卖玉石止损吗？ / 547

102 | 留置权
租车公司拖欠修理费，修理厂能扣车催款吗？ / 552

103 | 非典型担保
买家转卖了还在分期付款的汽车，4S店有权直接取回吗？ / 558

104 | 占有
占有荒山开垦林场，30年后能取得土地权利吗？ / 565

前言　PREFACE

学懂《民法典》，做好当代人

自 2020 年 5 月以来，《中华人民共和国民法典》（以下简称《民法典》）成了全中国最畅销的法律图书。截至 2023 年底，各种版本的《民法典》累计销售已接近 2000 万册。如果光是法律工作者购买，是买不了这么多的。这个销量说明，很多非法律从业人员也买了《民法典》。为什么大家都对《民法典》这么感兴趣呢？答案很简单，《民法典》就是人民生活的法典。

要知道，不是所有法律都离我们的生活很近。比如《矿山安全法》《引渡法》等，就离普通人很远。但是《民法典》1260 条，十万余字，从个人隐私、婚姻家庭，到财产归属、市场交易，几乎把我们所有的日常行为都规范和保护起来了。换句话说，作为中国唯一一部以"法典"来命名的法律，《民法典》跟我们每一个人都息息相关。

但是，只理解这一点，还不能说是真正理解了《民法典》。在我看来，《民法典》不仅是我们确认地位、争取利益、维护权利的工具，更是当代社会给当代人的生活、工作，以及人与人之间的关系划定的行为边界，是我们当代人的行为规范。也就是说，想要做一个体面的当代人，我们就必须掌握《民法典》规定的行为规则。否则，可能你身体活在当代，观念和行为却不属于当代人，还停留在旧的时代里。

学《民法典》，做当代人

很多人到现在都觉得，父债子偿，天经地义。又或者，夫妻之间要同甘共苦，所以一方欠债，另一方就要跟着还。但其实，这些都是不符合时代要求的陈旧观念。如果学过《民法典》第1161条，你就知道，父债不一定要子还。如果子女没有继承父母的遗产，也就不需要清偿对应的债务。同样地，如果学过《民法典》第1064条，你就会知道，夫债也并不一定要妻偿。如果这笔债是以个人名义借的，是超出家庭日常生活需要的个人债务，就不属于夫妻共同债务，妻子也就不用跟着丈夫一起偿还。

再比如说，父母子女之间的关系通常非常亲密。很多父母会私自看孩子的日记，子女为了更好地照看父母，也可能会直接查看他们的财产信息。这些行为在我们的生活中经常出现，看起来好像是相互关心，但是，如果学过《民法典》第1032条，你就知道，这些行为其实也都超越了合法的界限，属于侵犯隐私。

在以上这些例子中，你会发现，很多我们不经意间脱口而出的观念、认为理所当然的行为，可能都是陈旧的、不当的。如果不加以甄别，有时候，是会无意间做出越界的行为，冒犯了他人，构成侵权行为；有时候，则是自己的正当利益被侵犯，却还不自知。

我国的《民法典》，是世界上最新的《民法典》，那些当代人身处当代社会所要掌握的新观念、要遵循的新准则，在《民法典》中都有具体规定。所以，学习《民法典》不光是为了维护好自己的权利，更重要的是掌握一套当代人的行为规范，帮我们从思想到行为上，都变成一个合格的当代人。

在变化中读懂《民法典》

到 2024 年 5 月 28 日，《民法典》就颁布四周年了。目前，市面上也有不少讲《民法典》的书籍、讲座。但是，这些内容要么是过于专业，包含了大量的专业名词，没学过法律的人根本理解不了；要么是过于零碎，不够系统，难以带大家窥见《民法典》的全貌，也让人难以从背景和立法思路上读懂《民法典》。

《民法典》并不是过往民事法律的简单相加，而是随着时代发展而编出的一部崭新的法律。这里面的变化非常多，比如，把人格权独立成编，不仅扩大了民法调整的领域，而且还规定了当代人享有的更多的人格权。正是这些变化和进步，体现了我们《民法典》人文主义的立法思路。

从一名立法参与者的视角，我认为《民法典》最鲜明的变化，就是人格权独立成编，这是我国立法重视人的地位、并确认人格尊严和保护人格权的体现。

有一些国家，比如法国，它的《民法典》没有规定人格权。德国《民法典》对人格权的规定具体一些，但也只是用碎片化的方式规定了六种人格权。后来的一些民法典即使写了人格权，仍然没有我们写得好。我国的《民法典》，是世界上第一部把人格权完整单独成编，并且是写得最好的《民法典》，在全世界范围也是十分先进的。

我国为何如此重视人格权？因为三十多年来的司法实践证明，立法加强对人格权的保护是极其必要的，而且，《民法典》最根本的基调就是保护人的人格尊严。在这些规定里,最打动我的一点,就是关于生命尊严中死的尊严的规定——

一个人在神志清醒、民事行为能力正常时,可以做出维护自己死的尊严的决定。一旦到了丧失民事行为能力的那天,他就能按照自己的想法,有尊严地死去。

《民法典》规定了人享有生命尊严,就有了维护自己死的尊严的权利,这样设立生前预嘱就有了法律依据,就能够用有关生命尊严的规定,来维护自己死的尊严。这背后传达的立法精神,就是对生命尊严的保护,对死的尊严的保护。

在人格权独立成编这一立法的变化中,你会发现,《民法典》将人格尊严作为核心概念,就是为了让我们每个人在人格权的保护下,能够更好地生活。

如果说增设人格权编,是当代中国立法者的主动求变,那么,科技进步带来的新挑战,也让我们在编纂《民法典》时必须积极应对新变化。民法必须是随着科技往前发展而不断变化的,这就意味着民法要涵盖新的领域,才能更加全面地保护人的权利。

一般说来,社会的发展速度总是会快于法律的迭代速度,法律因此具有滞后性。而我国的《民法典》编纂于人类社会从工业文明迈向信息文明的时期,是世界上最新的《民法典》。在这个时代,互联网、大数据、人工智能等技术迅猛发展,而在此之前,技术从未像今天这样深刻影响着人类社会。对于这些新现象或者新变化,有些国家的立法者喜欢持观望态度,总想"让子弹再飞一会儿"。这可以说是一种慎重,也可以说是对人的权利的轻视。但是,我国的《民法典》却纳入了这些技术发展带来的新难题,并对此做出规定。因为技术已经与我们的生活休戚相关,这是不容忽视的事实。

比如，随着互联网产业的发展，出现了虚拟网络财产，小到游戏装备，大到网站的财产权。但是，此前的一个人若要维护虚拟网络财产的权利，过程非常艰难。法院要么无法受理此类案件，要么只能取决于法官的观念是否敢于创新，酌情考量。因为过去的法律并没有对此作出明确规定，法院也无法可依。但是如今，《民法典》第127条规定，网络虚拟财产受法律保护。这就意味着即使虚拟财产不能直接在生活中消费，但也属于个人的私有财产，其他人不能非法侵占。

再比如人体冷冻胚胎，这也是当代人才会遇到的新问题，之前民法并没有相应的法律规定。虽然对于人体胚胎是人还是物，目前尚存争议，但我国《民法典》已经将人体胚胎写进了第1009条，确立了人体胚胎和基因的保护规范，这就让之后法院在处理相关纠纷时有法可依。

这就是我国《民法典》编纂时，积极应对的时代新课题。

当然了，要应对好时代的新课题，光是填补空白、回应技术现实还不够，一些不适宜社会发展的规定也必须废除。

比如，以前农民在城里打工，土地没人管，地就荒废了。但是《民法典》新增了农村土地经营权，规定土地承包经营权人可以给他人设置土地经营权，即使土地权利人不经营土地，同样也能够取得土地的收益，这就提高了农民对土地的热情。

再比如，原来《担保法》中规定，如果一个人的房屋进行了抵押贷款，他被抵押的财产就不可以再继续卖给别人，即使卖给他人也得把价款交给抵押权人抵债，这就限制了所有权。现在，《民法典》第406条把这个规则改过来，设置了抵押的房产也是可以卖给他人的，只不过房产所有权过户时，抵押权也要跟着一起过户，这不但保护了所有权人的权利,也保护了抵押权人的权利。

不管是人格权独立成编,还是技术发展带来的新领域保护,甚至是废除陈旧的规定,其实都体现了一点,就是人文主义精神。《民法典》就是为人民服务的法典,民法就是人法。

本书的特色和结构

为了真正让你学懂《民法典》,本书有两大特点:

第一,每一节都用一个典型案例贯穿。分析典型案例,不仅能帮你搞懂一个具体的法律规定,更能带你看到规则的演变,以及背后体现的民法精神。

比如说,在讲到"公平分担损失"这个行为规则时,我选用了"电梯劝阻吸烟,被劝老人猝死"这个典型案例。讲到"诉讼时效"这个时效制度时,选用了"注射针头断在血管,43年后索赔案",这也是一个典型案例。通过这些贴近生活、一读就能明白的案例,打破专业的限制,确保你能懂得《民法典》规定的行为规则。在拆解民法规则的同时,本书会帮你把握规则背后的立法意图、民法精神。

第二,梳理出一条"人生行为规则"的主线,并按照这条主线来精选内容。

什么是"人生行为规则"呢?就是按照一个人从小到大的生命阶段,从出生成长,到结婚成家,再到财富传承,以这条人生线来安排内容。本书不会把《民法典》1260条规则全都讲一遍,而是按不同的人生阶段,精选出《民法典》中200个与个人生活高度相关的行为规则。

具体来说，这200个人生行为规则，在本书中分七个部分讲述：第一部分着重讲民法中最基础的内容——人的权利义务与民事法律行为。这部分内容来自《民法典》总则，是学习民法、理解《民法典》的地基。从第二部分开始，进入《民法典》的六个分编。我们会讲到——维护尊严的人格权益、平等和谐的亲属关系、生存发展的财产基础、增加财富的交易规则、个人财富的传承方法、保护权利的侵权责任。这几个部分都和我们的生活息息相关，它们分别对应《民法典》的六个分编，只是调换了顺序，并没有把各编的内容打乱。

这个结构，不仅能帮助你学完《民法典》的知识就能用得上，而且保留了《民法典》的经典体系，保证了本书的系统性。

我已经在中国人民大学法学院讲了20年民法。在这段教学生涯中，我出版了十多部与民法有关的高校法律教材，包括《民法总则》《婚姻家庭与继承法》《侵权责任法》等等。我还发表了600多篇民法论文，不少是在《中国社会科学》《法学研究》《中国法学》等法学领域的核心期刊上发表的。2015年，我被全国人大常委会法工委聘为立法专家，开始全程参与《民法典》的编纂工作。

但我想强调的是，我并不是一个传统意义上的法学家，因为我并不是一直在大学里面教书和做研究。1975年，我23岁，成为吉林省通化市中级人民法院的一名民事法官，后来成为主管民事审判的副院长。15年后，我来到最高人民法院，在民事审判庭任审判组长。在离开司法系统、进入高校之前，我的最后一个工作岗位是在最高人民检察院，任民事行政检察厅厅长，检察委员会委员。

所以，民法学家是我现在的标签，但是从内心深处，我更愿意说自己是一个从基层干起的老民事法官、老民事检察官。

正因为老民事法官、老民事检察官和老民法学家三位一体的身份，使我对《民法典》的研究充满了理论和实践结合的色彩，不是仅仅从理论出发进行研究，而是结合社会实践和司法实践研究民法的理论问题。

不过，这次有一点不同，以往我对《民法典》理论与实践的研究，主要针对的是法官、检察官、律师以及我的学生们，并不偏重于对非法律人士的说明。"得到"APP让我给普通人而不是法律人讲授《民法典》，对我是一个非常大的挑战。比如，写论文时，要设想读者与作者有差不多的民法修养，否则论文就不会有学术价值。给法官、检察官和律师讲《民法典》，要告诉他们规定的这些规则应当怎样具体操作。给学生们讲《民法典》，要讲体系和规则背后的法理基础。可是，给普通人讲《民法典》，这些方法都不管用，因为这样讲是不会被接受和认可的。

给"得到"APP写课程讲稿的时候，在与编辑们一遍一遍的磨合中，我才更多地体验到了给普通人讲法律的"诀窍"，那就是要结合实际案例，既要深入浅出说明行为规则法内容，又要说明行为规则为什么这样规定。在编写讲义的过程中，我曾经多次想打退堂鼓，因为这样写作对我而言太难了，但是由于有合同的约束，因而坚持了下来。当开始的几讲播出后，得到听者的充分肯定，我才受到鼓舞，他们的热情激励我终于写完了200讲《民法典》人生行为规则的讲稿，完成了长达一年的这一堂大课。

现在，我经常到外地讲课，听众当中有很多我这门课的听者。他们都说，我的通俗、有趣的讲授，让一部"大法"成为他们都能够掌握的"活法"，可以自如运用。他们都盼望我能够尽快修订讲稿出书，让他们更好地理解好、应用好《民法典》，也作为听课的纪念。有些人甚至拿出"得到"APP发给他们的听课证书,要我签名用作珍藏。

"得到"APP出版部门的小伙伴们都是热情、专业的图书编辑。他们耐心帮助我整理讲稿,我们相互配合,终于完成了这部书稿,赶在《民法典》问世四周年之际,奉献给关心、喜爱《民法典》的读者们。

我最后要说的是,在这个时代,每个人的美好生活都来之不易。我希望本书不光能帮你理解《民法典》里的规定,把握规定背后的民法精神,更重要的是激发你内心的那份民法正义。这份民法正义能让你:该恪守行为边界时,尊重他人;该维护自身利益时,保护自己。真正做到,没事不惹事儿,有事儿咱也不怕事儿。

杨立新
2024 年 5 月 1 日于北京

Chapter 1

第一章

人的权利义务与民事法律行为

001 自然人

脑死亡后，夫妻间的婚姻关系还会存在吗？

我们现在经常说，每个人在社会中都享有权利，也要履行对应的义务。《民法典》里的大部分条文也是在说每个人能享有什么权利，应该怎么履行义务。权利和义务的概念我们已经很熟悉了，但我们到底从什么时候开始享有这些权利、承担对应的义务呢？在什么时候这些权利和义务又都会结束呢？这就要说到《民法典》里的一个重要概念了——自然人。在民法里，自然人拥有享有民事权利、履行民事义务的资格，这个资格从出生时开始，到死亡时结束。

这里说的自然人，就是你我这样的人。规则很清楚，但现实却没那么简单。比如自然人的出生和死亡，听起来似乎不会有什么争议，但事实并不尽然。我们先来看一个案例：

小江的丈夫出差时不幸油漆中毒，昏迷不醒，送到医院后，医生说他虽然还有心跳和呼吸，但大脑已经死亡，不会再有苏醒的可能。小江想到丈夫再也不会苏醒，日后自己还要无止境地支付高昂的医疗和看护费，于是就想去法院申请离婚。但是，小江的婆婆坚决不同意，她认为自己的儿子还有心跳和呼吸，必须继续救治，而且如果他们离婚，自己一个人也无法负担医疗费。双方争执不下，小江就起诉到了法院。

小江和丈夫的婚姻关系能否直接判离，涉及自然人的死亡概念。

自然人拥有享有民事权利、履行民事义务的资格，从出生时开始，到死亡时结束。这就意味着，如果小江丈夫死亡了，那这段婚姻关系自然也就不存在了。但问题是，小江丈夫虽然脑死亡，但是还有心跳和呼吸，这种状态属于自然人的死亡吗？这就是现实复杂的地方。要想更好地理解这个问题，就要了解民法是怎么理解自然人的出生与死亡的。

怎样确定自然人的出生和死亡

在这个案例中，自然人的死亡主要是指生理死亡。生理死亡就是指人的生命自然终结了，在判断标准上，医学和司法上有多种不同的主张。比如，"脉搏停止说"认为脉搏停止为死亡；"心脏停止说"认为心脏停止跳动为死亡；"呼吸停止说"认为呼吸停止为死亡；"脑死亡说"认为大脑机能停止活动为死亡；还有一种是"生活机能丧失说"，认为生活机能遭到损害、不能复生为死亡。其中的通说，也就是通行的标准，是"生活机能丧失说"，它认为死亡是人的生活机能的绝对终止。也就是说，呼吸和心跳都停止了，才被认为是死亡。这种见解被称为"心肺死"。

《民法典》对自然人的死亡没有规定具体的标准，但一般在司法实践中确定死亡是以"心肺死"为标准。

自然人死亡后，不能再作为民事主体，也就是不能再享有民事权利、履行民事义务了。这会产生许多法律效果，比如，继承开始、婚姻消灭、遗嘱继承或遗赠发生效力、委托关系终止等。如果案例中小江的丈夫确实是死亡了，那他留下的财产将会被继承，他和小江的婚姻也会自然终止。

了解了自然人的死亡,还有一个同样重要的问题,就是自然人的出生。

对于如何认定自然人的出生,法律界历来有不同主张。"阵痛说"主张产妇阵痛开始是出生;"一部露出说"主张胎儿身体的一部分露出母体外是出生;"全部露出说"认为胎儿身体全部露出母体外为出生;"断带说"认为胎儿的身体与母体分离,脐带剪断是出生;"发声说"则认为胎儿离开母体后发出第一次声音为出生;"独立呼吸说"主张胎儿的身体产出母体,并开始独立呼吸为出生。其中,通说是"独立呼吸说"。也就是说,只要胎儿全部脱离母体,并且在分离之际有呼吸行为,就是出生完成,不论后来是否继续存活。

之所以采用这个标准,是因为胎儿在尚未与母体分离之前,主要是通过母体进行呼吸的。只有脱离母体之后,才能以自己的肺进行独立呼吸。已经离开了母体,并且自己能独立呼吸,就说明胎儿不仅娩出了,而且已经存活。

我国《民法典》确认的出生有两个条件,一是"出",二为"生",缺一不可。"出"是胎儿的身体与母体分离,以完全露出为标准。"生"是脱离母体的婴儿应有生命,不论其生命保持时间是长是短。所以,出生是胎儿完全脱离母体,并能自主呼吸。

回到上文的案例,结合自然人出生和死亡的标准,结论已经很明显了。小江的丈夫虽大脑死亡,但心肺还在活动的状态,并不属于自然人的死亡。也就是说小江和丈夫的婚姻关系并没有自然终止。至于是否判决离婚,还需要考量更多的案件细节,本节就不展开了。

其实,世界上已经有许多其他国家和地区在立法中采纳了"脑死亡"的标准。虽然我国民法尚未这样做，但比较起来，脑死亡其实更科学，标准更可靠。它能减少近亲属的照顾负担，减少医疗资源浪费，同时还有利于器官捐献，能及时移植器官救助病患。

自然人是一个平等的概念

在《民法典》中，自然人是一个非常重要的概念。而跳出法律条文，我们也应该意识到，这其实传达的是一种平等的理念。

今天，我们能很轻松地理解，每个人在社会生活中都能享有基本的民事权利，履行相对应的义务。但这个观念的形成其实经历了漫长的发展过程。

在古代社会，生物学意义上的人并不都能成为平等的民事主体。比如，奴隶虽然是生物学意义上的人，但却不是民事主体，没办法与他人进行诸如订立契约之类的民事活动，只能是财产，作为人的附属品存在。

到了文艺复兴时代，人们开始要求自由与平等了，但是市民与不具有市民资格的人仍有一定的区别，不是平等的民事主体。再后来，在人道观念和理性主义的指导下，才慢慢形成了以自由、平等观念为基础的人的概念。

近代资产阶级革命以来，民法对自然人的民事主体资格才开始普遍地、无条件地予以承认。只要是生物学意义上的人，一经出生，都自动享有基本的民事权利。这才实现了人人生而自由，在尊严和法律上一律平等的要求，才有了我们当代习以为常的自然人的地位。

002 民事权利能力

爷爷奶奶能给未出生的胎儿赠送"传家宝"吗?

自然人拥有享有民事权利、承担民事义务的资格,从出生时开始,到死亡时结束。这种在法律上的资格,在《民法典》里有一个专门的表述,叫"民事权利能力"。这个概念有些抽象,我们先来看一个案例。

给未出生的胎儿赠送"传家宝",有法律效力吗

小张的媳妇怀孕了,他的父母知道以后非常高兴,要把他们收藏的传家宝玉佩赠送给儿媳肚子里的孩子。问题是,孩子还未出生,爷爷奶奶这样的赠与行为有效吗?

如果赠送的对象是一个出生后的孩子或者一个成年人,赠与行为毫无疑问是有效的。自然人在出生后就拥有了享有民事权利、负担民事义务的资格。这样的自然人,民法上认为他们具有"完全民事权利能力"。

有的人可能会觉得,案例里的胎儿是一个还没出生的自然人,显然没有民事权利能力,也没法享有财产权。这种情况下,哪怕爷爷奶奶赠送再多的财产,赠与行为应该都是无效的。这种想法在逻辑上确实没错。但是,如果因为胎儿还没出生,就一律认为他没有民事权利能力,不让他享有民事权利,很可能会造成不公平的结果。

比如说，如果小张和太太都是孤儿，在小张太太怀孕的过程中，小张不幸离世了。而小张太太在医院生产的过程中，也出现了意外，胎儿还没完全出来，产妇先死亡了。这之后，胎儿才被医生取出，并且正常存活。这个时候，如果认为胎儿没有民事权利能力，在胎儿的父母离世时无法继承他们的遗产，那么父母的遗产都会变成无主物。一个最弱势、最需要保护的胎儿，正常存活了下来，却无法继承财产，这显然非常不公平。

用针对一般自然人的规定去保护胎儿，显然是不够的。所以，《民法典》第 16 条对胎儿的民事权利能力有一个特殊的规定，**涉及遗产继承、接受赠与等胎儿利益保护的，胎儿视为具有民事权利能力**。也就是说，胎儿即使没有出生，也可以提前享有民事权利能力。但和普通自然人不同的是，胎儿只享有一部分民事权利，比如继承遗产、接受赠与等，这在民法中被称为"部分民事权利能力"。不过，考虑到胎儿还没有出生，还不是一个真正意义上的人，不能依照自己的意志接受赠与，于是法律就指定由他们的父母作为代理人，代胎儿接受这个赠与。

所以，案例中的胎儿是可以接受爷爷奶奶赠与的传家宝的，只不过会由胎儿的父母先代为接受和管理。

胎儿在出生时死去，赠与行为还有法律效力吗

但是，只理解到这一层还不够，看接下来的这个可能性：

胎儿在出生后不幸死亡了。爷爷奶奶说："这传家宝也没法传了，我们要拿回来。"但小张夫妇不同意，认为财产已经属于孩子，孩子死亡后，财产应该由他们来继承。

在这种情况下,爷爷奶奶能否把传家宝拿回来,需要分情况来看。

如果胎儿被生产出来后,只活了五分钟就不幸夭折了,爷爷奶奶不能把传家宝拿回来,因为胎儿成功出生了。上文说过,判断自然人出生主要是看胎儿是否与母体完全分离,以及能否独立呼吸。在这个案例中,胎儿已经活了五分钟,当然算是出生。别说五分钟,哪怕胎儿出生后只哭了几声就夭折了,也算是出生。

既然顺利出生了,那就不是胎儿了,而是一个和爸爸妈妈一样的自然人,享有完全民事权利能力,享有财产权。因此,孩子出生后,传家宝也就成了孩子的财产。此时孩子不幸夭折,对应适用的应该是《民法典》关于继承的规定。也就是说,传家宝会作为孩子的遗产被继承,而第一优先级的继承顺序是孩子的父母,所以,此时爷爷奶奶无法再把传家宝拿回去了。

然而,如果胎儿在娩出时就是死胎,没有呼吸,也没有哭声,那爷爷奶奶就可以拿回传家宝,因为在这种情况下,法律认为胎儿没有出生,因此赠与行为无效。上文提到,胎儿可以接受赠与,**但如果胎儿在娩出时是死体,就算作自始没有民事权利能力**。这是《民法典》第16条对这种情况的特殊规定。

"自始"这个词很重要。胎儿在孕育阶段被视为有部分民事权利能力,那时的赠与行为有法律效力。但如果胎儿出生时是死体,那之前视为有民事权利能力的,也要当成从来没有过;之前有效的赠与行为,也变成从来都无效。因此,在这种情况下,父母代理胎儿接受赠与的行为也就无效,传家宝自然应当返还给爷爷奶奶。

胎儿的民事权利能力与自然人有何不同

胎儿享有的部分民事权利能力,与普通自然人享有的完全民事权利能力相比,区别还是很大的。比如说,胎儿在母亲肚子里时,就不能把爷爷奶奶赠与的传家宝再送给他人或卖给他人,也不能与他人产生继承关系。但如果是普通的自然人,这些都可以依照法律进行。

对于胎儿具有的民事权利能力,《民法典》第16条的规定是"涉及遗产继承、接受赠与等胎儿利益保护的,胎儿视为具有民事权利能力。"这里是用不完全列举的方法规定的。明确列举的是继承遗产和接受赠与,但是这里还用了一个"等"字。这个"等"字里还包括一些内容,例如,胎儿的身体健康利益也要受到保护。如果胎儿在母亲的肚子里受到了他人的伤害,胎儿出生后确认了这个事实之后,就有权起诉侵权人,请求人身损害赔偿,保护自己的权益。

认可胎儿能享有部分民事权利能力,对胎儿利益做特殊保护,是《民法典》编纂的一大亮点。虽然1985年制定的《继承法》就规定要保护胎儿的继承权,不过对于胎儿的其他民事利益没有明文规定。1987年实施的《民法通则》也没有规定要保护胎儿的其他民事利益。虽然学者们也进行了学理的探讨,甚至有些法院也作了有针对性的裁判,但还是没有成型的经验。

我们知道,胎儿最终是要成为一个人的。如果在胎儿期间只保护他的继承权,而不保护其他民事利益,那等到胎儿出生的时候,对一些利益的损害就没有办法及时补救了。

因此,《民法典》第16条才会用不完全列举的方式来表述,就是为了把胎儿可能需要被保护的其他利益都尽量囊括进来,而不仅仅是保护胎儿的遗产继承、接受赠与的利益。

民事权利能力在法律上的意义

民事权利能力和自然人这两个概念是密不可分的，是民法的基础。民事权利能力看起来有些抽象，是一个人依法享有民事权利，承担民事义务的资格。还要进一步认为，拥有这个资格，对当代人来说特别重要。

民法通过规定个人和组织能享有哪些权利、这些权利应被如何实现来进行利益分配和协调人与人的关系。比如，民法通过规定所有权的取得和变化来分配财产利益，这样的权利就是物权。又比如，民法规定人享有人格权，保证个人的名誉、姓名等利益不被侵犯和盗用；规定了身份权，让个人娶嫁生子，繁衍后代；规定了继承权，保障个人能取得自己被继承人的遗产，等等。如果一个人没有民事权利能力，他在社会生活中就没有法律地位，不能享有民事权利，也就无法生存和发展。

只有当我们这样来看时，抽象的民事权利能力概念才能够具体化，能够被我们所掌握，我们也就能够在实施行为时更好地保护自己。

003 民事行为能力
父母可以追回未成年子女给主播打赏的钱吗?

具有民事权利能力,一个自然人就有了在民法上享有权利和履行义务的资格。但具有了资格,并不意味着权利和义务在现实中就能产生法律效果。比如,一个 10 岁儿童和一个智力正常的成年人都去银行贷款,很显然,儿童去贷款是不会产生法律效果的,但成年人可以。他们之间的区别就涉及一个重要概念——民事行为能力。

为了更好地理解这个概念,我们先看一个案例。

13 岁的小明父母经商,家境富裕。他在国际学校寄宿读初中,注册了直播平台账户,课余时间观看网络直播,一高兴就用母亲的微信和支付宝付款充值,给主播打赏。不到一个月的时间,小明就给好几个主播打赏了 20 多万元。

小明的母亲发现后,认为小明年幼无知,那些打赏不作数,多次找直播平台协商退款。平台认为,小明一直说自己是成年人,而且打赏也是因为主播提供了唱歌、陪打游戏等服务,打赏是小明的消费行为,不愿意退款。母亲无奈,只好向法院起诉,要求直播平台退还小明打赏的钱。

小明打赏的钱能否退回,关键就是看小明是否有民事行为能力,这决定了他的打赏是否会产生法律效果。

什么是民事行为能力

民事行为能力，就是一个人独立实施民事行为，并且能够通过自己的行为取得相应法律效果的资格。

取得相应的法律效果，就是一个人在民事活动中通过自己的行为，让民事权利被实现了，让民事义务被履行了，以及让民事责任被承担了。

比如说，你是一个有民事行为能力的人，去买玉镯，一手交钱一手交货。你取得了对玉镯的所有权，这就实现了对玉镯取得权利的目的；你给商家支付了费用，这是在履行义务；如果你在买的过程中把商家的其他玉石碰碎了，你还得赔偿相应的损失，这就是在承担责任。

总之，**一个人只有具有了民事行为能力，才能独立地实现享有的民事权利，以及独立地履行民事义务、承担民事责任。**

那么，案例中13岁的小明是否有民事行为能力呢？我们来看看《民法典》是如何规定的。

如何划分民事行为能力

我国《民法典》把民事行为能力分为三种：完全民事行为能力、无民事行为能力，以及限制民事行为能力。

第一种是完全民事行为能力人，是指年满18周岁以上、能辨认自己行为的自然人。这里有一个特殊情况，16周岁以上的未成年人，能够以自己的劳动收入作为主要生活来源的，也视为完全民事行为能力人。

能满足这些条件，就说明一个自然人拥有了足够的识别行为的能力，能认识到自己实施行为后会带来什么后果。因此，完全民事行为能力人能独立行使权利、履行义务和承担责任。

如果案例里的小明是个能识别自己行为的成年人，那他打赏出去的钱就要不回来了。他在平台充值，相当于和平台签了一个生效的合同，是不能随意毁约的。作为一个完全民事行为能力人，他的充值行为合法有效。如果小明虽然只有16周岁，但本事特别大，每个月能收入3万元，那他的充值打赏也是有法律效力的。因为在这种情况下，他每月3万元的收入足够养活自己，而且他已满16周岁，此时法律就会认定他和普通成年人一样，具有完全民事行为能力，可以独立地在平台充值和打赏。

第二种是无民事行为能力人，指的是不满8周岁的未成年人以及不能辨认自己行为的成年人。因为他们无法认识自己的行为和后果，所以不能独立实施任何民事法律行为，就算实施了也都一律无效。

这些人的民事法律行为只能由法定代理人来代理，也就是由监护人来代替完成。比如说，如果小明5周岁，那他即使只买一块雪糕，也会产生行为无效的后果。他想吃雪糕的话，只能由他的父母带他去，并且由父母来买。如果小明成年了但不能辨认自己的行为，比如属于植物人、阿尔茨海默病患者、精神病患者等，他意识不到自己在做什么或者意识不到行为的后果，也要被认定为无民事行为能力人。

虽然无民事行为能力人实施的行为都不产生法律效果，也不用承担责任，但如果损害了他人的合法权利，监护人还是要承担责任的。

第三种是限制民事行为能力人，指的是8周岁以上的未成年人以

及不能完全辨认自己行为的成年人。

这类人有了一定的识别能力,可以独立从事部分民事活动,实施和他的年龄、智力或者精神健康状况相适应的民事行为,或者纯获利益的民事行为。比如,8周岁的小明自己拿钱去买一块3块钱的雪糕,这样的行为就有效。因为3块钱意味着什么,以及买了雪糕会带来什么后果,8周岁的小明能够认识到。这就是实施的行为与年龄、智力相适应。那么,如果有人要给8周岁的小明送一套价值300万元的房子,小明也接受了,他的接受能生效吗?

有的人可能会想,这应该不能生效。这可是价值300万元的房子,又不是3块钱的雪糕。300万意味着什么,小明理解不了,这显然和小明的年龄、智力不相适应,应该没有效力。但实际上,这是可以的,因为接受他人赠送的房产对小明来说是一个纯获利益的民事行为,对小明只有好处,没有坏处。对这类行为,就不用再考虑小明的年龄和智力了。但如果是有人要卖给小明300万元的房子,小明要买,这就无效了。

除了上述两类行为之外,限制民事行为能力人实施的其他大部分民事法律行为都得由他的法定代理人来代理,或者由他的法定代理人同意或追认。比如,8周岁的小明想买一台手机,一般来说应该由父母代替他来购买,但如果小明征得了父母的同意,也可以自己拿钱去买;或者小明自己先买了,事后得到了父母的认可,购买也是有效的。这就是法定代理人的事前同意和事后追认。

如果小明是个成年人,但是不能完全辨认自己的行为,比如说智力发育水平迟缓,只相当于8周岁以上的未成年人,那也属于限制民事行为能力人。

最后,我们分析一下本节案例。根据前文可知,13岁的小明是限制民事行为能力人。小明给主播打赏 20 余万元，这个行为显然不是纯获利益的行为，也与其年龄、智力完全不相适应，同时他的妈妈既没有追认，也没有同意，更没有代理他来完成。因此，小明的打赏行为不发生法律效力，他的母亲向平台追讨小明的打赏款，完全符合《民法典》的规定。

延伸课堂：

在《民法典》中，规定未成年人满 8 周岁就可以独立从事部分民事活动。为什么限制民事行为能力的标准要定为 8 周岁？

对于一个未成年人来说，规定他什么时候具有限制民事行为能力，这关系到他的行为自由。

我国在《民法通则》时代，规定一个未成年人满 10 周岁才有限制民事行为能力。《民法典》中规定的是 8 周岁，调低了 2 岁。大部分人认为这个标准是合理的，但也有些人认为，现在的孩子普遍 6 周岁时心智就已经很成熟了，8 周岁还是定得高了。从世界各国的《民法典》规定来看，一般都定为 6 周岁。因为 6 周岁和学龄是一样的，既然能上学了，就说明他有了一定的民事行为能力。

在我看来，是否具有限制民事行为能力，就相当于可不可以让孩子去打酱油，可不可以让孩子自己去买雪糕。如果从这个角度来考虑，把限制民事行为能力的年龄定为 8 周岁，确实是定高了，因为6周岁和学龄是一致的，是更合适的选择。不过，我国立法机关在表决通过《民法典》的时候，人大代表们的想法还是认为8周岁比较合适，所以最终还是确定为8周岁。

004 住所

打官司的地点不同，会影响赔偿金额吗？

住所，是《民法典》里的一个重要概念。

很多人会觉得，住所不就是自己居住的地方嘛，也就只有买房或租房的时候会涉及。这么认识住所，其实是把它想简单了。《民法典》规定的住所其实是一个很重要的法律概念。住所是一个人参与法律关系的中心地域。它不光会影响法律在一个人身上如何生效，甚至会对司法案件的审判有影响。

先来看一个案例。

案件应该由何地的法院管辖

住在正义市的小叶有一天在和平市旅游，不小心被小邱撞伤了。到当地医院一查，发现小叶落下了残疾。两人协商残疾赔偿金，小邱说自己问过律师了，根据和平市的收入水平核算，自己需要赔45万元，但小叶不同意，认为45万元太少了。双方没谈拢，小叶就打算到法院起诉。

起诉前，小叶了解到，自己可以选择起诉地。他可以选择在自己受伤的地方，也就是和平市的法院起诉，但就算胜诉了，也只能获赔45万元；他也可以选择到小邱住所地的法院去起诉。他了解到，小邱户口本上登记的住所地是胜利市，胜利市的居民收入更高，如果在那里起诉,自己有可能获赔 50 万元。于是,小叶就到胜利市法院起诉了。

但小邱不同意。他认为自己早就离开胜利市了,现在居住在和平市,虽然没申请和平市居住证,但已经连续居住两年了,自己的住所地应该是和平市。

在本案中,住所的确定对判决结果影响很大。在和平市审判,小邱可能只需要赔偿 45 万元,但在胜利市可就要赔 50 万元了。那么,小邱在法律意义上的住所究竟是胜利市还是和平市呢?

要想回答这个问题,我们得看看《民法典》是怎么认定住所的。

如何认定自然人的住所

《民法典》第 25 条规定:"自然人以户籍登记或者其他有效身份登记记载的居所为住所;经常居所与住所不一致的,经常居所视为住所。"

这里包含了三种情况。

第一,按照户籍登记认定住所,这是认定住所的基本方法。

户籍,也就是公安机关的户籍登记和根据户籍登记发的《户口簿》,它既能用来证明自然人的身份,也能用来确定自然人的住所。一般来说,一个人在某个地方登记了户籍就意味着他是当地的常住人口,工作、生活通常也都会在户籍登记地。但我们也知道,社会在进步,随着城镇化的推进,大量人口离开原户籍地去工作、学习了。比如现在很多在北京居住和工作的人,他们的户籍地都不是北京。这时,如果还根据他们的户籍登记地来确认住所,反而会影响他们在北京正常从事民事活动。

因此，还有第二种情况，也就是按照一个自然人的其他有效身份登记来认定住所。其中最主要的是城市居住证和外国人的有效居留证。

居住证通常比户口本更有时效性。国务院规定："公民离开常住户口所在地，到其他城市居住半年以上，符合有合法稳定就业、合法稳定住所、连续就读条件之一的，可以依据本条例的规定申请居住证。"也就是说，如果一个自然人申请了某个城市的居住证，就表明他在这个城市至少居住了半年。这表明，他的住所很可能已经不是户籍地了，而是居住证上记载的居住地。外国人、无国籍人没有户籍，因此只能靠签发的有效居留证件来认定住所。

如果一个自然人离开了户籍地，又没有在对应城市申请居住证，那么他的住所认定就涉及**第三种情况了，也就是根据人的经常居所来认定住所**。

经常居所是指一个人的经常居住地。按照最高人民法院的司法解释，自然人离开原住所地后，在起诉时已连续居住一年以上的地方，就是经常居住地。如果只是出差住个酒店，那就不是经常居所了，只能说是普通居所。

不过，这里也有特殊情况，分别是服刑、住院和长期居住在船舶上。在监狱服刑，虽然也具有长期居住的事实，也是服刑人的经常居住地，但服刑人可没有久住的意思，所以不能把监狱认定为住所。医院也是同样，患者显然没有久住医院的意思，而是不得不住院，因此医院也不能被认定为住所。还有船舶，虽然船员经常居住在船上，但船有流动性，也不能被视为住所，不然一个人的住所就一直在变化了。

案例中的小邱在被起诉时，在和平市已连续居住了一年以上，那和平市就是他的经常居所了,也就可以被认定为他在法律上的新住所。

小邱的住所已经认定是和平市,因此原告小叶应该到和平市的人民法院进行诉讼。如果是在和平市审判,最终赔偿给小叶的残疾赔偿金应该根据和平市的城镇居民收入水平进行核算,也就是赔偿45万元。

但这里还有一个情况。小叶常居正义市,如果小叶可以证明,他所生活的正义市的收入水平要比和平市高,那么判给小叶的残疾赔偿金就应该根据正义市的标准进行调整。

确定住所地的法律意义

住所不光会对司法审判的结果有影响,在我们没有发生纠纷、正常从事民事活动的时候,也会产生许多影响。

首先,确认住所地才能让一些停滞的法律关系被推动。

《民法典》的监护制度规定,如果一个自然人需要被监护,但又无人监护,此时将由自然人住所地的居民委员会、村民委员会或者民政部门来指定监护人;如果无法指定,将由这些机构来担任监护人。

类似的情况还出现在继承制度里。如果一个自然人死亡后没有继承人,或相关继承人都放弃继承,那么他的遗产将由这位自然人生前住所地的村民委员会或者民政部门来管理。

又比如,法院要给当事人送达司法文书。一般来说,文书只有送达成功后才能产生法律效力,但如果当事人始终躲着不接收,把文书送到当事人的住所也能视为文书送达,让法律效力产生。

其次,在一些涉外的民事关系中,只有确定了住所,才能确定要

适用的法律。

比如，如果一个中国公民在好几个国家都有海外遗产，这些遗产在进行法定继承时，适用哪个国家的法律呢？根据我国《涉外民事关系法律适用法》的规定，有两种可能：如果是不动产的继承，则适用不动产所在地法律；如果是不动产以外的财产，将适用被继承人死亡时经常居所地，也就是住所地的法律。

最后，住所对于确定自然人的身份状态也有重要意义。

比如，如果一个自然人下落不明很长时间了，法院要在法律上确认这个人失踪或者死亡的状态，就要从自然人离开住所地开始计算下落不明的时间。如果无法确定住所地，也就无法计算时间了。又比如，自然人结婚应当进行登记，婚姻登记地就是以人的住所地为标准确定的。

005 宣告失踪

欠债人下落不明，债主应该怎么办？

失踪这个概念大家都比较熟悉，它是指一个人下落不明。《民法典》中之所以有宣告失踪的规定，是因为一个人下落不明会对他的民事法律关系产生巨大影响。先来看一个案例：

小周向同村的发小借了 10 万块钱，结果到了约定的还款时间，小周一直还不上钱，后来干脆失联了，两年都没回家，他的父母也不知道他在哪儿。小周的发小之前不急用这笔钱，再等等也行。但是现在他准备结婚了，就等着这笔钱盖房子娶媳妇儿呢。如果一直找不到小周，小周的发小就可能一直拿不回来这笔钱。

为了避免这种情况出现，在一个人下落不明达到法定期限时，利害关系人可以请求法院宣告这个人失踪，法院可以判决这个人为失踪人。这就是《民法典》规定的宣告失踪制度。

宣告失踪的意义和条件

《民法典》规定宣告失踪的目的，就是通过法院确认自然人失踪的事实，结束失踪人财产无人管理，应当履行的义务不能得到及时履行的非正常状态。通过宣告失踪，可以保护失踪人及其利害关系人的利益，从而维护社会经济秩序的稳定。

《民法典》第 40 条规定，自然人下落不明满两年的，利害关系人可以请求法院宣告这个人为失踪人。依据这个规定，宣告失踪应当符合三个条件。

第一个条件是自然人下落不明要满两年。

下落不明，是指一个人离开自己最后的住所或者经常居所以后，就没有音讯了。下落不明满两年，就是从这个人的音讯消失之日起开始计算，已经达到两年时间。请注意，这种没有音讯的状况是不能间断的。符合这个期限的要求，才可以申请对该人宣告失踪。

第二个条件是由利害关系人向人民法院提出宣告失踪的申请。

什么样的人是申请宣告失踪的利害关系人呢？法律对利害关系人的范围规定得比较宽。一种是失踪人的近亲属，比如配偶、父母、子女、兄弟姐妹、祖父母、外祖父母、孙子女、外孙子女等。还有一种人，在法律上，叫做与失踪人有民事权利义务关系的人，比如失踪人的合伙人、债权人等，他们也是利害关系人。这类人提出宣告失踪的申请，主要是为了了结债权债务等民事法律关系。比如本节案例中欠钱的小周，他"跑路"逃债，不能偿还欠发小的债务，所以小周的发小就是债权人，可以作为利害关系人向法院提出申请。

无论是近亲属，还是合伙人、债权人，这些利害关系人都可以请求宣告失踪，并没有先后顺序的区别。

第三个条件是由法院根据法定程序进行宣告。

法院在收到利害关系人宣告失踪的申请后，应当依据《民事诉讼法》规定的特别程序，发出寻找失踪人的公告。公告期满三个月，仍然没有这个人的音讯，法院才能依法判决这个人为失踪人。

回到本节案例，小周下落不明已经满两年了，此时，小周的发小就可以向法院请求宣告小周为失踪人。只要法院在当地报纸上发出寻人公告，三个月公告期间到了，小周仍然没有音讯，就可以判决宣告小周为失踪人。

设置财产代管人的目的及其职责

宣告失踪只是一个基础工具，宣告失踪之后，相关的纠纷并不会自动解决。所以，对一个人宣告失踪，利害关系人还要申请为失踪人设立财产代管人，由财产代管人对失踪人的财产进行代管处置。这样一来，经济纠纷和陷入停滞的法律关系就可以继续解决和推动了。比如，有了财产代管人，债权人就可以对"跑路"的债务人继续讨债；再比如，如果下落不明的人是某公司合伙人，在合伙人要做决策、要解散时，没有他的表态就无法进行，有了财产代管人，也就有办法往下推进了。

那什么人可以担任失踪人的财产代管人呢？依照《民法典》第42条规定，可以由失踪人的配偶、成年子女、父母作为财产代管人，也可以由其他有意愿的人作为财产代管人。如果由谁担任财产代管人的意见不一致，或者没有人能担任财产代管人，利害关系人都可以向法院申请，由法院来指定一个财产代管人。

财产代管人就任后，可以依照《民法典》的规定，妥善管理失踪人的财产，维护失踪人的财产权益。对于失踪人所欠的税款、债务和应付的其他费用，也由财产代管人从失踪人的财产里支付。总结起来就是三点：保管财产、支配财产和代理民事活动。

财产代管人的第一个职责，是作为代管财产的保管人，确保失踪人的财产始终处于正常的稳定状态。如果失踪人没有债务纠纷，对他的现金、黄金首饰、房产等财产，财产代管人不能随意变卖和使用。但如果这些财产中有生鲜等容易腐坏的食品，财产代管人应当及时处分，并保管好处分后所得的钱款。

财产代管人的第二个职责，是作为失踪人财产的管理人，支配失踪人的财产。 比如，失踪人是某公司的合伙人，他合伙的股份也是财产，代管人有权管理支配。不过，作为管理人，他的一切行为都必须是善意的，要对代管财产进行妥善管理，这在法律上也叫做"善良管理人的注意义务"，这是最高的注意义务，也就是极尽自己所能谨慎地来处理好这些财产。

财产代管人的第三个职责，是作为失踪人的代理人，在法律以及法院授权的范围内，代理失踪人从事一定的民事活动。

财产代管人需要代理失踪人履行债务，清偿所欠税款、债务和应付的其他费用。这样，即使债务人失踪，债权人追讨债务时也能找到对应的直接责任人。比如，在本节的案例中，小周的发小就可以向法院申请，指定小周的父母为财产代管人，然后他就可以向法院起诉，请求用小周名下的财产清偿他欠自己的债务。

财产代管人也要代理失踪人"受领他人的履行"，维护失踪人及其利害关系人的财产权益。比如，张三欠了李四的钱，张三认为李四失踪了，就一直赖账不还。此时，李四的财产代管人就可以作为代理人，要求张三清偿所欠钱款，代替李四接受并管理这笔钱。

当然，虽然代管人有权利管理失踪人的财产，甚至还是无偿地为失踪人处理事务，但这个代管的权利也是要受到约束的。《民法典》第43条规定，如果代管人未尽到这些职责，因故意或者重大过失，造成失踪人财产损失，就应当承担赔偿责任。这一点在原来的《民法通则》里是没有的。《民法典》补充的这条新规则，就是为了更好地保护失踪人的财产权益。

失踪人重新出现

在司法实践中,还会出现一种情况——失踪人重新出现了,回到了原来的住所;或者联系上了,确知其现在的下落。在这种情况下,失踪人本人或者利害关系人应当向法院申请,法院依据法定程序就可以撤销对失踪人的失踪宣告。

不过,要注意的是,撤销失踪宣告并不意味着之前对财产的处分就都无效了。只要代管人不是出于恶意,财产代管人已经代理完成的有关财产行为就是有效的,失踪人也不得要求代管人返还。

延伸课堂

在互联网时代,为什么法院还坚持使用报纸进行公告送达?

《人民法院报》的公告送达版面,经常会有半个版公告的送达信息,字号又小,其实看的人并不多,但这并不妨碍公告送达的效果。

公告送达的最基本要求是正式性,是为了有案可查。公告送达并不一定就是指望被送达的人能够看到,他看到也行,看不到也行。这是因为,法院会采取公告送达,说明已经穷尽了其他能够通知的方式,但仍然无法联系到对应的当事人。但法律关系又不能就此停滞,还是要继续推进的。

所以,不管当事人看没看到,只要按照程序进行了公告送达,公告的时间完成了,法律就会认为公告已经送达,并且可以存在案卷中作为证据。这样就既取得了送达程序的合法性和正当性,同时也能让停滞的法律关系被继续推动。

目前公告送达通常还是在报纸上进行,是因为报纸最具正式性。即使电视台和广播电台也都没有被用来作为公告送达的方式,至于互联网、自媒体等渠道就更缺少正式性了,目前的程序法不认可用这些方式进行公告送达。

006 宣告死亡

"亡者归来",未再婚的配偶可以不恢复婚姻关系吗?

除了宣告失踪,《民法典》里还有一个和自然人有关的重要概念,就是宣告死亡。

民法上,宣告死亡跟自然死亡并列,都是自然人死亡的一种形式。当一个人下落不明达到法定期限之后,经利害关系人申请,法院就可以作出判决,宣布这个自然人死亡。

这个概念理解起来并不难,但放到司法实践上,可就没那么简单了。我们还是看一个案例。

2008年2月,冯某离家出走,长期没有与家人联系。由于一直没有冯某的音讯,2013年,冯某的妻子关某向法院提出申请,最终法院宣告冯某死亡,公安机关也注销了冯某的户口。关某独自将两人的儿子抚养长大。但是到了2020年,冯某突然回来了,原来他没有死。于是,冯某向法院申请,法院又撤销了对他的死亡宣告,并且办理了身份登记等相关手续。

此时,冯某认为自己与关某的婚姻关系应当自行恢复。但是,关某已经有了意中人,正在谈婚论嫁。她觉得,既然之前法院已经宣告冯某死亡,自己跟冯某的婚姻关系就自动终止了,于是不同意与冯某恢复婚姻关系。

这是一个比较复杂的案例。本案中,不仅有宣告死亡,还有撤销宣告死亡，还有被宣告死亡的人再次出现时婚姻关系的恢复问题。那么，冯某跟关某的婚姻关系能自动恢复吗？如果不能自动恢复，关某就可以继续跟自己的意中人谈婚论嫁，不用有任何顾忌；如果自动恢复，那关某就是有夫之妇，想要跟其他人结婚，得先跟冯某离婚才行。

宣告死亡应当具备哪些条件

和宣告失踪一样，《民法典》对宣告死亡的条件也做了详细规定。具体来说，想要宣告一个人死亡，应当符合三个条件。

第一个条件是自然人下落不明达到法定期限。

这里有两个关键点。首先是"自然人下落不明"。与宣告失踪的下落不明一样，是说一个人离开自己的住所或者经常居所以后，一直没有任何音讯。如果中间有消息往来，那就不叫下落不明。如果家人知道这个人仍然活着，只是没有跟他直接联系，或者不知道他的确切地址，那也不能认为是下落不明。必须是"没有任何音讯"才叫下落不明。

其次是"达到法定期限"。由于宣告死亡比宣告失踪产生的后果更严重，所以要求下落不明的时间也更长。正常情况下，只有下落不明满四年，或者因意外事故下落不明满两年的，才可以提出申请。如果在意外事故中，有关机关已经证明这个人不可能生存了，比如发生了空难，官方搜救后做出了无人生还的调查结果，那就可以不受时间限制，直接申请。

第二个条件是由利害关系人向法院提出申请。

和宣告失踪一样，这里的利害关系人的范围比较广，既包括被申请人的配偶、父母和子女，也包括被申请人的其他近亲属，比如兄弟姐妹、祖父母、外祖父母、孙子孙女、外孙子外孙女，以及侄子侄女和外甥外甥女；还包括跟被申请人有直接利益关系，不申请宣告死亡，自己的合法权益就不能得到保护的人，比如被申请人的债权人、债务人、合伙人等。这些都是被申请人的利害关系人。

第三个条件是由法院依法定程序作出宣告。

法院受理死亡宣告的申请后，应当依照程序，发出寻找被申请人的公告。只有公告期满仍没有音讯，才能作出死亡宣告的判决。法院宣告死亡的判决作出之日，就被看作是被宣告人的死亡日期。因意外事件下落不明而宣告死亡的，意外事件发生之日就视为他的死亡日期。

审视一下本节开头的案例：冯某 2008 年失踪，到 2013 年都没有任何音讯，超过四年了，符合第一个条件；申请是由他的妻子关某向法院提出的，也符合第二个条件；最终，法院宣告冯某死亡，也符合第三个条件。三个条件都符合，宣告冯某死亡是没有问题的。

宣告死亡的意义和后果

宣告死亡对于维护社会秩序有重要意义。自然人长期下落不明，会造成人身关系和财产关系的不稳定状态。首先，这会影响跟他具有身份关系的人的身份问题，比如配偶的婚姻状态认定问题。其次，这也会影响跟他具有财产关系的人的财产利益。比如债权和财产处置问题。如果一个人一直下落不明，很多问题就像被按了暂停键一样，没法处理。

《民法典》之所以专门规定宣告死亡，目的就在于及时消除自然人长期下落不明造成的财产关系和人身关系的不稳定状态，维护正常的社会秩序**。因此，一个人被宣告死亡，和他自然死亡产生的法律后果是一样的，财产关系和人身关系都要发生变动。

首先是婚姻关系终止。一个人被宣告死亡后，他与配偶的婚姻关系就结束了，配偶可以再婚。其次是遗产继承关系开始。他生前所有的财产都变为遗产，由他的继承人继承。当然，如果还有税和债务，继承人也要在遗产的范围内负责缴纳和偿还。

撤销死亡宣告及其后果

不过，现实远比法律条文复杂，就拿本节的案例来说，冯某已经被宣告死亡好几年，妻子关某都要重新谈婚论嫁了，结果冯某又回来了。这时候应该怎么办呢？

对这种情况，《民法典》也有规定。被宣告死亡的人重新出现或者确知没有死亡后，经本人或者利害关系人申请，法院应当撤销对他的死亡宣告，重新恢复他的人身关系和财产关系。

首先是人身关系重新恢复。如果配偶已经再婚，当然是合法的，不能因为被宣告死亡的人的重新出现，而认为再婚无效。如果配偶没有再婚，那么他们的婚姻关系自撤销死亡宣告之日起，就自行恢复，不必再进行婚姻登记或者恢复婚姻关系登记。不过，《民法典》也有一个最新规定：配偶在被宣告死亡的人重新出现后，如果不愿意与其恢复婚姻关系，也可以向婚姻登记机关提出书面声明，声明后婚姻关系就不再恢复了。以前的《民法通则》是没有这样的规定的，这正是为了贯彻婚姻自由原则而采取的措施。

其次是财产关系恢复原状。不管利害关系人是因继承、受遗赠，还是因为其他原因取得了被撤销死亡宣告的人的财产，都应当返还。返还以返还原物为原则，如果原物不存在，应当给予适当的补偿。

回到本节案例，答案已经很清晰了。冯某和关某的婚姻关系是可以自行恢复的，俩人能够继续以夫妻身份共同生活。但是，由于关某在丈夫被宣告死亡后，又有了新的恋爱对象，不愿意恢复与冯某的婚姻关系。在这样的情况下，她只要向婚姻登记机关提出书面声明，就可以让婚姻关系不再恢复，冯某也是不能纠缠的。

延伸课堂：

为什么《民法典》没有规定利害关系人的申请顺序？

对债权人来说，宣告失踪和宣告死亡都会推动债权的处理，对债权人的利益影响区别不大。而宣告死亡会导致自己的亲人在法律上被认定为死亡，还会启动继承，对近亲属来说利害关系应该比债权人要大很多。按说在申请宣告死亡时，应该明确近亲属的申请比债权人更优先，但为什么《民法典》却没有规定申请的顺序呢？

在宣告失踪和宣告死亡制度中，只规定了利害关系人，但没有规定利害关系人之间的申请先后顺序，主要是为了让每一个人都能有权利申请。即使其中一部分人不申请，其他人的权利也不会受到限制。比如，一个人下落不明四年，符合宣告死亡的条件，但是，近亲属申请宣告失踪，其他利害关系人则申请宣告死亡，那法院怎么判决呢？

如果下落不明的这个人已经具备宣告死亡的条件，法院就要宣告死亡。不能因为是近亲属申请的，就比其他利害关系人的申请更优先。这样规定，才能够平等地保护每一个利害关系人的合法权益。

007 民事权利

夫妻离婚,可以争夺宠物狗的"探望权"吗?

说到民事权利,你可能并不陌生,比如生命权、婚姻自主权、配偶权等,都是我们的民事权利。在享有这些权利基础上,一个人就可以珍爱生命,自由恋爱,结婚生子。

民事权利这个概念非常重要,因为**民法就是以民事权利为中心构建起来的民事法律规范体系,在民法"权利-义务-责任"的逻辑体系中,民事权利是核心概念**。

听起来,民事权利好像范围非常广。那么它的边界在哪里呢?换句话说,我们怎么知道自己做的事情有没有侵犯到别人的权利,又怎么知道别人做的事情是否侵犯了我们自身的权利呢?

我们还是先来看一个案例。

有一对年轻夫妻,结婚后没有生育子女,双方把共同饲养的宠物狗威威当成孩子来"抚养"。后来,两人感情破裂要离婚,达成了协议,由女方来"抚养"威威。但是,关于男方离婚后能否探望威威这一点,两人却产生了分歧。男方认为,自己有对宠物狗威威的"探望权",离婚后自己有权利继续探望威威;但是女方不同意,她认为离婚后各自有自己的生活,因此拒绝男方探望。两人协商不成,就闹到了法院。

在这个案例中,男方享有探望宠物狗的民事权利吗?

一个人享有哪些民事权利

在民法概念里,对民事权利的定义比较复杂,我们只需要记住一句话:**民事权利就是人实现自己某种民事利益的可能性**。要实现这种利益,你需要自己做某件事,或者请求别人做某件事。我们能做的和不能做的事,落实到民法上,就涉及一个人享有的民事权利的范围了。

我国《民法典》总则编第五章规定,每一个人享有七种基本民事权利。

第一种权利是人格权,这是保护我们每一个人的人格组成部分完整性的权利。人格权听起来有点抽象,这是一个总称,具体来看,包括生命权、身体权、健康权,还有姓名权、肖像权、名誉权、荣誉权、隐私权、个人信息权等。比如,一对夫妻已经离婚了,男方还在女方窗前安装摄像头,窥视她的私生活,这就是侵害了她的隐私权。

第二种权利是身份权,这是保护人基于特定的亲属身份,产生并维护这种亲属身份利益的权利。小时候,一个人的身份是父母的子女,这种存在于亲子关系之间的身份权,就是亲权,这是确认未成年子女与父母的身份地位、权利义务关系的权利。成年后,这个人结婚了,这种存在于夫妻关系之间的身份权,就是配偶权,这是确定夫妻之间的身份地位、权利义务关系的权利。除了有配偶,这个人还有父母,可能还有兄弟姐妹、祖父母、外祖父母,等这个人再年长一些,还会有子女、孙子女、外孙子女等亲属。这种存在于亲属关系之间的身份权,就是亲属权,虐待、遗弃家里的老人,就是侵害了亲属权的行为。

第三种权利是物权。物就是财产,比如一个人买了房子,就享有这个房子的所有权,他可以使用、出租、变卖,等等。也就是说,物权就是人依法对特定的物,享有直接支配和排他的权利。

第四种权利是债权。这是根据合同、侵权行为或其他法律规定,权利人请求特定义务人,为或者不为一定行为的权利。比如,一个人开了公司,和供货商签订采购合同,约定收货后 7 天内结算尾款。如果到期没有支付,供应商作为债权人,就有权要求他补足钱款。

第五种权利是知识产权,这是对自己创造的无形财产享有的权利。包括著作权、商标权、专利权以及数据专有权等其他知识产权。比如,一个人开了一间店铺,注册了一个商标,经过申请、审批,就享有商标权,其他人不能随意使用。

第六种权利是继承权,这是每一个人享有的继承遗产的权利,一种是按照法律的规定直接继承,另一种是按照合法有效的遗嘱继承。其中,遗嘱继承的效力高于法定继承。如果一个人有两个哥哥,但父亲立的遗嘱指定由他继承全部遗产,只要没有其他特殊原因,他的两个哥哥就不能继承父亲的遗产。

第七种权利是股权等投资性权利。比如,一个人享有自己创立的公司的股权,也有购买取得其他证券、基金、保险等投资的权利。

值得注意的是,**法律保护的这些权利,你可以实现,也可以不实现,都由你自己做决定。**比如,你借给别人 100 块钱,你就对这个人享有债权。这 100 块钱,你可以要,也可以不要,由你自己来决定。

男方对狗没有探望权

了解了这些,我们再回顾一下本节案例。

有人可能会想，夫妻俩对宠物狗的权利应当是亲权。动物也是有生命的，而且他们都把宠物当成自己的孩子养，在情感上也十分合理。但其实不是这样的。在民法概念里，狗不具有人的地位，而是财产，是物，所以本案例讨论的是物权，再具体一点，就是所有权。

因此，夫妻双方离婚时，对于狗的所谓"抚养"，其实是对狗的所有权的分割。双方既然约定宠物狗威威归女方"抚养"，就是将威威的所有权分给了女方，男方不再享有对威威的所有权，也就不能对威威行使所有权了。

探望权是针对人的，针对的是离婚后的未成年子女，不能针对宠物。也就是说，对狗的探望权，并不是真正意义上的民事权利。当事人自然可以约定离婚后对狗进行探望，但这里的探望并不是民法意义上的权利，它不是一个人的民事权利。某种程度上，这就像你有一个传家宝，你可以拿给别人看，也可以不给别人看。这是你的物品，你拥有所有权。

在这个案例中，双方当事人对威威的"探望权"发生争议，请法院判决，法院是不能判决的，因为法律没有规定对财产的探望权。当事人约定对狗的"探望权"，是他们自己的事情，如果女方坚持不许对方探望，那也没有办法，因为她对狗有所有权。不过，在我看来，既然双方都这么有爱心，养狗的一方也不妨宽容一些。

延伸课堂：

老年人可以免费逛公园的权利属于哪种民事权利？

这个问题要从两个方面来说。一方面，这是国家给老年人的一个福利；另一方面，从民法上来说，这是老年人跟公园之间的权利和义务关系。对收费公园来说，普通人去逛需要买票，买了票，就产生了债权债务关系。当然，这里说的"债"不是我们一般理解的欠债还钱之债，你可以把它理解为一种合同关系。既然产生了债权债务关系，那么逛公园就是在行使债权，交费就是履行债务。在我看来，这应该是一个关于债的权利义务关系。

老年人去公园，拿出老年证给公园管理员看，管理员就会让他进去，和其他人相比较，只是老年人享有优待政策，不用交费。这就相当于是在合同里特殊规定了，老年人可以享有逛公园的权利，而不用履行交费的义务，这本质上是一种免费的债权债务关系。所以，老年人免费逛公园是一种不支付金钱就可以享有的债权。

008 民事权利客体

玩家的网络游戏装备被盗，可以向游戏公司索赔吗？

本节来讲解民事权利的另一个重要问题：民事权利客体。

听到客体，你可能会想到主体。在民法概念里，民事权利主体是人，而客体就是人行使民事权利时支配的对象。比如，一个人购买了一辆汽车，这时，人是民事权利主体，汽车是民事权利客体。表面上看，这个人买的是汽车这个物件，其实是买到了这辆汽车的所有权，汽车是买所有权得到的民事利益。所以，**民事权利客体，最终体现出来的，就是人通过行使民事权利能够支配的民事利益**。这种民事利益会受到民事权利的保护。

但是，并不是所有的民事利益都会受到民事权利的保护。结合一个经典案例，我们一起看看。

网络游戏装备属于民事利益吗

有一位网络游戏玩家，花费了上千个小时、上万元现金，在一款游戏里一共收藏、购买了几十种虚拟装备，这些装备让他在游戏中战无不胜。没想到有一天，他装备库里的所有装备都被人偷走了。于是，他就去找运营这款游戏的公司沟通，但是游戏公司拒绝提供盗号者的真实资料。之后，他就把游戏公司告到了法院，请求游戏公司赔偿自己的财产损失。

网络游戏里的装备是虚拟的,在现实世界中并不存在,对于它是不是一个人可以实现的民事利益,这个问题之前一直有争议,症结就在民事利益的具体分类上。接下来,我们就来看看一个人可以实现、支配,也就是能够成为民事权利客体的民事利益究竟有哪些。

能够成为民事权利客体的民事利益

我们知道,一个人享有七种基本民事权利:人格权、身份权、物权、债权、知识产权、继承权和股权。在此基础上,**民事利益主要包括两大类:人身利益和财产利益。**

保护人格权、身份权的利益在民法中被统称为人身利益。这些权利实现的,是关于人自己的利益,包括物质性人格利益,也包括精神性人格利益,都是涉及人格尊严的人格利益和身份利益。比如,生命、身体、健康这些人格利益是最重要的民事利益,是关于人的物质性人格利益。再比如,姓名、肖像、名誉、荣誉、隐私等,主要涉及精神层面的人格利益,这在民法上就属于精神性人格利益。

随着社会文明的不断进步,人的精神性人格利益是不断发展的,也越来越受到人们重视,未来人们还会发现自己有更多、更新的人格利益需要保护,进而出现新的民事权利。

身份利益是人在亲属之间所处的稳定地位带来的利益。比如配偶对其相互之间的配偶利益的支配,像是共同生活,生儿育女等,这些都是身份利益。即使是涉及亲属关系的身份权利,也包含着精神性利益。比方说,交通肇事造成了受害人死亡,会给受害人的家属造成严重的精神痛苦。

物权、债权、知识产权、继承权和股权这五种权利保护的利益都跟物质性的财富有关，所以民法把它们统称为财产利益。财产利益是比较复杂的一种民事利益。在财产利益中，最常见的是静态财产利益。比如房子这种不动产，汽车这种动产，都属于静态财产利益。它们的共同点是集中体现为权利人实时拥有的物。民法上的物，是随着社会进步和科技发展不断发生变化的民事利益。

在19世纪之前，民法界定所有的物都必须有实体，也就是有体物，不存在无体物。后来电、热、光、气等无体物被作为有体物之外的特例对待。到了今天，随着互联网、大数据和人工智能的发展，又产生了网络虚拟财产，比如本节案件就涉及网络虚拟财产。

网络虚拟财产到底是不是物，法学界说法不一。《民法典》第127条采取了比较折中的态度，只规定了网络虚拟财产受法律保护，但是没有界定它是不是物。其实在我看来，网络虚拟财产就是虚拟物。既有虚拟不动产，比如网站本身；又有虚拟动产，比如网络货币、游戏装备等。随着科技的不断发展，将来还会出现新的物。

在本节所讲案例中，玩家通过购买或花费必要时间取得的游戏装备，具有财产的价值，属于民法上物权能够直接支配的财产利益。所以，网站未尽保管职责，造成玩家在游戏中的虚拟装备丢失，就是侵害了玩家享有的所有权，应当承担赔偿责任。

这个案例后来也成为我国保护网络虚拟财产权利的第一案。2003年12月18日，北京市朝阳区人民法院对此案作出判决：由被告游戏运营商在游戏中恢复原告玩家丢失的虚拟装备。

我也提醒大家，在游戏中，我们花钱买的装备和打游戏得来的装备都是合法财产，如果被别人恶意盗取，是可以找游戏运营商要回来的。

除了静态财产利益这种最主要的财产利益，还有动态财产利益。**动态财产利益和静态财产利益不同，它不是权利人现实拥有的财富，而是通过交易的形式，将来才能实现的财产价值**。你可以理解为这是一种在流转过程中的财产，主要表现为债权。比如，你借给朋友一万块钱，你跟朋友之间就形成了一种债权关系。从形式上看，你丧失了这笔钱的所有权，但是取得了一万块钱本金的债权，可能还有利息的债权。此时，这笔钱的债权中包含的本金和利息的清偿请求权，就是动态财产利益。只有当朋友把这一万块钱还你时，静态的财产利益得到实现，才能又成为你的静态财产利益。

不管是静态的还是动态的财产利益，都是有形财产，其实**财产利益还包括无形财产利益，主要表现为智力成果**。也就是通过智慧劳动获得的智慧成果，包括作品、发明、商标等等。比如网络游戏的研发设计者，就享有这种无形的财产利益。

简单来说，在静态财产利益、动态财产利益和无形财产利益这三种类型中，静态财产利益是最主要的一种形态，是在权利人手中的财产；动态财产利益是流转中的财产，无形财产利益是可以转变实现的财产。

不能成为民事权利客体的民事利益

然而，并不是所有民事利益都能成为民事权利客体。如果不能成为民事权利客体，是否意味着它们就不受法律保护呢？这就要分情况看待了。

我们先来看第一种情况——一个人丧失了民事权利能力。前文讲到，自然人享有民事权利、履行民事义务的资格，从出生时开始，到死亡时结束。如果一个人去世了，就不再享有民事权利能力了，那他的民事利益怎么保护呢？

这就涉及一个概念——"法益"。人去世后，虽然不再享有民事权利，但是对死者姓名、肖像、名誉、荣誉、隐私和遗体等人格利益，还是要保护的。这就属于**不受民事权利保护，但是由法律直接保护的民事利益，这在民法概念里叫做"法益"，就是法律不用权利来保护的民事利益**。

法益保护和民事权利保护的区别其实就在于法律规定不同。之所以采取这样不同的规定办法，主要有两个原因：第一，有的民事利益还不能形成一个完整的权利，但这个民事利益也需要被法律保护，这时就会用法益来保护。第二，有一种情况是，人已经不是权利主体了，但利益也要用法益来保护。比如人去世了，就不再享有名誉权、隐私权等，但死者的这些利益也要被保护，这时就会用到法益保护，也就是死者人格利益保护。

除此之外，**还有一种民事利益由于太过轻微，或者已经有其他权利保护，所以也不能成为民事权利的客体，不受民事权利保护**。比如在公共汽车上踩了他人的脚，虽然也是侵权，但是对身体权的侵害过于轻微，再说行为人也是无意的，法律不必保护。即使被踩脚的人上法院起诉，法院也不会判决侵权的。再比如，有人在交通事故中嘴巴受伤，缝合之后，发现亲吻时没有原来的感觉了，就向法院起诉，要求被告承担自己"亲吻权"受到侵害的赔偿责任。虽然亲吻的利益也是利益，但它不是民事权利的客体，因为当事人通过健康权就可以对它进行保护了。

009 民事权利取得与失效

医生未经患者同意切除其身体组织，需要赔偿吗？

我们每个人都会说，自己享有很多权利，比如身体权、所有权、财产权等等。但你会发现，这些权利好像都不太一样。有的权利是生来就有的，比如对自己身体的支配；而有的权利要通过行为才能获得，比如完成了交易，才能取得商品的所有权；有的权利甚至还会失效，比如，小江借了我一笔钱，约定两年还。两年后欠款到期，他没还钱，我碍于情面也没主动去要。如果我一直不提还钱的事，超出法律规定的三年的诉讼时效期限，这个债权就会失效。

那对个人来说，面对这么多的权利，该怎么正确地取得它们，又怎么防止它们失效呢？这就涉及民事权利的取得与失效。

为了更好地理解这个概念，我们还是先从一个案例说起。

女士能否要求医院赔偿

一位女士的一侧乳房患了乳腺癌。医生向她告知了诊疗方案，她也同意进行乳房切除手术。在手术过程中，医生发现她的另一侧乳房也存在很大的癌细胞转移风险，就也顺手进行了切除。女士苏醒后，发现两侧乳房都被切除了，就和医生争执起来。医生说自己这是出于好意，不然术后癌症大概率会复发。女士非常生气，出院后就向法院起诉，要求医院赔偿。

在这种情况下，女士能追究医院的责任，要求赔偿吗？

不少人都觉得，医生的做法有道理。他切除这位女士的另一侧乳房，确实有助于降低癌细胞转移、再复发的风险。虽然未经同意，但在手术过程中也没法去征求患者意见，贸然停下还可能错过手术的最佳时机。医生这么做是为了患者的健康，所以医院不用赔偿。

但事实上，医院应该赔偿。我们不对医生的行为做价值判断，因为每个人的评判标准不一样，很难达成共识。在这个问题上，我们真正要理解的是，为什么这位女士能取得要求医院赔偿的权利？这就要说到《民法典》对民事权利取得是如何规定的。

民事权利如何取得

《民法典》第129条规定："民事权利可以依据民事法律行为、事实行为、法律规定的事件或者法律规定的其他方式取得。"也就是说，民事权利的取得有四种方式。

第一种方式是根据法律规定直接取得民事权利。在民法里，最典型的就是法律直接赋予个人的人格权。人格权包括的范围很广。一个人出生后，他就能享有生命权、身体权、健康权，也享有姓名权、肖像权、名誉权、荣誉权、隐私权和个人信息权等。

第二种方式是通过实施民事法律行为取得民事权利。这是取得民事权利的主要方式。例如，通过订立合同这样的民事法律行为，就能够取得债权；通过结婚的民事法律行为就能够取得夫妻之间的配偶权。

民事法律行为不光能取得民事权利，也能变更或者消灭原有的民事权利。比如，通过收养行为就能够消灭被收养人与亲生父母原有的关系，使亲生父母丧失亲权和抚养权。

民事法律行为之所以能让人取得民事权利，引起法律关系，是因为行为被实施的时候，行为人具有想要取得权利的主观愿望。但还有一类行为，哪怕不具备主观愿望，也能让人取得权利。**这就是第三种方式，即通过事实行为取得民事权利。**

《民法典》中存在一些强制性规定，规定了即使没有主观意愿，事实行为也能产生法律效果。例如，小如把小江打伤了，小如要承担赔偿责任。小如并不是为了想取得什么民事权利，才动手打小江的，但受害人小江依然能取得请求人身赔偿的权利。如果小江要求赔偿，小如就得承担责任。这就是事实行为。行为人在主观上没有想取得权利、引起法律后果的愿望，但有实施行为的事实，行为被做出后依然能引起法律后果。

还有一种情况，和个人行为没有关系，也能让人取得民事权利。**这就是第四种方式，即通过事件取得民事权利。**这里说的事件，和我们日常说的事件不一样。它也叫自然事实，是能够引起民事法律后果的客观现象，与人的意志无关。例如，自然人出生、死亡都是事件，出生的事件能够在父母和子女之间发生亲权；死亡则会让死者丧失民事权利能力，同时让死者的继承人取得对死者遗产的所有权。

民事权利何时会失效

有一句格言说："法律不保护躺在权利上睡觉的人。"民事权利还有失效的可能。《民法典》主要规定了两种情况。

第一种情况是权利人的行为导致民事权利失效。比如前文挨了一顿揍的小江，他太生气了，明确告知不要赔偿，只要求小如登报道歉。此时小如就不需要赔偿了,哪怕事后小江反悔,小如也不用再支付赔偿金。在这个场景里,小江就是因为"明确告知不要赔偿"这个行为,让请求赔偿的权利失效了。当然,这样的行为不限于口头告知,还包括文字甚至通过行动告知,比如说不接受赔偿金的转账,或者主动把赔偿金退回。

第二种情况是法律规定导致民事权利失效。这主要是因为时效制度。一个权利没有被及时行使,超过了法律规定的期限,就会失效,包括绝对失效和相对失效两种。

权利的绝对失效,是指民事权利彻底消灭,权利人不得再主张行使权利。最典型的是法律规定的除斥期间制度。比如我们很熟悉的网购"7天无理由退货",就是法律给消费者的一个解除合同的权利,但是这个权利只有7天时间,超过7天不行使,解除权就消灭了。

权利的相对失效,是指权利人的权利并未完全消灭,仍然有被实现的可能。最典型的是法律规定的诉讼时效制度。比如说,如果本节案例里的女士过了诉讼时效之后才去起诉,这时候如果医院不想支付赔偿,可以向法院提出这个权利超过诉讼时效了,从而不用履行赔偿义务。但如果医院不提出诉讼时效,仍愿意支付赔偿金,女士相对失效的权利也还能被实现。

女士有权获得赔偿

在本节案例中,首先,女士拥有身体权,这是法律直接赋予自然人的民事权利。未经她的同意,任何人都不能破坏她的身体完整性。这是上文讲的第一种取得民事权利的情况。

女士和医院签订协议,同意切除患有癌症一侧的乳房。签订协议，这是一个民事法律行为。女士取得了享有医疗服务的权利，医院要履行对应的义务。这是第二种取得民事权利的情况。

然而，医生未经同意就切除了女士另一侧未患病的乳房，这就是侵权行为了，也是事实行为。它引起的法律后果，是让女士取得了请求侵权赔偿的权利。所以，女士可以要求医院进行赔偿。这是第三种取得民事权利的情况。

假设女士是过了诉讼时效才去起诉，那她请求赔偿的这个权利就相对失效了。只要医院提出抗辩，对抗女士的赔偿请求，就可以不用履行支付赔偿金的义务。

010 民事权利行使与滥用

在自家院里挖水井，造成邻居房屋损害，要承担赔偿责任吗？

我们经常说，一个人要积极行使权利，保障自己的利益。行使权利听起来很简单，但实际上会涉及不少复杂的问题。比如，我要装修小区里的房子，装修成图书阅览室，法律是允许的，但装修成餐厅或KTV，法律就不允许了。明明是同样的行为，行使的也是同样的权利，但在不同场景下，法律对它的态度为何截然相反？

这就涉及两个重要概念——民事权利的行使与滥用。为了更好地理解这两个概念，我们先来看一个案例。

在自家院里挖井为什么属于滥用权利

农户小江和小如在前后相邻的宅基地上先后建了住宅。小江要挖一口水井，位置距离小如住宅的地基1.5米。小如阻止，但小江认为这是在自己的宅基地上挖井，是行使权利的合法行为，因而继续挖井。

到了第二年的夏季汛期，小如住宅前的河水暴涨，使之前小江挖的水井形成管涌，掏空了房子的地基，让小如的房子变成了危房。小如要求小江赔偿损失，但小江不同意，认为此事原因不在于自己挖井，而是河水暴涨。两人争执不下，小如就到法院起诉了。

小江需要赔偿小如房屋的损失吗？

有的人觉得，河水暴涨是自然现象，很难预料，小江挖井也是为了让自己的生活更方便，不是为了要侵害他人。况且，他还是在自己的宅基地内挖井，没有破坏小如的房子。所以，小江挖井是正常行使自己的权利，不应该赔偿。

但实际上，小江是应该赔偿的，因为他的行为是在滥用权利。要回答行使权利和滥用权利的界限问题，我们需要了解《民法典》对行使民事权利是如何规定的。

民事权利的行使要符合哪些规则

民事权利行使，是权利人实施民事权利内容的行为。具体来说，权利人行使权利的时候，既可以自己去实施行为，也可以请求他人来实施行为。比如，小江自己动手把住宅装修成了伊斯兰风格，这就是通过自己的行为，行使了对住宅的所有权。再比如，小江装修的时候工具坠落，砸伤了路人，这个路人就能获得一个请求赔偿损害的权利，他可以向小江要求赔偿。这个权利虽然是路人的，但他行使权利的方式是让小江做出赔偿行为。这就是行使民事权利的两种方式。

此外，我们在行使民事权利时，还要符合规则。《民法典》对此有两个规定，分别是自我决定原则和权利义务相一致原则。

自我决定原则规定在《民法典》第130条，它的意思是，个人在行使民事权利时，依照自己的意愿进行，他人不得干涉。这里说的"不得干涉"，既包括行使权利时不受干涉，也包括不行使权利也不被干涉。

日本就有一个典型的案例。某教派的教徒患了癌症，需要手术。

医生没有事先询问患者，就在手术中给患者输血了，但正巧这个教派禁止教徒接受他人输血。手术成功后，该教徒得知医生给他输血了，就状告医生侵犯了自己行使权利的决定权。最终，法院判决了医院承担侵权责任。在这个案例中，医生就侵犯了患者自我决定的权利。这就是自我决定原则，它让我们可以根据自己的意愿支配享有的民事权利和利益。这也是民法充分尊重个人意愿的体现。

不过，我们也知道，个人意愿如果不加限制，是会无限膨胀的。所以，行使民事权利时，不能只符合自我决定原则，**还要结合民法中的另一个规定——民事权利义务相一致原则**。这个原则在《民法典》第131条里有体现，原文是这么说的："民事主体行使权利时，应当履行法律规定的和当事人约定的义务。"

理解民事权利的行使，只需要记住一句话：一个人在行使民事权利时，也要承担相应的民事义务。比如，小江可以对自己的住宅行使所有权，可以装修，也可以挖井，但他在挖井时也要承担相应的义务。他挖井时不能损害国家和社会的利益，如果要挖的是一个深井，会干扰地下管道，这就不能挖了，因为影响了公共利益。同时，他在挖井时也不能损害他人的合法利益。如果挖井挖过了邻居的宅基地，显然损害了他人的利益，也不能挖了。

什么是滥用民事权利

权利义务相一致原则特别重要，因为它是判断是否滥用权利的关键。《民法典》第132条规定，**民事主体不得滥用民事权利损害国家利益、社会公共利益或者他人合法权益。**

这就是说，那些看起来是在行使权利，但实际上损害了其他合法利益的行为，会被认定为滥用权利。

那么，滥用权利会引起什么法律后果呢？

首先，法院会认定滥用权利的行为不能产生预期的效果。比如说，挖井就是小江的行为，这个行为的预期是他能行使对房子的所有权，也就是挖井的时候不被他人妨碍。

假设小如在一开始就坚持不让小江挖井，并且还起诉到法院，那么法院会判决小江停止挖井行为。这时候，小江想靠挖井来行使所有权的预期就不能实现了。

其次，滥用民事权利的行为如果给其他人造成了损害，行为人还要承担责任。这个看起来好理解，一个不正当的行为损害了他人，当然要承担责任。但规定很简单，现实却很复杂。比如说，在小如住宅地基之外1.5米处挖井属于滥用权利，那如果在5米、10米之外挖呢，还算滥用权利吗？再比如说，挖井后，如果在汛期没有形成管涌，这个时候挖井还算滥用权利吗？

这些问题都不是根据法律规定就能直接回答的。现实情况特别复杂，有时候只看是否损害了其他合法利益还不够。在司法实践中，认定一个行为是否构成权利滥用，要综合考量权利行使的对象、目的、时间、方式等因素。比如白天装修房子，属于行使权利。但如果午休时间还在装修、砸墙，就变成了滥用权利，这里是考量了行使权利的时间。又比如，小江的住宅不能让人随便闯入，这是在行使所有权，但如果连住宅门外的过道也不让人随便踏入，就是在滥用所有权了。这里是在考量权利行使的对象。

小江要承担赔偿责任

结合上文的分析我们知道，在本节案例中，小江挖井是想实现对房子的所有权，挖井行为也是出于自己的意愿，这符合自我决定原则。他挖井也是在自己的宅基地范围内，按理说他可以自主决定是否挖井、在哪挖井的。但小江挖井时，还得符合权利与义务相一致原则，不得损害邻居小如的合法利益。显然，小江和小如住在河边，汛期水井会形成管涌，管涌会给小如住宅带来损害，这是容易预测的。此时小江还坚持在小如住宅旁挖井，这就损害了小如的合法利益，构成了权利滥用。并且这个滥用权利的行为，还让小如的房子成了危房，造成了损失。它引起的法律后果就是小江要承担对小如的赔偿责任。

延伸课堂：

如何区分一个行为是滥用权利还是侵权行为？

判断一个行为到底属于"民事权利滥用"，还是属于"侵权行为"，主要是看程度。滥用权利还没有造成他人实际损害的，就只是民事权利滥用。这时，只要禁止他继续滥用权利就行了。但如果滥用权利的行为造成了他人损害，就会构成侵权责任，就要承担损害赔偿责任。也就是说，滥用权利行为通常可能会演变成侵权行为。

如果滥用权利只是妨碍了他人，那可以请求侵权人停止侵害、排除妨碍、消除危险、赔礼道歉等；但如果滥用权利给他人造成了实际损害，就应当承担损害赔偿责任。

比如，半夜三更唱歌跳舞，这是滥用权利行为，妨碍了他人的休息。请求他停止侵害、排除妨碍就可以了。如果半夜唱歌跳舞太厉害了，导致邻居心脏病复发，造成了人身损害，这就是损害赔偿问题，会构成侵权责任。

011 民事义务

顾客撞到商场玻璃门，受伤后可以请求赔偿吗？

我们经常会把"义务"这个词挂在嘴边，但到底哪些事情算一个人的民事义务呢？学生听老师的话，是不是学生的义务？顾客排队付款，是不是顾客的义务？空调的外挂机要牢靠，是不是业主的义务？这些问题，估计很多人不能立刻给出准确答案。义务和道德的界限似乎很难划分，想要弄懂这个问题，就要深入学习一下民事义务这个概念。为了更好地理解，我们还是先来看一个案例。

顾客撞到商场玻璃门，受伤后能否向商场索赔

一家百货商场里有一道玻璃门。如果不是特别注意，行人很难发现这里有一道玻璃门挡道。有一天，张三没有看见这道玻璃门，一头撞在了玻璃门上，造成了轻微脑震荡。

张三认为，商场设置了一道不容易被发现的玻璃门，应该设置一个提示行人的警示标志，这是商场的义务；商场负责人则认为：走路看路，这是行人的基本义务，自己不看路撞伤了，和商场没有关系。两方吵得不可开交。于是，张三就到法院起诉，要求商场承担赔偿责任。

在这个案例中，双方似乎都有道理。那么，行人走路看路和商场设置警示标志，到底是不是他们各自的义务呢？这就涉及《民法典》

对民事义务的具体规定了。

民事义务的产生

在《民法典》中，民事义务和民事权利是相对应的概念。民事义务主要产生于两种情况，一个是法律规定，另一个是当事人的约定。

由法律规定产生的民事义务叫法定义务。法定义务体现的是国家的意志和社会公共利益，不允许当事人自己决定义务的内容。也就是说，法定义务不以当事人的意志为转移，这是义务人依照法律规定应当履行的义务。比如，住在建筑物里不得向外抛掷物品、不得侵害他人的民事权利，等等。法定义务对所有权利人而言都是一样的，所以也叫绝对义务，没有特殊性。

由当事人约定产生的义务，叫约定义务。这是当事人在合同中通过协商确立的民事义务。当事人经过协商，确定了民事义务，就对义务人产生了约束力，双方必须履行。比如，患者到医院看病，医生履行的是诊疗义务，患者履行的是付费义务。在民法层面，这就相当于双方订立了一份协议，这就是约定产生的义务。同样，买票坐车，买卖物品，签订借款合同或劳动合同，这些过程中产生的义务，也都属于约定义务。

约定义务是完全依据当事人的意思来决定义务的内容，这体现了民法的意思自治原则。和法定义务面对所有人不同，约定义务只对特定的权利人履行，对其他人不负有这样的义务。所以，也可以把它理解为一种相对义务。比如，小江和小如签订了借款合同，到期之后小如没有按期偿还借款，小江只能找小如要钱，不能找小如的父母或朋友要钱。

民事义务的内容

民事义务主要分为两个部分，一是为一定行为，二是不为一定行为。也就是说，一个人有必须做的义务，也有一定不能做的义务。我们知道了自己负有的民事义务是什么样的义务，就能依照法律和约定，正确履行自己的义务，避免因不履行义务而承担相应的责任。

为一定行为的义务，是法律上的正式叫法，我们也可以简称它作为义务。也就是说，义务人应当按照法律规定或者权利人的要求，通过做出积极行为来满足权利人的利益要求。比如，法律规定父母应当抚养未成年子女，子女在父母需要赡养的时候应当履行赡养义务。再比如，在合同关系中，债务人到期偿还欠款，这就是作为义务。又比如，在房屋租赁合同中，房主要交付房屋给租客居住，租客要给房主交付租金，也是作为义务。

作为义务是必须履行的，也就是这件事必须做，如果不履行就构成违法行为。

不为一定行为的义务可以简称为不作为义务。这是指义务人应当按照法律的规定或者当事人的约定，不实施某种行为，进而让权利人的权利能被实现。也就是说，**义务人不作为，就算履行了义务。**比如，小如享有名誉权，除了她之外的其他任何人都是义务人，都有不对小如的名誉权实施侵害行为的义务。只要别人不实施侵害小如名誉权的行为，就是履行了这种义务。如果义务人不能做某件事反而做了，这就违反了不作为义务，也就构成作为的违法行为。比如，成年人不能带领未成年人从事危险行为，如果这么做了，就是违反了不作为义务，构成作为的侵权行为。又比如，隐私权要求义务人不得侵犯权利人的隐私，在饭店里安装摄像头拍摄客人的私生活，就违反了不作为义务，构成作为的侵权行为。

总的来说，**民事义务就是要求一个人做某种行为或者不做某种行为，两者都是必须履行的**。从这个层面来看，民事义务就具有了强制性，不履行是不行的，否则就会被法律制裁。这一点恰恰与民事权利相反。前文讲过，民事权利是实现某种利益的可能性，你可以行使，也可以不行使，甚至可以抛弃。比如，你把自己买回来的物品丢弃，是行使所有权的行为，别人只能批评你浪费，但不能阻止你处分自己的权利。而民事义务则是必须履行的。

商场要承担赔偿责任

结合民事义务的产生方式和具体内容，我们再回顾一下本节案例。商场没有设置警示标志导致顾客撞伤，那么，顾客走路看路和商场设置警示标志，哪个属于民事义务呢？

从顾客的角度来看，法律没有要求一个人必须走路看路或者不能去商场，否则就违法；而顾客和商场也没有签订合同，去约束双方行为。所以，在这个案例中，顾客没有必须履行的义务。

我们再看看商场有没有必须履行的义务。《民法典》第1198条规定：宾馆、商场、银行、车站、机场、体育场馆、娱乐场所等经营场所、公共场所的经营者、管理者或者群众性活动的组织者，未尽到安全保障义务，造成他人损害的，应当承担侵权责任。也就是说，按照要求，公共场所必须尽到安全保障义务。

在这个案例中，商场设置玻璃门，效果很好，既美观又实用，这是商场的权利；但与此同时，商场必须履行警示顾客有玻璃门存在的义务，要在玻璃门贴上相应的图案或者文字，设置安全警示标志，能够让人看到这是一道门,才算尽到安全保障义务。这是一个法定义务,是为了保障出入公共场所的人的人身安全。

如果商场贴了醒目的警示标志,行人还是撞伤了,此时商场就不用承担责任。而在本节案例中,商场没有设置警示标志,没有尽到自己的义务,这是一种不作为的行为。造成了他人损害,当然就要承担人身损害赔偿的责任。

假如商场或者其他公共场所没有设置警示标志,有人在这个场所不小心受伤了,要记得,是可以向商场索赔的。当然了,自身的安全毕竟还是要自己多关心。大家在走路的时候,不要低头玩手机,好好看路,多观察四周环境,避免受到不必要的伤害。

延伸课堂:

如果商场在玻璃门上贴了警示标志,也很醒目,但因为言语歧义而导致顾客受伤,商场要赔偿吗?

一位顾客在商场的瓷砖上滑行,跌倒了。商场负责人问他:"这里有警示标志'小心地滑',为什么还滑行?"顾客回答:"我就是看到那里写了才滑的,不是让我小心一些地滑吗?那我就滑着走。"

虽然这里的"小心地滑"只是一个笑谈,但背后也涉及民法问题,也就是应当警示的信息,要充分警示。

如果商场的管理者已经做了足够醒目的提醒,并且在具体表达上也不会让一般人产生歧义,就应当认为是做到了充分警示。大家也会发现,现在有很多警示标志,不光有文字还有图画,这都是为了减少歧义。做到了充分警示,就应当认为商场的管理者尽到了安全保障义务。此时,如果一个人偏执地把"小心地(di)滑"理解成"小心地(de)滑",那他就是错误理解了警示内容,属于自己有重大过失,经营者和管理者都不承担责任。

012 民事责任

乘客从火车地板裂缝中跌落造成重伤，可以找铁路公司索赔吗？

民法的逻辑关系是"权利—义务—责任"。其中，民事权利是核心，有权利就必然有对等的义务，而义务不履行的后果，就是责任。

还是先来看一个案例。

李四乘坐火车去外地旅游，需要在火车上过夜。途中在凌晨一点多的时候，他去了趟卫生间。返回卧铺车厢时，他脚下过道有一块松动的地板突然上翘，他顺着翘起的地板跌落到了火车下面的铁道上。火车轧断了李四的双腿和左臂，李四瘫卧在铁道上，被一小时后经过的铁路工作人员发现，送往医院救治。之后，李四向法院起诉，请求铁路局承担赔偿责任。

在这个案例里，铁路局是否应当承担民事责任呢？这就需要对民事责任的概念做一个界定。

什么是民事责任

在民法里，**民事责任就是民事主体不履行或者不完全履行民事义务，应当依法承担的不利后果**。不履行或者不完全履行民事义务，其实就是违反民事义务，就要承担法律后果。所以，民事责任的发生必须以民事义务的存在为前提。无论是法定的民事义务，还是约定的民事义务,都同样具有拘束力,当事人违反民事义务,就会产生民事责任。

旅客买票乘坐火车,车票就是旅客和铁路公司的合同,铁路公司作为承运人,负有安全运送旅客的义务。显然,本节案例中的铁路公司没有履行好这个义务,列车上的地板竟然上翘,使得旅客跌落到铁道上造成损害。这就是违反民事义务,依法要承担的后果就是民事责任。

那么,假设李四在火车到站并且下车后,由于着急出站,在拉着行李箱下楼梯的过程中没有踩稳,导致自己摔伤,这时火车站或者铁路公司是否还需要承担责任,就要看火车站是否违反安全保障义务。如果火车站已经履行了安全保障义务,楼梯上没有任何安全隐患,李四没有踩稳而失足摔伤自己,就是自己对自己没有尽到注意义务,火车站不用承担责任。

民事责任的类型和承担方式

根据不同的标准,民事责任的内容有不同的划分方法。最主要的划分方法是把民事责任分为违约责任、侵权责任和其他责任。

违约责任,是指合同的一方当事人,因为违反合同的约定义务,而对另一方当事人应当承担的民事责任。例如,卖家交付的商品不符合采购合同中约定的质量标准,卖家就应当承担违约责任。买家作为**权利人,可以请求对方赔偿损失、继续履行、采取补救措施、支付违约金。**

这四种承担责任的方式,可以同时适用若干种,但是没有任何一个案例可以全部适用所有的民事责任方式。其中,赔偿损失是最主要、最基本的民事责任方式,几乎在任何民事责任中,只要造成了权利人的损害,都可以适用损害赔偿的责任方式进行补救。买家作为权利人,也可以要求对方采取补救措施,比如对现有货品进行修理或者更换,保障质量符合要求。除此之外,买家还可以要求对方继续履行合同或者支付违约金。

侵权责任,是指行为人违反法定义务,实施违法行为,侵害他人的民事权利,造成人身损害、财产损害或者精神损害,应当承担的民事责任。除了刚刚提到的赔偿损失这种救济手段,受害人还可以根据实际情况请求对方:**返还财产,恢复原状,停止侵害,排除妨碍,消除危险,消除影响、恢复名誉,赔礼道歉**。和承担违约责任的方式一样,承担侵权责任的方式在一个案例中也可以同时适用若干种,但没法全部适用。如果一个人的权利受到侵害,他就可以根据自身情况,选择不同的民事责任方式要求对方承担。

违约责任和侵权责任是最主要的两种民事责任。**其他责任是在民事责任中,除了违约责任、侵权责任以外的那些民事责任**。例如,违反抚养子女、赡养老人义务的民事责任,违反相邻关系的民事责任等。比如,一位年迈的父亲没有收入,他一手拉扯大的儿子每个月得向老父亲支付一笔赡养费,这是儿子应尽的法定赡养义务。但是,现在儿子突然不给赡养费了,老父亲就到法院打官司,法院判决儿子必须支付赡养费,这个就属于其他责任。在亲属关系中,按照近亲属之间的法定义务不履行而承担的其他责任,既不是侵权责任,也不是违约责任。再比如,在邻居门口堆放物品妨碍通行,冲着对方窗户设置空调外挂机,经常半夜在屋里弄出巨大声响,砸地板、敲墙壁,影响楼下邻居的安宁生活等,这都是违反相邻关系的,需要承担民事责任。遇到这种问题，如果物业解决不了，我们是有权去法院起诉的。

在本节案例中，铁路公司作为承运人，首先违反了合同法规定的义务，没有保证旅客的人身安全，这产生的是违约责任。其次，铁路公司也违反了保护他人健康权的义务，造成了旅客的人身损害，这产生的是侵权责任。在民法领域中，这种对同一个违法行为，既违反这一种民事法律规定的义务，又违反另一种民事法律规定的义务，也就是同时构成了两种以上的民事责任，称为民事责任竞合。这种情况下，不论受害人选择行使的是哪一个赔偿请求权，都能够实现对自己权利保护的目的。不过，受害人只能选择其中一个权利行使，因为一个权利实现，另一个权利就消灭了。也就是说，乘客只能获得一份赔偿结果，不能按照不同的理由，取得双份赔偿。

民事责任的功能

民事责任有三个功能。

首先，民法的逻辑关系是"权利—义务—责任"。从权利的角度看，民事责任的功能就是**保护权利**。民事责任的最基本作用，是救济损害，填补损失，也就是通过民事责任的承担，使受到损害的权利得到救济。

其次，责任是不履行义务的结果，那么，从义务的角度看，民事责任就具有**惩罚违法**的功能。比如，交通肇事致人重伤，肇事司机违反安全注意义务，造成他人人身利益受损，司机自己并没有从中获得利益，反而还要承担受害人的治疗费用，甚至赔偿受害人因治疗期间无法正常工作的误工费等。这种惩罚的目的，就在于使违法行为人不敢再违反民事义务。

除此之外,民事责任还有第三个功能——**一般预防**,也就是预防违法功能,也有人称为警示功能。法律对违反义务的行为,责令行为人承担民事责任,会对其他所有人发生教化作用,甚至是阻吓作用,使大家遵法、守法,使每一个人明确和履行自己的民事义务,尊重他人的民事权利,努力避免损害的发生或者扩大。

火车地板损坏造成乘客重伤,铁路公司要承担赔偿责任,这就体现了民事责任的三个功能:对受害人的权利保护、对铁路部门违法行为的惩罚、对其他有关单位和个人起到警示的作用。

013 诉讼时效

注射针头断在血管里，43年后受害人还能要求医院赔偿损失吗？

民法中有一个重要的制度——诉讼时效。简单来说，就是民事权利会受到法律的强制保护，但这个保护是有期限的。

规定很好理解，但现实非常复杂。比如，一个人要行使权利，但遇到了自然灾害，无法及时行使，错过了期限。这个时候，法律还保护他的权利吗？再比如，一个人被胁迫了，也没办法及时行使权利，又该怎么办？

要想理解这些问题，还是得系统地来学习诉讼时效制度。来看一个典型案例。

医院在43年后还是否需要赔偿

小江在20岁时患病，到医院输液，针头断在了腕部的血管里，做了多次手术，始终也没取出来。医院承诺，今后终身为小江免费治疗。没想到，小江63岁时，血管里的针头又活跃起来，多次治疗后也无法痊愈。他非常痛苦，于是要求医院支付一笔赔偿金。但医院认为这件事已经过去了43年，而且承诺了会给小江免费治疗，就拒绝了赔偿。小江无奈，就到法院起诉了。

案件的情况就是这样。小江能请求赔偿吗？

很多人会想，当然可以。医院输液失误，让小江健康受损。除了继续治疗之外，当年也应该向小江支付一笔赔偿金，毕竟这个损伤会影响小江后续的生活。但我们也知道，法律对权利的保护是有期限的。既然医院承诺了给小江终身治疗，那 43 年后这个权利也会受法律保护。但小江当时没有提出要赔偿金，现在过去了 43 年，这个请求赔偿的权利也受法律保护吗？

要理解这个问题，就涉及诉讼时效制度了。

如何计算诉讼时效期间

具体来说，诉讼时效是指权利人请求人民法院保护民事权利的法定期限。如果一个权利被侵害了，但权利人在一定期限内始终不去法院起诉，这个权利就不再被法律强制保护了。

诉讼时效有三类：

第一类是一般诉讼时效，期限是三年。也就是说，一个权利受到侵害，权利人可以在三年内请求人民法院保护。

第二类是特殊诉讼时效。这类诉讼时效是由法律特别规定的，它的期限会长于或短于三年。比如《民法典》第 594 条就规定，国际货物买卖合同和技术进出口合同的诉讼时效为四年。

这两类诉讼时效的区别就在于期限的长短。

除了期限之外，还有一个因素对于计算诉讼时效也很关键，那就是时效的起算规则。《民法典》对此的规定是，诉讼时效期间自权利人知道或者应当知道权利受到损害以及义务人之日起计算。这里我们要抓住两个关键：一是知道权利被侵害；二是知道要承担责任的义务人。只有同时符合这两个条件，诉讼时效才会开始计算。比如说，小江知道针头断在身体里了,这就满足了第一个条件,知道权利被侵害;他也知道这是医院导致的,这就满足了第二个条件,知道了义务人。诉讼时效在这两个条件都满足的情况下开始计算。

条文里还有一个表述叫"应当知道",意思是说,不管权利人实际上是否知道,但根据常识,法院有理由认为他能够知道。比如说,如果小江在输液后手腕就持续地红肿、疼痛,但他却对法院说自己不知道身体受损害了,所以不能起算诉讼时效,这显然不合理。这就是"应当知道"。

那么,如果一个人的权利被侵犯后,始终没达到诉讼时效的起算条件,又该怎么办呢?

这就涉及最长诉讼时效了,也就是第三类诉讼时效。它是指一个权利从受到损害开始,到去请求法院保护,这中间的时间不能超过20年。只要超过20年,无论诉讼时效是否起算,法律都不再保护这个权利。

诉讼时效期间的中止、中断和延长

诉讼时效还存在三种情况:中止、中断和延长。

第一种是诉讼时效的中止。它是指在诉讼时效期限的最后6个月内出现了客观障碍,让权利人不能行使权利,诉讼时效会暂停计算。客观障碍消除后,会再给权利人6个月时间。比如,在诉讼时效的最后6个月里发生了地震,大家都去救灾了,当事人也不能起诉,这就是一种客观障碍。这时诉讼时效会中止。不管诉讼时效是在最后6个月里的哪一天中止的,灾害结束后,都会再给权利人6个月的时间去起诉。

诉讼时效中止的条件有：不可抗力；无民事行为能力人或者限制民事行为能力人没有法定代理人，或者法定代理人死亡、丧失民事行为能力、丧失代理权；继承开始后未确定继承人或者遗产管理人；权利人被义务人或者其他人控制；其他导致权利人不能行使请求权的障碍。

第二种是诉讼时效的中断。这个制度和诉讼时效中止不太一样。它不是由客观障碍触发的，而要由权利人、义务人做出一定行为才会触发。在诉讼时效的中断期间，也会暂停计算时间。中断状态结束后，不是再给权利人增加 6 个月时间，而是会重新计算诉讼时效期限。比如说，在三年的诉讼时效期限内，如果权利人向法院提起过诉讼，这就会发生时效中断。中断状态结束后，会重新计算三年。

诉讼时效中断的条件有：权利人向义务人提出履行请求；义务人同意履行义务；权利人提起诉讼或者申请仲裁；与提起诉讼或者申请仲裁具有同等效力的其他情形。

诉讼时效的中止和中断，只适用于一般诉讼时效和特殊诉讼时效，不适用于最长诉讼时效。这是因为如果最长诉讼时效也能被暂停和重新计算，那就和一般诉讼时效没有实质性区别了。

第三种是诉讼时效的延长。诉讼时效的延长只适用于最长诉讼时效。具体来说，存在特殊情况时，人民法院可以根据权利人的申请，决定延长最长诉讼时效。当然，这个特殊情况需要在个案中具体认定。

超过诉讼时效会发生的法律效果

一个权利超过诉讼时效后,就不再被法律强制保护了。简单来说,就是会让权利人失去胜诉的可能性。

我们知道,权利与义务相对应。一个人要行使权利,就意味着有一个人要履行义务。

权利在超过诉讼时效后,法律会赋予义务人一个抗辩权。义务人行使抗辩权时,会得到法院的支持,法院会驳回权利人的诉讼请求。比如说,如果小江请求赔偿的权利超过了诉讼时效,医院可以提出诉讼时效抗辩,让法院驳回小江的诉讼请求,进而不用支付赔偿金。当然,抗辩权也是一个民事权利,义务人可以行使,也可以不行使。如果医院不行使抗辩权,仍然愿意支付赔偿金,那小江的权利也依法能被实现。但这就不是法院强制保护的结果,而是医院在自愿履行义务。

结合前面的分析,我们来审视一下本节案例。

小江在43年之后才向医院要求赔偿,这显然超过了20年的最长诉讼时效。按理说,法院应该不再强制保护这个权利了,医院可以主张抗辩而不赔偿。这么说好像是有道理的。但实际上,这个案例存在特殊情况。针头一直在小江的身体里,在他63岁时又带来了新的伤害。这说明,医院当年实施的侵权行为,危害始终在持续,并没有结束。所以,小江可以根据这个特殊情况,向法院申请延长诉讼时效,继续向医院请求赔偿。

014 除斥期间

看错价格签了合同，一个月后还能请求撤销吗？

除了诉讼时效，《民法典》中还有一个重要的时效制度——除斥期间。它和诉讼时效可完全不一样，因为有些权利只能由除斥期间来督促行使。先来看一个案例。

贾先生在商店看中了一台超大屏幕电视机。电视机的价格是36000元，但贾先生却看成了16000元，认为比较便宜就订购了一台，签了合同，也付了定金。

一个月后商店送货，提出要收36000元，把贾先生吓了一跳，赶紧解释是自己看错了价格，要求退货并且拒绝付款。但商家认为，合同已经签署一个月了，不能退货。双方争执不下，贾先生无奈，就到法院起诉，要求撤销这个合同。

签署合同一个月后，贾先生还能请求法院判决撤销合同吗？我可以告诉大家，他确实还能撤销合同，因为他撤销合同的权利仍然在除斥期间内。

要理解这个结论，得先知道什么是除斥期间。

如何理解除斥期间

这个制度，规定在《民法典》第199条。但如果查看具体条文，会发现《民法典》没有使用"除斥期间"这个词，使用的是"权利的存续期间",这是因为,在审议《民法典》时,人大代表们提出这个词太难懂,最好不用。我觉得这个表述还是挺精准的,"除斥",有"排除、斥去"的含义,而除斥期间,就是指法律规定某个权利就存在这么长的时间,过了这个期间,权利就会彻底不存在。所以,我们还是继续使用"除斥期间"这个表述。但翻法条的时候你也要知道,它其实就规定在第 199 条里。

同样都是时效制度,除斥期间和诉讼时效有什么不一样呢?区别有很多,我们主要说三点。

第一,它们的适用范围不同。除斥期间约束的是形成权,而诉讼时效约束的是请求权。

"形成权、请求权"是权利的不同分类方法。简单来说,有些权利,权利人只要一行使,就能单方面地让已经成立的民事法律关系发生变化,也就是马上"形成"法律后果,所以叫形成权。比如贾先生看错价格,请求撤销合同。这个撤销合同的权利就是一种形成权。只要这个权利被行使,就会发生合同撤销的效果,合同会从有效变成无效。它适用的就是除斥期间。请求权也很好理解,正好与形成权相对。它是指那些只有请求他人配合才能实现的权利。被侵权时可以请求赔偿;达成交易后,可以请求付款、交货。这些需要对方配合才能实现的权利,就是请求权。它们适用的就是诉讼时效。

那么,为什么要专门拿除斥期间来约束形成权呢?这是因为形成权通常比较"强势",只靠单方意志就能让一个法律关系发生变化。相比请求权,它更容易让法律关系变得不稳定。对这样的权利,用诉讼时效那么长的期限来约束,起不到督促效果,也不公平。

除斥期间和诉讼时效的第二点区别,是法律效果不同。诉讼时效结束后,发生的法律效果是权利不再受法律强制保护。要注意,这里说的是"权利不再受保护",说明权利还是存在的,仍有被实现的可能。而除斥期间结束后,是让权利直接被消灭,彻底不存在。这意味着,哪怕义务人愿意让权利人继续行使,法律也不支持。因为权利都没了,自然没有再被行使的道理。

最后,这两个期限还有一个关键区别,它们的计算方法不同。

我们知道,诉讼时效可以被中止、中断或延长,但除斥期间不存在这些情况。所以,除斥期间也叫"不变期间"。

那么,除斥期间该怎么计算呢?不同权利的除斥期间长短、起算方式不太一样。我们不用把它们都学一遍,因为有些权利离我们的生活比较远。所以,我选了两个和我们生活相关性比较大的形成权,看看它们的除斥期间该怎样计算。

如何计算解除权和撤销权的除斥期间

第一个是撤销权。具体来说,一个人行使撤销权,就能单方面地让一个合同关系被撤销。本节案例就是这种情况。贾先生把电视机价格 36000 元看成 16000 元,这在民法上叫重大误解。这个时候,贾先生能获得一个法律赋予的撤销权,如果他行使撤销权,就能让合同从有效变成被撤销。

一般来说,撤销权的除斥期间是一年,在当事人知道或者应当知道撤销事由时起算。撤销事由就是出现了合同可被撤销的情况。比如被欺诈签了合同、被胁迫而签了合同、因为重大误解签了合同等。只要当事人发现了这些情况,除斥期间就会起算。

除了期限为一年的一般情况,还有两个特殊规定。第一,如果撤销权是因为出现重大误解才产生的,也就是案例中贾先生这种情况,这个时候的除斥期间只有 90 天。如果超过 90 天，撤销权就会消灭。第二，如果撤销权是因为被胁迫才产生的，比如强买强卖，这个时候除斥期间是一年，但起算方式会改变。这一年不是在被胁迫时起算，而是在胁迫行为结束后才会起算。

除了撤销权，另一个很常见，也受除斥期间约束的权利，是解除权。 它的法律效果和撤销权类似，都是会让一个法律关系从生效变成无效，但它的触发条件和撤销权不一样。具体来说，如果出现了法定或者约定的情况，合同的一方当事人只靠自己的意志就可以让合同解除。

解除权的除斥期间主要有两类，第一类是法律直接规定的，第二类是当事人相互约定的。比如大家都很熟悉的网购"7 天无理由退货"就是一个解除权。它的除斥期间是法律直接规定的，只有 7 天。只要超过 7 天，解除权就会消灭，就不能"无理由"退货了。再比如，假设贾先生买电视机时，和商家在合同里约定：如果发错货，应当在 3 日内退货、解除合同。这种情况，就是当事人约定了除斥期间。合同规定的 3 天就是双方约定的期限。只要超过 3 天，这个约定的解除权就失效了。

那么，如果一个解除权产生了，但它的除斥期间既没有法律的特殊规定，也没有事先约定，这时该怎么计算呢？这个时候，合同一方可以提醒另一方在合理期限内决定是否行使解除权，这里说的"合理期限"就是这种情况下的除斥期间。不过，不同情况下"合理期限"不一样，具体是多少还需要结合双方的交易习惯来确定。比如，如果交易内容是容易变质的生鲜，解除权的除斥期间可能就会更短。

我们来回顾一下本节案例。结合上文的分析，贾先生对电视机的价格产生了重大误解,根据《民法典》的规定,只要他在 90 天的除斥期间内行使撤销权,就能让购买合同从有效变成被撤销,可以拒绝收货。不过,毕竟看错价格是贾先生的过失,如果因为这个原因让商家额外付出了仓储、物流的成本,还是可以要求贾先生合理赔偿一部分损失的。

延伸课堂:

如果是消费者恶意行使撤销权,比如并不是真的因为看错价格,只是单纯不想购买了或者看中其他家的产品,作为商家,他们的权利怎么保护呢?

法律只保护消费者的合法权益。如果消费者恶意行使权利,法律并不保护。

我曾参与讨论过两个恶意打假案例。一个是买法国品牌西装的案例。该品牌是一个在国内生产的外国品牌,结果消费者非让服务员出具一个法国原产发票。服务员不愿意,他就说拿着这个发票去送人,是为了面子好看一点。服务员为了把衣服卖出去,就给他开了发票,结果消费者拿着发票就向法院起诉了,要商店承担惩罚性赔偿。还有一个案件也类似,消费者买的是国产的外国品牌浴缸,也非得让售货员给写上外国原产,最后也去索赔。

这两个案件,商家都有足够的证据证明消费者是恶意打假,最后打假人的诉讼请求也都被法院驳回。

所以，如果消费者借口看错价格要退货，只要商家能证明消费者是欺诈，就可以不撤销合同。

我们有时候解读案例会从消费者角度出发，是因为在消费领域，一般认为经营者处于强势地位，消费者处于弱势地位。《民法典》以及《消费者权益保护法》基本上都是站在消费者的立场，采取倾斜保护政策来保护消费者的合法权益。不刻意强调保护经营者，是因为他们是商主体，有足够的经商经验，也更有能力来保护自己的合法权益。只要规定好公平合理的交易规则，他们就能够用这些规则保护自己。

015 民事法律行为

无偿为他人保管物品,物品受损后需要赔偿吗?

本章前文讲到了《民法典》中规定的主体自然人,以及与自然人有关的权利、义务和责任等问题。这些内容都在《民法典》总则部分,是地基性的知识。从这节开始,我们要开始本章的第二个关键词:行为。这部分内容也在《民法典》的总则部分,具体来说,它是串联起"人"与"规则"的桥梁。其中最重要的,就是本节要讲解的概念——民事法律行为。

我们还是先从一个具体案例开始。

无偿帮邻居保管货物,货物受损后需要赔偿吗

小如开了一个快递驿站,某天邻居采购了一批办公用纸,没找到地方存放,就想请小如帮忙临时保管。小如不好意思拒绝,就答应了。货物存好后,小如提醒邻居务必尽快搬走,不然破了、坏了一概不负责。

第二天,邻居没来取货。第三天中午下起了大雨,驿站屋顶漏水,小如忙着收拾快递,就没顾上那批办公用纸,结果纸张有一大半被淋湿了。邻居来取时发现纸张受损严重,就要求小如赔偿。

小如要赔偿邻居的损失吗?

首先我们可以判断出,小如不存在侵权行为。他没有故意破坏

邻居的财产，恰恰相反，他是在做好事，方便了邻居。而且他也声明了，自己只提供存放，不对破损负责。但在民法中，除了侵权可能要赔偿，如果违反双方约定的权利义务，也可能是要赔偿的。小如和邻居之间的互动是否引起了权利义务关系，这涉及对民事法律行为的认定。

什么是民事法律行为

在《民法典》第 133 条中，有一个对民事法律行为的经典定义：民事法律行为是民事主体通过意思表示设立、变更、终止民事法律关系的行为。

想理解这个定义，要抓住三个关键："主体""意思表示"和"法律效果"。

第一个关键是主体。民事法律行为一定是由民事主体做出的，比如个人或组织。在这之外，凡是和主体无关的，都叫事件。事件简单来说，就是会引起法律效果的客观现象。比如，邻居如果给那批办公用纸买了一个财产保险，这就是一个民事法律行为，它发生在邻居和保险公司这两个主体之间，引起的法律效果是设立了一个保险合同法律关系。天降暴雨，把这批纸打湿了，这时候会产生一个保险理赔的法律关系。理赔这个法律关系会产生，是因为暴雨这个客观现象，暴雨就是事件。

第二个关键是意思表示。意思表示是民事法律行为的核心要素。简单来说，就是一个人内心意思的对外表达。当然，这个内心意思是指"想引起法律效果"。比如，如果邻居付费请小如帮忙保管办公用纸，小如答应了，这里双方的行为就有明确的意思表示。邻居想取得驿站空间的使用权,这是邻居的内心意思;小如想用驿站的空间来换取对金钱的所有权,这是小如的内心意思。同时,他们通过对话把彼此的内心意思对外表达了。最终,法律效果发生,邻居获得了保管服务,小如收获了金钱。这就是双方有意思表示的结果。

那没有意思表示的行为是什么样的呢?其实就是前文讲过的事实行为,比如侵权行为。它会引起什么法律效果就不是被意思表示决定的,而是法律规定的。比较了这两类行为,我们会发现,正是因为民事法律行为里有意思表示,法律关系的各方才能各得其所,实现自己想追求的法律效果。

第三个关键是引起法律效果。这个法律效果,就是民事法律关系的设立、变更或者终止。如果一个行为最终不会引起民事法律关系的变化,那它就不属于民事法律行为,只是一个普通的日常行为。比如,搭个便车、帮人顺路寄个快递、捎个口信等。这些行为都不会引起民事法律关系的设立、变更或者终止。

说到这,我们可以理解,民事法律行为,其实就是一个主体,把想发生法律效果的内心意思进行了对外表达,并且也实际引起了民事法律关系的变化。

回到具体生活,一个民事法律行为通常会有哪些表现形式呢?

民事法律行为的表现形式

民事法律行为主要有四种表现方式,分别是口头形式、书面形式以及推定形式和沉默形式。

交谈、托人带口信、当众宣布等,都是口头形式。书面形式我们都比较熟悉了,只需要注意一点:只要是用文字的方式来表达内心意思，都属于书面形式，不必考虑具体的媒介。所以，除了纸质文件之外，像电子数据、电报、信件、传真等都属于书面形式。

除了这两种我们熟悉的形式，还有两种特殊的民事法律行为表现形式，也就是推定形式和默示形式。推定形式，是指用有目的、有意识的积极行为来表达内心意思。例如，你把机动车停放在收费停车场，法律就可以推定你实施了收费停车的民事法律行为。沉默形式，是指既不通过语言，也不通过行为来表达内心意思，是一种消极的民事法律行为。在通常情况下，沉默不能表达内心意思。只有在法律有特别规定时，才能把当事人的沉默视为构成意思表示，进而使民事法律行为成立。比如有些商品是有试用期的，如果试用期到了，但是买家既不说要，也不说不要，这时候沉默就会被视为做出购买的意思表示。这是由法律明确规定的。

小如应该赔偿邻居的损失

最后，我们来看看本节案例。结合前面的分析可以知道，邻居请求保管纸张，小如答应了。这是两个主体通过口头形式做出了约定行为。这两个行为里，双方有明确的意思表示。邻居希望取得对驿站空间的使用权，小如则愿意给自己设立保管纸张的义务。当邻居把货物存放到驿站时，这个民事法律行为就成立了。具体来说，小如和邻居订立的是一个无偿保管合同，邻居是权利人，小如是义务人。虽然小如说了"免责声明"，但这不会产生法律效力。《民法典》第506条有相关规定，如果出于故意或者重大过失损坏了对方的财产，即使事前有免责条款，这样的免责也无效。小如仍然有义务依照约定妥善保管邻居的财物，现在她违反了合同约定，没有做到妥善保管，让货物损坏了，应该赔偿邻居的损失。

补充一下，虽然小如有妥善保管的义务，但这毕竟是一个无偿的保管行为，如果小如能证明自己对财产的损坏没有故意或者不存在重大过失，也可以不用赔偿。比如说，在暴雨时积极地保护纸张，但无奈雨太大，还是让货物受损了。如果是这种情况，小如可以不用赔偿损失。

016 意思表示

租房期限已满，只交租金不新签合同也能续租吗？

我们知道，一个人可以通过民事法律行为来实现自己想追求的法律效果，这当中最核心的要素是存在意思表示，它决定了一个行为是否属于民事法律行为。

还是从一个案例讲起。

小冬在北京租房居住，和房东约定的租期为两年。两年期满后，小冬又交了三个月房租，房东也没说什么，依旧把钱收了。结果几天后，房东忽然说租期满了，要把钱退给小冬，还要求她马上搬走。小冬不同意，说自己交了钱就是续租了，不愿搬走。双方争执起来，一方要续租，另一方要退租。

很多人可能会想，小冬应该不能续租，因为租期结束了，小冬只交钱，但没新签合同，不能算是续租。但事实上，小冬是可以续租的。双方虽然没有新签合同，但实际上形成了续租的意思表示，并且达成了一致。小冬和房东已经形成了一个新的续租法律关系。

要理解这个结论，得先知道意思表示到底是如何形成的。

意思表示何时成立

意思表示就是一个人把自己想要发生法律效果的内心意思进行了对外表达。我们会发现，现实生活中，一个意思表示的形成过程并没有那么简单。要真正理解它,要抓住两个关键词,分别是"意思"和"表示"。

"意思",是指一个人的内心意思,包括动机意思和效果意思。判断一个意思表示是否成立,我们不考虑动机意思,只看效果意思。

不考虑动机意思,也就是不考虑行为背后的内心动机,因为只看动机无法判断一个人是否想要引起法律效果。比如,小冬交完房租后去买了一件衣服,这是一个典型的民事法律行为。促使她做出这个行为的动机可能有很多,或许是换季、衣服打折或者涨工资了等等。这个购买行为的背后,可能存在无数种动机意思。出现某一个或者某几个动机是不能判定小冬一定会决定购买的,所以民法不会通过动机意思来判断一个意思表示是否形成。

判断一个意思表示是否成立得看效果意思。具体来说,就是直接观察一个人做出行为时,是否有引起法律效果的意图,是否想设立、变更、终止法律关系。我们还拿小冬买衣服来举例。这个行为中,小冬的意图是想转让价金的所有权,并取得衣服的所有权,这里说的价金就是买衣服要付的钱;商家的意图则是想转让衣服的所有权,来换取价金的所有权。不管双方买卖衣服背后的动机意思是什么,它的效果意思都是唯一的,也就是双方在交易各自的所有权,设立一段买卖合同法律关系。

不过,动机意思虽然不决定意思表示的成立,但还是有作用的。具体来说,它能确定一个民事法律行为的具体内容,有助于产生效果意思。比如,天冷了,一个人想添置一件价格 500 元的毛衣,并选择分期支付的方式。这些都是动机意思,确定了要买什么、数量是多少、预算多少、支付方式等等。确定了这些,有助于产生效果意思,也就是形成最终的购买决策。

"表示",也就是表示行为。具体的表示行为是多种多样的。但总的来说,无非就是明示、默示、沉默这三大类。这三类表示行为,就能对应上节讲过的民事法律行为的表达形式。明示,对应的就是用语言、文字做出民事法律行为;默示和沉默,则对应了推定、沉默形式的民事法律行为。

意思表示何时生效

有的意思表示形成即生效,但也有的意思表示必须满足法律要求的条件,才能确定生效时间。总的来说,可以归纳为三种情况。

第一种是有相对人的意思表示,它的生效时间取决于意思表示的方式。如果是以对话的方式做出意思表示,当对方了解到你要表示的具体内容,意思表示就生效。这在民法里叫做"了解主义",了解即生效。比如,小冬交房租的时候说:"房租再减500元,我就再租一年。"房东听到这句话的时候,小冬的意思表示就能生效。对话不只是当面、口头的交流,还包括其他形式,例如电话、视频或者手语交流、手势示意。

在对话方式中,双方的沟通是即时完成的。而在发邮件、寄信、发电报等非对话形式中,意思表示可能无法被对方即时知晓,这时就不能是了解即生效了,而是意思表示到达即生效。在民法中,这叫"到达主义"。具体来说,只要邮件发到了对方的指定邮箱,或者信件、电报被对方收到,哪怕对方压根没看到具体内容,意思表示也会生效。之所以会这样规定,是法律要督促做出意思表示的人尽可能选择能让意思表示顺利到达的方法。

无论是对话还是非对话地传递意思表示,至少都有一个明确的表示对象。如果一个意思表示没有明确的接收对象,它又该在什么时候生效呢?

这就是第二种情况，没有相对人的意思表示，表示行为做出即生效。比如抛弃所有权、立遗嘱等，这些都是单方行为，没办法确定意思表示的接收对象。所以，在表示行为做出之后，意思表示就会生效。其中，立遗嘱还比较特殊。这个意思表示要生效，不光要表示出来，还得遗嘱人死亡。只有遗嘱人死亡，遗嘱的意思表示才会生效。这种情况就是法律的特殊规定了。

第三种情况比较简单，就是以公告的方式做出意思表示。公告一经发布，意思表示立即生效。比如商业广告、招股说明书等。无论有没有人看到，发布即生效。

小冬和房东的续租法律关系已经形成

回到本节案例。结合前文的分析可以知道，小冬在租期满后继续交租，这就是她做出的意思表示，表示对象是房东。这个意思表示既有效果意思，也有表示行为。其中，效果意思是小冬希望建立一个新的租赁法律关系，继续取得房屋的使用权。她的表示行为不是通过语言，也不是通过文字，而是通过一个具体行为——直接支付租金，这是一种默示的意思表示。房东虽然没有提要签续租合同，但他收下租金的行为，也是一个默示的意思表示，表明他有继续转让房屋使用权，取得租金所有权的效果意思。因此，在房东收下租金时，双方的意思表示达成一致，也就设立了一个新的续租法律关系。

既然新的租赁法律关系成立了，如果房东要小冬退租，小冬也同意，那应当给对方一个合理期限，不能要求小冬马上搬走。如果小冬不同意，但房东执意要退租，那房东将构成违约，还需要给小冬支付一定的赔偿。

延伸课堂：

规定意思表示"到达即生效"，会损害相对人的利益吗？

这不会损害意思表示接收方的利益。

发邮件、发电报或者寄信，都是有相对人的意思表示。这类意思表示的生效时间，立法上历来有两种方法确认。一是发信主义，"发信"就是发送信件的意思。这是指，意思表示一旦被表达，就立刻生效，开始计算相对人回复意思表示的期间。比如寄信，信才发出，对方还没收到，就开始给对方倒计时了，这就不怎么公平。另一种方式是收信主义，相比发信主义，它延后了意思表示的生效时间。只有意思表示到达相对人，才会确认意思表示生效。《民法典》采取的是收信主义，相比发信主义，它更能保护意思表示的接收方。

那么，既然《民法典》都规定了意思表示到达才生效，为什么不进一步规定让对方实际看到才算有效呢？

因为没有这个必要。意思表示的发出人，通常比接收人更在意意思表示能否顺利到达。比如，商家发邮件邀约客户采购商品。商家更想成交，自然会去找客户更常用的邮箱，一般不会发到对方不常用的邮箱。如果接收人才是更在意的一方，他没有第一时间收到意思表示，也会主动联系要求对方重发。

而且，规定"到达生效"更能提升交易效率。还拿商家发邮件举例，只要把采购意思表示的邮件发到客户邮箱，哪怕客户实际上没有看到,也开始计算回复期限。期限内客户不回复,就视为不接受意思表示,商家可以马上向其他客户发送采购的意思表示、推进合作。

规定"实际看到才生效",会导致举证难度太大。假设相对人看到了意思表示,也谎称自己没看到,发送方是非常难找证据的。以意思表示到达为标准,有客观记录可以作为证据,就很好举证。比如邮件进入邮箱的电子记录、投递员的投递记录,甚至挂号信、快递还要有收件人签字,这些都是客观证据,发生争议后能用它们来计算确切的时间。

017 民事法律行为生效

不知情错填认购单，行为会产生法律效力吗？

如果各方意思表示一致，民事法律行为就能成立。然而，民事法律行为成立，并不意味着各方就一定能顺利实现自己想追求的效果。如果这个民事法律行为是要去损害他人，法律就不会认可，行为的效果仍然无法实现。

那么，我们如何判断自己实施的行为会被法律认可呢？这就涉及了一个概念——民事法律行为生效。先看一个案例。

不知情错填认购单，行为会产生法律效力吗

在一个学术组织的年会上，会长宣布该学会的某顾问今年八十大寿，请理事们签名祝贺。小贾是该组织理事之一，听完这番话，就离席去接听电话，回到会场时，他看到桌上放了一份书面文件，以为是祝贺信，没有仔细看就在上面签上了自己的姓名。其实，这份文件是某出版社以2000元的价格供学会理事优惠购买书籍的认购单。在小贾离席期间，会长讲了购书事宜，小贾没听到，回来后就直接签了字。后来，售书单位按照认购单给小贾寄书，并要求支付书款。小贾拒绝，双方就发生了争议。

案例的大致情况就是这样。出版社发放了认购单，小贾也签名了，双方意思表示达成一致，而且这个意思表示也没有违反法律规定

去损害他人。看起来，这个行为就应该生效，双方要各自履行合同义务。但实际上，哪怕双方意思表示达成一致，这个民事法律行为依然可能无效或者被撤销。也就是说，小贾最终可以不付书款，结束交易。

要理解这个问题，我们得先了解民事法律行为的生效。

什么是民事法律行为生效

民事法律行为在成立之后，还得符合《民法典》第143条规定的生效要件，只有这样，行为才能生效，才能真正地在当事人之间引起民事法律关系的设立、变更或者终止。

需要符合的生效要件共有三个。

第一，行为人要有相应的民事行为能力。 无民事行为能力人因为不具有辨认能力，法律会认为他无法独立实施民事法律行为。所以，他实施的任何民事法律行为都无效。而对限制民事行为能力人和完全民事行为能力人来说，他们有部分或足够的辨认能力，也就能独立实施部分或全部的民事法律行为。

第二，意思表示真实。 这要求行为人的内心意思与外部表示相一致，不存在瑕疵。意思与表示不一致，也就是心里想的和实际表达的意思不一样，就是意思表示存在瑕疵。本节案例里的小贾就是这种情况。他在认购单上签字了，如果只看这个行为本身，那就是表明要购买，但实际上小贾压根没有想设立一个购买书籍的合同关系。这就属于内心意思与表示不一致。这种情况下，民事法律行为不能实现小贾内心追求的效果，哪怕这个行为生效了，最终也可能被撤销，进而无效。

还有一种情况也会让意思表示有瑕疵，那就是意思表示不自由。这是指行为人的意思表示受到了外界干扰，并非出于自愿。最典型的就是被欺诈、被胁迫或者在显失公平时做出了意思表示。这时候，即使民事法律行为实施完了，也可能被认定为无效。

第三，行为不违反法律、行政法规的强制性规定和公序良俗。 不能违反强制性规定就是指民事法律行为不能违反法律、行政法规去损害国家、社会和他人的合法利益。如果违反了，行为一律无效。违背公序良俗则是指会违反人格尊严、危害家庭关系等的行为，比如以人身自由为代价去借款、签订断绝父子关系的协议，这些都违背了公序良俗，一律无效。

那么，既然民事法律行为符合生效要件才生效，那不符合要求是不是就直接无效了呢？这也不一定。民法的精神是尽可能促成法律关系，实现各方当事人意思自治，一个民事法律行为除了生效和无效两种状态之外，还存在一些"中间状态"，分别是民事法律行为效力待定和可撤销。

民事法律行为的不同法律效力状态

我们重点看一下民事法律行为效力待定、可撤销、无效这三种类型。

第一，效力待定的民事法律行为。

这是指一个民事法律行为虽然成立了，但行为既没有生效，也不是绝对无效。出现两种情形会导致民事法律行为效力待定。一种是行为人的民事行为能力不符合法律要求，比如限制民事行为能力人实施了他不能独立完成的民事法律行为，此时这个行为就会效力待定。另一种是无权处分和无权代理。比如，如果本节案例里的小贾以其他理事的名义签了认购单，就是一种无权代理。无权代理会导致法律行为效力待定。要想让这样的行为生效，要么相应的权利人在事后追认，要么无权处分人、代理人在事后取得了处分权、代理权。

第二，可撤销的民事法律行为。

这通常是指行为人实施了意思表示有瑕疵的民事法律行为，比如前文提到过的被欺诈、胁迫，因重大误解、显失公平而实施的行为等。这些行为在被撤销之前都是生效的。它们最终是否会无效，取决于当事人是否行使撤销权。如果撤销，行为无效；如果不撤销，行为继续生效。当然，这里提到的撤销权适用除斥期间。

第三，无效的民事法律行为。

前文提到，如果一个民事法律行为被撤销，它会从生效变成无效，这就是其中一种无效的情形，在民法上叫相对无效的民事法律行为。除此之外，还有一种情况，是指一个民事法律行为自打成立以来，还没来得及生效，就被直接认定为无效，这在民法上叫绝对无效的民事法律行为，比如虚假行为、违法或者背俗的行为，以及恶意串通行为。这些行为都是要故意损害他人利益，一经成立就会直接无效。

有一类行为比较特殊，叫隐藏行为。认定它无效时要更加谨慎。比如，有人为了逃避税收，明明在进行买卖行为，表面上却说是赠与行为。此时，赠与行为是虚假的意思表示，被隐藏的行为是买卖。一般来说，隐藏行为和虚假行为一样，都有虚假意思表示，按说会被认定为绝对无效。但在隐藏行为的虚假意思背后，还隐藏着其他法律行为。此时，这个被隐藏的真实意思是否有效，就要单独来认定了，而不会一律无效。但虚假的意思无效，这是没有异议的。

结合前文分析可以知道，小贾和出版社都具备完全民事行为能力，能独立实施民事法律行为。双方订立的购书合同也没有违反法律、行政法规强制性规定和公序良俗。这就符合了民事法律行为生效的其中两个要件。

问题是，小贾在签名时，只以为自己签的是祝贺信，并没有看清签的是认购书，这属于意思表示不真实，不符合法律行为的生效要件，它会让成立的民事法律行为处在可撤销的状态。在这种情况下，双方可以先协商解决。协商不成，小贾可以到法院起诉，请求撤销合同，让民事法律行为归于无效。

018 虚假行为

为规避限购商品房的假离婚，是否发生离婚法律效力？

在无效、可撤销的具体民事法律行为中，虚假行为是很常见的一种。最典型的虚假行为，就是为了规避房屋限购政策进行的假离婚，或者把房产登记在家人名下，最后由于种种原因又反悔的情况。那么，这种虚假行为具有法律效力吗？

来看一个典型案例。

假离婚是否具有法律效力

某市要实行房屋限购，有的人听说了，就连夜到婚姻登记机构排队离婚，目的是多买一套房子。小谢和丈夫小黄也排队离了婚，并且顺利买上了新房。随后，女方小谢提出要去复婚登记，没想到小黄说："算了，我们都已经离婚了，两套房子，你一套，我一套。"接着，小黄就准备与其他女士结婚了。小谢说："我们是假离婚呀。"小黄说："既然离婚登记了，就是真离婚。"小谢气不过，就要到法院去告丈夫假离婚。

在这个案例中，小黄和小谢在民法上就是真离婚了，不管他们基于什么目的，虽然行为是虚假行为，但在经过登记之后，实际上发生了真离婚的效果。

要理解这一点,得先知道什么是虚假行为。

什么是虚假民事法律行为

虚假行为,是虚假民事法律行为的简称。对虚假行为,原来的《民法通则》和《合同法》都没有规定,我们主要是在民法理论和民法教科书中讨论这样的问题。依照法理,虚假行为是意思表示不一致的其中一种情形。

虚假行为是行为人与相对人进行通谋实施的虚假意思表示。根据这个定义,构成虚假行为要具备三个要件。

第一,虚假行为的主体是两个人:行为人和相对人。实施虚假行为一定要由两个人共同实施,《民法典》把他们叫做行为人和相对人。其实行为人和相对人一样,对于虚假行为来说,他们都是案件中的行为人,只是在表述上做个区别。以假离婚的夫妻双方为例,丈夫和妻子都是假离婚的行为人,如果丈夫表述为行为人,妻子就是相对人,反之也是如此。

第二,双方当事人实施的行为有共同的意思表示。虚假行为是双方当事人的共同行为,当事人相互之间有共同的意思表示,进行了通谋,也就是说双方共同商量确定,有共同的故意。

第三,双方的意思表示都不真实。只有双方当事人的意思表示都是虚伪的意思表示,才能构成虚假行为。也就是说,双方的意思表示都不是他们实施行为的真实目的。

目前最典型的虚假行为就是假离婚。有的人离婚的目的是规避房屋限购、汽车限购等政策,通过假离婚,买了房、车之后再复婚。当然,就像本节案例里的那样,有些假离婚其实其中一方早就想要离婚了，只是借口假离婚实现真离婚罢了。

虚假行为是否具有法律效力

《民法典》第146条第1款规定："行为人与相对人以虚假的意思表示实施的民事法律行为无效。"可见，**虚假行为就是无效的民事法律行为**。虚假行为的特点是双方当事人进行通谋，通常具有不良动机，因而在主观动机上是共同故意，在意思表示上是双方的不真实。如果只有一方当事人的意思表示是不真实的，而对方当事人并非如此，例如有误解或者发生错误，就不构成虚假表示。所以，虚假行为是无效的民事法律行为，而那些不具有通谋的虚假意思表示行为，原则上就要发生法律效力，是有效的民事法律行为。

虚假行为无效，说起来比较简单，但在实际生活中存在一个问题，就是对那些已经经过登记的虚假行为，怎样才能让它无效呢？就像本节案例，本来说好假离婚是为了买房，买了房一方就说是真离婚了。而且在实际生活中，不仅假离婚经过登记后会成为真离婚，一些假的买卖房屋的行为，经过产权过户登记以后，也容易成为真的房屋所有权过户；机动车交易也要进行过户登记，也会出现这个问题。

民事法律行为的登记，就是使民事法律行为具有公示效力的程序，并且产生公信力。可以说，**即使是虚假行为，经过登记之后，也要承认其具有法律效力。这就是登记的公示效力**。虚假的结婚和离婚、虚假的不动产交易，都进行了登记程序，结果都是有效的。

那么，《民法典》规定虚假行为是无效的民事法律行为，可是一经登记就变有效了，这其实是互相矛盾的。在这种情况下，对于已经登记了的虚假行为,《民法典》没有规定应当怎样处理。

我认为,对已经登记的虚假行为,要想宣告其为虚假行为并且是无效的民事法律行为,必须经过宣告无效的程序。当事人主张与相对人实施的民事法律行为是虚假行为,应当向法院起诉,并且要提供证据证明。只有这样,法院才能判决双方实施的行为是虚假行为,并且宣告无效。通过这样的程序,就能实现宣告虚假行为无效的效果。

例如,在本案中,小谢和丈夫小黄为规避限购房屋假离婚了,小黄借此想跟别人结婚,其实就是一个虚假行为,但这个虚假行为经过了登记,实际上已经发生了真离婚的效果。

如果女方小谢主张这一行为属于虚假行为,需要向法院起诉,经过法院判决才能宣告其为虚假行为,登记离婚无效,恢复其婚姻关系。不过,前提是小谢保留好证明假离婚的证据,如果证明不了是假离婚,就无法获得胜诉结果。

同样,虚假的不动产交易行为经过登记,要想主张这一交易行为是虚假行为,也需要起诉,由法院判决交易行为是虚假行为,宣告行为无效。比如,一位爷爷买房,登记在了自己的孙子名下,此时,孙子就是房屋的所有权人。有一天孙子开车不小心造成行人重伤,需要变卖他的房产,承担赔偿责任,爷爷又说这是虚假行为。如果爷爷能够证明这是虚假行为,法院判决宣告虚假行为无效,就能使所买的房屋"物归原主",否则就没办法了。

经过登记的虚假行为来不及宣告无效

只有当事人诉请法院宣告虚假行为无效,他们的问题才可能得到解决。那如果经过登记的虚假行为来不及宣告无效,例如前边案例中的孙子瞒着爷爷把房子卖掉了,买家经过检查,认为手续齐全,房产证也是孙子的名字,就买了,他对房屋所有权的真实归属并不知情,那爷爷还能主张房屋登记在孙子名下的行为是虚假行为,宣告孙子卖房的行为无效吗?

在我看来,在虚假的物权登记后转移了所有权,有《民法典》规定的一个规则可以用,就是善意取得,也就是说,如果第二手买房人是善意的,对房产所有权的真实归属并不知情,就可以根据善意取得规则取得所有权。这时候,如果确认孙子的行为构成虚假行为,孙子变卖了爷爷的财产,应当承担赔偿责任。除此之外,案例中的爷爷也没有其他的好办法能够保护自己了,也要不回来别人善意取得的房屋。

在本节案例中,如果小谢和丈夫小黄两个人已经离婚,小黄又跟别人去登记结婚了,小谢就不能再请求宣告之前的离婚是虚假行为,宣告后一个婚姻登记是无效的了。因为离婚已经登记,立刻发生效力,已经登记离婚的人如果马上就跟他人结婚,是没有办法撤销后一个婚姻登记的。

当然,《民法典》规定了登记离婚冷静期以后,这样的问题可能就会很少出现了。另外,随着房地产市场的转变,商品房限购政策逐渐放开,用假离婚的方法多买一套房的情形大概率不会发生了。这里讨论的案例,权作解读虚假行为后果的说明吧。

延伸课堂：

为规避限购假离婚，宣告离婚无效后已取得的房产该如何处置？

夫妻规避限购政策买房的离婚虽然是虚假行为，但一经登记就会变成真离婚，要想撤销是很难的，不仅要有充分的假离婚证据，还要对方没有再结婚。目前，实践中还没出现过成功撤销假离婚的案例。

退一步说，就算一方能证明假离婚，对方也没结婚，起诉后法院也判决了登记离婚是虚假行为，那双方还要依据判决，去婚姻登记机关撤销原来的离婚登记。本来一方就不想复婚了，这样的操作难度多大可想而知。

双方假离婚后已经买了房，如果宣告离婚无效，买房合同也是不能撤销的。房屋限购只是一个地方政策，不是法律，政策不能改变民事法律行为的效力。何况，人们假离婚去多买一套房子，也是为了增加自己的财富，而不是要故意损害他人利益。登记离婚后去买房，是真实的行为，也符合限购要求，交易是有效的。即使假离婚被宣告无效，买房行为也已经完成，交易不能被撤销。

019 隐藏行为

为担保借款而签的房屋买卖合同,有法律效力吗?

隐藏行为是用一种民事法律行为隐藏另外一种民事法律行为。

为了更好地理解这个概念,我们还是先从一个案例说起。

蒋老板是一位房地产开发商,因为经营状况不好,没法向银行贷款。无奈,蒋老板只好找到李老板,向他借了5000万元,约好一年后还钱。两人没打欠条,为了避免借钱不还,就签了个5000万元的商品房买卖合同。双方口头约定:如果按期还钱,卖房合同作废;如果不能按期还钱,为了抵债,蒋老板要给李老板交付合同上写的10套商品房,每套价值500万元,加起来刚好5000万元。

后来,借贷到期,蒋老板来还钱了。这时麻烦来了,今日不同往日,房价涨了,以前值5000万元的房子,现在值8000万元了。李老板把合同往桌上一拍,摆手就说:"我不要钱,就要房!"蒋老板一听,不干了:"当初不是说好了,卖房合同只是意思意思,还钱就作废,咋翻脸比翻书还快呢?"李老板不接这个腔,指着合同,来来回回就一句话:"白纸黑字的合同摆着,谁敢不认?"

案例大致就是这样。那么,两人签的卖房合同会生效吗?可能有人会想,虽然两人之前口头承诺过,只要按时还款卖房合同就作废,但毕竟没打借条啊,白纸黑字的只有这份卖房合同,所以应该以这份合同为准。

但事实上,这份卖房合同是无效的,因为这是双方的虚假意思表示。为什么这么说呢？要理解这个结论，就得说到隐藏行为。

什么是隐藏行为

简单来说，隐藏行为就是双方合谋，用虚假的意思表示，隐藏真实的意思表示。

隐藏行为其实由两部分构成，一部分是表面上的虚假行为；另一部分是双方背地里的真实意图，也就是被隐藏的行为。关于隐藏行为，原来的《民法通则》和《合同法》都没有规定，只规定了"以合法形式掩盖非法目的"的行为。但其实，这只是隐藏行为的其中一种形式。我们从逻辑上推演就会发现，除了"以合法隐藏非法"这一种情况，隐藏行为还应当包含另外三种。一种是"以合法掩盖合法"，比如说双方碍于情面，本来是要交易的，但在表面上却用一个赠与行为来掩盖。后两种分别是"以非法掩盖非法"和"以非法掩盖合法"。用非法形式做掩盖的一般比较少见。出现这种情况，大多是因为双方当事人搞错了什么行为是合法的，什么行为是非法的。

因此，《民法典》用"隐藏行为"四个字来概括这四种情况，更严谨，也更确切。

回到日常生活，我们怎样才能及时辨别隐藏行为，避免自己的利益受损呢？这就要涉及三类在日常生活中经常出现的隐藏行为。

第一类是隐藏了民事法律行为的真实主体。也就是说，在一个民事法律行为里，表面上有个虚假的主体，被隐藏起来的才是真实主体。举个典型例子，借名买房。现在很多大城市都有"限购令"，有些人就会借他人名义买房。房产证上写的那个人是假主体，出资买房的才是隐藏起来的真主体。借名买房很容易出现法律纠纷，当事人双方常常会陷入"到底谁才是房产所有人"的争议中。所以，我们也要注意，自己在实施民事法律行为的时候，一定要确定好对方当事人到底是谁，避免事后出现纠纷。

第二类是隐藏民事法律行为的客体，也就是，在民事法律行为中隐藏了标的物的性质。"标的物"是什么意思呢？举个例子，假设蒋老板和李老板订立了一个买卖花瓶的合同，标的物就是花瓶。什么叫隐藏标的物性质呢？比如，合同上写的是普通花瓶，可实际上卖的是不允许流通的文物花瓶。虽然都叫花瓶，但合同上少写了几个字，意思就天差地别了。普通花瓶的买卖合同只是一个幌子，背后的实际行为是倒卖文物。这就属于隐藏客体的隐藏行为。

第三类是隐藏民事法律行为的性质。比如，双方当事人之间本来是买卖行为，为了逃税，两人一商量，把买卖行为变成了一场充满友爱精神的赠与活动。这就属于隐藏行为性质，也是隐藏行为里最常见的一类。在本节案例中，两个老板签房屋买卖合同的真实意图是担保。这样名为买卖、实为担保和借贷的情形，就属于隐藏行为里对行为性质的隐藏。

如何认定隐藏行为的法律效力

有的人认为，既然隐藏行为里有双方虚假的意思表示，那就是弄虚作假，应该认定行为无效。然而，事情没有那么简单。

隐藏行为实际上是有两个行为。所以，认定隐藏行为的法律效力，要对表面行为和被隐藏行为分别认定。表面行为很好理解，它是双方的虚假意思表示，应该直接认定为无效。至于被隐藏的行为的效力，《民法典》第146条第2款规定，"以虚假的意思表示隐藏的民事法律行为的效力，依照有关法律规定处理。"也就是说，被隐藏行为的效力要依照现行的法律规定来判断。如果被隐藏的行为是担保，就要判断在法律上能否担保；如果是赠与，也要看赠与行为是否符合法律规定。一个行为不会因为被隐藏了，就直接失去法律效力，而是要看法律的具体规定。

两位老板合同的担保行为有法律效力

再看本节案例，结论就很清楚了。

首先，两位老板签订的商品房买卖合同只是表面的虚假行为，没有法律效力。其次，双方的真实意图，是用商品房买卖合同来当作借款担保。虽然这样的担保形式没有法律的明文规定，但却是双方的真实意思表示，并且也没有损害他人的合法利益。因此，在司法实践中，这样的担保行为是有法律效力的。这个房屋买卖合同没有任何作用，属于虚假行为，蒋老板只要按时还钱就行。哪怕蒋老板不能按时还钱，李老板也不能直接取得房屋的所有权，蒋老板只能请求法院把这些房屋拿去拍卖或者变卖，用获得的价款偿还借款，还债后多出来的部分仍然属于蒋老板。

020 恶意串通

关联公司签订的合同损害了他人利益，被损害方该怎么办？

本节要讲的民事法律行为，叫恶意串通。

恶意串通和隐藏行为，都是当事人之间暗地里谋划个事儿，区别在于，隐藏行为并不一定损害他人利益，但恶意串通一定会损害他人利益。在现实生活中，恶意串通行为很常见。比如：恶意串通逃避债务，或者公司采购人员跟商家恶意串通拿回扣，等等。

先来看一个案例。

A公司欠B公司巨额债务，约定三年还清，并把旗下子公司的全部资产抵押给了B公司。三年后，A公司没有能力清偿债务，B公司去找被抵押的子公司时发现，这家公司成了一个空壳，绝大部分资产已经先后卖给了另外两家公司。

B公司调查发现，这里边水很深。A公司、被抵押的公司，还有买卖被抵押公司资产的另外两家公司，总共四家公司的控制人都是一个家族的成员。于是，B公司一纸诉状，把四家公司告上法庭，请求认定他们的行为构成恶意串通。四家公司不认账，说："我们是关联公司，关联公司本来就常有业务往来。正常的业务往来，怎么就成了恶意串通呢？"

如果你是法官，你会如何判决这个案件呢？

恶意串通行为的构成要件

要回答这个问题，首先得弄清什么叫恶意串通。恶意串通简单来说就是行为人之间互相串通，共同实施了一个法律行为，损害了他人的合法权益。认定恶意串通行为，主要看三个构成要件。

第一个构成要件，从动机上看，行为人相互之间在主观上都对第三人具有恶意。这指的是，不只是一方行为人对第三人有恶意，而是行为人相互之间都对第三人有恶意。

恶意就是出于不良动机的故意。行为人之间明知会损害第三人的利益，还是希望、追求或者放任损害的发生。比如，张三欠了王五10万块钱，为了拖欠钱款，就和朋友李四商量，编造了一份虚假的债权债务关系，然后故意去法院打官司。张三说，等李四还了钱，自己马上就还给王五。张三和李四作为行为人，在主观动机上都对王五具有恶意。

这就是恶意串通的第一个构成要件，主要判断动机。

第二个构成要件，从行为上看，当事人在客观上相互串通。串通是指当事人双方勾结，共同实现非法目的。听起来很简单，但判断起来可不容易。比如，甲跟乙签订了房屋买卖合同，约定300万元成交。没想到丙又看上了这套房子，丙其实知道甲乙双方已经签订合同，但还是找到甲说："我出320万元买这套房。"于是，甲又跟丙签了房屋买卖合同。这种情况叫做"多重买卖"，甲丙之间后签订的合同就不构成恶意串通，因为在自由市场上，"商人逐利"是一个正常的法则。这不是甲丙合起来坑乙，甲丙之间的行为只能说是不诚信，但不是恶意串通。甲可以把房子卖给丙，只不过要向先签订合同的乙承担违约责任。

第三个构成要件，从结果上看，损害了他人合法权益。互相串通有时可能不会使他人合法权益受损害。比如，假设张三为了躲避王五的债务，和朋友李四串通编造虚假的债权债务关系，准备去法院打官司，以此拖延还债时间。但这个事情提前被王五知道了，张三后来也想办法清偿了债务。这种情况就不属于恶意串通了，因为从结果来看，王五的实际利益最终没有被损害。

恶意串通行为与共同侵权的区别

《民法典》中有一种民事法律行为跟恶意串通很像，叫"共同侵权"，是指两人或两人以上共同实施侵权行为，造成他人损害。共同侵权和恶意串通的区别主要有两个。

第一个区别是，当事人是否具有主观恶意。恶意串通必须具有"恶意"，而共同侵权行为可以是因为故意，也可以是因为过失，它的范围更宽。比如，甲乙相约飙车，飙车时不小心共同撞上了出租车，造成司机重伤。在这种情况下，甲乙是因为共同过失，而不是共同故意造成了这场车祸。所以甲乙的行为是共同侵权，而不是恶意串通。

第二个区别是，损害结果是否可以消除。恶意串通行为是行为人之间恶意地进行串通，实施一个对第三人有损害的行为，这个行为实施了，对第三人就有损害；这个行为一旦被宣告无效，对受害人就没有损害了。比如，张三和李四编造了虚假的债权债务关系，想通过打官司拖延向王五还债的时间。此时，只要法官认定这属于恶意串通，宣告这一行为无效，张三和李四的虚假的债权债务关系就会作废，张三依然要还钱，但不用对他承担其他赔偿责任。

共同侵权行为是多个行为人共同地对被侵权人实施侵权行为，造成被侵权人的权利损害，并造成了实际损失，损害结果是不可逆的。

比如，共同过失造成车祸，这种侵权行为一经发生，就会给对方造成实际损失，而且损害结果的发生不可撤销，没有这一结果的发生，也就无法认定出现共同侵权。

假如一个人遇到恶意串通行为，他可以向法院提出申请，宣告这一行为无效；假如他遇到的是共同侵权行为，则可以要求侵权人对造成的损害结果承担赔偿责任。

恶意串通很难证明

回到本节案例，显然，四个关联公司之间的行为属于恶意串通。

关联公司进行关联交易，只要不损害别人，其实不是坏事，还能使交易关系简便易行。但是，案例中的 A 公司却把旗下被抵押公司的绝大部分资产，先后卖给旗下另外两家关联公司，被抵押公司就成了一个空壳，导致 B 公司的债权无法实现。其中，A 公司想赖账的行为说明它具有主观恶意的动机，变卖被抵押公司的资产属于客观串通的行为，结果上也确实导致 B 公司的合法权益受损。这就满足了恶意串通的三个构成要件。所以，本案中关联公司转移资产损害他人利益的行为，属于恶意串通。行为不发生效力。

此案例中，因为四家公司是关联关系，所以比较容易认定恶意串通。在实际的司法实践中，要证明恶意串通其实难度很大。恶意串通中受损害的一方作为原告，往往会因为举证不足而败诉，一是对方背地串通的证据很难掌握，二是还要证明自己因串通行为受到了损害，在举证上对证据的要求很高。如果生活中我们遇到类似情况，还是要多多留意，保留好必要的沟通记录，关键时候这些可能就是证据。

021 违法与背俗行为

为斡旋招标而出具的欠条,有法律效力吗?

违法与背俗行为也是一类无效的民事法律行为。这类行为和恶意串通不太一样,它不一定会严重损害他人的利益,但会危害公共秩序和善良风俗,所以在民法上也会被认定为一律无效。

还是先看一个案例。

甲公司要拆除废旧设备,于是公开招标。小徐想承接项目,就找到了甲公司董事长的弟弟小李,请他帮忙打点公司领导,好让自己顺利中标。他给小李开了个欠条,欠条上写明:"今欠小李400万元,在签订中标合同三个工作日内,以现金方式支付。"后来小徐中标了,但并不是小李打点关系的结果,小徐也就没支付给小李400万元。小李没有收到钱很生气,两人协商未果后,小李带着欠条就到法院起诉。

那么,小徐应该给小李支付400万元吗?有的人可能觉得,虽然小李和小徐口头约定过,只要一方去疏通关系,另一方就要付400万元,但他们签的只是欠条,而不是劳务合同。所以,不管小李对项目中标有没有帮助,小徐还是应该付钱。

但实际上,小徐并不用支付400万元。在这个案例中,也不必考虑两人签的是借条还是劳务合同,因为双方实施的这个民事法律行为根本就是无效的。

违法行为

这类行为规定在《民法典》第 153 条里。违法行为就是指那些违反了法律强制性规定,或者违反了行政法规强制性规定的民事法律行为。

这样简单的一句话,信息量不小。要真正理解违法行为,要抓住两个关键。

第一,要关注立法级别。这里说的违法行为是一个专门的表达,和我们在日常生活里经常会说的"违法行为"不太一样。这里说的法律,只包括由国家级立法机关,也就是全国人大及其常委会颁布的法律,而行政法规则是指由国务院颁行的行政法规。如果一个民事法律行为只是违反了地方人大通过的法规,或者地方政府发布的管理办法,就不属于这里说的违法行为,这个民事法律行为也不能被直接认定为无效,但可能会受到罚款等其他处罚。

不过,《民法典》第 153 条还规定了一类特殊情况,**就算一个民事法律行为违反了法律、行政法规的强制性规定,也不一定就都会无效**。法条原文为:"该强制性规定不导致该民事法律行为无效的除外"。这就是第二个关键。

怎样判断违反强制性规定不导致该民事法律行为无效呢?最高人民法院的最新司法解释规定了五种情形:一是强制性规定虽然旨在维护社会公共秩序,但是合同的实际履行对社会公共秩序造成的影响显著轻微,认定合同无效将导致案件处理结果有失公平公正;二是强制性规定旨在维护政府的税收、土地出让金等国家利益或者其他民事主体的合法利益而非合同当事人的民事权益,认定合同有效不会影响该规范目的的实现;三是强制性规定旨在要求当事人一方加强风险控制、内部管理等，对方无能力或者无义务审查合同是否违反强制性规定，认定合同无效将使其承担不利后果；四是当事人一方虽然在订立合同时违反强制性规定，但是在合同订立后其已经具备补正违反强制性规定的条件却违背诚信原则不予补正；五是法律、司法解释规定的其他情形。这些规定主要针对合同的效力而言，都比较专业。简单举一个例子，出租违法建筑的房屋，是违反法律强制性规定的行为，但是在争议处理之前，出租房屋已经取得合法建筑手续，就是"行为补正违法"，租赁合同虽然违反强制性规定，但是不导致该民事法律行为无效。

要确认一个民事法律行为属于违法行为，进而认定它无效，是个复杂的流程。不光对立法的级别有要求，还要区分其中的强制性规定，到底是效力性规定还是管理性规定。这其实体现了一种鼓励交易的民法精神。一个成立的民事法律行为，能有效就让它有效，这样才更能激发人们的创造性，鼓励人们去市场上创造财富。

违背公序良俗的行为

背俗行为的全称是违背公序良俗的行为，也是无效的民事法律行为。违背公序良俗，包括两个类型，一是违背公共秩序，二是违背善良风俗。

关于违背公序良俗的行为怎样判断，最高人民法院的最新司法解释作了准确的界定。这就是，违背公共秩序的行为，是影响政治安全、经济安全、军事安全等国家安全或者影响社会稳定、公平竞争秩序或者损害社会公共利益等民事法律行为。例如，土地招拍挂进行暗箱操作，因违反公平竞争秩序而构成违背公共秩序。违背善良风俗的行为,是背离社会公德、家庭伦理或者有损人格尊严的民事法律行为。例如,"换妻"不构成违反法律强制性规定的行为,但却是严重违背善良风俗的行为。

司法解释还规定,在认定合同是否违背公序良俗时,应当以社会主义核心价值观为导向,综合考虑当事人的主观动机和交易目的、政府部门的监管强度、一定期限内当事人从事类似交易的频次、行为的社会后果等因素。

在本节案例中,小徐为了顺利中标,给小李出具欠条,请他帮自己打点领导。实际上,双方实施的根本不是借贷合同,而是一个中介合同。如果这是一个正当的中介行为,它也能生效,但问题是,小徐委托小李做的事情实际上破坏了市场的公平竞争规则,属于违背公序良俗的行为。所以,无论小李是否帮小徐办成了事儿,这个所谓的"欠条"都没有法律效力,小徐自然也不需要支付400万元。

《民法典》中行为规范和裁判规范的区别

我们用条文对比的方法,再来理解《民法典》第153条的规定。

前面几节中提到过《民法典》第143条。这一条里规定了民事法律行为的三个生效要件,其中一个说的就是,民事法律行为要生效,不能违背法律、行政法规的强制性规定和公序良俗。这其实已经从生效要件的角度,把违法和背俗行为给规定了。那么,为什么在第153条里,还要再强调一次"违反法律、行政法规的强制性规定和公序良俗的民事法律行为无效"呢?

在《民法典》里,既有给个人提供指引的行为规范,也有给法官判案提供指引的裁判规范。其中,第143条就属于行为规范,而

第 153 条是裁判规范。对个人来说，要想让民事法律行为生效，要根据第 143 条的指引去行动，要遵守法律、行政法规，以及不违背公序良俗。对法官来说，遇到了违法和背俗行为，就要遵守第 153 条的规定，既不能判有效，也不能判民事法律行为效力待定或者可撤销，而是要直接认定民事法律行为无效。这就是裁判规范的力量，最终会影响判决。

022 重大误解

有奖促销开奖后，商家能以印错奖券为由不兑付奖金吗？

本节讲解一个可撤销的民事法律行为——重大误解。

为了更好地理解这个行为规则，还是先看一个案例。

宋经理经营的酒业公司组织促销，对某款酒进行有奖销售，公告称所有购买这款酒的顾客能获得奖券一张，中奖率100%，其中一等奖三名，二等奖至五等奖若干。一等奖的奖金为2888元，其他等级的奖金不等。促销活动刚开始，萧先生就买了50瓶酒，获得50张奖券，当场开奖一看，一等奖19张，其余各等级的奖都有。萧先生要求兑奖，19张一等奖的奖金就是54872元。宋经理慌了，急忙停止销售，宣称自己的奖券印刷错误，只同意兑现三张一等奖，其他不付。萧先生不同意，坚持要求兑付奖券的全部奖金。

在这种情况下，宋经理需要兑付全部奖金吗？

理解这个问题的关键，要看宋经理的有奖销售行为是不是构成重大误解。如果构成，双方的买卖合同属于可撤销的民事法律行为，宋经理可以行使撤销权，让买卖合同无效，也就无须兑付奖金了。如果不属于，即使印错奖券，宋经理也要根据约定兑付全部奖金。

什么是重大误解

《民法典》第147条规定:"基于重大误解实施的民事法律行为,行为人有权请求人民法院或者仲裁机构予以撤销。"

法条里只是简单描述了重大误解的法律后果,并没有说满足什么条件,行为就会构成重大误解,我们还要结合最高人民法院发布的司法解释来理解这个行为。归纳下来,构成重大误解其实要具备三个要件。

第一,当事人因为误解作出了意思表示。这里说的误解,就是出现了认识错误。比如,案例中宋经理就误以为奖券里只有三张是一等奖,于是对外作出了有奖销售的意思表示。

我们要注意这里误解的标准。它是指,根据一般人的理解,如果没有产生错误认识,行为人就不会作出相应的意思表示。比如,假设宋经理没有产生错误认识,提前查出一等奖的奖券印多了,用通常的理智水平判断,他不会再继续有奖促销,因为这会带来巨额亏损。所以,宋经理对奖券的数量存在认识错误,这就算构成了误解。

第二,误解必须是重大的。出现重大误解可能会让民事法律行为被撤销,进而让行为从生效变成无效,这是很严重的法律后果。因此,对误解的要求是"重大"。该怎么判断一个误解的程度是否"重大"呢?通常有两种情况:第一种情况是对民事法律行为的主要内容出现了误解。比如签订合同时,合同的当事人、标的物、数量就属于合同的主要条款。对这些条款有误解,会给当事人的利益带来重大影响。案例中的宋经理就是这种情况,他对奖券的种类和数量都存在误解,这属于对标的物存在误解,继续履行合同会给他造成巨大损失,所以这就属于重大误解。另一种情况是对民事法律行为的非主要内容出现了误解,但也会造成重大影响。一般来说,签订合同时,像支付方式、履行期限、违约责任等,这些属于非主要条款。如果相关内容没有约定清楚,也是可以事后补正的。对它们存在误解,一般不会带来很大的影响。但如果出现特殊情况,会对交易产生重大影响,也能认定为重大误解。比如交易的是生鲜食品,这个时候履行期限就很重要,如果期限有误可能会让整个合同都无法实现。虽然它是非主要条款,但也可能被认定构成重大误解。

第三,误解应当由当事人自己的过失造成。这里说的过失,是一种不注意、不谨慎的主观状态,是指一般的过错。如果当事人的误解是自己故意或者有重大过失导致的,则不构成重大误解。比如,书画店卖的不是名人原作,但消费者明知道是假画还购买,这就属于故意,就不能基于重大误解要求撤销买卖行为。

理解了重大误解的构成要件,我们会发现,案例中宋经理实施的民事法律行为并不属于重大误解。因为不符合第三个要件——误解应由当事人自己的过失造成。案例中的奖券数量可能非常多,而且还是密封的,宋经理等人不可能提前把奖券都查一遍,才开始有奖促销。所以,有过错的不是设奖者,而是印刷奖券的厂家。但问题是,厂家并不是卖酒中奖合同里的相关当事人,而是在这个合同关系以外的第三人。厂家存在过失,并不能让宋经理的行为构成重大误解。

虽然不构成重大误解,但不意味着宋经理就一定要兑现奖券了。这里涉及另外一个概念——第三人错误。

什么是第三人错误

第三人错误也叫误传,是指行为人因为第三人转达错误而作出了意思表示。本节案例中厂家印错奖券,导致宋经理实施了有奖销售,这就属于第三人错误。根据司法解释的规定,出现第三人错误,可以适用重大误解的规则。这就意味着,如果一个民事法律行为是因为第三人错误而实施的,这个行为可以被撤销。第三人错误这个规则没有规定在《民法典》里,而是规定在最高人民法院发布的司法解释中。

重大误解的法律后果

如果行为人能证明在实施民事法律行为时存在重大误解,则有权请求人民法院或仲裁机构撤销民事法律行为,让行为从生效变成无效。但也有特殊情况,如果根据交易习惯认定行为不可撤销的,则不能撤销。

这里要注意两个关键。

第一,是"有权请求"。这就表明因重大误解产生的撤销权,行为人可以行使,也可以不行使。如果行为人不行使撤销权,因重大误解而实施的法律行为会继续有效。

第二,要注意不可撤销的特殊规定。具体来说,如果在某类交易中,约定俗成了不适用重大误解规则,就不能请求撤销民事法律行为。比如,在云南边境一带的赌石就不适用重大误解规则。因为这就是赌,赌赢了就发财了,赌输了只能认倒霉。不能没赌中就说是重大误解,要求撤销合同,这就不公平了。

当然,如果出现的是第三人错误这种情况,也适用这些法律后果。

　　结合前面的分析可以知道,在本节案例中,虽然宋经理和萧先生之间的卖酒中奖合同,不属于因一方当事人重大误解而实施的民事法律行为,但这个行为是因为第三人,也就是印刷厂出现错误导致的,这在民法上属于第三人错误。根据司法解释的规定,因第三人错误而实施的民事法律行为,也适用重大误解规则,也就是宋经理依然可以请求法院撤销这个有奖销售行为,让行为自始无效,自然也就不用兑现奖券了。

023 欺诈行为

在不知情的情况下购买了"凶宅",知情后能退房吗?

提到欺诈行为,很多人可能都会想到诈骗。诈骗的确是欺诈行为的一种形态,但还有一些行为也是欺诈行为,比如便利店的商家销售假货,商家编造虚假加工时间多收加工费,出租汽车司机绕路多收费。与明显的诈骗相比,这些行为似乎不太容易界定。

为了搞懂到底什么是欺诈行为,我们先来看一个典型案例。

赵女士通过房屋中介公司,用400多万元购买了郝女士的一套房屋。洽谈合同时,赵女士发现同小区同户型的房屋报价都比这套房屋高出几十万元。她特意询问了房屋以往的使用情况,房屋中介公司和卖家郝女士都说只是因为要移民急需资金才低价出售。赵女士信以为真,签署了购房合同,没想到后来从邻居那里得知,郝女士的丈夫年前在房内上吊自杀了。赵女士听后非常气愤,就把卖家和房屋中介都起诉到法院,请求撤销房屋买卖合同并赔偿损失。

对于这种发生过非自然死亡的房屋,比如自杀、凶杀等意外死亡事件的房屋,民间常叫做"凶宅"。那么,购买了"凶宅"到底能不能退房呢?

理解这个问题的关键,要看卖家和房屋中介的行为有没有构成欺诈。

什么是欺诈行为

《民法典》总则编司法解释第 21 条对此做了规定,"故意告知虚假情况,或者负有告知义务的人故意隐瞒真实情况,致使当事人基于错误认识作出意思表示的",就是欺诈行为。按照这一规定,认定欺诈行为需要满足三个条件:

第一,欺诈的一方必须是出于故意。欺诈要求行为人的意图就是欺骗对方,是在追求这样的结果实现。如果是过失行为,就不构成欺诈。假设本节案例中,房屋中介不知道房内有人自杀过,那么这种情况就属于房屋中介的过失行为,不构成欺诈,因为一方只有具备故意的要件才可以构成欺诈。

第二,在客观上已经实施了欺诈行为。这就是说,只是想想欺诈的计划还不算欺诈。

在生活中,我们会发现,有一种欺诈是故意捏造事实、虚构情况,诱使对方上当受骗。这种在法律上叫积极欺诈行为。比如商家贩卖假货故意说成是真货,就是积极欺诈行为。

还有一种是故意隐瞒真实情况,不把真实情况告知对方当事人,使对方上当受骗。不过,只有行为人负有告知义务,却故意不告知的,才构成欺诈,这在法律上叫消极欺诈行为。

比如,商家对存在瑕疵的商品,应当告知消费者而不告知,这就是消极欺诈。如果是 A 顾客发现商家商品存在瑕疵,没有告知 B 顾客,A 顾客不构成欺诈,因为他不具有告知义务。

第三,受欺诈方违背真实意思实施民事法律行为。也就是说,一方当事人是因为受到对方的欺诈,由此作出了错误的意思表示,与对方实施违背自己真实意思的民事法律行为。比如,顾客不知道所购商品是假货,以为是真品才购买,如果知道是假货肯定就不买了。

只有这三个条件都满足,才能构成欺诈行为。此时,被欺诈方对欺诈行为享有撤销权。结合这三个条件,我们再来看本节案例。卖家和中介公司故意隐瞒房屋属于"凶宅"的事实,满足前两个条件;买家以为房屋是正常的房子,做出了错误的意思表示,违背自己的真实意愿,满足第三个条件。所以,卖家和中介公司构成欺诈行为,买家可以请求撤销房屋买卖合同,甚至可以请求惩罚性赔偿。

案例中,卖家和中介合起伙来欺诈买家。其中,卖家和中介是欺诈方,买家是被欺诈方,这种行为属于**一方欺诈行为,它的特点是欺诈行为涉及两方,而且是两方欺诈另一方。**

第三人欺诈行为

现实中的欺诈行为很复杂,除了一方欺诈之外,还有一种欺诈行为,叫做第三人欺诈行为。和一方欺诈行为不同,**第三人欺诈行为一共涉及三方人员**。以买卖交易为例,在第三人欺诈中,**欺诈方不是合同或交易行为中的任何一方,而是在此之外的第三人。第三人实施欺诈行为,是对合同中的一方当事人进行欺诈,让他发生错误认识。**比如,张三无法清偿债务时,银行让张三借新债还旧债,再让一个可靠的第三人提供担保。张三找到李四作为保证人,对他隐瞒以新还旧的事实,只说是贷款,请求他给银行提供担保;保证人李四信以为真,与银行签订了对债务人张三的保证合同。后来,债务到期,张三没办法清偿债务,银行就要李四承担保证责任。这份保证合同是保证人李四与银行签订的,第三人就是债务人张三,被欺诈人就是李四。

值得注意的一点是,第三人欺诈还有一个关键点,就是被欺诈一方的对方当事人在主观上知道或者应当知道第三人在对一方当事人实施欺诈行为。在这个案例中，第三人张三对李四实施了欺诈行为，隐瞒以新还旧的真实事实。这个欺诈行为是银行与第三人张三串通骗保，银行作为保证合同的当事人，当然知道第三人对李四实施的欺诈行为。

如果因第三人欺诈而实施的民事法律行为，被欺诈一方的对方当事人不知道或者不应当知道这是欺诈，这个民事法律行为就是有效的，受欺诈的一方当事人就不享有撤销权，不能请求法院或者仲裁机构撤销这一民事法律行为。比如还是刚才的案例，如果借新债还旧债是张三自己隐瞒的，银行确实不知情，那么银行和李四的保证合同就是有效的，李四不能撤销。

欺诈行为的后果

不管是当事人一方欺诈，还是第三人欺诈，这两种行为的法律后果都是可撤销的民事法律行为，受欺诈方有权在法律规定的除斥期间内，也就是从当事人知道或者应当知道欺诈的撤销事由之日起的一年内，请求法院或者仲裁机构予以撤销。

如果当事人不知道欺诈事由，在欺诈行为发生之日起五年内没有行使撤销权的，撤销权也会消灭。

民事法律行为的欺诈往往与诈骗犯罪相联系。一般来说，民事欺诈不都是刑事诈骗，但是，刑事诈骗差不多都是民事欺诈。因此，受到民事欺诈的，要注意是不是构成诈骗罪，如果构成诈骗罪，还可以追究其刑事责任。

024 胁迫行为

在暴力威逼情况下签订的合同是有效的合同吗?

本节我们学习另一类可撤销的民事法律行为——胁迫行为。

还是先从一个典型案例开始。

小胡与小赵合伙承包建设工程。某天,小赵发现小胡在施工的时候偷工减料,非常生气,把小胡揍了一顿,还对他说:"限你三天内复原工程,否则有你好受。"小胡很害怕,赶紧把工程复原了,因为担心小赵举报,还多给了他五万元。小赵一看有利可图,就又以暴力逼迫,强迫小胡再签一份协议,约定小胡在元旦前必须还清小赵的全部投资款 200 万元。为了保证协议能执行到位,小胡对协议内容全部负责,并承担法律责任,本项目一切盈利及损失都与小赵无关。事后,小胡向法院起诉,以小赵胁迫为由请求撤销协议,并且要求返还五万元。

案例的情况就是这样。我们很容易看出小赵确实进行了两次威胁,但这两次并不都属于民法上规定的胁迫行为。小赵通过暴力让小胡复原工程,不属于胁迫行为,逼迫小胡签订协议才属于。

要理解这个结论,得先知道什么是胁迫行为。

什么是胁迫行为

胁迫行为被规定在《民法典》第 150 条,具体来说,是指一方当事人或者第三人，用胁迫手段给另一方造成了心理上的恐吓或者直接造成损害，使另一方在违背其真实意思的情况下实施了民事法律行为。从这个表述可以得知，胁迫行为其实分为两种。一种是以恐吓为手段，主要是用将来会发生的祸害相威胁，使对方产生心理上的恐慌，不得不实施民事法律行为。另一种是以不法行为为手段，也就是直接给对方造成人身损害或财产损害，以此为要挟，使对方不得不实施民事法律行为。本节案例里的小赵第二次就直接对小胡实施了暴力行为，逼迫他签订协议。

胁迫行为的构成要件

胁迫行为的构成要件没有直接规定在《民法典》第150条里，而是在最高人民法院发布的司法解释中。归纳起来，主要有三点。

第一，必须有一方或者第三人实施了恐吓、不法行为的事实。这里说的"实施恐吓"，是指行为人用将来会发生的祸害作为威胁。将来的祸害，包括对生命、身体健康、财产、名誉、自由等方面可能会造成的严重损害。这个祸害可以是针对被胁迫人自己的，也可以是针对他的家庭成员、亲戚或者朋友的。判断是否实施了恐吓，依据的是主观标准，也就是说，只要一个人被威胁后感受到了恐慌，这就算是受到了恐吓，不参考其他人的感受。比如，如果案例中小赵不是用暴力直接胁迫小胡，而是威胁说，"如果你不和我签订协议，我就把你小时候的一件糗事曝光。"这样不痛不痒的威胁，可能很多人都不会感到恐慌，但只要小胡觉得恐慌，就依然能算是小赵实施了恐吓。

在第一个要件里，除了"实施恐吓"这种情况，还有一种情况，是实施了不法行为。在不法行为里，让人感受恐慌的就不是将来发生的祸害，而是已经发生或者正在发生的现实损害。同样，这些现实的损害是否会让人感受到恐慌，依据的也是主观标准，不参考其他人的感受。

第二，一方或者第三人在实施胁迫行为时必须出于故意。这里说的故意有两层意图。一个是故意通过行为让对方产生心理恐慌，另一个是故意让对方与自己实施民事法律行为。这两层意图缺一不可。比如，小赵第一次用武力逼迫小胡，就只有一层意图，也就是让小胡感到恐慌，进而复原工程。小赵当时并不想让小胡和自己进行其他的民事法律行为，缺少了第二层意图，所以就不能算是胁迫行为，但小赵可能会构成故意伤害。

第三，相对人因胁迫不得不实施民事法律行为。胁迫行为和被胁迫人实施的民事法律行为，这两个行为之间要有因果关系。其中，威胁是原因，订立民事法律行为是结果。相对人感受到的心理恐慌，是这两者发生因果关系的链条。没有这种因果关系，不能认为是胁迫行为。比如，假设小胡被武力威胁后，并没有感到内心恐慌，他愿意和小赵签协议，只是想借机花掉自己一笔来路不明的资金。在这种情况下，胁迫和实施的民事法律行为之间就没有因果关系。

一方胁迫和第三人胁迫行为的法律后果

无论是一方胁迫，还是第三人胁迫，都属于可撤销的民事法律行为。它们的撤销权行使规则和除斥期间的期限长短，和前文中的欺诈行为是一样的。

不过，我们要注意，胁迫行为的一年除斥期间在起算方式上比较特殊。它不是从知道胁迫行为发生时起算，而是在胁迫行为终止之日起算。因为胁迫状态通常会持续,在胁迫行为终止后才起算除斥期间,可以更好地保护被胁迫人的利益。

结合前文分析可知,在本节案例中,小赵第一次实施的威胁不属于胁迫行为,因为小赵没有让小胡实施民事法律行为的故意,不满足胁迫行为的构成要件。但小赵第二次对小胡实施暴力,让他感到内心恐慌,进而签订协议,这就同时满足了胁迫行为的三个构成要件,构成当事人一方胁迫。所以,小胡被迫签订的协议属于可撤销的民事法律行为。他有权请求法院或者仲裁机构撤销协议,让协议从生效变成无效。至于小胡给出去的五万元,虽然不能以胁迫行为为由要求返还,但小胡可以向法院主张小赵不当得利,请求返还。

国家对民事法律行为效力的干预

民事法律行为效力的规定背后,体现了我国民法在逐渐弱化国家对民事活动的干预。

在制定《民法通则》时,因为改革开放刚开始,民法把大量的民事行为都界定为无效行为。比如,当时的欺诈、胁迫行为都不是可撤销的民事法律行为,而是一律无效的民事行为。我们知道,当法律太轻易地把民事行为确认为无效,让一个民事法律行为死亡,其实就是国家过度干预了当事人之间的民事活动,最终会阻碍交易和经济的发展。

等到1999年制定《合同法》时,这个问题有了初步的修正。《合同法》把欺诈、胁迫等行为从原来规定的一律无效,改为损害国家利益的才会无效,损害其他民事主体利益的可撤销。这就在一定程度上减少了国家对民事法律行为的干预,但也留下了一个问题——把国家和其他民事主体区别对待了，采取了不平等的保护方式。

现在《民法典》就彻底解决了这个问题，胁迫、欺诈等民事法律行为都一律被规定为可撤销的民事法律行为，不再区别对待。这样，对民事法律行为效力的认定也更加有弹性，更有利于促进民事活动的发展。

025 显失公平

乘人急需低价收购轿车，交易可撤销吗？

这一节，我们继续学习一个可撤销的民事法律行为——显失公平，也就是显然不公平的行为。先来看一个案例。

郑先生在老伴去世后，一直和独生子共同生活。不巧，儿子感染重病，急需治疗费用。因为时间紧急，郑先生只好先找邻居们借钱。老王是邻居之一，了解到郑先生最近新买了一辆轿车，这次正好郑先生急着用钱，老王就提出要用 5 万元购买那辆轿车。实际上，这辆轿车价值 20 多万元。郑先生其实不愿意，但想到儿子病情紧急，还是忍痛卖了。

后来，郑先生的儿子还是因为病情太重不治身亡。事了之后，郑先生找到老王想退钱赎车，但老王坚决不同意。无奈，郑先生只好向法院起诉，请求撤销这个交易。

在这种情况下，郑先生可以请求退钱赎车吗？可能有的人会想，应该不行。虽然郑先生打心底不愿意卖，但实际交易时他是清醒的，没被欺诈，也没被胁迫，最终也决定了要交易。这属于正常交易，郑先生不能要求退钱赎车。

但实际上，他可以请求退钱赎车。因为双方的交易属于显失公平行为。

什么是显失公平行为

显失公平的行为规则，在《民法典》第 151 条。具体来说，显失公平就是一方当事人利用对方处于困境，或者缺乏判断能力，趁机和对方实施了对自己有重大利益、使对方明显不利的民事法律行为。

认定显失公平的要件有三个。

第一个要件，是行为人趁对方处于困境或者缺乏判断能力，与其实施了民事法律行为。这主要有两种情况。一种是行为人利用对方处于困境，包括利用对方在经济、生命、健康、名誉等方面的窘迫或急需。比如本节案例，郑先生急需用钱，老王趁机用 5 万元买下了价值 20 多万元的轿车，这是利用郑先生在经济上的困难。这里说的急需，一般是指陷入困境的一方迫切需要对方提供金钱、物资、服务或劳务，但一般不包括文化、政治上的急需。比如，假设郑先生看到一幅名画特别喜欢，非得买，但没筹到钱，只好出卖自家的房产，结果被对方趁机压低价格，交易成交。这种状况就不能算是陷入困境。

利用对方陷入突发困境的情况现实中其实比较少发生。像案例里郑先生那么紧急的情况是不多见的，但凡他有多一些时间筹款，可能都不会把轿车以 5 万元的价格出手。

在现实生活中，更常见的是第二种情况，也就是行为人利用对方缺乏经验，不懂交易规则或者过于轻率，进而实施了不公平的民事法律行为，让他人承受不利后果。比如，小江被他人驾车撞伤，腰椎骨折。住院不久，双方就达成和解协议，赔偿三万元，一次了结。结果第一次手术小江就花了三万多，后续治疗费还不能预测。这时小江要求继续赔偿，但被肇事者拿出协议拒绝。这就属于没有经验而达成协议，是可以撤销的。撤销后小江可以根据伤情，请求对方支付合理的赔偿费用。

第二个要件，是行为实施后，行为人所得的利益超出了法律所准许的限度。这是指，无论是利用对方处于困境，还是利用对方没有经验，利用他人的一方，都会提出十分苛刻的条件，让对方十分不利。这会导致在显失公平行为里所获的利益，是在正常情况下不可能得到的重大利益。一般认为，在买卖行为里只要交易价格少于市场价一半，或者超出市场价一倍，都应当认定为显失公平。在借贷民事法律行为中，只要民间借贷约定的利息超过了合同成立时一年期贷款市场利率的四倍，也应当认定为显失公平。这也是在司法解释里有明确规定的。

不过，我们也知道，物价和利率水平会波动，在不同时间点里确定是否显失公平，结果可能会不同。为了更准确地认定，还要设置一个明确的认定时间。

这就是第三个要件——显失公平的发生时间应当在民事法律行为成立之时。这是指，只有在民事法律行为成立时就已经构成显失公平的，才能请求撤销行为，让合同归于无效。如果显失公平发生在民事法律行为成立后，是客观条件变化导致的，则不适用显失公平规则。比如买理财产品，就不能因为市场波动，理财产品价格暴跌，就去主张显失公平，要求撤销合同退回投资款，这样的行为就违背市场交易秩序了。

显失公平的法律后果

显失公平的民事法律行为可被撤销。受损害的一方有权请求人民法院或者仲裁机构撤销这个民事法律行为，让合同从生效变成无效。

这个撤销权的除斥期间是一年，在受损方知道或者应当知道撤销事由时起算。

在有些领域，不适用显失公平的规则，比如民间文物交易。文物交易讲究的是"淘"，就是要看谁眼光高，识货还是不识货。如果买家不能认清交易物件的真实价值，没淘到宝贝，就不能认为卖家是在利用买家缺乏经验、不懂行情。买家也不能以显失公平为由去主张行使撤销权，要求撤销交易合同。当然了，这是一种特例，是特定交易习惯导致的。在大多数消费场合里，只要符合法定条件，仍然能适用显失公平规则。

本节案例中，老王在郑先生急需用钱的时候，用5万元就买下了他价值20多万元的汽车。这是利用郑先生处于困境，趁机和他进行了不公平的交易，属于显失公平行为。此时，只要郑先生在一年的除斥期间里主张行使撤销权，就可以撤销这个民事法律行为，让合同从生效变成无效，实现退钱赎车。

显失公平的立法变化

我国关于显失公平行为规则的立法，经历了一系列变化。

上文在讲显失公平的第一个要件时说过，这个行为实际包括两种情况，一种是利用对方处于困境，另一种是利用对方缺乏判断能力。它们的法律后果也都一样，会让民事法律行为可撤销。然而，在《民法典》出台之前可不是这样，在原来的《民法通则》里，这两个情形是被单独规定的，它们的法律后果也不一样。当时，利用对方处于困境的行为，被认为在主观上比较恶劣，所以法律后果是行为直接无效。而利用他人缺乏经验，则被认为主观恶性没那么大，所以法律后果是行为可撤销。当时这是两个完全不同性质的行为,但后续的司法实践表明,这两种行为的主观恶性并没有很明显的差别,行为本身也没有太大差异,最终造成的后果也都是显失公平。

我国民法一直在尽量减少国家对民事法律行为的强制干预,要尽可能少让民事法律行为直接无效。所以,后来的立法就把这两种行为合并了,统一规定为显失公平,法律后果是民事法律行为可撤销。这就既简化了民事法律关系,又减少了法律条文。

在《民法典》时代,不论是一方利用对方处于危困状态,还是利用对方缺乏判断能力等情形,只要构成了显失公平,都统一适用《民法典》第151条的规定。

026 代理

接受他人委托卖车却和自己签了合同,如何认定行为效力?

我们知道,一个人除了亲自实施民事法律行为,很多时候,还会委托他人来代理进行民事活动。在这些情况里,法律关系更加复杂。参与法律关系的主体会从双方变成三方,甚至更多方。这时再进行民事活动,又该注意哪些问题呢?

这就涉及民法中一个很重要的制度——民事法律行为的代理。这一节先讲解代理制度的一般规则。先来看一个案例。

小孟想卖车,就委托小沈帮自己出售,还签了授权委托书。随后,小沈把车交去评估,确定价值 7.5 万元,小孟也同意按这个价格出售。但没承想,小沈看到价格自己也心动了,就以小孟的名义跟自己签了合同,也把卖车款交给了小孟。后来,小孟发现买车的人竟然是小沈,很不高兴,认为小沈可能对汽车估价做了手脚,就要求他退车。小沈不愿意,两人争执不下,就起诉到了法院。

小沈这样的代理行为有效吗?可能很多人觉得是有效的。小孟给小沈授权了,就意味着小沈享有代理小孟卖车的权利。更何况小沈也没占便宜,是根据市场价买的车。卖给谁不是卖呢?所以代理行为有效。但实际上,小沈的代理行为是否有效,得看小孟的态度。要理解这个问题,就得说到代理制度。

什么是代理

在展开讲解代理行为的含义之前,我们得先知道,在一个涉及代理的民事法律关系里,至少有三方主体。分别是被代理人、代理人以及第三人。

被代理人,就是以自己的名义授权出去,请他人代替实施民事法律行为的人。与被代理人相对应的是代理人,也就是获得了授权,能用被代理人的名义去进行民事活动的人。最后是第三人,他会直接与代理人进行民事法律行为。

代理是指代理人在被代理人的授权范围内,以被代理人的名义独立与第三人实施民事法律行为。并且,民事法律行为引发的法律效果直接归属于被代理人。

规则的含义不难理解,但现实可就复杂了。比如本节案例,小孟是被代理人,小沈是代理人,这都很清楚。但比较特殊的是,小沈自己把车买下来了,既是代理人又是第三人。这样的代理行为能不能直接生效呢?

有效代理行为的条件

有效代理要满足三个条件。

第一,代理人要替被代理人独立地作出意思表示。代理人的职责,是替被代理人实施民事法律行为。具体来说,包括了代为作出意思表示,以及代为接受意思表示。在这里,要注意区分"传达被代理人的意思"和"代为作出意思表示"。这两者是不同的。如果只是传达,就不算是代理。比如,代人保管物品、代人照看儿童,这也是接受他人的委托，但受托人不代为作出意思表示，因为这些活动一般不需要和第三人再产生法律关系，所以都不是代理行为。

第二，代理人要在代理权限内进行法律行为。代理人的所有代理行为都必须在被代理人的授权范围内。如果代理行为超出授权范围，就会变成越权代理。比如，假设案例中的小沈不光是代理小孟把车卖了，甚至还帮他又买回来一辆新车，这就是越权代理。小孟只授权小沈卖车，并没有要求他买车。遇到这种情况，小孟可以不认账，让小沈自己承担买车的花费。

第三，代理人要以被代理人的名义进行民事活动。这在民法上叫"显名主义"，也就是代理时要显示出被代理人的名义。这么做是为了让民事法律行为的结果最终归属于被代理人。

虽然代理人应该用被代理人的名义去实施民事法律行为，但一般来说只能和第三人实施，而不能和自己实施。同时，代理人也不能用被代理人的名义，与自己同时代理的其他人实施民事法律行为。法律禁止这两种行为，是因为它们容易引起纠纷，会让被代理人认为代理人在实现自己的利益或者在帮他人谋利。

不过，民法的精神是意思自治。所以，这两种禁止的代理行为也都有例外规定。只要代理人在事前取得了被代理人的同意，或者在事后得到了代理人的认可，就可以和自己交易，或者与自己代理的其他人交易。

代理的适用范围

在民法中，并不是任何事情都可以找人来代理的。《民法典》第161条有专门规定，明确了代理制度的适用范围。

总的来说，绝大部分行为都能被代理。不光买卖、租赁这些常见的交易行为，还有一些有关司法、行政行为也能被代理，比如说律师代理诉讼，相关专业人士代理申请注册商标、代理申报纳税，等等。

不能被代理的行为我们要重点关注。首先，违法行为肯定不能被代理。代理他人去买烟当然可以，但代理他人去买毒品就不行了。此外，人身行为，也就是必须由本人亲自做出决定和表达的行为，像订立遗嘱、婚姻登记、收养子女等等，这些行为也不能被代理。最后，有人身性质的债也不能请他人来代理履行。这里说的债，是指一种合同义务，比如明星被邀约开演唱会，签了合同，总不能找人去代为演出吧，哪怕找一个更知名、唱歌更好听的人来替代也不行，因为粉丝认的是明星本人。

小沈的行为需要小孟事后追认

我们来审视一下本节案例。

小孟委托小沈出售汽车，小孟是被代理人，小沈是代理人。这是一个法律允许的代理行为。不过，小沈以小孟的名义和自己做了交易，这属于法律禁止的代理，因为有可能损害小孟的利益。但这种禁止行为也有例外。为了更好地维护被代理人，也就是小孟的利益，最终小沈的代理行为是否有效，要看小孟是否事后追认。如果小孟没有异议，那就没有问题，交易继续生效。然而，现在小孟提出了异议，这个代理行为就无效了，小沈就要把车退回。如果因为多转手一次使车价降低，小孟还可以要求小沈赔偿一定损失。

延伸课堂：

家长以耽误学习为由卖掉了12岁孩子的限量款游戏机，或者父母在孩子不知情的情况下修改了16岁孩子的高考志愿，在这些情形中，能否认为家长属于无权代理？

这些情况都不适用无权代理规则。法定代理没有无权代理这一说。因为在法定代理中，被代理人都是无民事行为能力人和限制民事行为能力人，不能独立实施全部或者部分的民事法律行为，所以必须要有人代理，这个代理人就叫法定代理人。这是法律直接规定的代理人，而且代理权限很大，能代理全部行为。所以，法定代理中不会出现无权代理。

卖掉未成年人的游戏机，未经被监护人的同意修改高考志愿，都发生在法定代理的范围内，其实法定代理人都是有权决定的。只不过，12岁的孩子和16岁的孩子已经有了一定的辨认能力，也能自主决定一些事务，家长应当尊重孩子的意见，不能武断地做出代理决定，要不然，就会违背孩子的正当愿望。

027 无权代理

代理持股却擅自出售股票，行为有法律效力吗？

我们知道，代理行为要生效，必须得到被代理人明确授权，否则就可能构成无权代理。那么无权代理发生后，被代理人、相对人又该如何保护自己呢？实施无权代理的行为人该承担哪些责任呢？

先看一个案例。

小李曾向某信用合作社投资认购股份 2 股。后来信用社改制成了发展银行，就把这 2 股转为股票 180 股，分红、扩股时又增至 188 股。小李将这些股票交由小张持股，并约定由他代领股息。结果没多久，小张就擅自通过证券公司把股票过户卖给了第三人小鹿。小李发现后非常生气，就把小张和小鹿诉到了法院，要求他们返还股票。

案例的情况就是这样。小李能请求他们返还股票吗？有人可能会觉得可以。小张未经授权出售股票，小李反对，这个交易就不能生效，当然要返还。但实际上，小李是要不回股票的。小张的行为能否生效，确实得看小李的态度，但哪怕小李最终否认了交易，他的股票也无法要回。要理解这个结论，得先知道什么是无权代理。

什么是无权代理

无权代理规定在《民法典》第 171 条里，具体来说有三种类型。

第一种是没有代理权的无权代理。这是指行为人压根没得到过被代理人的授权，却直接以被代理人的名义实施了代理行为。比如伪造他人的公章或授权委托书，再用他人的名义实施民事法律行为，这是最典型的无权代理。

第二种是超越代理权的无权代理。这是指行为人与被代理人之间本来有代理关系，被代理人也指定了具体的代理范围，而代理人却超出授权范围实施行为。比如，甲委托乙购买中药，乙却擅自做主给甲买了西药。

第三种是代理权终止后的无权代理。代理权终止就意味着代理关系不存在了，这时还以被代理人的名义实施代理行为，就是无权代理。代理期限结束、代理事务完成、代理资格被取消，这些情形都会导致代理权终止，此时代理人如果还实施代理行为，就构成无权代理。

在本节案例中，小张接受委托代领股息，却擅自把股票卖了，属于超越代理权的无权代理。

无权代理是一种效力待定的民事法律行为。这类行为既不马上生效，也不直接无效，最终是否生效要看被代理人的态度。之所以这么规定，是因为无权代理行为并非都对被代理人不利，有些也可能有利。比如，假设案例中股票被卖后就暴跌了，那小张的无权代理反倒帮小李规避了损失，这就可能变成有利行为。所以，如果被代理人事后追认，相对人也有意与被代理人继续实施民事法律行为，无权代理就可以从效力待定变成生效。这样既能更好地保护各方当事人利益，也有利于维护交易秩序稳定。

被代理人和第三人可以行使的权利

一个无权代理行为要想生效，和被代理人、相对人都息息相关。无权代理行为发生后，他们都可以行使相关权利。对被代理人来说是追认权，对相对人来说是催告权，对善意相对人来说则是撤销权。

追认权就是指被代理人可以对无权代理行为进行事后认可。被代理人行使追认权后，无权代理就会变成有权代理。行为人实施的民事法律行为，就会在成立时起对被代理人产生法律效力。

如果被代理人迟迟不行使追认权，让无权代理行为始终效力待定，相对人就可以行使催告权。《民法典》设置这个权利，就是要防止被代理人不及时追认，损害相对人利益。具体来说，如果相对人想要使无权代理行为发生效力，他就有权催告被代理人及时追认。被代理人收到催告通知后，必须在30天内决定是否追认。30天期限里，如果被代理人追认了，无权代理就变成有权代理；如果被代理人不表态，就视为拒绝追认，无权代理行为就不会对被代理人产生法律效力，实施无权代理的行为人就得自己承担责任。

善意相对人还享有撤销权。善意相对人和一般的相对人不太一样，是指在作出意思表示时，相对人不知道行为人是无权代理。和被代理人一样，善意相对人在无权代理行为中也没有过错，所以会得到法律更好的保护。因此，除了催告权，法律还赋予了善意相对人撤销权。但如果相对人明知对方是无权代理，还与其实施民事法律行为，这就不是善意相对人了，也不能享有撤销权。撤销权一经行使，就会让无权代理行为归于消灭，从效力待定变成无效。

不过，我们要注意，善意相对人行使撤销权也受期限限制，但不是确定的期限。具体来说，必须在被代理人追认之前行使。追认一经作出，效力待定的无权代理行为就会生效，善意相对人就不能再行使撤销权了。这对被代理人来说也一样，如果遇上的是一个善意相对人，行使追认权也要赶在善意相对人行使撤销权之前，否则行为一旦被撤销，被代理人也不能再追认。

无权代理人的责任的确定

实施了无权代理的行为人要承担相应的法律责任。具体来说，如果无权代理行为未被追认，善意相对人就有权请求实施无权代理的行为人继续履行合同；如果因为合同不能履行给相对人造成了实际损害，还可以请求行为人赔偿损失。赔偿有限定范围，不能超过被代理人追认时相对人能获得的利益，具体计算可以参照《民法典》第584条的规定。当然了，如果相对人已经知道了行为人在无权代理，还跟他实施民事法律行为，这说明自己也有过错，请求赔偿时也得承担一部分责任。

最后，我们来审视一下本节案例。结合前面的分析我们知道，小张超越代理权范围，私自出售小李的股票，是典型的无权代理。在小李追认之前，这个行为效力待定。现在小李拒绝追认，无权代理行为就不会发生效力。

然而，这个案例比较特殊。由于股票已经过户，虽然无权代理行为不发生效力，但交易本身也不能再被撤销了。所以，小李无法要求返还股票，只能请求小张赔偿损失。

假如小李交给小张保管的不是股票而是一辆车，小张把车卖给小鹿，小李拒绝追认。这种情况，小李能否要求返还车呢？这得分情况来看。如果购买汽车的小鹿属于善意相对人，就会构成民法上的善意取得，小李不能主张返还汽车，只能请求无权代理的小张承担损害赔偿责任。但如果小鹿不属于善意相对人，而是在交易时就知道小张是无权代理，那小李就可以要回汽车。至于小鹿，他也有一定的过错，如果因为汽车被要回产生了损失，可以请求小张承担一部分赔偿责任。

028 表见代理

未获授权就在商店柜台里售货，交易行为有效吗？

本节要讲一类特殊的代理行为——表见代理。它本质上也是一种无权代理，但行为实施后却能产生代理有效的法律后果。

我们结合一个案例来看。

18 岁的晓华到表姐开的商店去玩。表姐去洗手间，让她帮着照看商店，晓华就在柜台里边站着。这时来了一位客人，看中了柜台上的头巾。头巾旁边刚好有一个商品标签，写的是 150 元，客人就要购买。晓华以为是表姐卖的商品，就收下了钱，把头巾给了客人。表姐回来后，得知头巾被卖了，告诉晓华，头巾不是商品，是自己花 400 多元买的，让晓华去追回客人，协商退货。

假如客人就是要买下头巾，不同意退货，这个交易行为会有效吗？可能有人会觉得这个交易当然无效。晓华擅自卖掉头巾，这不就是无权代理嘛，如果表姐不追认，那行为就无效。

但事实上，如果客人执意要买，头巾是拿不回来的。晓华的行为不是一般的无权代理，而是表见代理。

表见代理的含义

表见代理也是一种无权代理，只是最终的法律后果不是民事法律行为效力待定,而是代理行为生效。"表见"这两个字,其实就是"表现"的意思。在古代汉语里,原来是没有"现"字的,只有"见"字。像出现、表现这些含义,都用"见"字来传递。你可以这么理解:**表见代理就是表现为有代理权的无权代理。**

在表见代理中,被代理人的行为足以让第三人相信无权代理人具有代理权,并让第三人基于这种信赖与无权代理人实施了民事法律行为。也就是说,表见代理虽然没有真实授权,但有代理的外表授权,也就是有代理的外观,看起来和有效代理行为几乎一模一样。所以,法律规定这种无权代理会发生代理效力。被代理人要直接承受无权代理行为引发的法律后果。

表见代理有三个构成要件。

第一,代理人没有代理权。这里同样包括上一节讲的三种情况,分别是:行为人从来就没有过代理权,行为人超越了代理权,或者代理权已经终止了。这三种情况无论出现哪种,都能说明行为人在实质上没有代理权。

第二,在客观上,相对人有理由相信行为人有代理权。这意味着行为人至少得看起来拥有代理权,也就是存在被授予代理权的外表或者假象。这叫外表授权,也就是具有代理权的外观。

这种情况,实践中最常见的有三类。第一类是被代理人曾直接或者间接地向第三人表示了会委托他人来代理,而事实上并没有对他人授权。比如,张三向李四表示,过几天派个人来买电视机。几天后,张三的表弟王五恰好路过,见到了李四。李四就让王五把电视机运走了,然后找张三要电视机价款。但实际上,张三并未对王五授权。张三只说了要找人来代理,但没说明是谁,这就是一种间接表示。第二类是被代理人与代理人之间的委托合同不成立、无效或者代理关系终止了，但没有收回授权委托书。第三类是行为人的外观表象足以让第三人认为他有代理权。比如本节案例中，晓华是个成年人，在柜台里站着，也收下了货款，顾客自然会认为她是有代理权的售货员。

第三，相对人为善意且无过失。善意相对人就是指相对人不知道行为人没有代理权，并且对自己的不知道在主观上没有过失。如果一个外表授权显然不会让一般人相信，但相对人还非得和无权代理人实施民事法律行为，这就属于主观上有过失，不构成表见代理。比如，假设晓华是一个有精神疾病的限制民事行为能力人，不能独立交易，从外表也能看出来，这时如果顾客还执意跟她买头巾，哪怕晓华收了款，也不构成表见代理。如果表姐不认，头巾最后还是得退回。

结合表见代理的三个要件，我们再来分析一下本节案例。表姐去洗手间，让晓华临时照看店铺，没有授权她代理售货。不过，晓华也18周岁了，往柜台一站，确实容易让一般人认为是售货员，何况她还真把头巾卖给了顾客。这就是既有外表授权，也能说明顾客是善意购买。同时满足了三个要件，晓华的行为应当认定为表见代理。

构成表见代理的效力

理解了构成要件，表见代理的法律后果就好理解了。《民法典》第172条明确规定，"代理行为有效"。被代理人要直接承担法律后果，不得因为自己没有授权就主张民事法律行为无效。

当然，表见代理人也逃不脱干系。正是因为他实施了表见代理，才产生了纠纷。所以，如果被代理人因为承担责任遭受了财产损失，有权要求表见代理人承担损害赔偿责任，表见代理人不得拒绝。

在表见代理中，法律对善意相对人的保护更周全。表见代理行为发生后直接生效，哪怕被代理人不追认，行为也有效。

理解了这些，本节案例的结论就很清晰了。晓华的行为构成表见代理，如果客人坚持要买，表姐不能主张交易无效进而取回头巾。晓华的行为给表姐造成了损失，如果表姐主张损害赔偿，晓华应当予以赔偿。

表见代理的立法意图

表见代理背后的立法意图主要有两点。

第一，强调保护善意相对人的利益。相比一般的无权代理，表见代理更重视保护善意相对人，让无权代理行为发生有权代理的效果。这也体现了民法的保护善意原则。

第二，承认外表授权有法律效力，强调保护全社会的交易安全。前文说，外表授权只是行为人被授予代理权的假象，实际上他没得到授权。尽管如此，法律还是认可外表授权是一种会产生法律效力的行为事实，它的效力就是使表见代理人获得代理权。这就给"由被代理人承担法律后果"赋予了合法性。这确实会牺牲被代理人的一部分利益，但会稳定全社会的交易秩序，对社会来说有更大的利益。何况被代理人担责后，也还能找表见代理人追偿，弥补损失。

试想一下，如果不承认表见代理有效，不对善意相对人做更全面的保护，那侵犯相对人利益的无权代理行为就可能会经常发生。久而久之，人们可能也不敢交易了，整个国家和社会的经济也会被影响。

029 见义勇为

抢救落水者受了损害,能要求被救者补偿损失吗?

本章的最后两节解读《民法典》总则里两个容易混淆,但又和我们的生活紧密相关的行为规则,分别是见义勇为和善意救助。这一节先讲解见义勇为。来看一个典型案例。

小娟与丈夫发生争吵,小娟以死相逼,从桥上跳进河里。行人小朱看到后,立刻跳入河中把小娟救出,但自己却因为溺水多脏器衰竭,经抢救无效死亡。小朱的妻子非常痛苦,向法院起诉,要求小娟承担补偿责任。

案例的情况大致就是这样。小朱妻子的请求能获得法院支持吗?要回答这个问题,我们要先知道见义勇为在民法里到底是怎么规定的。

见义勇为的含义

见义勇为是一个约定俗成的说法,在日常生活中,每个人对它可能有不同的理解。但其实,见义勇为在法律上的含义很明确:行为人为保护他人的民事权益,实施了防止危险、制止侵害的正义行为,最终让他人的人身、财产免受或者少受损害。所以在民法上,也把见义勇为叫做制止侵害行为。

见义勇为有三个构成要件。

第一，实施行为必须是为了保护他人的民事权益。这是见义勇为的主观要件，也是见义勇为中的"义"。如果实施行为时并没有想过要保护他人，而是误打误撞地救了人，这不算是民法上的见义勇为，只能说是日常生活中的好人好事。比如，小江在森林中被犯罪分子追杀，结果追着追着，犯罪分子掉进了一个猎人布置的陷阱，小江得救了。陷阱确实是猎人设置的，但他是为了打猎，并不是为了保护他人的民事权益。猎人能救下小江纯属偶然，这种情况就不符合见义勇为的主观要件。

第二，实施行为时，行为人不负有法定或约定的保护义务。这是见义勇为中的"勇"。比如，警察制止持凶器砍人的犯罪分子，消防队员抢救火灾中被困的居民等，这都是职务行为，属于履行法定义务。还比如，救生员救助游泳馆的溺水者，履行的是约定义务。

这些行为都不属于见义勇为。对这些行为人来说，实施了保护行为才是本分，没有实施行为反而要承担责任。只有在没有法定或者约定义务的情况下挺身而出，对他人实施救助行为，才是见义勇为。

第三，行为在客观上使受益人免受或少受了损害。见义勇为的结果必须是保护了受益人的民事权益，比如防止或减少了受益人的财产、人身损害。如果行为在客观上没有使受益人免受或少受损害，甚至增加了损害，那就没有实现见义勇为的目的，不构成见义勇为。比如，假设小娟跳河的地方水很浅，不足以让她溺水，但小朱救人心切，也没注意看就直接跳下去了，结果反倒撞伤了小娟。这个行为没让小娟免受或减少损害，反倒是增加了损害，此时不构成见义勇为。不过，小朱一般也不用承担赔偿责任，因为他是为了救人，并不是要故意侵权。

通过这三个要件可知，在本节案例中，小朱在不负有法定或约定义务的情况下，主动救助跳河的小娟，也救了她的命。小朱的行为应当认定为见义勇为。

见义勇为是高尚的，也受法律鼓励。但更重要的是，它也需要法律来特别保护。有些时候，见义勇为也可能让行为人自身受到损害。比如在本节案例中，小娟很幸运地被救了，但小朱却牺牲了自己。此时，对小朱及其近亲属来说，就不能只有道德表彰，还要有具体的制度来维护他们的权益。

见义勇为者受损后享有特别请求权

《民法典》第183条保护了见义勇为者的利益。具体来说，一个人在实施见义勇时自身受到损害，法律会赋予他两个特别的请求权。

第一，请求侵权人赔偿损害的权利。这个权利只会出现在有侵权人的见义勇为中。并且，还要求侵权人的行为直接损害了见义勇为者，或者见义勇为者受到的损害与侵权人的非法侵害行为有关联。比如，假设小娟不是主动跳河，而是被不法分子推下去的，事后被小朱救起，小朱为救人牺牲了自己。这时，不法分子就是侵权人，小朱的牺牲和非法侵害行为有关联，侵权人应当向小朱的近亲属承担损害赔偿责任。

第二，请求受益人补偿损失的权利。这包括两种情况。一是，侵权人承担责任后，受益人可以适当补偿。这种情况是已经有侵权人承担了责任，所以，这里说的是"可以补偿"。它不是一个受益人必须承担的责任，可以补偿，也可以不补偿。并且，这里说的"适当补偿"具有酬金性质，不是为了补充侵权人赔偿责任的不足。也就是说，如果受益人愿意补偿，他可以自主决定补偿金额。

二是，没有侵权人、侵权人逃逸或者无力赔偿，受益人应当适当补偿。它是一种必须承担的补偿责任。无论是没有侵权人，还是有侵权人但是因逃逸找不到，或者侵权人没有赔偿能力，都会导致受损害的见义勇为者无法得到赔偿。这时，如果不明确规定受益人应当承担补偿责任，对见义勇为者就不公平。这种情况下的"适当补偿"就不是酬金性质了，具体的补偿金额不能由受益人单方决定。具体要补偿多少，可以先由双方协商。协商不成的，需要法院结合个案实际情况来确定。

在本节案例中，小朱在小娟自杀落水后，实施了见义勇为，让小娟保全了生命，但自己却溺水身亡了。本案没有侵权人，小娟是见义勇为的受益人，此时小朱的妻子有权请求受益人补偿损失。请求权一旦行使，小娟就应当支付适当的补偿，这是一种必须承担的补偿责任。具体补偿数额可以由双方协商，如果协商不成的，人民法院应当考虑见义勇为者受损情况，以及受益人权益免受或者少受损害的情况，确定给予适当补偿。

延伸课堂：

给见义勇为者补偿，会加大受益人的损失吗？

一般来说是不会的，见义勇为的补偿通常与受益人的受益范围相关。

我讨论过这样一个案件：一个人到饭馆吃饭，吃完后不肯付110元的账单,店主要钱,这个人就蛮横地跟店主争吵起来,就是不给钱。另一个吃饭的顾客看不过去,就去批评了吃霸王餐的人。事件平息后,吃霸王餐的人出门时跟批评他的那个人说:"你出来一下。"这个人刚出门,吃霸王餐的人就给了他一刀,把他刺死了。

对这个案件的争议有两个:

第一,劝阻吃霸王餐的行为是不是构成见义勇为?法院认为不构成见义勇为,因为保护的利益太小,只有110元。但我认为构成见义勇为,因为吃霸王餐侵害了店主的合法利益,劝阻者敢与这种行为斗争,予以制止,是在保护他人合法权益。不能因为维护的利益比较小,就不认为是见义勇为。行为的性质是确定的。

第二,如果认定了劝阻行为是见义勇为,那应当补偿多少才适当?这就是前面说的,见义勇为的补偿一般与受益人的受益范围相关。这个案件维护店主的权益是110元,那110元就是见义勇为行为的受益范围。如果只在受益范围内补偿,怎么会进一步扩大受益人的损失呢?

不过,这个案件里法院认为不是见义勇为,所以只判决了捅人者要赔偿,没有判决店主要承担补偿责任。受害人的父母对判决非常不满意,认为哪怕判决补偿一分钱,也是对见义勇为的确认,一分钱也不补偿,就否定了一个维护正义的见义勇为行为。法律规定要给受损害的见义勇为者补偿,更重要的是要确认见义勇为的正义性,而不在于补偿金额的大小。

如果捅人者赔偿不足，比较合理的做法是让受益人适当补偿，至少也要在受益范围内补偿，这样才不会否认见义勇为的正义性。但民法也有局限性，不能调整社会生活的全部问题，如果仍然补偿不足，那还可以尝试向政府申请见义勇为基金。这个案件中，政府也从见义勇为基金中给了受害人的父母一笔补偿金。

030 善意救助

好心救人反倒损害了被救者,责任该怎么认定?

上一节提到,要构成见义勇为,必须是行为人的行为让受益人免受或少受了损害。但现实很复杂,有时候人们想要见义勇为,却"好心办了坏事",反倒损害了受助者。出现这类情况,责任又该怎么认定呢?这个问题要通过善意救助规则来解决。

善意救助和见义勇为有些相似,但其实是两个完全不同的制度。我们结合一个案例来看。

小徐在路上发现老王卧在路旁昏迷不醒,口吐白沫。眼看四下无人,情况特别紧急,小徐没多想,背起老王就跑到了邻近的医院。入院后,老王经抢救无效死亡,原因是突发脑梗。一般来说,脑梗患者需要平卧,但小徐不知道,背人的时候导致老王呼吸不畅,加剧了病情。事后,老王的近亲属向法院起诉,要求小徐承担赔偿责任。

案例的大致情况就是这样。小徐需要承担赔偿责任吗?

回答这个问题的关键,是要看小徐的行为是否构成善意救助。如果构成,小徐可以不承担赔偿责任。但如果不构成,他就要承担责任了。

善意救助的含义

善意救助完整的表述,其实是善意救助者责任豁免规则,在民间也叫"好人法"。《民法典》第184条规定："因自愿实施紧急救助行为造成受助人损害的，救助人不承担民事责任。"

善意救助有三个构成要件。

第一，行为人属于善意救助者。善意救助者是指那些不承担法定救助义务，但在他人身处危难境地时，仍主动实施救助行为的人。就像前文说的，只是主动救助还不一定能构成善意救助，还得看是否有法定救助义务。

那么，具体要怎么判断呢？首先，行为人与被救助人之间存在某种特殊关系，会产生法定救助义务。最典型的就是父母对孩子、晚辈对长辈，以及夫妻之间，都有法定救助义务。其次是特殊职业，比如泳池管理员或者警察、消防员，他们基于合同约定或法律规定，需要主动保护他人，也会产生法定救助义务。

还有两种情况比较特殊，也会产生法定救助义务。一种是因为行为人自愿承担职责，产生了救助义务。比如担任志愿者主动照顾老人，期间老人不小心摔倒致伤，志愿者会产生救助义务。还有一种，是行为人之前做出过某个行为，引发了救助义务。比如，猎人在森林里设陷阱，结果游客不小心掉进去了，这时猎人对游客有救助义务。

在这四种情形之外，一般人对他人都不承担法律上的救助义务，都可能成为善意救助者。

第二，行为人实施了救助行为。实施救助行为不仅包括行为人自己采取措施救助危难者，也包括行为人呼叫他人救助危难者。假设小徐呼叫了另外的朋友来参加救助，结果朋友因为救助行为不当，加剧了患者病情。在这种情况下，如果家属找到小徐，要求他赔偿，小徐也能被认定为善意救助，进而免责。

从这个要件，我们能看到善意救助行为和见义勇为的区别。见义勇为适用范围比较广,只要是对被侵害人进行保护,都可能构成见义勇为。比如救助落水的人、保护被殴打的人等。相比之下,善意救助的范围比较窄,主要指紧急救助处于病痛等危难中的人。

第三,救助行为给受助者造成了损害。见义勇为适用的情况,是行为人在保护受益人时让自己受到了损害。他可以据此请求侵权人赔偿,或者请求受益人适当补偿。而善意救助,是指在救助时给被救助人造成了损害,此时善意救助人能享有责任豁免权,可以不承担赔偿责任。

小徐的行为属于善意救助

结合构成善意救助的三个要件,本节案例的情况就很清晰了。

首先,小徐对老王没有法定救助义务,满足了善意救助的第一个要件,属于善意救助者。同时,他把突发脑梗的老王背到临近医院救治,实施了紧急救助行为,这符合善意救助的第二个要件。但小徐实施救助时存在重大过失,加剧了老王的病情,导致老王送院后抢救无效死亡了,这属于救助行为给他人带来了人身损害,符合善意救助的第三个要件。所以,小徐的行为属于善意救助。

依照《民法典》第184条的规定,以及鼓励善意救助的法律精神,小徐能享有责任豁免权,即使老王的近亲属向法院起诉,要追究赔偿责任,如果小徐不愿意赔偿,最终也可以不承担赔偿责任。

善意救助规则的立法目的

在我国以前的民事法律中,从来没规定过善意救助者责任豁免规则，《民法典》第一次确立了这个规则。背后的意图，是要侧重保护救助人，免除其后顾之忧，进而倡导乐于助人、见义勇为的社会风尚。

制定这个规则之前，实践中也出现过善意救助人真假难辨的情况。比如，被救助者讹诈救助人，使善意救助者蒙冤。有的法院也作出过一些错误判决，让善意救助者承担了侵权责任。这都可能不利于引导良好的社会风气。因此，《民法典》第184条就规定了：实施善意救助，造成受助人损害的，全部豁免善意救助者的民事责任。背后的用意，是要更好地保护善意救助者的合法权益。

不过，我们也要看到，这么规定是有一定风险的。对善意救助者一律实行责任豁免，有可能使过于鲁莽的救助行为给被救助者造成更大的损害。

法律规则会随着社会发展不断优化，善意救助制度也是一样。我相信，未来的善意救助制度也会规定得更加细化和周全。

Chapter 2

第二章
一
维护尊严的人格权益

031 人格权

民警把自己掌握的明星隐私告诉好友,侵害了什么权利?

人格权是我们每一个人都享有的、最重要的民事权利。我们来看看人格权是一种什么样的权利。

先来看一个案例。

赵警官是一位户籍民警,他在办理户籍中发现,某明星已经结婚了。这位明星粉丝众多,一直对外声称没有女朋友。赵警官有位好友是这位明星的忠实粉丝,一直梦想要嫁给他。为了打破好友的追星幻想,赵警官把该明星的隐婚事实告诉了她。结果,朋友受到了强烈刺激,将此事在网络上公开,对这位明星的事业造成严重损害。于是,明星向法院起诉,认为赵警官应当承担侵权责任。

在这种情况下,赵警官的行为就是侵害了这位明星的人格权。

人格权的含义

《民法典》规定,人格权是每一个人专属享有的,以人格利益为客体,为维护人的独立人格所必备的民事权利。这里说的人,不仅包括自然人,还包括法人和非法人组织,它们也享有部分人格权。

这句话里有四个关键要点。

第一,人格权是人的固有权利。"固有"的意思是说,每个自然人一经出生，就依法享有人格权，只要人活着，就有人格权，不会因为发生了什么事而丧失，一般情况下也不因某种原因被剥夺。不管你有没有意识到，都客观地享有人格权。

第二，人格权是人的专属权利。人格权由每个人单独享有，你的人格权就是你的，不能转让给别人，不能抛弃，不能让别人继承，也不受他人非法限制。人格权不能与民事主体的人身相分离。

第三，人格权是维护人的独立人格的必备权利。必备权利，就是没有它不行。设置人格权，是为了维护人作为法律上的人所必须具有的资格，保障人的人格依法独立。一个人如果不享有人格权，就丧失了法律上的人格，人就不称其为人了。

第四，人格权的客体是人格利益。人格权保护的是人格利益，而不是人格。人格是做人的资格，是一个整体。人格利益是做人的资格的具体功能，是构成人格的各种构成要素。譬如一个钟表，它是一个整体，就像人格。它是由各个部件组成的，就是人格的构成要素，结合在一起，维护钟表的整体完整性。

人格利益表现为两种形式：物质性的和精神性的。物质性人格利益主要包括人的生命利益、身体利益和健康利益，跟人的健康安全有关的，都属于这部分。物质性人格利益只有自然人有，法人和非法人组织是没有的。非物质性的人格利益叫做精神性人格利益。姓名、名称、名誉、隐私、个人信息等属于具体的人格利益，人格独立、人格自由、人格尊严等属于抽象的人格利益。不管是物质性的还是精神性的人格利益，法律都保护，这是为了保持人格的完整性。一旦缺少了任何一个人格构成要素，或者任何一个人格要素受到了侵害，人格就会出现缺损，人格也就受到损害了。

不同的人格权分别保护我们不同的利益。物质性人格权保护的是我们的生命利益、身体利益和健康利益。精神性人格权则保护我们的精神性人格利益。具体来说分三类：第一，标表性人格权，保护的是我们在社会上的"标志"，比如姓名权、名称权、肖像权和声音权。属于你的姓名、肖像和声音等，不经过你的同意，别人是不能随便用的。第二，评价性人格权，保护的是我们在社会上的声誉，主要是名誉权和荣誉权。比如，被诽谤的人没有受到身体上的损害，为什么诽谤者还会被追究民事责任呢？因为当事人的名誉因此受损了，人格同样受到了损害。第三，自由性人格权，保护的是每个人自由支配的那一部分人格利益，比如人身自由权、隐私权和性自主权。在本节案例中，那个明星一直对外宣称单身，那么他已婚这件事就属于他的隐私，赵警官泄露明星已婚信息，就侵害了这位明星的隐私。不过，也有人认为是否结婚并非隐私，不用隐私权保护。对此，不在这里争论，只为说明法理。

人格权的权能

人格权的"权能"就是权利人对人格利益可以掌控的范围，主要有四点。

第一，控制权。我们对自己的人格利益，可以依照自己的意志进行支配。比如，我们为了保障身体、健康、生命这些人格利益，可以锻炼身体，让自己更健康，生病或受伤了要去进行诊治，改进卫生习惯、饮食习惯来延长寿命，这都是为了维护我们的人格利益在行使控制权。

第二，利用权。我们有权依照自己的意志，利用人格权的客体进行民事活动，来满足自己的需要。比如，每个人都有自己的姓名，我们各种证件上有自己的肖像，是为了把自己和他人区分开来。此外，别人不能随便传播我们的私人生活经历，但我们自己可以用自己的经历来写小说、写回忆录。再有，别人偷拍我，这是不可以的，但我自己想利用自己的形象来绘画、摄影、录像，那就没有问题，因为我是在利用自己的人格利益来满足自身需要。

第三，许可使用权。我们自己的人格利益，他人不能随便使用，但如果经过了当事人的许可，部分人格利益的利用权发生了转让，就可以使用了。比如，某明星给某品牌代言，允许品牌方把自己的照片挂在门店里，这就是将自己的肖像使用权部分转让给了他人。再比如，某科学家年老后，将自己年轻时的私人生活经历告知一位作家，许可这位作家进行文学创作，也是可以的。要注意，许可他人使用自己的部分人格利益，通常以合同的形式，双方当事人以合意的方式进行，这种权利也叫公开权。

第四，有限处分权。权利人可以对自己享有的人格利益进行自主支配，但这个处分权不是绝对的，而是有限的。首先，我们可以处分的人格利益范围是有限的，并不是所有人格利益都可以自由处分。比如自由、名誉，不管当事人的意愿如何，都是不能抛弃，也不能转让的。其次，处分的内容也是有限的。比如，如果是为了正义事业而贡献生命，这就属于可以处分的范围。

我们再来看一下本节案例。赵警官把自己通过工作机会获知的明星隐私告知了自己的好友，好友将其扩散出去，造成了明星人格利益的损害。在这个案例中，泄露明星隐私的主要是赵警官，当然赵警官的好友也构成侵权，但是情节比赵警官要轻。

明星有权保护自己的权利不受侵害。不仅是明星，我们每一个人都一样，都享有人格权。这是我们每一个人都享有的、最重要的民事权利。

延伸课堂：

明星隐瞒婚姻状况，算不算违背诚信原则？

明星隐瞒婚姻状况不违背诚实信用原则，他们的隐私也受法律保护。

首先，我们要明确，婚姻状况是一种个人隐私。这要说到我国结婚登记制度的特殊性。通常来说，结婚登记具有一定公示性，但我国的结婚登记主要目的不在于公示婚姻状况，而在于国家认可当事人之间确立婚姻关系。我们曾多次主张婚姻登记信息应当可以查询，都没有被采纳。这就说明，我国婚姻登记的公示性不明显，可以认为是人的私密信息。

不过，民法上有一句话，叫公众人物的隐私权要适当克减，是指公众人物的隐私与普通人的隐私相比，有更多的人想知道，这体现为公众知情权。公众知情权是一个"知"的权利，而隐私权是一个"隐"的权利。两种权利发生冲突时，隐私权要在适当的范围内让位给公众知情权。比如，"狗仔队"搜寻和公开明星的隐私，一般不会受到法律追究，因为媒体有满足公众知情权的义务。不过，如果是恶意发布虚假信息中伤公众人物，那就要被法律制裁。

032 一般人格权

逼迫未成年人给狗下跪道歉,侵害了哪种人格权?

人格权不仅包括生命权、隐私权、名誉权等具体的权利,还包括抽象一些的一般人格权和公开权。

一般人格权是人格权编里特别重要的一项权利。它保护的,是那些重要、但在《民法典》里还没有用具体人格权来保护的人格利益。我们结合一个案例来看。

某一天,13岁的姐姐小安领着9岁的弟弟小胖出去玩,在小区大门附近碰到两个小伙子牵着一条大狗,大狗跑过来冲着小胖狂吠,吓得小胖哇哇大哭,小安就踢了狗一脚,骂了一句。

两个牵狗的小伙子上来就拦住了小安和小胖,责问为什么要踢他们的狗,还逼着两个孩子跪在地上给狗道歉,然后扬长而去。邻居看到了,拉起小安和小胖,告诉他们,可以回家让爸爸妈妈去法院起诉,讨回公道。

此案例中,狗主人逼着未成年人给狗道歉,就是侵害了他们的一般人格权。

一般人格权的含义

一般人格权是一种每个人都享有的、概括性的人格权。我们知道，具体人格权可以保护我们一系列的具体人格利益，比如姓名权、肖像权、名誉权等等，但是，这并不能涵盖所有的人格利益。对于这部分涵盖不到的人格利益，也需要法律来保护。《民法典》第990条第2款规定："除前款规定的人格权外，自然人享有基于人身自由、人格尊严产生的其他人格权益。"这里说的"其他人格权益"就是由一般人格权来保护的。

一般人格权与具体人格权有三点不同。

第一，一般人格权的主体具有普遍性。只要是一个人，不论他在社会中有何政治地位、身份，经济能力如何，都平等、普遍地享有一般人格权，直至其死亡。一般人格权保护的是人格尊严，而人格尊严是每一个人都平等享有的。

第二，一般人格权的客体具有高度概括性。一般人格权的客体，和具体人格权保护的具体人格利益，比如姓名、肖像、名誉、隐私等等都不同，是被人格尊严高度概括的。比如浴池让狗跟人在一起洗澡，损害的就不是某一种具体人格利益，而是被人格尊严高度概括的其他人格利益，由一般人格权保护。

第三，一般人格权的权利内容具有广泛性。一般人格权的权利内容不可列举穷尽。

这种不可穷尽弥补了具体人格权的有限性。人们在自己的人格利益遭受损害，却又不能用具体人格权进行保护时，可以依据一般人格权寻求法律救济。

虽然一般人格权的内容没法穷尽，但概括起来还是能分成三大类，分别是：人格独立、人格自由和人格尊严。人格独立是指在法律面前，任何人都享有平等的主体资格，享有独立人格。人格自由不是我们通常理解的行为自由和意志自由，而是指一种人格不受约束、不受控制的状态。比如我们都知道,不能将他人变成自己的奴隶,因为这侵害了个人保持人格的自由;不能禁止他人接受教育,因为这侵害了个人完善人格的自由。人格尊严是一般人格权的核心,是指人之为人所应有的最起码的社会地位,应当受到社会和他人最起码的尊重。换言之,人格尊严就是把人真正当成人,而不是当成工具来对待。**人格尊严既包括人的主观自我认识,也包括社会和他人的客观评价和尊重,这两种因素结合在一起,才能构成完整的人格尊严。**

一般人格权的功能

一般人格权有三项基本功能。

第一,**一般人格权具有创造功能**。一般人格权是具体人格权的渊源权,也就是说,具体人格权都是依据一般人格权创造出来的。哪怕像生命权、健康权这样的物质性人格权,里面也包含了生命尊严、身心健康这样与人格尊严息息相关的内容。精神性人格权就更不用说了,它们的产生基础就是人格尊严。最典型的是隐私权,刺探个人隐私,就没有做到对人的最起码的尊重;公开宣扬他人隐私,更是会影响一个人的社会评价,进而损害人格尊严。另外,有一部分人格利益虽然也受到《民法典》的保护,但不是具体的人格权,比如声音和信用利益,这些人格利益也都为人格尊严所包含。可以预见的是,它们最终也可能成为具体人格权,这依据的就是一般人格权的创造功能。

第二,**一般人格权对具体人格权有解释功能**。一般人格权是具体人格权的母权利,解释具体人格权时,不能违背一般人格权的基本内涵。例如,《民法通则》曾经规定,不得以"营利的目的"使用他人肖像,有人把它解释为:不具备营利目的,就不能构成侵害肖像权。

假如认可这样的解释，会导致只要不具有营利目的，就可以随意使用他人肖像，这显然违反了一般人格权的要求。比如设计恶搞他人肖像的表情包，也不是为了营利，但它丑化了当事人的形象，损害了人格尊严，当然是侵害肖像权的行为。现在《民法典》中规定的肖像权，已经删除了这部分容易让人误解、又违反人格尊严原则的内容。这就是一般人格权的解释功能发挥了作用。

第三，一般人格权有补充功能。一般人格权是一种有巨大弹性的权利，具有高度包容性。社会生活中的许多违法行为，究竟侵害的是何种具体人格权很难界定，这时候，就可以发挥一般人格权的补充功能来进行兜底保护。例如，强迫人给狗下跪道歉的行为，侵害的究竟是哪种人格权呢？很难确定。但是，只要认定这类行为侵害人格尊严，就能用一般人格权保护。

结合上文的分析，我们再来看本节案例。逼迫未成年人给狗下跪道歉，没有侵害《民法典》中的某一项具体人格权，但这种行为侵害了小安和小胖的人格尊严，没有做到对他人人格的最起码的尊重，侵害了一般人格权。如果小安和小胖的父母要向遛狗的两位小伙子主张赔偿，可以以孩子的一般人格权受损为由代理提起诉讼。法院可以依据《民法典》第990条第2款的规定，作出侵害一般人格权的判决，确认侵权责任，要求行为人承担损害赔偿。

延伸课堂：

如何确定精神损害赔偿数额？

涉及精神损害赔偿，司法实践中，通常是法官根据案件实际情况酌情确定。

曾经有这样一个案例。小钱是上海的一名女大学生，某天到屈臣氏门店购物，出门时警报器响了。女保安上来阻拦，还把她带进办公室，用手提电子探测器检查全身。探测器显示小钱身上有磁信号，女保安就和另一名女店员一起，强制要求小钱脱掉衣服、解开裤扣接受检查，最终也没有发现她私带商品。事后，小钱就向法院起诉，要求屈臣氏赔偿精神损失。

那么，屈臣氏应该给小钱多少赔偿呢？

确定精神损害赔偿，要遵守三个标准。第一，能够抚慰被侵权人的精神损害；第二，能够制裁侵权人的违法行为；第三，能起到对社会的警示、教育作用。

这个案件，当时一审法院认为屈臣氏侵权情节非常严重，判决承担25万元精神损害赔偿，但二审，也就是终审判决，却改判屈臣氏赔礼道歉，承担1万元精神损害赔偿。

终审判决当时受到了很多质疑，认为赔偿太少了。根本原因，就是没有严格遵守确定精神损害赔偿的三个标准。一名女大学生被怀疑偷窃商品，商家对其反复搜身，甚至脱衣解裤，这对她的人格尊严和名誉都有严重损害。法院终审判决只赔偿1万元精神损害,对小钱来说既起不到必要的抚慰作用,也不能很好地惩罚侵权人,对社会更是起不到尊重他人人格的警示、教育作用。在我看来,按照当时的实际情况,确定5万元－10万元的精神损害赔偿会比较合适。

033 公开权

壮阳药广告盗用明星照片，侵害了明星哪种权利？

本节讲解另一个抽象人格权——公开权。先来看一个案例。

20世纪80年代，我国有一位姓杨的硬汉型男演员，挺有名气。有一天，他的一幅骑马的剧照被用在了一个杂志的封底，非常漂亮，也非常显眼。但这不是一般的照片，而是一个壮阳药的广告，骑马照的上方文字就是介绍这款壮阳药的说明。刊物和商家使用这幅照片并未经过该演员的同意，是擅自使用。男演员非常生气，一是自己的肖像被盗用了，二是这个广告暗指他的性功能有问题，需要"补"啊！

明眼人都知道，刊物和商家侵害了这位演员的权利，那么，侵害的是哪种权利呢？很多人会觉得，盗用照片，侵犯的一定是肖像权。但实际上，在此案例中，根据《民法典》的规定，刊物和商家侵害了这位演员的公开权。

什么是公开权

公开权是我国《民法典》第一次规定的权利，之前是没有的。《民法典》第993条规定："民事主体可以将自己的姓名、名称、肖像等许可他人使用，但是依照法律规定或者根据其性质不得许可的除外。"按照这一规定，公开权就是我们对那些可以在商业上获利的人格利益，进行支配、公开，产生的财产利益归自己享有的权利，这种人格权就是公开权。公开权不是一个具体人格权，而是保护具体人格权中包含的、具有财产性的人格利益的权利。此处的关键在于"财产性人格利益"。把一个人跟其他人区别开来的那些人格利益要素，对这些要素公开使用，就会产生财产利益。

一是姓名。姓名主要保护的是人的真实姓名，其中就包含财产要素。比如某品牌找明星张三代言，张三这个名字既是这个自然人作为主体身份的重要标识，也是商品化利用的主要对象，必须征得张三本人同意才能使用。具有一定社会知名度的笔名、艺名、网名、译名、字号以及姓名的简称，只要有可能造成公众混淆的，也在姓名的公开权保护之下。如果张三有个网名叫"三郎"，广为人知，那么"三郎"这个网名也受公开权保护。

二是名称。如果不是自然人，而是法人和非法人组织，它们的名称也是它们的人格标志，一家公司的名称别的公司不能随便使用，这是重点保护对象。

三是肖像和形象。除了姓名和名称，人格标识利益还有很重要的一部分，就是肖像和形象。肖像的意思大家肯定明白，形象是什么呢？就是一个人除了面部之外身体其他部位的形象。例如"手模广告"中一只手的形象，"内衣广告"中人的形体，也在公开权的保护范围。

四是声音。一个人独特的声音或声音风格，例如歌唱家独特的歌声可以指示声音主人的身份及人格特征，也受到公开权的保护。

此外，就算没露脸、没说名字，也没听到声音，在某些情况下，一些可以指示特定身份的人格因素，也可以加以商业化利用。比如某位明星总是穿某款式的衣服，戴某款式的帽子，衣服和帽子的图像放在一起，就能让公众联想起这位明星，那么这些要素的组合，也在公开权的保护范围。

看一个要素是否属于公开权的保护范围，就是要看能不能产生商业利益。侵害公开权，不一定真的要用本人的照片和声音。如果商家找来一个外貌酷似某明星的普通人，找人模仿他的声音，让人误以为是这位明星本人的，也侵害了这位明星的公开权。

为何要规定公开权

公开权和商业利益紧密相关。从全世界范围来看，公开权并不是很早以前就存在的权利，而是在商品经济高度发达时产生的权利。

公开权最早是在1953年被美国的弗兰克法官在判决中确认的。1985年美国加利福尼亚州第一次制定《名人权利法案》时，明确规定了公开权，继而被各国立法借鉴，公开权成了普遍的人格权。今天，我国的商品经济也高度发达，也需要公开权。

从民法演进的角度看，公开权成为普遍的人格权，本质上是一个人格权体系扩张的过程。 过去，人们往往觉得，人格权是非财产性的，但在当代，人格利益转化为商业利益已经越来越普遍，保护其中的商业利益也变得越来越必要，过去的老理念就被突破了。当代民法不得不面对这个事实，加快人格权体系扩张的过程。

理论上讲，每个人的人格标识都有可能被商品化，但实际上，知名人士的人格标识转化为商业利益更常见。所以，保护他们的权利也更有现实必要。一个名人的声音、形体、习惯性动作等人格标识，之所以可能商品化，其实跟他本身好不好看、有没有艺术美感不一定有关，主要是消费者会天然认为，名人的这些信息更值得信赖。比如那位姓杨的演员，如果他自愿给壮阳药做广告，他就要承受公众认为他性功能有问题、需要壮阳药的评价。盗用他的肖像做这样的广告，这位演员不仅损失了财产利益，而且在社会评价上也受到了损害。再比如，前几年有一种止泻药注册了"泻停封"的商标，有一种涂改液注册了"流得滑"的商标，都与著名演员的名字谐音。可以想象，当事人看到这些商标，肯定很不高兴。在这种情况下，无疑是需要一个专门的权利来保护这样的人格利益的。

公开权与具体人格权调整范围的整合

前文提到的公开权保护的范围，比如姓名权、名称权、肖像权等等，其实绝大多数都是有具体人格权在保护的。公开权与具体人格权的保护有重合之处。那么，在具体适用法律的时候，一般会怎么做呢？具体做法是抓住"财产利益"。

首先，明确分工。我们可以直接看这个案子涉及的人格利益有没有涉及商业化的开发利用。如果没有，适用具体人格权保护的方法进行保护；如果有，适用公开权的方法进行保护。

其次，看这个侵权的行为到底造成了什么利益损害。造成精神利益损害的，用侵害具体人格权的方法进行保护；造成财产利益损害的，就用侵害公开权的方法进行保护。

最后，如果实在分不清楚，也不一定要硬分。公开权也好，相关具体人格权也好，它们保护的目标并没有原则性的差别，适用哪种都是可以的，区别只在于赔偿的计算方法有所不同。侵害具体人格权造成精神损害采用估算的方法，侵害公开权要计算财产利益损失的大小，前者规定在《民法典》第1183条，后者规定在第1182条。

公开权受侵害的救济手段

《民法典》第1182条规定："侵害他人人身权益造成财产损失的，按照被侵权人因此受到的损失或者侵权人因此获得的利益赔偿。"也就是说，如果侵害公开权确实发生了，而且被侵权人有了财产利益的损失，主要救济手段就是损害赔偿。赔偿方法有两个思路：按照被侵权人因此受到的损失赔偿，或者侵权人因此获得的利益赔偿，具体的选择权在被侵权人。如果两种方法都难以确定，由法院确定适当的数额进行赔偿。

在本节案例中，虽然壮阳药商家和这本杂志用了明星的照片，侵害的是他的肖像权，这是一个具体人格权，但是演员的肖像权中包含着明显的财产利益。明星的财产利益受到了侵害，就适用公开权的保护方法，该明星有权向侵权人请求赔偿。

延伸课堂：

某机构用了某明星在电影中的一个剧照做了海报广告，但这个剧照其实是一个背影，而且还是这位明星替身的背影。这种情况侵犯了明星和替身的公开权吗？

在这种情况下，机构侵犯的其实是著作权，而不是公开权。说到影视剧照的权利保护，有一个特别经典的案例，是已故的话剧表演艺术家蓝天野起诉的剧照侵权案。

2001年11月,蓝天野先生与朋友在某饭店用餐,发现饭店悬挂了电影《茶馆》里他饰演的"秦二爷"和其他两位角色的剧照。他认为,饭店未经许可使用剧照制作广告灯箱,侵犯了自己的肖像权和名誉权。电影制片厂擅自同意饭店使用剧照,也构成侵权。

蓝天野起诉到法院,要求两被告赔礼道歉,并且支付侵害肖像权赔偿金、名誉权赔偿金及其他经济损失共计156040元。当时法院判决认为,饭店和电影厂不构成侵害肖像权和名誉权,但要共同向蓝天野支付肖像使用费6000元,以及赔偿其他相关损失1040元。

怎么理解这个判决呢?其实就是我们前面说的,影视剧照适用著作权保护,而不是公开权。剧照虽然也涉及表演者的面部形象,但承载的是电影故事,并且涉案剧照还是集体肖像,应当认定为属于作品人物形象,而不是个人肖像。所以,擅自使用影视剧照,侵犯的不是个人肖像权,而是作品的著作权。同时,饭店使用剧照是为了营造艺术氛围,也没有贬损原告的名誉,不应当认定为侵害名誉权。

使用替身演员的剧照,也是同样的道理,无论是正面形象还是背影形象,都没有侵害公开权的问题。

034 人格权请求权

车内隐私视频被公开,该如何保护自己?

我们知道,一个人的公开权被侵犯,产生财产利益损失,可以请求损害赔偿。那么,如果一个人的具体人格权只是被侵害了,财产利益没有损失,又该怎么保护呢?这就得靠人格权请求权。

为了更好地理解这类保护方式,我们先来看一个被大家戏称为"速度与激情"的案例。

有一个人在高速公路上开车,开着开着把手伸到了副驾驶座位上的女士的上衣里,结果被高速路上的摄像头拍下来了,视频又被工作人员放到了网上,一时成了网络热点。

被拍的驾驶员最终没有向法院起诉,他可能是不好意思起诉。然而,在这个案例中,驾驶员的权利确实受到了侵害。如果驾驶员向法院起诉,他可以行使的权利就是人格权请求权。

人格权请求权的含义

人格权请求权是《民法典》中规定的一种保护人格权的方法,这样的方法除它之外还有两种,分别是侵权请求权和公开权。

人格权请求权,是指在人格权受到侵害、妨碍或者有被侵害、妨碍的可能时,受害人有权请求加害人恢复人格权的圆满状态。"圆满状态"这个词说出了人格权请求权的立法目的——预防人格权受侵害,以及使受到侵害或者妨碍的人格权恢复到正常的样子。

行使人格权请求权的时机，就是在人格权受到侵害或者妨害，但还没造成实际损失的时候，让对方停止侵害。如果造成了实际损失，那光用人格权请求权就不够了，还得请求对方赔偿损失，需要用到其他两种人格权保护方法。区分人格权请求权与其他人格权保护方法，关键在于是否涉及损害赔偿。

人格权请求权不涉及损害赔偿，它保护权利人的方式是让加害人停止侵害、排除妨碍、消除危险、消除影响、恢复名誉以及赔礼道歉。假设有一本书正在印刷，里面的内容会侵害你的名誉权，只要有确凿的证据，你就可以主张侵权人立即停止侵害，也就是停止印刷。再比如，邻居的围墙有倒塌的危险，有可能危害你的生命安全，你可以行使消除危险的请求权，请求邻居加固或修补，消除隐患，预防自己的生命权被侵害。

但如果跟损害赔偿有关，光靠人格权请求权就不够了，而是要利用公开权和侵权请求权。

公开权救济的是人格权中能被商业化利用、会产生财产利益的部分。侵权请求权保护的不只是人格权，只要有人侵害了你的权利，并且产生了实际损失，都可以用侵权请求权保护，比如物权被损害、继承权被损害等等。在人格权里，侵权请求权救济的，是给人格权造成的实际损害。例如，侵害他人健康权，造成了医药费等损失，甚至造成残疾；或者侵害他人隐私权，造成了精神损害。这时，只用人格权请求权，让对方停止侵害或赔礼道歉等是不够的，需要行使侵权请求权，请求侵权人赔偿实际损失，让被侵犯的具体人格权得到填补。

本节案例中的驾驶员，如果主张停止侵害、赔礼道歉，行使的就是人格权请求权。如果这个隐私视频被用于商业行为，还可以适用公开权的方法，请求赔偿其财产利益的损害。如果受到了精神损害，还可以主张精神损害赔偿金，适用的就是侵权损害赔偿。

当然，无论使用哪一种保护人格权的方法，都需要举证。尤其在涉及损害赔偿时，要举证自己有对应的损失。

人格权请求权的具体内容

我们能行使的人格权请求权有五种。

一是停止侵害请求权。它的适用条件，是侵害正在进行或者准备进行。行使停止侵害请求权，就是让这种违法行为停止下来，不再继续进行，比如前文提到的请求印刷厂停止印刷侵犯自己名誉权的书籍。

二是排除妨碍请求权。这个请求权的实质，是把妨碍自己人格权行使的阻碍排除掉，保障自己的权利能够正常行使。比如，有人在你门前堆放大量建筑材料，你家门都打不开了，这就是一种对人身自由权的妨碍，可以请求排除妨碍。

三是消除危险请求权。这个请求权的特点，是要消除掉可能给人身安全造成重大损害的危险。这种危险可能由他人行为带来，也可能由他人管领的物件带来。例如，房屋的所有人或管理人不修缮房屋，致使房屋可能倒塌，危及人身安全，受到威胁的权利人有权行使消除危险请求权。

四是消除影响和恢复名誉。这两个本质上是一个请求权，是指加害人使权利人的名誉受到损害，权利人有权要求对方配合消除负面影响，帮助其保持名誉。

五是赔礼道歉请求权。如果侵权行为使权利人产生了精神创伤，权利人可以请求行为人赔礼道歉。赔礼道歉可以私下进行，也可以公开进行。

这五种人格权请求权是可以组合使用的。有需要的时候，可以根据实际情况，行使其中一种或者几种请求权，保护自己的权利。

人格权请求权不受诉讼时效限制

前文说过，请求权是受到诉讼时效约束的，过了时效，法律就不保护了。这个说法并不绝对，诉讼时效其实只能约束一部分请求权，也就是债权请求权。人格权请求权并不受诉讼时效约束。也就是说，人格权请求权能长期存在，没有失权的危险。

设置这样的特殊规定，主要是因为诉讼时效与人格权请求权的设立目的相冲突。诉讼时效本质上是交易规则，是财产法规则，比如债务到期之后，债主超过三年了都不去追讨，这就是过了诉讼时效。债主再请求对方还钱，法律就不强制保护了。而人格权请求权具有人身性，它的目的是要维护人格权的圆满状态。比如，邻居家围墙随时会倒塌，危险始终存在，不能因为没及时请求邻居消除危险，法律就不再保护。如果真是这样，就只能等到墙倒了，伤了人，才能主张损害赔偿，这时候人格权的圆满状态已经受到了伤害，违背了人格权请求权的立法目的。

结合上文分析，我们再来看本节案例。

在高速公路上设置摄像头，监督驾驶员违章驾驶行为，无可厚非。驾驶员在高速行驶中实施激情行为，这是很危险的，交警部门发现后对其进行警告甚至依章罚款都可以，但将拍摄的视频发到网上，就侵害了当事人的隐私权和肖像权。对此，驾驶员有权向法院起诉，请求加害人停止侵害、赔礼道歉，保护自己的隐私权和肖像权不受侵害。并且，这个人格权请求权还不受诉讼时效限制。

035 合理使用人格要素

明星和粉丝吵架上报纸，报社构成侵权吗？

在前面几节中，我们强调，一个人的姓名、肖像等，别人不能随便使用，否则就会侵犯人格权，但每天的新闻上，有那么多人的姓名和肖像，很多被拍到、被提到的人都不一定同意，那么，这些媒体都侵权了吗？

想要回答这个问题，我们就要提到对人格要素的合理使用，这是保护人格权的一个特例。

还是先看一个案例。

有一年春节，一位著名影星回老家过年。正月十五元宵节，影星去看灯会。灯会上人很多，有人认出了影星，就要签名、合影，很多人都围上来看明星。影星控制不住情绪，与粉丝吵起来。恰好一位摄影记者在场，就把混乱的场面拍下来，在第二天的当地报纸上发表了新闻照片和评论文章，批评影星的素质。该影星非常生气，向法院起诉报社侵害了他的肖像权和名誉权。

在这个案例中，报社的报道行为没有构成侵权责任，法院最后驳回了该影星的诉讼请求。为什么法院会这么判呢？这就需要了解对他人人格要素的合理使用问题。

合理使用他人人格要素

媒体在做相关报道的时候，不可避免地要用到他人的姓名、名称、肖像、个人信息等人格要素。如果像对一般人那样，对媒体做严格的限制，就不合适了。那么，媒体使用这些人格要素的时候，什么时候是合法的，什么时候是违法的呢？长期以来，我国没有制定媒体法，要对媒体的适法行为与侵权行为做出规范，这个任务就需要民法来完成。

《民法典》总结了多年的实践经验，在第999条做出了明确规定，大致内容是：为公共利益目的实施新闻报道、舆论监督，合理使用他人的人格要素，不构成侵权，是合法的行为。

在哪些条件下，媒体才算合理使用他人人格要素呢？

首先，要构成合理使用，媒体就得确实使用了他人的姓名、名称、肖像、个人信息等人格要素。如果根本没有使用，也就不存在侵害人格权的问题。

其次，《民法典》还规定了合理使用人格要素的两种场合。第一种是新闻报道。公众对新近发生的事实有知情权，媒体需要告诉公众最近发生了什么事情。第二种是舆论监督。媒体有进行新闻批评的自由和权利，对社会生活进行监督。例如，批评某地区卫生状况不好，某单位乱收费等，都属于舆论监督。这两种场合都和媒体有关，也就是说，在保护人格权的时候，媒体的行为是一个特例。

但并不是只要在做新闻报道和舆论监督，媒体就不会侵害他人的人格权。想要构成合理使用他人人格要素，还得看媒体的使用目的，必须是为了公共利益使用。一方面，公众享有知情权，如果媒体使用他人的人格要素，是为了保障公众的知情权，例如拍摄新闻事件中的人物进行报道，就不构成侵害肖像权。另一方面，媒体有批评和监督的职能。很早以前有一个案件，卫生检查团到一个酱菜厂检查卫生，发现车间有苍蝇，地上有污水。当地晚报刊登消息称："苍蝇聚车间，污水遍地流，某酱菜厂卫生不合格受处罚。"酱菜厂起诉晚报社，认为报道夸大其词，损害了他们的名誉权。法院认为晚报是正当的舆论监督行为，驳回了酱菜厂的诉讼请求，并责令其改进。在这种情况下，媒体使用他人的人格要素，可以暴露社会上不良的丑陋现象，形成舆论，督促被监督者改进，推进社会进步，在必要时对被批评者的姓名进行披露，也不构成侵害姓名权。

区分媒体的适法行为和侵权行为，最重要的标准是要看它有没有公共利益目的。

具有公共利益目的，进行新闻报道、舆论监督的，使用他人的姓名、名称、肖像、个人信息等人格要素，就是合理使用，是适法行为。如果不具有公共利益目的，就是不合理使用，是侵权行为。例如，某报社记者去采访一家工厂的时候，向老板索要"好处"，老板不肯，记者就写了一篇报道，说这家工厂以次充好，生产劣质产品，损害了被报道人的名誉。这种做法就是利用媒体公器满足私利的行为，就算是记者写的，就算是在进行新闻报道、舆论监督，也一样构成侵权责任。当然，如果事后查出工厂真的是生产劣质产品，记者碰巧把它给曝光了，就不属于损害被报道人名誉，不会构成侵权。在这种情况下，记者索要"好处费"是违规的，属于媒体行为不端。

在合理的范围内使用

合理使用他人的人格要素，除了需要具有公共利益目的，还有一点很重要，就是必须在合理的范围内。如果超出了这个范围，就算确实出于正当目的，也是不合理使用，构成侵权责任了。

《民法典》第 999 条作了如下规定：

第一，使用他人的人格要素超出了法律规定的范围，是不合理使用。这一条的关键，在于使用的人格要素要在"法律规定的范围"。《民法典》规定，媒体合理使用他人的人格利益是有范围限制的，包括姓名、名称、肖像、个人信息等。这个"等"里面，也包括个人隐私，但是限制比较严格，例如公众人物的隐私涉及公众知情权的，适当报道没有问题。但在新闻报道或者舆论监督中，不可以泄露普通人的个人隐私。比如，一家媒体报道犯罪案件，这没有问题，但是把刑事案件受害者的有关身份信息也一起报道了，这就构成侵权了。

第二，即使使用的人格要素是"法律规定的范围"，如果超出了"合理使用范围"，也是不合理使用。合理使用范围的标准，就是媒体在使用他人人格要素的时候，是否损害被使用者的人格尊严。例如在舆论监督中，揭露腐败者的问题，这是合理使用，但要是贬损腐败者是"狗杂种"，就涉及了被批评者的人格尊严，是不合理使用。

现在看本节案例，结论就很清楚了。明星在灯会上与粉丝吵架，有失风度，社会影响不好。媒体对此进行报道，既是新闻报道，也是舆论监督，对这种不良行为进行新闻批评，是正当的，是为了社会公共利益目的进行的行为，因此是合理使用，不构成侵权，法院判决驳回其诉讼请求，完全正确。

媒体进行新闻报道和舆论监督的时候，应当以维护公共利益为标准。这样，既能够满足公众知情权，又能够保护好大家的人格权，推动社会文明不断进步。

036 死者人格利益保护

死者被诽谤，近亲属该如何维护权利？

死者人格利益保护是人格权保护中一类比较特殊的问题，也是《民法典》编纂的亮点之一。

先来看一个经典案例——荷花女案。

荷花女是 1940 年在天津出道的艺人，出道不久，在天津就已经很有名气了。1944 年，年仅 18 岁的荷花女病故。后来，一位姓魏的作家以荷花女为主人公，创作了长篇同名小说《荷花女》，在某报刊连载。小说中虚构了不少情节，比如荷花女"百分之百地愿意"给人做妾，先后被帮会头子、恶霸奸污等等，还暗示她最终死亡是因为患性病打错了针。小说发表后，荷花女的母亲向法院起诉，法院基于证据，认定了小说中损害名誉的情节与真实人物经历有同一性，确认作家和报社侵害了死者名誉。

荷花女案非常经典，是我国民法保护死者人格利益的首个案例。当时，1986 年的《民法通则》只规定了要保护个人的名誉权，没有规定死者的名誉利益也受保护，是荷花女案第一次提出了这个问题。后来，最高人民法院出台司法解释，再加上逐渐积累了大量的司法经验，最终在《民法典》第 994 条规定了死者人格利益保护条款，形成了我国民法对死者人格利益保护的完整制度。

哪些死者人格利益受法律保护

《民法典》第994条规定，死者人格利益的保护范围，包括姓名、肖像、名誉、荣誉、隐私和遗体等。这些死者人格利益现在都规定得比较明确，但事实上，这些问题最开始在司法实践中是没有定论的，经过了一个探索的过程。

死者的遗体要不要保护？有这样一个案例，一个罪犯在押期间生病，在保外就医中死亡了。近亲属认为，这是看押人员刑讯逼供导致的，主张对遗体解剖查明死因。结果，邀请的专家未经近亲属的同意，利用尸体组织了解剖教学。死者的近亲属起诉专家侵权，法院也认定专家的行为侵害了死者遗体，属于侵害死者人格利益。

之前有一个省法院的法官在北京学习，与我讨论，对死者的肖像利益是不是也要保护呢？她当时遇到了一个案例，还没有判决。两个原来是邻居的老太太搬进新居，相遇后问对方搬到了哪里，一个老太太就指着高楼大厦说："我家就住那栋楼。"另一个老太太就把手遮在眼前，看旁边的高楼大厦。这个场景被一个采风的摄影师拍了下来，作品还在影展中获了奖。后来，照片被广告商拿去使用，用了其中一个老太太的形象制作了防眩晕眼镜的广告。当时老太太已经去世，广告刊登后，她的亲属就向法院起诉，主张广告商和报社侵害死者的肖像利益。这位法官请教我，当时最高人民法院只解释了对死者名誉利益要保护，对死者的肖像利益是否受保护还不明确，要不要请示最高人民法院？我认为不用请示，直接判就行了。肖像也是死者的人格利益之一，怎么会采取不同的态度呢？后来，法院也判决提供照片的人、广告商和报社都侵害了死者的肖像利益，承担赔偿责任。

除了《民法典》第994条里明确列举的几类死者人格利益，我们还要关注条文里的"等"字,这是一种不完全列举,它说明受保护的死者人格利益,除了"姓名、肖像、名誉、荣誉、隐私和遗体"这几类,还应当包括死者的个人信息、声音、形象等等。所有这些死者人格利益受到侵害,《民法典》都提供法律保护。

为何要对死者的人格利益进行保护

《民法典》对死者人格利益的保护很全面,这是因为死者人格利益中包含了精神利益和财产利益,如果不专门保护,会很容易被侵犯。

精神利益强调的是维护个人尊严。如果一个人死了,他人可以对其随意诽谤和侮辱,就会损害人之为人最起码的尊严,同时还可能会损害死者近亲属以及其他社会成员的名誉感。在精神利益之外,死者人格利益中还有财产利益。比如死者人格利益中的肖像利益、姓名利益、名誉利益、荣誉利益等等,它们都有转化为财产利益的可能。比如,之前有人制售"鲁迅酒",这些纪念酒在外包装上使用了鲁迅先生的姓名及肖像,就是为了要吸引更多人购买。

《民法典》对死者人格利益的保护,既是在保护死者人格利益中的精神利益,也是在保护其中的财产利益。在今天的商品经济社会中,后一种保护具有更重要的意义。

保护死者人格利益的方法

如果死者人格利益被侵犯了,具体该怎么保护呢?

首先得确定保护人,毕竟死者自己没法主张权利了。按照《民法典》的规定，只有死者的近亲属才能作为死者人格利益的保护人。就像本节案例一样，荷花女已经去世，作家侵害了她的名誉，荷花女的妈妈就有原告资格，可以向法院起诉主张保护死者的人格利益。

一个人的近亲属可能很多，具体该由谁来主张权利，还要再排出一个优先级。《民法典》根据亲疏远近，把近亲属分出了两个顺序。第一顺序是配偶、子女、父母，他们有优先级；第二顺序是其他近亲属，包括兄弟姐妹、祖父母、外祖父母、孙子女、外孙子女。有优先级就意味着，在第一顺序保护人存在的情况下，第二顺序的保护人不能主张保护死者人格利益。如果是同一顺序内的近亲属，就都可以起诉，获得的利益均享。在两个顺序之外的其他人，都没有权利主张保护死者人格利益。之前有一个案例，电影《霍元甲》放映后，霍元甲的曾孙认为其中的情节侵害了死者的人格利益，就向法院起诉，但法院认为曾孙不具有原告资格，不属于近亲属。后来，霍元甲的孙子起诉，就有了原告资格。

除了确定保护人，还要注意死者人格利益的保护期限。这个期限和诉讼时效、除斥期间等固定期限不同。目前，法律还没有明确规定死者人格利益的保护期限。那该怎么计算呢？在我看来，应该以死者的近亲属是否健在来计算保护期限，如果死者在世上还有近亲属，那死者人格利益就仍受保护；如果死者的近亲属不在了，法律也就可以不再强制保护。当然，如果出于保护社会公共利益的目的，对没有近亲属、但死者人格利益又的确需要被保护的，应当用公益诉讼来保护。

延伸课堂：

媒体偏听一方说法，未做全面了解，就在新闻报道中出现了片面或者不实报道，是否要承担相应的责任？

这是媒体侵权责任的问题。新闻报道是有规范的，要经编辑审查核实。如果新闻媒体出现不实报道，损害了他人合法权益，当然要承担侵权责任。

但理解这个问题，还要注意一种情况，就是公众人物连续报道的免责问题，有一个典型案例——范志毅起诉媒体侵权案。

范志毅曾经担任中国男足队长。在 2002 年的世界杯预选赛中，有传闻说他踢假球。当时《东方体育日报》在 6 月 16 日发表了第一篇传闻范志毅涉嫌赌球的报道，接连几天，又陆续刊登了对范志毅父亲的采访，以及范志毅没有赌球的声明，最终在一篇文章里说明了范志毅没有参与赌球，结束了连续报道。后来，范志毅以《东方体育日报》发表的第一篇文章侵害其名誉权为由起诉，要求报社赔礼道歉并赔偿精神损失费 5 万元。

法院最终没有支持范志毅的诉讼请求，理由是公众人物在正当的舆论监督中，对可能造成的轻微损害应当予以容忍与理解。

这个案例非常经典。首先，在本案中，我国第一次把"公众人物应当接受舆论监督"写进了判决依据，确立了公众人物人格权保护克减的原则。第二，此案确立了"连续报道免责"的规则。媒体对范志毅踢假球的传言进行了四次报道，第一次报道的是传闻,但通过后三次报道,最终确定范志毅没有踢假球。这之后,在司法实践中也确定了这个媒体侵权的免责事由。连续报道不能只看其中一篇文章的报道内容是不是构成侵权,要以最终报道为准。

037 人格利益准共有

遗孀公开亡夫与其前妻的隐私,侵害了谁的人格利益?

前文讲的人格利益,都是适用于一个人的。当人格利益不只属于一个人的时候,就涉及一个概念——人格利益准共有。这个概念是我创造的,已经被很多人接受了。

先来看一个具体案例。

某音乐学院的女生爱上了资深教授,引起了很大风波,导致教授与夫人离婚。之后,女生跟教授结婚,共同生活多年。教授病逝后,女生独居国外,接受采访,并且发表了文章《与资深教授十八年的婚内婚外情》,不仅披露了自己当年如何介入教授与其前妻之间的婚姻关系,而且披露了资深教授与前妻之间的隐私生活。教授的前妻认为,该文侵害了她的隐私权;教授与前妻的儿子认为,该文侵害了其亡故父亲的隐私权。

在这个案例中,隐私到底属于谁呢?是属于资深教授、教授的前妻,还是这位女生?其实,这个案例中的隐私属于三个人共有。这种情形称为人格利益准共有。

人格利益准共有的含义

人格利益的基本形态是权利人单独享有，不过，在某些特别情形，也可能有两个或两个以上的人，对同一项特定的人格利益共同享有权利。这种情况，就是人格利益准共有。

人格利益准共有有三个特点。

第一，人格利益准共有概括的是人格利益共有的形式。"共有"本来是物权法的概念，夫妻两人共有一套房产，说的是共同享有所有权。准共有，就是除了所有权以外，物权、债权和知识产权里的权利共有，比如一篇文章的两名作者共同享有著作权。人格利益也可以共有。一个集体获得了荣誉称号，就构成荣誉的共有；几个人集体照相，就存在肖像利益的共有。这些情况都适用人格利益准共有。

第二，人格利益准共有，只存在部分人格利益中，不是所有的人格利益都可以共有。比如，共有荣誉、集体照相、相关隐私、家庭名誉、合伙信用、共同声音等，这些人格利益确实可以共有。但如果说一个人和另外一个人共同享有一份人格尊严，这就不对了。

第三，也是最重要的一点是，人格利益准共有，共有的是利益，而不是权利。比如同事聚会，大家拍了一张合影，那么照片上的每一个人共同享有的是其中的人格利益，也就是肖像利益。但是，每个人的肖像权还是属于他自己的，不可能共有。这就叫利益共有，而不是权利共有。

人格利益准共有的建立

建立人格利益准共有，主要有四种情况。

第一，基于某种行为而建立，比如集体照相和共同声音。两个或者两个以上的人一起照合影,就是集体照相,推而广之,给好几个人一起制作雕塑、录像、画像等,也属于集体照相。他们的肖像集合在一起,就建立了共有的集体照相人格利益。只要是参加照相的人,对它都有支配权。同样的道理,集体唱歌、集体朗诵等,所有的参与人都参与了声音的创作,也构成对共同声音的共有。

第二,基于相关事件而建立,一件事有好几个人参加,与每一个人的人格利益都相关,于是就产生了这种人格利益的共有关系。最典型的,就是相关隐私,也就是在好几个人共同交往中共同经历的隐私。在本节案例中,该女生当年是教授婚姻关系的"第三者",女生本人、教授和教授妻子对这一隐私都享有隐私权,其中一方讲述自己的隐私故事,必然会涉及另外两个人的隐私。

第三,基于共同获得荣誉而取得。荣誉权不仅包括精神上的人格利益,还存在财产利益,除了荣誉称号,可能还会有奖金、奖品等财产利益。你的部门年底评上了先进,部门同事之间,就会形成荣誉利益准共有,如果发了奖金,也是人人有份。

第四,基于共同关系而取得。比如家庭名誉,你在电视剧里会听到这样的台词:"这个孩子不成器,把我们家脸都丢光了。"基于家庭关系,就会形成名誉利益的准共有关系。再比如合伙信用和"两户"信用。合伙是合伙经营,"两户"就是个体工商户、承包经营户,这些都是自然人组合的形式,也都从事经营活动。他们在经营中积累的信用关系,也是信用利益的准共有。其中一人用共有的信用为他人担保,就是在支配共有的信用利益。

那么,如果构成了人格利益准共有,怎么确定这其中的份额分配?有两种类型,即共同共有和按份共有,以共同共有的居多。共同共有,就是这部分人格利益没法分割,所有的共有人对共有的人格利益都享有同等的权利。例如相关隐私、集体照相、家庭名誉、合伙信用和"两户"信用的共有关系，都是共同共有关系。还有些人格利益是按份共有的。例如集体写作，各个著作人写作部分划分清楚的，如果著作获得了荣誉、获得了收益，荣誉利益和财产利益都存在按份共有关系。

人格利益准共有的基本规则

在人格利益准共有中，每一个权利人都享有权利，更负有义务。自己行使权利时，应当保护好其他共有人的权利。边界在哪里呢？有几条基本规则：

第一，共同支配权。原则上，想要对共有的人格利益行使支配权，需要各位关系人取得一致同意。例如，三个人共同照了一张相，效果非常好。照相馆要放在橱窗里展示，只跟其中一个人说，这个人不能单独做决定，要三个人共同表示同意还是不同意。

第二，保护注意义务。在人格利益准共有关系内部，每一位当事人，对其他相关当事人的人格利益都有注意保护的义务。比如，其中有一个人是明星，不希望这张照片泄露，其他人就都有保护他隐私的义务。

第三，承诺权。如果其中一位当事人想要单独支配共有的人格利益，其他当事人也同意，那么可以承诺把共有的人格利益授权出去。比如，照相馆是三人当中的一个人开的，想要在自己店里展示这张照片，其他两个人同意了，就可以展示。

第四，拒绝权。如果想要支配的人格利益部分仅仅涉及自己，也必须隐去相关当事人的人格利益，否则也构成侵权。比如，一个人要使用集体照,另外两个人不同意,就可以行使拒绝权。

第五,对财产利益的共有权。如果准共有的人格利益包含财产利益,对该财产利益的支配应当严格按照共有的规则进行。例如,广告商希望用这幅集体照相做广告,给很多广告费,三个人就对这笔广告费共同享有,分得自己的份额。

第六,对外关系。当准共有的人格利益受到侵害,各相关当事人应当进行保护。比如,这张三人集体照相被一家无良照相馆盗用做广告,每一个当事人都有权起诉。即使是只有一个人去起诉,如果维权成功,商家赔偿,取得的利益也应当归属于全体当事人。如果财产利益需要分割的,按照共同财产分割的原则进行。当然了,起诉的费用也要三个人一起分担。

结合上文,我们分析一下本节案例。该女生当年介入了教授夫妇的婚姻关系,三个人都是这一隐私事件的经历者,都对整个事件享有隐私权。其中一个人擅自公布,既侵害了亡故教授的隐私利益,也侵害了教授前妻的隐私权。

038 生命权

绝症患者无法忍受痛苦，可以要求安乐死吗？

有一个权利，你很可能"常用而不知"，那就是生命权。

先来看一个我国较早发生的生命权案例。

30多年前，王先生的母亲患上绝症，并确认无法救治。病症发展到晚期，母亲疼痛难忍，要求安乐死。王先生不忍母亲痛苦，就与其他亲属商量，家人一致同意，找到主治医生要求实施安乐死。主治医生开了100毫克镇静剂，注明"患者和家属要求安乐死"。在王先生签字后，医生给他的母亲实施了安乐死。事后，王先生和主治医生都被检察院以故意杀人罪起诉，但最终被宣告无罪释放。

15年后，王先生患胃癌做了手术，癌细胞扩散到身体其他部位，疼痛难忍，要求医生给自己实施安乐死，被拒绝。王先生选择出院，在家中离世。

这个案例里，王先生和他的母亲其实都选择了安乐死，他的母亲选择了积极安乐死，他自己选择了消极安乐死。那么王先生以及他母亲的选择，属于行使个人生命权吗？要理解这个问题，得先知道什么是生命权。

法律上的生命和生命权

在展开介绍生命权的含义之前，我们先看一下这个权利对应的客体，也就是它保护的对象——个人生命。民法里说的生命，不仅仅指生物学意义上人体维持生存的基本活动能力，它更是一个民事主体的最高人格利益。自然人享有其他民事权利的前提，就是要拥有生命。因此，生命权是我们最重要的一项具体人格权，它保护的就是我们的生命安全和生命尊严。

生命安全和生命尊严就是《民法典》第1002条规定的生命权的两项基本内容。

第一，生命维护权。 生命维护权是指个人有权让自己的生命按照自然规律延续。这里说的生命延续，不是说通过提高健康水平来延长生命，那是健康权的内容。生命权中强调的延续，是指要保护人的生命不受外来非法侵害而丧失，保护的是人的生命安全利益。如果出现了非法侵害生命的行为和危险，权利人有权采取相应的措施保护自己，排除危害。其中最重要的措施是正当防卫和紧急避险。比如，小江被不法分子砍杀，他为了保护自己的生命极力抗争，结果把不法分子推倒，不法分子撞上台阶，导致重伤。这是正当防卫，小江不用承担赔偿责任。如果小江不是被砍杀，而是被野狗追赶，他为摆脱危险躲进了农户的房屋，把别人家的门给撞坏了。这属于紧急避险，他不用基于过错赔偿农户的财产损失，但要承担一部分补偿责任。

第二，生命尊严权。 这里说的生命尊严包括两层含义。一是生的尊严，也就是人的出生应受到尊重。例如，哪怕是通过不合法的人工生殖技术诞生的孩子，也享有生的尊严，不得歧视其人格。二是死的尊严，也就是一个人可以依法选择有尊严的死亡方法。

其中，死的尊严是生命尊严权的核心。人没有选择出生的权利，一个人生的尊严通常由他的父母和社会来保障，而死的尊严是一个人可以自主维护的。自然人在临近死亡时，有权选择有尊严地死去，真正实现自然人的生命尊严。

那么，一个人死的尊严，具体可以怎么维护呢？实践中主要有三种方式。

第一，生前预嘱。生前预嘱是自然人在健康或意识清楚时，签署的一种意思表示文件，表明自己在伤病末期不可治愈或者临终前，要不要接受某种医疗、护理等。2022年6月23日，深圳特区通过了新修订的一个地方性法规《深圳经济特区医疗条例》，在这个地方性法规里，确认了病人设立的生前预嘱有法律效力。这个修订非常重要，也是《民法典》规定了生命尊严权后，第一个对维护生命尊严做出规定的地方立法。

生前预嘱不是遗嘱。遗嘱是在死亡时生效，而生前预嘱是在病危、尚未死亡时就生效。目前在我国，已经有越来越多的人签署生前预嘱，安排好自己将来的这类事宜，保障生命尊严。

第二，临终关怀。临终关怀不是治疗措施，而是一种医疗护理。它是指在患者离世前的几个星期至几个月内，用医疗手段和其他方式来减轻痛苦，帮助患者有尊严地度过人生的最后阶段。有的人觉得临终关怀与消极安乐死有点像，其实不一样。临终关怀是人在临终之前，采取必要措施为濒死者减少痛苦，例如给疼痛患者打镇静剂等。消极安乐死则是对临终的人不再采取延续生命的治疗措施，让他自然走向死亡。大多数时候，即使决定要消极安乐死，也会给患者采取临终关怀，减少其痛苦。

第三，尊严死。尊严死是一个人生命垂危时做出的决定，是主动行使生命权的行为。

广泛意义上的尊严死其实就是一种自然死，当自己的生命面临终结时，决定不再采取延续生命的医疗措施，遵循自然法则终结自己的生命。狭义的尊严死，是指处于生命末期的患者，陷入了不可逆转的无意识状态，因此撤除他维持生命的全部积极医疗干预措施，使其自然地、有尊严地死亡。这两种尊严死都是消极安乐死。像本节案例中王先生母亲那样的，则属于积极安乐死。其实积极安乐死也属于尊严死，不过针对积极安乐死，我国还没有立法。

在原本的主流学说里，生命权不包含生命尊严权的内容，只有生命维护权，但《民法典》把维护生命尊严写进了生命权里，扩展了生命权的含义。

生命权是绝对权，也叫对世权。也就是说，它的义务主体是生命权人以外的所有其他组织或者个人。生命权对应的义务是"不得侵害他人的生命权"。这种义务叫不作为义务，只要不实施侵害他人生命权的行为，就算是履行了法定义务。如果实施了侵害他人生命权的行为，就应当承担相应的责任。具体来说，故意杀人当然要承担刑事责任，同时也要承担损害赔偿的民事责任。过失造成他人生命权丧失的，比如暴雨天司机在高速路上开车，不小心撞上护栏，导致同行的乘客死亡，虽然不构成刑事责任，但也属于侵害了他人的生命权，也应当承担赔偿责任。

王先生和母亲是在主动行使生命权

结合对生命权的理解，我们再来看本节案例。

王先生的母亲实施的是积极安乐死，在学理上这属于主动行使生命权，由于我国目前还没有制定安乐死法，实施积极安乐死是没有法律根据的。不过，最高人民法院对这个案件批复，不应该定为故意杀人罪，原因是患者已经生命濒危，没有挽回可能，并且实施安乐死也是病患和家属主动要求的，对此认定为故意杀人不符合情理，因而对行为人无罪释放。这是我国唯一的积极安乐死案例。

15年后，王先生放弃治疗，选择自然走向死亡，这也是行使生命权的行为，属于消极安乐死。我国法律并未禁止消极安乐死，一个人病重无法救治的时候，可以选择消极安乐死，以维护自己的死的尊严。

039 身体权
为什么人体器官捐赠合法,买卖就是违法?

身体这个概念,每个人都很熟悉。身体既是生命的载体,也是人格的载体。那么,在法律上,一个人对自己的身体到底享有怎样的权利呢?我们结合一个具体案例来看。

庄女士患了尿毒症,需要进行肾移植手术。医院在征得庄女士和她的丈夫周先生同意后,通过红十字会找到了肾脏捐献者。肾脏移植手术前,医院向庄女士夫妇告知了器官移植手术可能存在的风险,以及需要向肾脏捐献者提供经济补助等事项,夫妇俩同意了,向医院支付了给肾脏捐献者的补助费、器官运输保存费、手术医疗费等共计35万元。

很不幸的是,庄女士术后三天就死亡了。医院退还了尚未治疗的费用14万元,但周先生不同意,起诉医院买卖人体器官违法,要求返还所有医疗费用。法院没有支持周先生的要求,因为案例中涉及的行为都是在依法行使身体权。

要想理解这个结论,得先知道什么是身体权。

身体权的含义

身体权是每一个人维护身体完整,并支配自己的肢体、器官和其他组织的具体人格权。这个权利的保护对象是自然人的身体。法律所指的身体，大到肢体、器官，小到头发、指甲，这些都是我们与生俱来的身体部分。除此之外，还包括一些后天才加入人体的部分，比如成功移植后的器官或者人体组织。

有一类情况比较特殊，就是替代人体残缺部分的人工装置，比如心脏起搏器、假牙，这些装置是否属于身体，要分情况来看。如果是已经与躯体不可分离的，比如心脏起搏器、种植牙，就属于身体。如果是一般人可以自由装卸的，比如假牙、可以拆卸的假肢，就不属于身体。

只要侵害了身体组成部分，无论它是天生就有的，还是后天因为移植或者安装才得来的，都是侵害身体权。如果进一步危害了健康，还会侵害健康权。

身体权与健康权看起来相似，其实是两种独立的人格权。身体权保护的是个人的身体完整性，而健康权保护的是个人肌体功能的完全运作和完善发挥。比如，捐献自己的一个肾，是行使身体权的支配权，因为人靠一个肾还可以正常生活，但如果把两个肾都捐了，就活不了了，这就涉及健康权甚至生命权。

身体权的内容

身体权有两项基本内容。

第一，保持身体完整权。我们有权保护身体的实质完整性，禁止他人擅自取走自己的身体组成部分。这里说的身体组成主要是指不涉及健康的部分。因为一旦涉及健康，那就变成侵害健康权了。例如，饭馆老板张三为了保持卫生，强制给饭馆厨师剃光头，虽然不影响健康，但侵害了员工身体的实质完整性。

除了身体的实质完整性，法律还保护身体的形式完整性，也就是个人有权保持自己的身体不被他人非法接触。比如，两三岁的小女孩长得可爱，叔叔去摸摸她的脸蛋，抱一抱她，这很正常；但等孩子长到十七八岁了，叔叔再擅自去摸摸她的脸蛋，抱一抱她，就是侵害身体权的行为了。

保持身体完整权是一个偏重于防御性的权利，只有个人身体受到侵害时才会触发。

第二，身体利益支配权。它是指人有权适当支配自己的身体组成部分。要注意，是适当支配，而不是完全支配。这意味着，支配时不能严重损害自己的健康，同时还必须符合法律和社会公共道德。比如，义务献血，捐献脊髓、精子等，这一般不会损害身体健康，也符合法律、社会道德。

除了支配身体的这些附属部分，人还可以在不损害生命的前提下捐献器官，或者在生前留下遗嘱，表明死后将自己的遗体捐献给医疗机构进行研究、教学等，这也都是合法行使身体权的行为。

《民法典》禁止交易的人体组成部分

《民法典》第1007条规定，禁止以任何形式买卖人体细胞、人体组织，以及买卖人体器官和遗体。这些行为不光在民法上是无效的，同时还可能触犯刑法，会被国家制裁。

同样都是支配身体部分或者遗体的行为，只是有偿还是无偿的区别，为什么法律会采取两种截然不同的态度呢？因为这种支配关乎人的尊严和公序良俗，已经超出了个人意思自治的范围。捐赠器官或者捐献遗体通常是为了救助他人，促进医学进步，这是应当鼓励的；但买卖更多时候是为了牟取暴利，违反了公序良俗，还会败坏社会风气,应当坚决制止。

曾经有一个案例,一个眼科医生有两个患者急需角膜移植,但医院没有库存了。刚好这一天有人病逝,医生就去太平间取下了死者的角膜,移植到两个患者身上,使患者重见光明。后来,公安机关就向检察机关申请,要逮捕这位医生,但没有被批准。检察机关认为不应以犯罪处理,因为医生也是着急救人,不是为了谋取利益。不过,虽然医生不构成犯罪,但他的行为侵害了死者的身体,这是违法的。依照法律,这位医生应当承担侵权责任,重见光明的患者也应该补偿医生因承担赔偿责任而受到的损失。

人体捐献必须符合法定程序

《民法典》第1006条规定了人体捐献的法定程序。如果是主动捐献,捐赠人必须是完全民事行为能力人。只有拥有足够的辨认能力,个人才能依法自主决定捐献身体组成部分,或者在死后捐赠遗体。捐赠的意思表示必须采用书面形式,也可以通过订立遗嘱来完成。

如果一个人在生前既没有表明愿意捐献,也没有明确拒绝,法律不会默认这属于拒绝捐献,而会把决定权交给死者的近亲属。个人死亡后,他的配偶、成年子女、父母可以共同决定捐献。其中有任何一个人不同意,都是不行的。当然,如果死者在生前就表明过死亡后拒绝捐献,近亲属就不得决定捐献。

理解了身体权,我们再来回顾一下本节案例。

医院在征得患者同意后,帮助联系了红十字会。患者通过红十字会接收了他人捐献的器官,这是合法的。同时,患者对器官捐献者进行适当补助也是正当行为，不能认为是买卖器官。周先生在妻子器官移植失败后，请求医院退还部分费用是正当的，但也要适当，医院已经支出的费用都不能返还。至于主张医院买卖器官，则完全没有事实根据，不会得到法院支持。

040 健康权

临床试验抗病毒疫苗，可以向受试者收取费用吗？

本节，我们来学习一个重要的权利——健康权。

还是先来看一个案例。

有一家国内疫苗研发公司研发的某种疫苗通过了国家有关机构的审批，进入了临床试验阶段。在Ⅰ期和Ⅱ期的临床人体试验中，已经验证这款疫苗在较大规模的人群中有安全性，而且能有效刺激人体产生免疫力。于是，在招募Ⅲ期临床志愿者的时候，公司要求参与的受试者每人支付3000元，用来支付试验期间的各项开销。后来，这家公司的收费行为就被人举报了。

那么，这家公司进行临床试验收费的行为合法吗？有人可能会觉得合法，因为民法倡导意思自治，临床试验也是双方你情我愿，不论交费还是免费，只要受试者愿意就可以了。但实际上，疫苗公司的收费行为不合法，违背了《民法典》对健康权的特别规定。

要理解这个结论，得先知道到底什么是健康权。

健康权的含义

根据《民法典》第1004条的规定，健康权是维护身心健康、维持人体生命活动利益的具体人格权。健康权的法律特征主要有两点。

第一，健康权保护的是人体的生理、心理机能正常运转。通常的社会观念认为，一个人活蹦乱跳才是健康，但法律所说的健康是指人的生理、心理机能可以正常运作，对应的功能可以完善发挥，一个人哪怕不活蹦乱跳，也是法律保护的健康状态。

这个特征也显示，健康权和身体权是不一样的。身体权保护的是身体组成部分的完整性，如果只是侵害了身体权，并不会影响身体机能正常运作。然而，如果一个人不光是身体完整性被损害了，人体机能运作也受了影响，这就属于损害健康权，而不是身体权。

第二，健康权要维护的，是人体正常生命活动，而不是维护生命安全和生命价值。这是健康权和生命权最大的区别。人体健康受到侵害，经过医治，大多都可以康复或好转，人体的生命能力还能继续保持；但如果人死了，不能"恢复原状"，只靠健康权就保护不了了，得靠生命权来保护。

健康权的内容

健康权主要有两部分具体内容。

第一，健康享有权。这是指个人享有保持身体健康、发展身体健康的权利。保持健康，是指人的身心健康不受侵害。发展健康，是指权利人可以通过各种手段，比如锻炼健身、请医生治病等方式来增强健康水平。

第二，健康利益支配权。这是指个人有权适度支配自己的健康利益。比如，杂技演出有一定风险，但演员同意出演。再比如，拳击手比赛的时候也有可能受伤，只要现场有适当的保护措施，就是在适当支配健康利益。

这种支配权不是绝对的，要受限制。在实践中，对健康权限制的程度应当弱于对生命支配权的限制，主要有三种情形。第一类是强制改善自然人健康状况的行政措施。比如，吸毒会损害身体健康，但一个人说他不在乎，他可以这样支配自己的健康利益吗？不可以，政府要给他强制戒毒。这类行政措施是维护个人健康和公共利益的必要手段。第二类是订立处分健康权的合同无效。比如，甲乙两人同时爱上了小芳，成了情敌，约定持刀决斗，输了的主动退出竞争，这种合同就是将健康毫无意义地置于危险状态，是无效的。最后一类是健康利益不得利用和转让，不得将健康利益商品化。比如说，把未成年人变成残疾人，强迫其进行乞讨，这是严重的违法行为。

无论是侵犯个人的健康享有权，还是健康利益支配权，都要承担民事责任。如果没有造成实际损害，只是给他人的健康制造了危险，那行使人格权请求权，要求对方消除危险就可以。但要是造成了实际损害，就得用到侵权请求权，加害人应当赔偿实际损失。

有关健康权的特别规定

本节案例中的人体试验也有可能损害个人健康，但通常不认为会侵犯健康权。这一点是在理解健康权时要特别注意的。像人体临床试验，以及人体胚胎、基因等，这些研究有利于发展医学事业，是为了更长远地保护人类健康。

《民法典》除了单独规定健康权，还专门用了两个条文来规范人体临床试验以及人体胚胎、基因等研究。

首先是第1008条，它规定了人体临床试验要遵守的基本规范，主要有四部分。第一，临床试验必须具有正当目的，比如是为了研制新药、医疗器械或者发展新的预防和治疗方法；第二，临床试验应当依法经过相关主管部门批准，并且经过伦理委员会审查同意；第三，试验组织者必须告知试验目的、用途和可能产生的风险等详细情况，并得到受试者或者他的监护人书面同意。第四，进行临床试验不得向受试者收取试验费用。本节案例中的疫苗公司在组织第Ⅲ期临床试验时对受试者收取了费用，这就属于违法行为，是必须停止的。

对于人体基因和人体胚胎等研究，《民法典》1009条也做了明确规定。首先，医疗机构和医学研究机构进行人体基因、人体胚胎等的相关研究，法律是准许的。但是，这类研究也受严格限制，比如不得危害人体健康、不得违背伦理道德，以及不能损害公共利益。而且，这些科研活动往往很复杂，《民法典》没法把各种细节都规定到，所以这类研究除了不能违反最基本的法律法规，还要遵守国家的其他相关技术规定。

我国之前发生过一起人体基因编辑案例。2018年11月26日，南方科技大学副教授贺建奎宣布一对基因编辑婴儿健康诞生。这次基因编辑活动是贺建奎私自策划的，他伪造了伦理审查书，招募了8对夫妇志愿者参与实验，违规对胚胎进行基因编辑，最终生育了两名婴儿。这种以生殖为目的的人类胚胎基因编辑活动是国家明令禁止的，会触犯刑法。最终，贺建奎等3人被判决构成非法行医罪，分别被追究了刑事责任。

041 性骚扰

老板给下属微信发色情图片，侵犯了什么权利？

《民法典》中，对性骚扰行为的规制，保护的是人的性自主权。还是先来看一个典型案例。

赵女士是某公司员工，她的主管熊经理时常在工作期间赞美赵女士身材好，并以开玩笑为由，在公开交谈中猜测赵女士内衣的尺寸，说她容易引发男性欲望。赵女士因上下级关系，对熊经理的行为隐忍不发。后来，熊经理通过职务便利，时常安排与赵女士一起加班，约单独见面，并常常发微信说自己想念她，尤其对她的身材念念不忘。赵女士拒绝了熊经理的邀约，并告知不要给她发送暧昧性的暗示信息。熊经理依旧不改，继续在工作时间以及深夜给赵女士发送色情网文和图片，在工作期间制造肢体接触机会，触摸赵女士的胸部和臀部。

赵女士忍无可忍，向单位的监察部门举报了熊经理。调查确认后，单位把熊经理开除了。然而，熊经理却认为自己是在跟赵女士谈恋爱，不是性骚扰。

熊经理的所作所为是典型的性骚扰。他说自己是在谈恋爱，并不会改变此事的性质。

性自主权是自然人的独立人格权

性骚扰是一种侵害个人性自主权的行为。具体来说，是指侵权人强制对他人实施了性交之外的、有关性的行为。判断有没有性骚扰，最关键的是要看有没有侵害个人的性自主权。

性自主权有三个主要特征。

第一，性自主权是一项独立的人格权，规定了人可以按照自己的意志支配性利益，不受他人干扰、限制和强制。 无论是男人还是女人，作为平等的民事主体，都应当具有独立、完整的人格，在法律上，都平等地享有性自主权。

第二，性自主权的客体是人的性利益。 性利益这个概念包含了三重内涵，分别是生理因素、心理因素和法律因素。生理因素是指任何人不能以暴力、胁迫或其他手段违背他人意志，实施性行为。心理因素是指权利主体有性自由，可以选择自己性交往的对象。

除了个人层面的这两个因素，性利益还要考虑到法律因素：性自由的行使必须在法律范围内进行，如果超越了法律范围，就是不法性行为了。

第三，性自主权是权利人享有适度自由的人格权。 权利人可以在法律允许的范围内，依自己的意愿而行使支配的权利。

性自主权包含的内容

性自主权主要包含两部分内容。

第一，性利益维护权。 性自主权人最主要的权利，就是维护自己的性操守和性品行。

权利人可以按照自己的意愿，保持自己性纯洁，不为他人所侵害，从而保持精神上的满足和充实。另外，还可以获取社会或者他人对自己的相应评价，从而享受人身安全及其他社会活动的自由。因此，如果他人提出了性交的要求，或者要接触性器官，不管是善意还是恶意的，任何性自主权人都有权拒绝。

权利人在自己的性利益受到侵害时，享有防卫权。例如，某女子遭遇歹徒图谋不轨，顺手抄起身边的花瓶将歹徒打伤，这是正当防卫。如果女子在逃避过程中撞坏了商店里的花瓶，这是紧急避险。这种情况下女子不用赔偿，由歹徒来赔。如果该女子练过功夫，将歹徒一招制服后扣押起来，这属于实施自助行为。在维护自己的性利益时，正当防卫、紧急避险和自助行为，都是合法的。

第二，性自主权人享有支配性利益的承诺权。权利人与他人进行性方面的接触，原则上，可以根据自己的意志做出承诺，如果经过了权利人承诺，性行为就不构成侵害性自主权。

不过，承诺权不是人人都有的，要达到一定的辨认能力才能享有。承诺权分三档：第一档，18周岁以上、能够辨认自己行为的自然人，有完全承诺能力；第二档，14周岁以上、不满18周岁的未成年人，有部分承诺能力；第三档，不满14周岁的未成年人，没有承诺能力。就算已经成年，不能辨认自己行为的无民事行为能力人，或者不能完全辨认自己行为的限制民事行为能力人，也没有承诺能力。

另外，承诺权也是受限制的权利。限制来源于三个方面：一是法律的约束，例如，实施卖淫活动是违法的。二是公序良俗的约束，换妻、聚众淫乱这样的行为，虽然法律没有明确规定，但违背公序良俗。三是已婚男女忠实义务的约束。前两种约束是社会范围内的约束，后一种约束仅限于夫妻之间，以不进行婚外性交为内容。如果突破了这一种约束，承诺人虽不构成犯罪行为，但违反忠实义务，侵害了配偶另一方的配偶权。

如果性自主权被侵害了,民法主要用两种方式保护受害人。一是经济赔偿。比如,对受害人造成了身体上的伤害,花费了治疗费用,应当赔偿;还有,假如受害人怀孕,应当赔偿其流产、生育的费用及营养费;如果因侵害而使受害人感染性病的,应当赔偿治疗费;等等。二是精神赔偿,也就是侵害性自主权,造成精神创伤的精神痛苦抚慰金赔偿。

《民法典》对性骚扰的规制

说到侵害性自主权,大多数人都会想到猥亵、强奸这样的严重情况。其实,一切违背他人意愿,实施有关性的关系行为,都是侵害性自主权的行为,性骚扰也属于这样的行为。

性骚扰行为古已有之。对性骚扰进行法律规制最早始于美国,逐渐在世界各国传播开来。目前,大多数国家和地区,尤其是政治、经济发达的国家和地区,均通过立法形式,对性骚扰行为进行法律规制。

在《民法典》以前,我国只在2005年8月修订的《妇女权益保障法》第40条规定:"禁止对妇女实施性骚扰。受害妇女有权向单位和有关机关投诉。"这个规定就过于简略了。所以,《民法典》是第一次对性骚扰行为做出了全面规制。

就全世界范围来看,各国立法规制性骚扰行为的立场有两种,一种是职场保护主义,一种是权利保护主义。 权利保护主义,重点是对人的性权利的保护,一切以暴力、胁迫、语言、动作、欺诈和诱导等方式,对他人实施违背意愿的有关性的行为,都是侵害性自主权的行为。职场保护主义则是以对职场劳动者的保护为中心,认定规制性骚扰行为，保护的是劳动者的权利，因而责任应以雇主承担为主。

我国民法的立场是以权利保护主义为主、职场保护主义为辅，既追究实施性骚扰的行为人，必要时也辅之以追究职场负责人未尽保护义务的责任。

《民法典》第1010条第1款规定："违背他人意愿，以言语、文字、图像、肢体行为等方式对他人实施性骚扰的，受害人有权依法请求行为人承担民事责任。"这就是对自然人性自主权的保护，规定了实施性骚扰行为，是侵害性自主权的侵权行为。北京曾经有这样一个案例，有人通过微信向异性发送了8次色情内容，被认定为性骚扰行为，法院判决赔偿8000元。

职场保护主义体现在《民法典》第1010条第2款中。该款规定："机关、企业、学校等单位应当采取合理的预防、受理投诉、调查处置等措施，防止和制止利用职权、从属关系等实施性骚扰。"这就暗含了职场保护主义的规则，只不过，这一条没有直接规定责任条款。

要强调的是，**性骚扰不只可以发生在异性之间，同性之间也会发生性骚扰行为，也应当承担侵权责任**。一个男老板招收一个男性年轻司机，经常对司机的身体隐私部位进行触摸，该司机不堪其扰而辞职，老板仍不罢休，继续打电话纠缠，被司机录音，司机向法院起诉，法院追究了老板的侵权责任。

结合上文分析，可以得出结论，本节案例是一个典型的职场性骚扰案件。上级领导利用职务便利，违背下属意愿，对下属进行性骚扰，受害人当然有权对其主张权利损害的救济。即使上司借口是在谈恋爱，也同样是侵害了下属的性自主权，不能减轻他的侵权责任。

延伸课堂：

本节案例中，性骚扰下级的男士同时触犯了民法和刑法中与性权利有关的法条，在实际操作中该如何取舍、用哪一部法律来规范行为呢？

这种情况叫刑民交叉，在学术上也叫刑法和民法的法规竞合，也就是一个行为既符合民法的规定，又符合刑法的规定。这时就要确定该适用哪一部法律。怎么判断呢？

首先，要看这个行为是不是构成了刑法规定的犯罪，比如案例中说的性骚扰行为，情节还没严重到要认定为犯罪，那就还是民法问题，一般通过请求损害赔偿解决。

如果行为很严重，已经构成了强奸、强制猥亵等刑事犯罪，那就要由刑法来制裁，民法不再调整。如果犯罪行为还给受害人带来了其他损害，例如造成怀孕、生产等后果，还可以请求损害赔偿。这类赔偿，救济的是犯罪行为带来的民事损害，在刑法里叫刑事附带民事损害赔偿。

042 人身自由权

强制让健康员工进精神病院，侵害了哪种人格权？

人身自由权是一个有些特殊的权利，《民法典》对它的表述和其他具体人格权不太一样，只表述为要保护人身自由，没有表述成"人身自由权"。这是为什么呢？

我们还是先从一个经典案例说起。

"十年动乱"期间，某矿工医院的张医生为了逃避迫害，找医院给自己开了一个假的精神病证明，医院领导为了保护她，也劝她回家"病休"，工资照开。

改革开放后，因为张医生长期病休，医院改发了病休工资，比原来的工资少很多。张医生不接受，认为自己没有精神疾病，提出要正常上班。但医院不相信，说有诊断书为证，还将她强制送到精神病医院观察诊断了38天，最终结论是精神状况一切正常。张医生很生气，出院后就向法院起诉，要追究医院的侵权责任。

在这个案例中，医院侵犯的就是张医生的人身自由权。

人身自由权的含义

人身自由权，是指个人在法律规定的范围内，有权按照自己的意志去思维和行动，不受任何人的约束和妨碍。简单来说就是，只要不违反法律，不侵犯其他人的合法权利，任何人都可以说自己想说的任何话，做自己想做的任何事。

人身自由权保护的就是人身自由。人身自由和人格自由是两个不同的概念。人格自由是由一般人格权保护的，是一种抽象的法律利益，包括保持人格的自由和完善人格的自由，也就是要保障每一个人不沦为奴隶，不会被禁止接受教育。人身自由不一样，它强调的是一个人的具体行动和思维不受干扰、不受限制。

《民法典》只规定要保护人身自由，没有用一个专门的条文把它规定为人身自由权，主要是因为《宪法》。人身自由和人格尊严都是《宪法》规定的基本权利，所以《民法典》也按照《宪法》，把人身自由和人格尊严一并写到了第990条第2款，包含在一般人格权里。人身自由权虽然没在《民法典》中单独规定，但在实际操作中，我们也把它当作一个具体人格权来对待，这一点在其他现行法里也能找到依据。比如，《消费者权益保护法》和《国家赔偿法》都明文规定了，人身自由权是具体人格权。

人身自由权的具体内容

人身自由权主要包括身体自由权和思维自由权。

身体自由权也叫行动自由权。在法律规定的范围内，个人有权按照自己的意志，自由支配身体活动。如果用非法方式剥夺、限制个人的行动自由，比如囚禁他人，就属于侵犯身体自由权。

我们要注意，非法搜查他人身体不属于侵犯身体自由权。非法搜身确实会一定程度限制行动自由，但一般只认为侵害了身体权。前文提到过，身体权不光保护身体完整，还保护个人身体不受非法接触。

因此，遇到非法搜查身体的，用身体权来保护更精准。

人身自由权的第二项内容是思维自由权，也叫意志自由权。一个人要想正确实施民事活动，前提是能按自己的意志去思考。思维自由权就是要保障个人在法律规定的范围内，有权自由支配自己的思维活动。关于侵犯思维自由权，有一个比较早的经典案例。浙江省某县的杨先生收到一封黑龙江省呼兰县（现哈尔滨市呼兰区）发来的电报，电报上说杨先生的哥哥被汽车撞成重伤，正在呼兰县医院抢救。杨先生的父母收到电报后非常担忧，立即乘绿皮火车辗转几天赶到呼兰县，结果发现儿子安然无恙。后来才知道，原来是杨先生的哥哥和一位同事发生了口角，对方想要报复，所以发了假电报。这位同事欺骗了杨先生和他的父母，但不属于欺诈行为，因为他并没有要和杨先生的父母实施交易。他的行为侵害的就是杨先生父母的思维自由权，因为欺骗行为让杨先生的父母陷入了错误思维，不仅让他们损失了财产，还带来了巨大的精神痛苦。

如何认定侵害人身自由权的侵权责任

日常生活中，认定一个行为是不是侵犯了人身自由权，主要有四个要件。

首先，看有没有侵害人身自由权的违法行为。这里说的违法行为，可能是侵害他人行动自由权，比如公司把犯错的员工关禁闭，主人把来访的客人锁在家里不让离开等；也可能是侵害他人思维自由权，比如欺诈和胁迫。欺诈是让人产生错误认识，胁迫是让人恐慌，这些行为都会影响或干涉个人的正常思维，让人利益受损。

光有违法行为还不够，还得有客观的损害。只有出现了损害事

实才能请求侵权人承担责任。这里说的损害事实是指受害人的精神利益和财产利益确实受到了损害，比如，库管员张三故意把李四骗进仓库，把门锁了，但仓库里其实还有一道后门，李四很容易就出来了。这种情况就是违法行为没造成损害。

认定侵犯人身自由权要考虑的第三个要件是因果关系。假设李四去仓库清点货物，张三趁李四不知情时把门锁了，其实锁是坏的，根本锁不住人，但李四仍然被困在仓库里了，由于他不小心撞倒了货箱，被压在地上动不了。这种情况下，既有违法行为，又有客观损害，但缺少因果关系。李四的人身自由虽然被限制了，但并不是因为张三实施的违法行为，因此也不能认定侵犯了人身自由权。

最后一个要件是看侵权人有没有过错。如果一个人不是出于故意，而是自己不谨慎，侵害了他人的人身自由，这种情况叫过失，也应当认定为有过错。比如库管员张三每天下班前，都要确认一遍仓库没人才锁门，但有一天赶着去喝酒没有检查，结果把还在点货的李四锁在仓库里了。张三虽然不是故意的，但也属于过失侵害了李四的人身自由。

侵害人身自由权的抗辩事由

在某些情况下，就算限制了他人的人身自由，也不用承担民事责任。侵害人身自由权的免责事由主要有三种。

首先是，限制人身自由的行为是依法实施的。比如，依法逮捕或拘留，这是国家机关正常执法；大家抓了个小偷，要扭送到派出所，这是个人在依法维护公共利益和公共秩序；在自然灾害中强制他人离开灾区，或者为防止疫情传播把疑似病例依法安置到隔离区，这些行为有时也会违背个人意志，但都属于依法执行职务。

除此以外，**还有两种免责事由，就是正当防卫和自助行为**，比如，张三入室抢劫，结果被房主反锁到了卧室，房主就是在正当防卫。再如，张三去饭馆吃饭不给钱，被饭馆老板拦住不让走，老板就是在实施自助行为。无论是构成正当防卫还是自助行为，只要是在一定限度内合理实施的，都属于免责事由，最终不用承担侵权责任。

结合前文分析，再来看本节案例。这个案例虽然时间较早，但很经典。把精神正常的张医生诊断为有精神疾病，让她回家病休，在"十年动乱"期间是一种保护行为。然而，改革开放之后，把张医生送进精神病医院强制治疗 38 天，这就侵害了她的人身自由权。医院没有任何免责事由，最终应当要承担侵权责任。

043 姓名权
被人冒名顶替上大学，如何维护自己的权利？

姓名权是每个人都享有的权利。本节我们来学习一下与姓名权相关的知识。先来看一个典型案例。

小齐与小陈在同一个村庄居住，是同一所中学的毕业生，平时两人成绩一直差不多。高考时小齐考得不错，被某大学录取了；小陈没有考好，落榜了。小齐的录取通知书寄到了两人就读的中学，小陈见到后，领走了通知书，冒名顶替小齐到大学报到、就读。

这期间小齐一直以为落榜的是自己，也就没有上大学。直到毕业时，小陈向学校申请要把毕业证书改为自己的本名，这才真相大白。小齐知情后，向法院起诉，要求小陈承担法律责任。

小陈的行为侵害的就是小齐的姓名权。

姓名权的客体

姓名权的客体，也就是它保护的对象，是姓名。姓名分成姓和名两部分。姓是血缘遗传关系的记号，标志着一个人从属于哪个家族血缘系统。名是一个特定的人区别于其他人的称谓，可以自由决定。姓和名的组合，构成了一个人完整的文字标识。

因为姓是一定血缘关系的记号，因此，《民法典》第1015条规定，自然人应当随父姓或者母姓，一般没有其他选项。曾经有一个案例，有个人到公安局申请把姓名登记为"北雁南飞"，被拒绝了，后来又向法院起诉，也被驳回了，理由是：随意选取姓氏和创造姓氏，会影响社会管理秩序，也会冲击文化传统和伦理观念。

不过，在选取姓的时候，还是有下面三种例外：第一，可以选取其他直系长辈血亲的姓氏，比如祖父母或者外祖父母。第二，如果当事人由法定抚养人以外的人抚养，可以选取抚养人的姓氏，比如张三被李四收养了，就可以改姓李。第三，有不违背公序良俗的其他正当理由。曾经有一位姓肖的父亲为新出生的孩子报户口，要求改为姓萧，派出所坚决不同意。其实，他家的姓本来就是"萧"，只是当年实行简化字时，不小心简化成"肖"了。这个所谓的第三姓，其实是正本清源，完全是正当的。

以上这些规定针对的是汉族的姓。少数民族的姓氏可以遵从本民族的文化传统和风俗习惯。

需要说明的是，姓名权的客体不只有我们身份证上的本名，还包括笔名、艺名、字号、网名等。在我国大陆地区，人的字号已经少见，但别名、笔名、艺名、网名等使用比较普遍，也需要法律来保护。

姓名权的内容

姓名权包括四项内容。

第一，命名权。法律规定，人有权决定自己的姓名，任何组织或者个人无权干涉。有人可能会想，姓什么自己不能决定，名字也是出生时就取好了，怎么说是有权决定自己的姓名呢？确实，姓氏涉及公序良俗，个人原则上没有选择权，名字一般由父母家人来取，但这不是对个人享有命名权的否定，而是父母实施的代理行为。刚出生的婴儿没有能力给自己命名，因此由监护人来代理。除了本名，命名权还意味着人可以选择自己的别名，比如笔名、艺名、网名以及其他相应的名字，他人不得干涉。像笔名、艺名这些称谓，只有在具备法定条件时，才使用姓名权的保护方法进行同等保护：一是这些称谓必须达到一定的社会知名度，例如鲁迅、金庸这样的笔名；二是被他人使用足以造成公众混淆。如果两个人只是用了同样的网名，但头像、简介等等都不一样，还能区别开，也不适用同等保护。

第二，使用权。 人对自己的姓名，享有专有使用权。人在民事活动中，除法律另有规定之外，可以使用本名，也可以使用自己的笔名、艺名等。这个使用权只属于你自己，任何人不能强迫他人使用或不使用某一姓名。不过，这里有一种例外，就是重名。重名在法律上也叫姓名的平行，好几个人都叫同样的名字，这是合法的，不受专有使用权限制。

第三，改名权，也叫姓名变更权。 法律规定，人可以按照自己的意愿依照规定改变自己的姓名，不受其他限制。但是，变更姓名的时候，应当经过公安机关登记。

第四，许可他人使用权。 依照传统观点，姓名权是对自己的姓名享有的专有使用权，不得转让。不过在现实中，姓名利益既有精神利益，又有财产利益，所以《民法典》第993条规定，姓名权也包括许可他人使用自己的姓名。如果有人找我做广告，要写"杨立新推荐"，我也同意了，这就是许可他人行使我的部分姓名使用权。前文也说过，这其实就是在行使公开权。如果想将自己的姓名许可他人使用，双方当事人应当签订姓名许可使用合同，确定双方的权利义务和使用的范围与期限。

侵害姓名权的行为表现

侵害姓名权的行为主要有四种。

第一，不使用他人姓名的行为。任何人对他人的姓名，都必须正当使用，应当使用他人姓名而不使用的，构成侵权行为。例如，有一位作家写了一本书，出版社出版时没有标注作家姓名，导致读者不知道他是作者，这就构成侵权。另外，不称呼他人姓名而用谐音替代，比如广告商用"流的滑""泻停封"当品牌名，也是侵害他人的姓名权。

第二，干涉他人行使姓名权。例如，某班主任的孩子在自己的班里上学，另一个同学与其同名，班主任强令这个同名的孩子改名，就是干涉他人行使姓名权。

第三，非法使用他人姓名的行为。这包括两种情况，一种叫盗用，一种叫假冒。盗用他人姓名，关键在于"使用"，指的是未经他人同意，擅自使用他人的姓名。某厂家给产品做广告，宣传的时候说"某某明星大力推荐"，但这个明星根本没有同意厂家使用他的姓名，这就是盗用。假冒姓名更严重，是直接顶着姓名权人的身份进行活动。本节案例中，小陈顶替小齐去上学就属于假冒。这两种行为的相同点是，行为人都是在受害人不知情的情况下盗用或假冒，在心理上都是故意，都会造成一定的损害后果，都违反法律。

第四，姓名的故意混同。就算不直接使用他人的姓名，也有可能侵权，就是故意使用一个特别相近的姓名，让他人误以为这就是本人。例如出版社用"全庸"混同金庸，用"古尤"混同古龙，读者以为自己买了金庸和古龙的书，翻开一看才知道上当了。另外，利用重名而故意混同，也会侵害姓名权，曾经有一个东北的出版社给一个新人出书，这位新人叫王朔，跟名人王朔同名同姓。出版社故意宣传这是"王朔新书",就是"蹭名人"造成混同的结果,侵害了名人王朔的姓名权。

侵害姓名权的侵权责任

姓名权被侵害后,应该如何维权呢?有两种情况,财产利益的损害和精神损害。对这两种情况,《民法典》都做了明确的规定。

《民法典》第1182条规定,如果姓名权被侵害,被侵权人可以根据自己受到的损失,或者侵权人因此获得的利益,来计算赔偿损失的具体数额。如果难以确定,由法院根据实际情况确定赔偿数额。如果侵权行为造成了被侵权人严重精神损害,应当依照《民法典》第1183条的规定,请求精神损害赔偿。

在本节案例中,小陈冒充他人的姓名上大学,这是非常恶劣的侵权行为。这种行为不仅侵害了小齐的姓名权,更是剥夺了她受教育的权利,给她造成了终生的损害。这不是盗用姓名,而是假冒他人姓名。这个案件的最终结果,是法院判决小陈以及她的父亲要向小齐承担侵权责任,赔偿小齐在被侵权后的经济损失以及精神损失。同时,代收录取通知书的高中和错误录取小陈的大学,因为没有尽到合理审查义务,也被判决一并承担连带责任,要共同向小齐赔偿。

冒名顶替上大学是非常严重的侵权行为,只追究民事责任是远远不够的。后来,立法机关也通过刑法修正案,规定了冒名顶替罪。《刑法》第280条明确规定,盗用、冒用他人身份,顶替他人取得高等学历教育入学资格的,要处三年以下有期徒刑、拘役或者管制,并处罚金。其实,不光是冒名顶替上大学,冒名顶替录用为公务员、获得就业安置待遇的,也都是犯罪行为,同样要受刑法处罚。

延伸课堂：

某医疗美容机构将其假体隆鼻项目包装命名为"热巴鼻"，很容易让人想起明星迪丽热巴，这种行为侵害姓名权吗？

这种行为不构成侵犯姓名权。

这个问题与"葛优躺"比较相似。但有几个不同之处：一是"葛优躺"用的是全名，"热巴鼻"即使是说迪丽热巴，也只是用了一半；二是"葛优躺"是开玩笑的用法，没有侵权的故意，也不用于营利。"热巴鼻"只有确定就是在说迪丽热巴的"热巴"，加上营利目的，才有可能构成侵权。然而问题是，中国并不只有一个热巴，不能说这就是特指，因此很难认定"热巴鼻"是侵害了迪丽热巴的姓名权。

国内有一个体育品牌，叫阿迪王。有一年阿迪达斯起诉阿迪王侵权，但没有成功。原因是阿迪达斯在中国注册了商标，但注册的是"阿迪达斯"，并没有注册"阿迪"。阿迪王也是用了一半，不能认定它就是侵害了阿迪达斯的商标权。虽然姓名权和商标权有差别，但基本意思是一样的。其实，不管"热巴"也好，还是"阿迪"也好，这样使用，蹭热度的意图是比较明显的。在商业中，说这种行为是不正当竞争行为有一定道理，但是说侵害姓名权或者侵害商标权却不能成立。

044 肖像权

用 AI 换脸"恶搞"他人，受害人该怎么维权？

本节讲解每一个人都享有的另一种人格权——肖像权。

先来看一个案例。

小陈在一个互联网视频平台开设账号，用 AI 换脸技术，把自己女朋友小倩的照片替换到不同的电视剧、搞笑视频的角色中，在网络上走红，有粉丝近百万。后来，小倩与小陈分手，要求他不准再用自己的照片。小陈为了维持自己账号的热度，仍然继续使用小倩的照片制作换脸视频。小倩看到后，就到播放热度最高的视频下面发布留言，说已经与小陈分手，今后不再同意视频继续使用其肖像。小陈很不满，为了报复，就将某情色电影片段的女主换成小倩的面容发布，小倩知道后很气愤，把小陈告上了法庭。

很显然，小陈的行为侵害的正是小倩的肖像权。

肖像的定义

理解肖像权，首先要知道什么是肖像。我们一说肖像，就会想到照片、画像、雕像这些具体的东西，而法律意义上的肖像是一种具体的人格利益，《民法典》第 1018 条第 2 款规定，肖像是通过影像、雕塑、绘画等方式在一定载体上所反映的特定自然人可以被识别的外部形象。这个定义有几个要点。

第一，肖像是人的外貌形象，重点在"人"，只有自然人才会有肖像，法人、非法人组织不享有肖像权。

第二，人的外貌形象要通过再现，才成为肖像。你本身的外貌并不是肖像，只有拍成照片、画成画，才算是肖像。

第三，人的外貌形象只有固定在物质载体上，才能成为法律意义上的肖像。一张照片、一幅画，这些都是物质载体，但如果是水中的倒影这种无法固定的影像，就不存在肖像权的问题。

第四，肖像具有物的属性，肖像既然固定在物质载体上，就与肖像人在客观上脱离了，不依赖于肖像人存在。我们把肖像当作"物"来看待，它可以被他人使用，并因此产生一定财产利益。

肖像权的含义

肖像权是一项具体人格权，主要有三个特征。

第一，肖像权的基本利益是肖像的精神利益。肖像可以指向某个具体的人。丑化、污损他人肖像，或者利用信息技术手段"深度伪造"他人的肖像，都伤害了他人的精神利益，属于侵害肖像权的行为。要注意，丑化和污损肖像一般是恶意的，而 AI 换脸可能是恶意，也可能不是，但只要未经本人同意，都是侵害肖像权。

第二，肖像权具有明显的财产利益。享有肖像权的人，可以获得财产上的利益。商家做广告，出重金聘用明星制作，就是因为明星的肖像在市场中具有号召力，可以转化为财产利益。

第三，肖像权的主体是特定的人。肖像权必须由特定的人享有。每个人的身份证上都印着自己的肖像，即使是易容冒充他人，两人看起来一模一样，易容的人也不享有被易容人的肖像权。

并不是说一定要完整的肖像，法律才保护。十几年前发生过一个半张脸的肖像权争议案件。摄影家邀请小霞，为她免费拍摄写真。拍完后，摄影家未经小霞同意，把一张只有小霞半张脸的摄影作品命名为《美姿》，参加南方十四省人体摄影大展，获得了银奖，并进行了巡展。小霞得知后，诉请法院维权。法院认为，不管是一张脸还是半张脸，只要可以清晰辨认出这是本人，就构成侵权。

肖像权的内容

肖像权的义务主体是肖像权人之外的所有人。肖像权是绝对权，除了你本人，其他任何组织或者个人都对你的肖像权负有义务。这种义务法律上叫不可侵的不作为义务，就是不得侵害你的肖像权。

肖像权主要有三个内容。

第一，**制作专有权**。我们的形象并不是肖像。形象只有被某种造型艺术手段表现出来，固定在某种物质载体上，才能成为肖像。法律规定，肖像的制作之权为权利人专有。意思是说，要不要制作肖像、如何制作，都由权利人自我决定。如果有人干涉你制作，就构成侵权；如果有人非法制作你的肖像，比如偷拍，也构成侵权。

第二，**使用专有权**。是否使用肖像也由肖像权人决定，他人不得非法使用。任何人未经本人同意而使用肖像权人的肖像，都构成对肖像使用专有权的侵害。比如，照相馆未经顾客同意把顾客的肖像在店里展示，就是侵犯了顾客的肖像权。

第三，**公开和许可他人使用权**。肖像权人可以把自己的肖像公开，让他人观赏，例如将自己的肖像出版画册，或者在网络上传。肖像权人也可以许可他人使用肖像，比如授权摄影师把自己的肖像发到网上。无论怎样使用，都需要使用人和肖像权人协商，由肖像权人本人决定他人是否可以使用。

我们许可他人使用自己的肖像，其实就是转让了一部分使用权。这个使用权可以、也只可以转让一部分，不能全部转让。全部转让的话，就等于权利人抛弃了自己的肖像人格利益，自己就不能使用自己的肖像了，这是不可以的。

一般情况下，制作、使用、公开他人的肖像，都需要本人同意，不过有一个例外，就是法律另有规定。比如警方在通缉令上使用了嫌疑人的肖像，寻人启事上使用了走失者的肖像，都属于合法使用。

肖像作品权利人的义务

在肖像权保护中，有一种特殊的义务主体，就是肖像作品的权利人。

比如，有一位画家给你画了像，你当然是肖像权所有人，但是，画家也是这幅画的著作权人，有权支配自己的作品。如果画家想公开这幅作品，你不同意，应该怎么办呢？从原则上说，画家对作品享有著作权，但是，这个著作权会受肖像权约束。只要你不同意，画家就不能用发表、复制、发行、出租、展览等方式使用或者公开你的肖像。

还有一种更特殊的情况：人体模特的肖像权的保护问题。跟普通人不一样，专业的人体模特参与的是艺术品创作。一件艺术品就是用来公之于世的，如果创作出来只能锁在画室里，供创作者一人观赏，就永远也得不到公众的评价和社会的承认。从艺术品的这一基本特性出发，如果人体模特同意供艺术家临摹、创作，就可以首先推定，模特同意将这幅作品进行展览、复制和买卖。**如果人体模特不同意，需要双方在肖像使用合同中作特别约定，作为合同的禁止条款规定下来**。1988年全国人体油画大展就发生过一次肖像权争议，是一个经典案例。当时，中央美术学院第一次聘用了人体模特，画家给两个模特画了油画，公开展出。两位模特起诉，认为画家未经她们的同意就公开，侵害了她们的肖像权。最后法院判决构成侵权，是因为双方在协议中约定了对人体模特身份保密的义务，公开展览违反了这一约定。如果没有禁止条款的约束，就应当推定为同意公开使用。

本节案例中讨论的AI换脸，是在当代人工智能发展中出现的侵害肖像权的新类型，也属于肖像权保护的范围。小陈使用小倩的肖像进行换脸上网公开，在小倩同意的情况下，是合理使用。但在双方结束恋爱关系，小倩明确表示小陈不得继续使用其肖像后，小陈不听劝阻，仍然继续使用，就构成侵害肖像权。至于把小倩的面容换到情色电影上，这已经侵犯小倩的名誉权了，如果情节严重，还可能触犯刑法，构成传播淫秽物品罪。

045 声音权
司仪模仿明星声音主持婚礼，会构成侵权吗？

本节我们来学习一个受法律保护的人格利益——声音。

在《民法典》中，没有单独规定一个权利来保护声音，只规定了保护声音时参照肖像权的规定，这说明声音权还是一个正在成长的权利，还没有被更多人认识。但在我看来，声音权其实已经是一个具体人格权了，完全可以把它当成一个独立的权利来分析。

先来看一个具体案例。

小君是一位婚礼司仪，善于模仿名人声音，他在主持婚礼的时候，模仿刘德华、郭德纲、葛优、赵本山等明星的声音为新人祝福，效果非常好。后来，小君专门开了网店，挂出了"明星语音定制祝福词"的宣传语，消费者可以直接购买小君录好的祝福录音，也可以让小君模仿特定明星的声音，单独录制。

网店的生意很红火，但是有一位被模仿的明星发现了这个网店，认为小君侵害了他的人格利益，要求赔偿。小君觉得很无辜，这些声音都是自己录制的，怎么就侵权了呢？

要回答这个问题，我们得先知道什么是声音权。

声音权的定义

声音权，就是保护声音人格利益的人格权。声音跟肖像、姓名一样，也是一种人格利益。法律意义上，声音之所以能够作为人格利益，是因为它能区分不同人的人格特征，别人一听到你的声音，就能把你和其他人区别开来。

声音权和肖像权有点相似，都可以用来区分特定的人。不过，二者还是有明显的区别。一个人的形象只有被画成像、拍成照，有了物质载体，才受肖像权的保护。但是声音权不一样，**声音权保护的是声音本身，而不是声音的表现形式**。如果把声音录成了唱片，别人擅自使用，这侵害的是著作权，而不是声音权。

声音权有两种特性。

第一，声音权既体现精神利益，又有明显的财产性。法律保护自然人的声音权，首先是为了保护人的人格，这里体现了精神利益。同时，声音还具有明显的财产性。很多时候，声音跟商标很像。各行各业的商家会利用专业播音员或者明星的声音来宣传产品，哪怕你不看画面，听到一句广告语就知道它在说什么产品，这就是财产利益。

第二，声音权具有专属性。这个专属性表现在两个方面：一是声音权由特定的主体专属享有，你的声音权只属于你自己。二是利用的专属性，你可以自主处分你自己的声音，如果你不同意，别人不可以使用。

声音权的具体内容

声音权主要包括三种内容。

第一种，也是声音权最重要的内容，就是声音录制专有权。只有你同意的时候，别人才能录制你的声音，当然，你也可以自己录。很多客服电话接通前都会告诉你"本次通话将被录音"，如果有人私自录制你的声音，和偷拍他人肖像具有同样的性质，是对你声音专有权的侵犯。不过，和偷拍一样，如果别人偷录了你的声音，但你不知道，他也没有公开，就无法追究其责任。但是你知道他偷录了你的声音，拿到证据，就可以起诉他侵权。这里有一些例外，就是"法律另有规定的除外"。有几种情况属于合理使用他人声音，不构成侵权。

第二种，声音专用权。 比如你唱歌很好听，在私人聚会中演唱，就是在使用声音的精神利益。如果你把歌声录成唱片，从中取得经济收益，就是在使用声音的财产利益。无论是唱歌还是录唱片，都是在积极行使声音权，从法律上讲，这是以作为的方式支配声音利益。我们还可以用不作为的方式支配声音利益。如果你自己没有去积极使用声音利益，别人不得擅自使用，也就是说，别人有不作为的义务。

这里有几个侵权的例子：首先，擅自公开他人的声音。比如你在私人聚会中的演唱被人录下来，未经你同意传到网上，就构成侵权。其次，非法剪辑他人声音。比如有人参加一档谈话节目，节目制作方为了节目效果，把他说的话前后剪接，导致产生的效果跟说话人的本意完全不一样，那也是侵犯了他的声音权。再次，对他人的声音失真处理不当。有些情况下，我们需要对他人的声音做失真处理，比如警方为了保护证人的安全，会改变录音的音调、音色，让别人无法辨认声音的主人。然而，有些时候，失真处理可能出于恶意，比如有人讲了一句很严肃的话，被人处理后传到网上，听起来像动画片中的"小黄人"，充满喜剧效果，很多网友都来嘲笑这个说话的人，这就损害了他人的人格尊严。法律规定，对于声音的失真处理，该处理的不处理，或者不该处理的处理了，都构成侵犯声音权。最后还有一种情况，就是非法模仿他人声音。模仿他人声音其实跟恶意混同他人姓名很像，别人一听这个声音，还以为是声音的主人在说话。本节案例中，小君模仿明星的声音来主持婚礼，还开网店销售，是典型的这一类侵权行为。

声音权的第三部分内容叫声音处分专有权。如果权利人想把自己的声音利益转化成商业利益，也可以和他人签订合同，许可他人使用。

这就是声音权的大致内容。如果有人侵害了你的声音权，你有权请求行为人承担责任，比如停止侵害、排除妨碍、消除影响、赔礼道歉等。如果给你造成了损失，还可以请求财产损失赔偿和精神损害赔偿。

对声音的合理使用

上文说过，在有些情况下，是可以合理使用他人声音的，声音权人不得主张侵权。主要包括五种情况。

第一，为个人学习、艺术欣赏、课堂教学或者科学研究，在必要范围内使用声音权人已经公开的声音。比如，我在课堂讲课时模仿了另一个教授的声音，说明他的观点，这不是侵权行为。第二，媒体在进行新闻报道的时候，不可避免地要制作、使用、公开声音权人的声音。例如电台、电视台录制一台节目，使用现场观众的声音，就不是侵权行为。第三是为依法履行职责，国家机关在必要范围内制作、使用、公开声音权人的声音。例如，国家机关进行廉政教育，使用贪腐官员悔罪的声音，不构成侵权。第四是为展示特定公共环境，不可避免地制作、使用、公开声音权人的声音。例如，我需要制作一个公园的声效，把孩子玩耍的声音也录进去了，这不构成侵权。第五，为了维护公共利益或者声音权人的合法权益，例如使用先进人物报告先进事迹的声音，或者用走失人的声音对其进行寻找，都不构成侵权。

这五种情况都是对声音的合理使用行为，都不构成侵权。但也要注意，就算存在上述因素，如果使用人故意侵害声音权人的权利，或者有过失的，就不再是合理使用了。

结合上文分析，小君模仿明星的声音主持婚礼，是一个公然侵害他人声音权的案件。

名人虽然是公众人物，但是法律面前人人平等，他们的人格权和人格尊严也受到法律保护，不能因为他们是公众人物，就随意侵害他们的权利。茶余饭后，模仿名人声音进行娱乐，博得大家一笑，是对他人声音的合理使用。然而，公然录制模仿名人的声音作品，进行营利性销售，就是典型的侵权行为了。

延伸课堂：

在商业谈判时录音，是否构成侵权？

从原则上说，偷录是不行的，应该经过对方同意再录音。商业谈判时录音，以及和公司人事部门的入职、离职谈话录音，这些最好都公开声明再录。没有声明就进行偷录，有可能被主张侵害声音权。

不过，偷录他人声音作为证据使用，一般不是侵害声音权的行为，但这样的录音证据必须具备合法性。例如，录音内容是在他人住宅里私装窃听设备录的，这属于违反法律收集录音，没有合法性。再如，被录音的人处在被威胁、被限制人身自由的状态，这样收集的录音也不能作为证据。

就算录音的合法性没问题，还要看证明效力。一般来说，偷录的音频证明效力比较低，不能当成唯一证据，只能用来佐证主要证据，强化法官对主要证据的内心确信。

046 名誉权

在网络上遭他人诽谤，该如何维权？

我们知道，在现代社会，名誉其实就是一个人的"第二生命"。那么，《民法典》是如何保护个人名誉的呢？

先来看一个具体案例。

有一天，某网站几位网友线下聚会。聚会结束后，网友小静发现有一个叫"飞跃"的网友在网站评论区破口大骂，说小静私生活十分放荡。小静想起来这个人好像参加了聚会，就打电话质问，但对方不承认。通过查证，小静确认了这个"飞跃"的真实身份，就是聚会中的一人，于是向法院起诉，要追究法律责任。

这位叫"飞跃"的网友在网络上虚构事实骂人，侵害的就是小静的名誉权。

名誉的定义

在展开名誉权的含义之前，我们得先知道什么是名誉。根据《民法典》第1024条的规定，名誉是一种对特定人的社会评价，包括对品德、声望、才能、信用等方面的评价。

在这个概念里，我们要抓住"特定人"和"社会评价"这两个关键。"特定人"是指名誉具有特定性。名誉针对的是"这个人"，而不是"这些人"。例如，有人在网络上散布谣言，说某某学校的教授们都跟某饭店的服务员有一腿,贬损的就不是特定的人,教授个人无法主张自己的名誉权受侵害。不过,如果学校去起诉,法院就可以受理,因为谣言损害了学校的名誉。"社会评价"是指名誉具有客观性。《民法典》保护的名誉,是外部社会对个人的客观评价,而不是个人的自我评价。不是一个人觉得自己名誉受侵犯,就算是被侵犯,关键要看外界对他的客观评价有没有受损。

名誉权的内容

名誉权是一个民事主体保有和维护自己社会评价的具体人格权利。这里说的民事主体不局限于自然人,还包括法人和非法人组织,比如前面举例说的学校。本节主要讲自然人的名誉权。

对自然人来说,名誉权主要包括名誉保有权和名誉利益支配权。名誉保有权是指,个人有权保持自己的名誉不降低和不丧失,也包括个人有权用行为、业绩、创造性成果等,来改进和提高自己的名誉。名誉利益支配权是指,个人可以利用自己的良好名誉与他人进行政治、经济交往,使自己获得更好的社会效益和财产效益。比如,利用自己良好的信用为他人的贷款提供保证、利用自己的名声为他人书籍写推荐语,都是在支配名誉利益。

侵害名誉权的行为主要有三类。

第一类是诽谤,也就是无中生有,向外界传播虚假事实,败坏他人名声。通常理解的诽谤就是捏造虚假事实,再对外传播。例如,在新闻报道中捏造有损他人名誉的虚假事实;在文学作品中编造损害他人名誉的虚假情节等,这都叫直接诽谤。除了直接诽谤,还有一种情况是间接诽谤。例如,一些新闻报道或者文学作品,本来是要赞美他人,但因为事实、情节等与真实情况不符,反而损害了他人的社会评价。这也属于侵权行为。

第二类是侮辱,也就是借事生非。侮辱没有虚构事实,它是将一个人的固有缺陷或者其他会损害他人社会评价的事实传播出去,让人蒙受耻辱。和诽谤行为不太一样,侮辱除了通过语言和文字,还包括用行为实施。例如,为了报复,在他人婚礼上送悼念的花圈;向他人脸上吐唾沫;强令他人从胯下爬过;等等,这些都具有明显的侮辱故意,属于侵害名誉权。

当然,社会生活是复杂的,除了诽谤和侮辱,一个人的名誉权还可能受到其他方式的侵害。《民法典》还规定了第三类侵犯名誉权的**行为,也是一个兜底条款:哪怕实施的行为不属于诽谤或者侮辱,但只要损害了他人名誉,也都构成侵害名誉权。**例如,无证据而错告他人,造成被告发人名誉权受损害的,属于侵害名誉权。再比如诬告,这就更恶劣,不光会侵害他人名誉,还可能使无辜的人受到法律追究。实施诬告,不仅要承担民事责任,还要受刑事追究。

无论名誉权受到何种侵害,在民法里保护它的方法,还是人格权请求权和侵权请求权。如果名誉权只是受到了侵害,还没造成实际损失,可以请求加害人停止侵害、消除影响、赔礼道歉等;但如果侵犯名誉权造成了实际损害,比如精神创伤,就应该请求赔偿实际损失。

在新闻报道、舆论监督和文学创作中如何保护名誉权

了解了名誉权的内容和主要的侵权行为,我们需要思考一下:是不是一个行为降低了他人的社会评价,就都属于侵犯名誉权呢?其实不是的。比如,媒体通过新闻报道、舆论监督,揭露了官员的腐败行

为，这也影响了官员的名誉，但通常不会侵害名誉权，因为维护了公共利益。不过，如果新闻报道中出现了捏造、歪曲的事实，或者在舆论监督时使用"畜生、禽兽"等语言贬损他人的情况，仍然构成侵害名誉权。

除了新闻报道和舆论监督，还要注意文艺作品里可能出现的侵权情况。

第一种情况，如果发表的文学、艺术作品是以真人真事为描述对象的，同时又含有侮辱、诽谤等内容，就属于侵害他人名誉权。前文讲过的荷花女案，就是作家在小说里编造了"荷花女被奸污、给人做妾"等侮辱性情节。不过，那个案件不是用名誉权来保护荷花女，因为她已经去世了，是用死者人格利益来保护，但背后的道理是一样的。

第二种情况是文学、艺术作品里没有描述真人真事，只是其中的情节与某个人的经历相似，读者主动"对号入座"了，这不构成侵害名誉权。然而，如果不是读者"对号入座"，而是作者故意影射他人，就构成侵害名誉权。

曾经有个经典案件。有四个人在一个县文化馆工作，要评聘职称的时候，出现了一个传单，内容是对其中的一个作家的诽谤。这个作家认为是其他三个人所为，就在报纸上连载的历史小说中加进了三个与这三个人的名字谐音的人物，对他们进行侮辱和诽谤。最后，法院判决作家以历史小说影射的方法，侵害三名原告的名誉权，承担侵权责任。这个案件，就不是三位原告对号入座了，是确有所指，属于诽谤。

结合前文分析，再来看本节案例。

网友"飞跃"虚构事实，在网站里辱骂小静，是以诽谤的方式侵害了小静的名誉保有权，小静可以要求对方删除评论，消除影响，甚至公开赔礼道歉。如果经举证，诽谤行为还给小静造成了其他实际损害，比如精神创伤，小静还可以要求这位网友承担精神损害赔偿。

如今在网络上侵犯他人名誉权的行为时有发生。如果我们遇上了这类侵权行为，最好能像案例中的小静那样，注意对侵权人身份的确认，因为多数人在网络上并非使用真实姓名，而是使用昵称。主张构成侵权时，原告要证明网络昵称与真实被告身份的一致性。

延伸课堂：

个人与组织的名誉权保护有什么不同？

这两者之间主要的区别是权利的保护对象。法人、非法人组织的名誉权只保护它的财产利益，不保护精神利益。某公司被造谣，名誉受损，组织本身不会感到精神痛苦，自然不能要求给公司赔偿精神损失费。不过，名誉受损有可能让它错失商机，或者不能正常经营，这时可以请求赔偿财产损失。

此外，因为保护对象不同，认定行为是否侵害名誉权时，要求也不太一样。侵害自然人的名誉权，可能会构成侮辱、诽谤，但侵害法人和非法人组织的名誉权，没有侮辱这种方式，因为侮辱组织没有意义，它本身不会感到精神痛苦。只有编造虚假事实的诽谤，才可能被认定为侵害组织的名誉权。并且，还要举证诽谤行为给法人、非法人组织造成了实际财产损失。

047 荣誉权

自己的发明被他人拿去参赛还获了奖,该怎么维权?

上一节,我们学习了名誉权。本节我们要学习一个与它听起来相似,但实际上不同的权利——荣誉权。先看一个案例。

孙工程师的新发明被授予专利后,与某学院的教授们达成了校企合作协议,授权学院使用专利开展教学。后来,学院以自己的名义,把这个发明带到中国发明协会展示,获了奖,标注发明者为孙工程师和其他 6 位教授。学院还以自己的名义拿发明专利去参加了省创新创业大赛,又获了一等奖。孙工程师知道后,认为学院侵犯了自己的荣誉权,就起诉到了法院,要追究法律责任。

在这种情况下,学院是不是侵害了孙工程师的荣誉权呢?

有人会觉得,明明是孙工程师的发明,学院却以自己的名义获了奖,当然侵犯了他的荣誉权。但实际上,这种情况并不属于侵害荣誉权,因为荣誉权保护的,是保持荣誉,而不是取得荣誉。要理解这个结论,我们需要先了解什么是荣誉权。

荣誉和荣誉权的含义

荣誉权,是民事主体对其获得的荣誉以及附随利益,享有的保持和支配的具体人格权。理解这个权利,要把握三个关键。

首先,荣誉和名誉的概念不同。名誉来自社会大众,可能正面,也可能负面；而荣誉是一种正式的积极评价，一定是特定主体，比如政府、社会组织等颁布的，是为了奖励模范行为和突出贡献。例如，十里八乡都说张三是好人，这是名誉；如果张三获得了央视颁发的"感动中国年度人物"，这就属于荣誉。

其次，荣誉权的客体既包括荣誉，也包括荣誉带来的利益。 获得体育比赛冠军，受到的尊敬和得到的荣耀是荣誉的本身；因获得冠军而得到的奖章和奖金是荣誉带来的利益。这些都受荣誉权保护。

最后，荣誉权不是获得权，而是保持权。 荣誉权是每个民事主体都享有的权利，但这个权利只有在民事主体已经取得了荣誉时才有价值。例如，张三是公务员，符合三等功条件，却一直未能评上，就向法院起诉自己的荣誉权受到侵害。法院驳回了他的诉讼请求，因为法院也无权判决一个组织应当给某人授予荣誉。这种情况，张三应该向荣誉的授予机关申诉，而不是诉讼到法院。然而，如果张三已经被评上了三等功，但被组织无故剥夺了荣誉，就属于荣誉权受侵害，可以诉到法院主张自己的权利。

荣誉权的内容

荣誉权主要有两部分内容。

第一，荣誉保持权。 荣誉一经获得就归本人享有，对应的荣誉称号不得转让、继承，也不受非法剥夺和侵害。例如，小明的爸爸老明荣立一等功，家庭被街道挂上"功臣之家"牌匾。老明去世后，小明家里继续挂着牌匾，但小明不能享有这个一等功，因为一等功是荣誉，荣誉权不能被继承。然而，如果有正当理由和法定程序，个人获得的荣誉也可能被撤销。例如，某战士在前线战斗中荣立二等功，记功后，他被举报有虐待俘虏行为，经过上级批准，可以撤销立功证书。

第二，物质利益的获得和支配权。有的荣誉带有物质利益，被授予荣誉的人有权获得这些物质利益，比如奖金、奖品、奖杯、奖章等。对这些物质利益，一般来说荣誉权人都能完全支配，但也有特殊情况。有些物质利益是有限支配的，例如各种比赛的流动奖杯。世界乒乓球锦标赛的冠军奖杯就是流动的，获得者对奖杯没有所有权，只享有两年的有限支配权，等下一届比赛开始就要上交，颁发给下一届冠军。

行使荣誉权时，还要注意一类特殊情况，就是荣誉利益的准共有。很多时候，一项具体的荣誉是由多个民事主体共同创造的。例如在团体比赛里获奖，合著的书籍、论文获奖等。在这种情况下，分配荣誉利益的具体方式有两种，分别是按份共有和共同共有。一般来说，这些成绩里对应的精神性利益，比如荣誉称号、排名等，由所有创造人共有。如果有奖金等物质利益，则可以由数人共同共有或者按份共有。如果需要分割，首先看共有人之间的约定，按约定的方式分配；如果没有约定，可以根据贡献大小来分割；既没有约定，也无法确定贡献大小的，就应当均等分割。

侵害荣誉权的具体行为

侵害荣誉权的侵权行为主要有四种。

第一，非法剥夺他人荣誉。会非法剥夺他人荣誉的主体主要是国家机关或社会组织。例如，某社会组织已经公示了张三将获得劳动模范荣誉称号，但没有合理原因，最终又拒绝授予。再如，张三已经获得了劳动模范荣誉称号，某社会组织没有正当理由，就直接进行了剥夺。这些情况都属于侵害荣誉权。

第二，非法侵占他人荣誉。这种情况主要指行为人以非法手段窃取、强占他人已获得的荣誉，或者冒领他人荣誉。例如，小明的同学获得奥数比赛冠军，小明把同学的获奖证书偷来，换成自己的名字，写到自己的简历中，就是非法侵占他人荣誉。

第三，贬损、诋毁他人所获得的荣誉。比如，向授予机关或组织诬告、诋毁获得荣誉的人；或者毁坏、抢夺他人的荣誉证书、牌匾、奖章、奖杯；等等，都构成侵害荣誉权。

第四，侵害荣誉物质利益。例如，张三坚持无偿献血三十年，公益组织要给他颁奖，但颁奖时却把他的奖金扣下了，这属于拒发他人应得的物质利益。再如，张三和李四合著的小说得了文学奖，两人是荣誉利益共有人，但李四欺骗说只有证书没有奖金，这就属于侵吞了张三的物质利益，也构成侵害荣誉权。

侵害他人荣誉权，如果是损害了精神利益，受害人有权要求对方停止侵害、消除影响、恢复名誉、赔礼道歉等。如果损害了财产利益，还有权请求对方赔偿损失。

学院的行为不属于侵害荣誉权

结合前文分析，我们再来看一下本节案例。

孙工程师与学院达成了校企合作协议，授权学院在教学时可以使用新发明。合作过程中，学院和相关教授却以自己的名义，擅自拿专利去参赛，获得荣誉，这是不对的。不过，这是荣誉的获得问题，并不是保持的问题，所以不属于荣誉权保护的范围。如果孙工程师对授予荣誉有异议，应当和授予荣誉的机构交涉，重新颁布荣誉。如果机构重新确认了荣誉人是孙工程师，他才能向法院主张权利，要求学院返还奖金,以及赔偿侵害荣誉权的损失。

其实,哪怕还没有重新确认荣誉权人,孙工程师也能向法院起诉,但依据就不是荣誉权受侵害,而是自己的专利权受侵害,这也是追究学院法律责任的一个途径。

延伸课堂:

导师带学生做科研项目,但获奖的科研报告上没写学生姓名,会侵犯荣誉权吗?

这种情况不属于侵犯荣誉权。荣誉权是保持权,不是获得权。如果学生对研究工作有重要贡献,应当有荣誉却未获得的,只能向对应的荣誉颁发机构申诉,不能主张荣誉权被侵权。

实践中,这更多是署名权和获得报酬的问题。在理工科的研究中,学生是老师的助手,署不署名要看学生对研究是不是有重要贡献。原则上说,有重要贡献的,就应当署名;如果只是辅助性工作,不署名没有问题,但是要有劳务费。

法学是文科,文理科的做法不同。作为一名法律学者,我的做法是,凡是跟我一起研究的,我都会在作品上共同署名。即使只是起到辅助作用的,我也会在课题说明中致谢,因为这样做才是对学生劳动和工作的尊重。

048 隐私权

诉讼离婚，可以把丈夫的隐私信息当证据提交吗？

有一个保护私人生活的权利与我们的生活息息相关，那就是隐私权。在《民法典》中，到底哪些隐私才受法律保护呢？法律又是怎么保护的？我们先来看一个具体案例。

小敏和小刚到法院诉讼离婚。在审理过程中，小敏说丈夫有婚外情，提供了他的手机通话记录、私人照片复印件等证据。离婚后，小刚起诉，状告小敏侵害他的隐私权。

小敏不认同，答辩说："通话记录是小刚10年前存的，只要有手机密码就可以打印，照片也是用手机拍下来后就放回了原处；这些证据除了用于离婚诉讼，从未给别人看过，所以不构成侵害隐私权。"

小敏的行为是否侵害了前夫的隐私权？要想回答这个问题，需要了解什么是隐私和隐私权。

隐私是一种什么样的人格利益

我国民法保护的个人隐私范围很广，根据《民法典》第1032条的规定，隐私包括一个人的私人生活安宁以及不愿让他人知道的私密空间、私密活动、私密信息。

私人生活安宁的范围比较广。禁止非法跟踪、骚扰，这是保护日常生活安宁；不得无故敲门或在室外喧闹，这是保护住宅安宁；不得发送骚扰短信或垃圾信息等，这是在保护通信安宁。

其次是私密空间。这里说的空间，不仅是指个人居所、旅客的行李等物理空间，还包括一个人身体的隐秘范围，比如身体的私密部位、不愿意展示出的伤疤等。除此之外，私密空间还包括思想空间，比如个人日记。

最后是私密活动和私密信息。个人私下的社交、夫妻的两性生活等，凡是不愿意对外公开的活动都属于私密活动。个人的私密信息范围就更广了，只要是不愿意被他人知道的信息，都能算是私密信息，例如病史病历、犯罪记录、三围数据、性取向等。

隐私权的定义

虽然现在《民法典》对隐私的界定比较全面，也规定了隐私权，但隐私权出现的时间并不太长，相比生命权、健康权等权利，它还是一个很"年轻"的权利。

隐私权最早由哈佛大学的学者路易斯·布兰蒂斯（Louis Brandeis）和塞缪尔·华伦（Samuel Warren）提出。1890年，两位学者在《哈佛法律评论》（*Harvard Law Review*）发表文章，提出了隐私权的概念。这个权利先是被美国法律接受，后来才逐渐被全世界的法律接受，成了我们每一个人都享有的权利。

隐私权，就是保护个人隐私的具体人格权。隐私权有两项基本内容。

第一，也是最基本的，隐私隐瞒权。这是指个人有权隐瞒自己的私人生活、私人空间、私密信息等，让它们不被知晓和干扰。然而，在两种情况下，隐私隐瞒权会受公共利益和善良风俗的限制，需要让位于知情权。首先是涉及社会政治和公共利益的时候。例如政治选举时要全方位公示候选人的信息，这是为了保障选举公平，而不是在剥夺或限制个人隐私权。再如，新闻报刊要揭露社会不良现象，必要时也可以公开某些个人隐私，这是为了维护公共利益。其次是有法律特殊规定的时候。例如《民法典》第 1053 条规定，结婚时如果一方患了重大疾病，另一方享有知情权。这是符合善良风俗的，在较小的范围内公开隐私，满足对方知情权，不构成侵害隐私权。

在本节案例中，小静为了举证，收集前夫的隐秘信息，也属于知情权和隐私权发生冲突，仅在法庭上公开，属于法庭言论责任豁免，不构成侵害隐私权。

第二，隐私支配权。这里说的支配含义很广。利用自己丰富的生活经历创作文学作品，这是自己主动使用隐私。如果是接受他人采访，授权他人代写回忆录，则属于准许他人利用隐私。恋人或夫妻彼此分享自己的私密活动和私密空间，属于主动公开自己的部分隐私。

隐私权其实就是个人的私人生活与社会公共生活之间的防护墙。墙里边的隐私属于他人不得侵犯的领域，防护墙之外则不受隐私权保护。**防护墙到底要不要开门，开多大的门，由个人决定，甚至还可以把他人领进自己的隐私领域，都不构成侵权。**

侵害隐私权的行为

日常生活中侵害个人隐私权的行为，在《民法典》第 1033 条都有规定，与上文中的隐私范围相对应，主要有六类。

一是侵扰他人私人生活安宁。例如接到骚扰电话、收到垃圾短信、邮件等，都属于私人生活安宁被侵扰。《民法典》草案最开始没有把私人生活安宁写进隐私权，但后来讨论认为，私人生活安宁不仅应该属于隐私，而且还是最重要的隐私。最后，在《民法典》第1032条第2款，把私人生活安宁规定为第一位的隐私内容。

二是进入、窥视、拍摄他人住宅或者宾馆房间等私密空间。在私人生活中，住宅、宾馆房间等私密空间是隐私的核心部分。侵害这些私密空间，不仅会对个人生活造成严重损害，也会影响社会管理秩序。之前有一个案例，某宾馆房间被大面积私装摄像头，让大家对住宾馆忐忑不安。人大代表们强烈要求对此做出专门规范，编纂《民法典》时也采纳了这些建议，加进了这部分内容。

三是拍摄、公开、窥视、窃听他人的私密活动。这里要注意，哪怕秘密活动是双方一起完成的，比如性生活、私密谈话等，如果一方没有得到另一方同意，就把私密活动录制或加以公开，也构成侵害隐私权。

四是拍摄、窥视他人身体的私密部位。

五是处理他人的私密信息。例如，收集他人的财产状况、社交状况、生理状况、生活经历、搜集整理聊天记录等，只要没有法律的授权、没有个人的同意，收集、处理上述私密信息的行为，都构成侵害隐私权。

六是以其他方式侵害他人隐私权，这是一个兜底条款。例如，利用定位软件跟踪他人；利用高精度、高分辨率的仪器扫描人体隐私部位等，都是以其他方式侵害隐私权的行为。

在本节案例中，小静在婚姻存续期间收集小刚的手机通话记录，复印他的私人照片，属于行使个人知情权的行为。在离婚诉讼中，把这些隐私信息当作证据提交，只要不向外界泄露，就不能认为是侵害隐私权，这体现了法庭言论豁免原则。具体来说，在诉讼中，小静以及她的律师在法庭上的发言或者向法庭提交的文书只要与诉讼或诉讼当事人有关，就豁免其侵权责任。

其实，哪怕不是在离婚诉讼中，夫妻之间的隐私权保护范围也应当有所收缩。毕竟是一起共同生活的人，总有些隐私信息需要双方共享。但对共享的部分，夫妻任何一方不能擅自对外公开。

延伸课堂：

裁判文书里公布了个人的犯罪情况，属于侵犯隐私权吗？

现在公开的裁判文书，按照要求都会做匿名处理，只有危害社会公共安全和涉及性暴力的案件，才会在裁判文书里公开犯罪人的信息，向社会警示。如果是一般的犯罪，例如情节较轻的交通肇事罪、诈骗罪等，不会在裁判文书里公开个人信息。至于匿名后还能猜出是谁，那就没有办法了。

还有法院庭审的直播和录像，这种公开一般也不属于侵犯隐私。案件公开审判是原则，是一种对司法的监督，但凡能被直播和公开录像的庭审都属于依法应当公开审判的情形。只有法律特别规定不得公开审理的，比如涉及未成年人、国家机密、个人隐私的案件，才不能直播和公开录像。

049 个人信息权

个人信息被求职网站出售,该怎么维权?

本节讲解个人信息权相关知识。个人信息权除了规定在《民法典》里,还规定在《个人信息保护法》里。《民法典》里规定的个人信息保护主要是一般性规则,《个人信息保护法》里则是细节性规定。我们在日常生活中,想保护自己的个人信息,了解《民法典》里的一般性规则就足够了。

先来看一个案例。

小彤临近毕业,为了找工作,在好几个求职网站上传了自己的简历。其中一个网站把小彤的个人信息卖给了某互联网公司,这个公司就开始不断给她打电话推广业务,还持续发送各种广告短信。小彤不堪其扰,就把打扰她的公司和求职网站一起告到了法院,要追究他们的法律责任。

案例中的互联网公司不断给小彤打电话、发广告,是侵害隐私权,侵害了小彤的私人生活安宁。求职网站非法出售小彤的个人信息,是侵害了小彤的个人信息权。

个人信息权的定义和主要内容

个人信息权,是指自然人有权支配自己的个人信息,以及防止它们遭受非法侵害的具体人格权。

根据《民法典》第1034条的规定,一个信息,无论关于什么方面,记录方式是怎么样的,只要它能单独或者与其他信息结合,把一个人的身份识别出来,就属于个人信息。

比如,姓名、出生日期、身份证号码、住址、电话号码、电子邮箱、健康信息、行踪信息、个人生物识别信息等,这些都是个人信息。

无论是哪方面的个人信息,都具有两层人格利益。**首先是精神性利益**。个人信息和个人身份有关,如果身份信息被肆意泄露和公开,人格尊严就会受损。如果身份信息被非法利用,还可能带来其他意想不到的损害。之前有一个案例,一位贫困大学生的个人信息被卖给诈骗分子,导致他遭受了电信诈骗,借来上学用的9000元被骗走。大学生情急之下心脏骤停,猝死了。**其次是财产性利益**,是指个人信息在市场上具有商业价值。例如,很多公司都会做用户调研,通过收集和分析个人信息确定用户需求,开发新产品,在商业上获利。如果有人擅自调取你的个人信息,获取商业利益,就属于侵害个人信息权。

个人信息权的主要内容有五项。

第一,个人信息保有权。个人信息完全由自然人本人保有,他人不得非法占有。这个权利确认了个人信息的权属。

第二,信息自决权。自然人怎么使用自己的身份信息,是不是愿意让其他组织或个人获取、利用自己的信息,都由本人决定。例如,小区物业要求业主保存人脸识别信息,用于开通门禁,业主如果不同意,就可以要求删除自己的身份信息。

第三,信息知情权。如果一个人同意自己的身份信息被依法收集、利用,他有权得知信息是谁收集的,以及信息如何利用。权利人不仅能查询,还有权要求对方予以答复。例如,业主同意小区留存了人脸信息,同时也有知情权,有权知道这些人脸识别信息都做什么用了,小区也有义务答复。当然,有些情况下,出于公共利益或者保密的需要,信息知情权也受限制。例如,公安机关为公共利益收集处理个人信息,个人就不能追问信息如何利用了。

第四,信息更正权。权利人行使信息知情权时,如果个人发现自己的身份信息有不正确、不全面的情况,可以要求更正信息。

第五,信息锁定权。如果发现自己的个人身份信息被不当使用了,权利人有权要求暂停处理自己的信息。例如,发现自己在招聘网站上传的照片、自我介绍被投放到了征婚网站,这就属于不当使用,权利人就可以行使信息锁定权,要求网站停止处理自己的信息。

无论是个人信息保有权、自决权、知情权,还是个人信息更正权和锁定权,都是个人信息的"主人"享有的权利。但我们知道,在日常生活中,除了权利的"主人"会使用自己的身份信息,很多时候,身份信息还会被授权给其他组织或者个人处理,法律对它们也是有约束的,这就要说到《民法典》对个人信息处理的原则了。

个人信息处理的原则

个人信息处理是比较广义的概念,包括个人信息的收集、存储、使用、加工、传输、提供、公开等。根据《民法典》第1035条的规定,处理个人信息时,必须要遵守合法原则、正当原则和必要原则,也就是要合法使用、有正当目的,以及不得过度处理个人信息。

为了落实这些原则,《民法典》第1035条规定了四个条件。

首先,是要征得自然人或其监护人同意,这是最基本的。征信机构征集正常成年人的信用信息，需要得到本人同意；对未成年人，以及民事行为能力有缺陷的成年人，要处理他们的个人信息，必须经过监护人的同意。例如，未成年人乘大巴，客运公司要求提供身份证，必须先经过他父母的同意。

当然，这种情况也有例外。如果法律、行政法规另有规定，也可以不用提前征得同意。《民法典》第1036条就规定，如果处理的信息是某个人自行公开的，或者是已经被合法公开的，并且这个自然人没有表示反对，就不构成侵害个人信息权。例如，张三要寻求商务合作，在自己的微信、微博等社交账号上公开了电话号码，他人就可以直接收集，除非张三曾经明确表示了反对。再如，交通管理部门收集机动车驾驶员违章信息，也不构成侵权。虽然没经过违章人的同意，但这是为了维护公共利益或者他人合法权益，属于合理行为。

其次，要公开处理个人信息的规则。例如，征婚网站会在相互匹配的人之间公开联系方式，这种公开个人信息的规则就必须提前告知用户。

再次，明示处理个人信息的目的、方式和范围。这与前文说的信息知情权相关，招聘网站收集信息的用途、会公开哪些信息、公开多少信息等，这些都应该在用户注册账号时明示，一般会显示在账号注册协议里。

最后，不得违反法律、行政法规的规定和双方的约定。《民法典》第1038条规定，信息处理者不得泄露或者篡改收集、存储的个人信息；未经自然人同意，不得向他人非法提供个人信息；等等。显然，本节开头案例中的招聘网站就违反了这一点，未经小彤同意，私自出售了她的个人信息。

这四个条件是处理个人信息的主体应当履行的法定义务。违反这些法定义务，会构成侵犯个人信息权，应当承担民事责任。

除了这些法定义务，《民法典》第1038条第2款对信息处理者还有更严格的约束，即信息处理者有义务维护个人信息安全，应当采取技术措施和其他必要措施，防止其收集、存储的个人信息被泄露、篡改或者丢失。例如，许多公司会给员工设置权限，并非所有员工都能查看用户信息，以防止信息泄露。

结合前文分析，再来总结一下本节案例。

案例中的个人信息处理者其实有两个主体，分别是把小彤的信息卖了的求职网站和打扰小彤的互联网公司。求职网站有权收集个人信息，但是把收集的个人信息卖给其他公司，就违反了个人信息处理原则，侵害了小彤的个人信息权。小彤可以行使信息锁定权，要求网站停止非法出售。如果侵害行为给小彤造成了实际损害，她还可以要求网站赔偿，赔偿额应根据网站获利多少、小彤损失多少来确认。互联网公司通过不正当手段获取个人信息，不断拨打电话、发送短信进行业务推广，侵扰了小彤的私人生活安宁，侵害的是小彤的隐私权。小彤可以行使人格权请求权，要求这家公司停止侵害、赔礼道歉等。

延伸阅读：

一些失信人的姓名、身份证号等信息会被公开在公共媒介上，如果失信人已经还清了欠款，但公示信息仍然存在，那么公布信息的主体是否侵犯了这个人的个人信息权？

这个问题的本质其实是被遗忘权。《个人信息保护法》第47条对此有规定，要求公示信息的主体要及时删除那些过时的、有可能影响个人信誉的信息。

如果一个人曾经有失信的情况，在社会上公布了，当他已经还清债务，不再是失信人时，他就有权请求删除这些信息，这就叫权被遗忘。如果有关部门不删除，当事人可以到法院起诉。

被遗忘权是一个起源于欧洲的理论，后来被一个案件落实了。有一个叫冈萨雷斯的人，十几年前破产了，报纸和网络都发布了相关信息。十几年后，他已经恢复了信誉，但网上还保留着一些对他不利的、过时的信息，可以通过谷歌查到。他就起诉谷歌，要求删除这些内容。法院认为，每一个人都享有对网络信息的被遗忘权，有权要求删除过时的、对自己不利的信息，最终支持了冈萨雷斯的诉讼请求。

美国加利福尼亚州也有类似的规定，但不叫被遗忘权，而是叫"橡皮擦法案"，规定了对未成年人有影响的过时信息可以被擦除，其实这也是被遗忘权，只是适用的范围比较小。

第三章

一

平等和谐的亲属关系

050 亲属

村民的丈夫是外来人口,能够领取村集体收益吗?

平等和谐的亲属关系,对应着《民法典》的婚姻家庭编。《民法典》这一编主要规定了当代人在婚姻关系和其他家庭关系中,相互之间的身份地位和对应的权利和义务。本节我们先学习一个重要概念——亲属。

来看一个具体案例。

晓荣是某村村民,与丈夫小陈结婚后生了一个女儿。小陈和女儿的户口都迁到了村子里,但几年来,村子出租耕地、果园、鱼塘等获得的集体经济利益一直没有分配给他们。村委会的理由是:本村不接收外来人为村民,对新迁入者不再分享集体利益。晓荣不认同,就到法院起诉,要求村委会给自己一家三口都分配集体经济利益。

在这种情况下,法院会支持晓荣的诉讼请求的,因为晓荣和丈夫、女儿形成了民法上的亲属关系,他们的户口也都在村里,三人都是村集体经济组织的成员,有权参与收益分配。

什么是亲属

亲属是一种因婚姻、血缘而产生的人与人之间的身份关系。婚姻家庭编里的一切问题,都要从明确这个身份关系开始。

目前《民法典》还在使用婚姻家庭编这个表述，但在我看来，叫亲属编其实更加准确。大陆法系的民法典都规定为亲属编，而不是婚姻家庭编。我国《民法典》目前的表述方式与我国婚姻法的立法演变有关。中华人民共和国成立后，我们最开始向苏联学习，认为婚姻法不属于民法。1950年制定的《婚姻法》中只规定了婚姻关系，没有规定其他亲属关系，也没有使用亲属这个概念，几十年来就成了习惯。直到2001年修订《婚姻法》，才开始规定了婚姻关系以外的其他家庭关系。《民法典》第1045条使用了亲属这个概念，明确了亲属的范围包括配偶、血亲和姻亲。

要理解亲属这个概念，要把握住它的三个法律特征。

第一，亲属是以婚姻和血缘为基础的社会关系。其他民事法律关系，比如交易、借贷等，也是一种社会关系，它们产生与否主要看有没有民事法律行为，不用考虑血缘和两性结合。所以，会建立亲属关系的法律行为也被叫做身份法律行为。

这里要注意一点，在亲属关系领域，不存在权利义务对等的问题。赡养义务是不能拒绝的。在亲属法中，不是履行了义务才享有权利，无论出现什么情况，近亲属都应当履行法定义务。

第二，亲属有固定称谓和身份，没有法律规定不得随意变更。亲属称谓如配偶、父母子女、兄弟姐妹等，这些称谓是由亲属关系的远近亲疏决定的，不会轻易变更。亲属身份一般也是稳定的，只有出现了特定行为和事实，才会产生变化。例如离婚，这是通过亲属法律行为解除了夫妻之间的配偶身份；再如丈夫去世，遗孀与丈夫的父母之间就不存在法律上的姻亲关系了，这是特定法律事实让亲属身份发生变化。

第三，一定范围内的亲属才有法律上的权利义务关系。我国《民法典》婚姻家庭编的规则，只规范亲属中的近亲属关系，包括配偶、父母、子女、兄弟姐妹、祖父母外祖父母、孙子女外孙子女。这六类之外的亲属都不属于近亲属，而是其他亲属，不受婚姻家庭编的规则调整。例如，有一个四世同堂的家庭，非常兴旺发达，太爷爷和重孙子之间非常亲近，但他们只有亲属身份，没有法律上的权利义务。

亲属的种类

亲属分为配偶、血亲和姻亲三类。

配偶关系是男女双方结婚后产生的亲属关系，产生的基础是结婚这个身份法律行为。配偶的亲属身份始于结婚，终于配偶一方死亡或离婚。在婚姻关系存续期间，夫妻双方均发生配偶的权利和义务。例如，夫妻两人有共同生活的权利和义务，有义务相互扶养，如果一方生病，另一方有义务去照顾；如果一方过世，另一方有权继承遗产。

《民法典》之所以把配偶列在首位，是因为两个人如果没有结成配偶、养育孩子，就不会形成血亲关系，同样也不会有姻亲关系。

血亲就是血缘关系，可分为自然血亲和拟制血亲。

自然血亲是出于同一祖先有血缘联系的亲属，如父母与子女、祖父母与孙子女、外祖父母与外孙子女、兄弟姐妹等。这些亲属无论是婚生还是非婚生，无论是全血缘或半血缘，都是自然血亲。全血缘就是我们俗称的同父同母，血缘都来自同一对男女；半血缘是同父异母或者同母异父所生的兄弟姐妹，他们的血缘关系只有一半相连。

拟制血亲是本无血缘联系，但法律上也认定双方有亲属身份，与自然血亲有同等权利义务。例如《民法典》规定，养父母与养子女之间的权利义务关系适用亲生父母和子女关系的规则。除了收养，有抚养关系的继父母与继子女也属于拟制血亲，没有抚养关系的则为姻亲，不发生血亲之间的权利义务。例如，张三成年后独自生活，其父母离异后，母亲和李四再婚，李四就是张三的继父，但两人之间没有抚养关系，法律认为张三李四之间不是血亲，而是姻亲。如果李四去世，留下了遗产，张三也不能继承。

如果按血缘的来源分，血亲还能分为直系血亲和旁系血亲。 直系血亲就是有直接血缘关系的亲属，包括生育自己和自己所生育的上下各代的亲属，父母与子女，祖父母与孙子女，外祖父母与外孙子女等，无论多少代，都属于直系血亲。旁系血亲是指与自己同出一源的亲属。比如，与自己同源于父母的兄弟姐妹就是旁系血亲。除此以外，与自己同源于祖父母、外祖父母的叔伯姑舅姨以及他们的子女，也属于旁系血亲。在中国历史上，凡是与自己为同一高祖所生的子孙，除了直系血亲之外，五代以内都属于旁系血亲。

姻亲是指以婚姻为中介而产生的亲属，例如公婆与儿媳、岳父母与女婿等。 姻亲没有血缘联系，也不发生法律上的权利义务关系，但法律依然把姻亲规定为亲属，这和我国文化传统有关。虽然法律上姻亲之间不发生权利义务关系，但在道德伦理上确认亲属身份，明确彼此关系还是很重要的。例如结婚以后，对妻子或丈夫的父母，不仅要作为亲属，还可能要共同生活。

民间普遍认为，只有亲家那边的才属于姻亲，其实不是。我国法律规定的姻亲范围是比较广的。如果以你的配偶为中心，你的岳父母或者公婆、你配偶的兄弟姐妹，这些都是姻亲，是关系比较近的。如果你配偶的兄弟姐妹们结婚了，他们的配偶也是你的姻亲，例如你的舅嫂、连襟、妯娌、姑夫，这都是我们俗称的亲家关系。如果以你为中心，你的兄弟姐妹结婚后，他们的配偶都是你的姻亲，例如嫂子、姐夫、弟媳、妹夫。如果你父母的兄弟姐妹结婚，他们的配偶，例如伯母、婶母、姑父、姨父，这些也都是你的姻亲。姻亲就是这样一些不基于血缘，但以婚姻为中介而产生的亲属关系。

这里也要注意，虽然姻亲不发生法律上的权利义务关系，但中国的法律有一个特点，就是鼓励儿媳、女婿对公婆和岳父母履行义务，当丧偶儿媳对公婆、丧偶女婿对岳父母尽了主要赡养义务时，哪怕他们再婚了，对公婆和岳父母也能享有继承权，而且是第一顺序法定继承人，这在继承上相当于是亲生子女的法律地位。这么规定也能发挥法律对道德的引领作用。

了解了亲属的概念，我们可以知道，在本节案例中，晓荣和小陈结婚后就形成了配偶关系，双方生了一个女儿，就产生了直系血亲关系。无论是配偶，还是子女，都属于我国《民法典》规定的近亲属。晓荣是本村村民，当然是村集体经济组织的成员。她的丈夫和女儿因为是近亲属，户口也迁入了村子，不是村委会说的"外来人"，也应该是村集体经济组织的成员。村委会应当认可他们的成员资格，分配对应的集体经济收益。

051 身份权

妻子未与丈夫协商就做了人工流产,侵害了什么权利?

亲属是《民法典》婚姻家庭编里一个很重要的基础概念,而亲属间的权利义务关系,就是身份权。身份权和财产性权利、人格权都不太一样,是民法中一类独特的权利类型。

我们先来看一个案例。

小强与小珊喜结连理,婚后小珊很快就怀孕了。两个月后,双方因琐事发生争吵,小珊一气之下,独自到医院实施了人工流产。小强知道后非常难过,就以妻子擅自打胎为由诉到了法院,要法院判决双方离婚。

在这种情况下,法院会支持小强的诉讼请求吗?很多人都觉得,孩子是小珊怀的,她作为独立女性有生育自由,如果不想生育,就有权去人工流产。这个看法是有道理的,但这个案例中,法院还是支持了小强的诉讼请求,判了双方离婚。要理解这个判决结果,就得说到身份权。

身份权的定义

《民法典》第112条规定:"自然人因婚姻家庭关系等产生的人身权利受法律保护。"说的就是身份权。身份权不是某一个权利,而是代指一系列与婚姻家庭关系有关的权利。

理解身份权,要把握住三个法律特征。

第一,身份权的主体是近亲属。我国《民法典》规定的近亲属包括配偶、父母、子女、兄弟姐妹、祖父母、外祖父母、孙子女和外孙子女,除此之外的都不算。近亲属身份不同,法律地位也不同。例如,父母与祖父母就是两种不同的法律地位,他们在身份关系中的权利义务也不同。未成年的张三伤了人,他的父母要承担民事责任,但他的爷爷奶奶一般没有这个义务,除非张三父母没有监护能力,张三由爷爷奶奶直接监护。

第二,身份权的客体是身份利益。身份权不支配亲属的人身,而是支配近亲属之间的身份利益,是平等的身份利益支配权。例如,夫妻之间相互有扶养、扶助的权利和义务,这是双方都平等享有的身份利益,而不是单方面对配偶人身的支配。

第三,身份权的本质是以义务为中心。身份权不以权利为中心,而以义务为中心。例如,父母对未成年子女的身份权强调的是要保护未成年子女的身份利益,而不是父母对子女享有什么权利。

身份权的主要类型有三种。

第一,配偶权。《民法典》使用的表述不是"配偶权",而是"夫妻关系"。实际上,我认为"配偶权"的表述更准确,专指夫妻关系中受法律调整的部分,而不是全部。配偶权涉及的内容有很多,例如,《民法典》第1055条到1057条分别规定了夫妻之间地位平等,婚后有权彼此各用自己的姓名,以及不得限制和干涉彼此的工作、学习等社会活动。这三条确定了配偶权中最基本的身份关系,也就是夫妻之间都平等、独立地享有法律人格。更具体的规则也有,例如第1059到第1060条分别规定了夫妻的相互扶养义务、家事代理权等,这也都是配偶权的内容。

第二，亲权。《民法典》同样没有使用"亲权"这个概念，亲权的内容被规定在《民法典》的"父母子女关系和其他近亲属关系"这一节里。不过，父母子女关系的范围比亲权的范围更宽，亲权只包括父母与未成年子女的权利义务关系，不包括与成年子女的关系。亲权的内容也很丰富，例如第1058条是基本规定，明确了夫妻双方平等享有对未成年子女的权利，共同承担对未成年子女的义务；更具体的规定则是第1067条到第1068条，分别规定了父母对未成年子女的抚养、教育和保护义务，以及相应的权利；第1071条和1072条规定了父母对非婚生子女，以及继父母对继子女的权利和义务，无论有没有血缘关系，《民法典》都考虑到了。

第三，亲属权。《民法典》规定的亲属权在"父母子女关系和其他近亲属关系"这一节。其中，第1074条规定了祖父母、外祖父母与孙子女、外孙子女之间的抚养和赡养关系；第1075条则是兄弟姐妹之间的扶养关系。

身份权与人格权的共同点与区别

人格权和身份权都调整人身关系，它们之间有什么共同点和区别呢？**人格权和身份权之间的共同点主要有两项。首先，身份权和人格权都有严格的排他性，只能由本人享有和行使，不得抛弃，不得转让，也不能由他人继承**。生命、荣誉这些人格利益不能主动抛弃，身份关系也是这样。例如，断绝亲子关系的协议之所以是无效行为，就是因为父母与子女之间的血缘关系是天然的，这种身份利益不能放弃。**其次，身份权和人格权都不具有直接的财产性**。一个人行使人格权和身份权主要是满足精神需要和身份认同，而不是实现财产目的。人格权里绝大部分权利都与人格尊严相关，而身份权最重要的作用是确认近亲属间的身份和权利义务关系。当然，这两类权利中也不是完全没有财产因素。人格权里有公开权，身份权里也还有抚养权，这些都包含了财产利益。

人格权和身份权之间的区别主要有三项。

第一，身份权与人格权的法律作用不同。 人格权的作用是维护一个人的法律人格，例如维护人最基本的人格尊严、生命活动等。身份权的作用则是维护近亲属之间的法律地位以及权利义务关系。其中，身份权以人格权的存在为前提，是人格权的扩展和延伸。一个人只有享有了最基本的生命权，生命利益不被侵犯，他在近亲属之间享有身份权才有意义。

第二，人格权是生而享有的，身份权则不一定。 有的身份权是生而就有的，但有的身份权只能后天取得，比如配偶、养父母子女之间的身份关系，就要通过结婚、收养等亲属法律行为来建立。身份权的消灭也和人格权不太一样，人格权都是在个人死亡时丧失，但有的身份权只要满足某种条件就会丧失，甚至还会被依法剥夺。例如，夫妻离婚、一方配偶死亡，都消灭配偶权。再如，监护人对未成年子女性侵，应当剥夺其亲权。

第三，与人格权相比，身份权不是人的必备权利。 人不享有人格权就没有做人的资格，但身份权不具有这种属性。人不享有身份权依然可以生存，可以进入社会从事所有的民事活动。例如，父母双亡又没有任何亲属的孤儿，不享有任何身份权，但他仍然可以生存，同样具有民事权利能力和民事行为能力。

生育权是配偶权的内容之一

结合前文分析,再来看一下本节案例。

本案双方争议的是配偶之间的生育问题。这个问题一直以来都有争议,有人认为是人格权,有人认为是身份权。我认为生育权属于夫妻之间的配偶权,是配偶权的内容之一。

异性双方结婚成为配偶,其中很重要的一个原因是要生育子女。这就说明,生育与否是两个配偶之间的权利,双方共同享有。妻子怀孕,也是两个人行为的结果,生与不生应该由双方决定。小珊未与丈夫协商就进行人工流产,起码是没有尊重丈夫享有的生育权。法院最终支持了离婚请求,也并非没有道理。

当然,这个判决并没有否认小珊的生育自由。假设案例变形一下,小珊不想生,与小强因为能否实施人工流产发生争议,诉到了法院,法院也不能判决小珊不得实施流产手术。

延伸课堂:

婚姻的本质是契约吗?

传统民法的观点认为婚姻是一种契约,具体来说,是一男一女为了共同利益而自愿终身结合,彼此提供性的满足和经济帮助,以及生儿育女的契约。然而,我刚到最高人民法院工作的时候,也说婚姻是契约,被一些老同志批评了,他们说这是不对的，我国的法律并不认为婚姻是一种契约。契约的特点是，只要约定的内容不违法，约定后也就生效了，但婚姻却不是这样。

不论是以前的《婚姻法》，还是现在的《民法典》，都规定婚姻不能由当事人自己约定，只有两人的约定加上婚姻登记，才能发生婚姻关系。除此之外，婚姻成立的其他要件，例如法定婚龄、禁止近亲属结婚，以及解除婚姻的程序等，这些也都是法定的，不由当事人自主约定。如果达不到这些法定要件，对应的婚姻行为也不能生效。从这些规定我们能看出来，我国民法确实不认为婚姻是一种契约。

不过，我们也应当注意一个细节规定。结婚不需要签结婚协议，只要男女双方符合条件，到民政局口头宣布有自愿结婚的意思表示，再领个结婚证就可以了。但离婚不一样，《民法典》规定，离婚必须要有解除婚姻关系的协议，否则不能办理。从这个角度来讲，婚姻又确实有契约属性。

因此，在我看来，哪怕给婚姻加上再多的法定条件，它还是有契约属性的，只不过婚姻和一般的财产契约不一样，是一种要经过国家确认、具有身份性质的契约，也就是身份法律行为。

052 结婚

女子遭男友逼迫领结婚证,该如何维权?

在民法的视野里,整个社会是由一个个家庭构成的,家庭稳定直接关系着社会稳定。而构建家庭的最主要行为,就是结婚。什么样的结婚行为才是合法有效的呢?《民法典》对此有很详细的规定。

我们先来看一个案例。

瑶瑶和李强是男女朋友,刚开始谈恋爱的时候,两人相处得还挺好,时间长了,瑶瑶觉得李强有些缺点自己不能接受,提出了分手,家人也支持她分手。不料,李强坚决不同意,对瑶瑶不断进行纠缠,还将瑶瑶的妹妹打伤,甚至到瑶瑶家大闹,说如果瑶瑶不答应结婚,就要用硫酸让瑶瑶和她妹妹毁容,也不会放过瑶瑶的家人。瑶瑶惧怕李强的威胁,被迫和李强领了结婚证,但一直没有共同生活。

瑶瑶和李强到底算不算结婚了呢?一方面,两人已经登记,领完结婚证了;可是另一方面,瑶瑶并不是自愿。要回答这个问题,就需要了解《民法典》里关于结婚的规定。

婚姻的定义

《民法典》所定义的婚姻至少有三层意义。

第一是生物意义。男女有别,人的性本能要求两性结合,生育后代。没有这个要素,婚姻就不存在了。然而,人不是一般的生物,婚姻除了有生物意义，还有社会意义，这是婚姻的第二层意义。一男一女承诺共同生活，就缔结了人类最基本的社会关系。人类历史上出现过很多婚姻形式，《民法典》所规定的是狭义的婚姻，指的是一男一女结成的、一夫一妻制个体婚姻。一男一女结成夫妻，就形成了配偶之间的权利义务关系，产生了配偶权。在婚姻的基础上，才能产生其他亲属关系。因此可以说，婚姻是最重要的身份关系。

婚姻还有一层法律意义，就是让两人结成家庭的事实为第三人所知悉。这个说法比较学术，意思就是婚姻要用一种社会所认可的方式建立，这个方式在我国就是登记。而且，男女要以夫妻的名义共同生活，为亲属、朋友及其他社会公众所认可。

了解了上面这三层意义，我们可以给婚姻下这样一个定义：婚姻就是男女双方缔结婚姻的身份法律行为，是民事法律行为的一种。通过婚姻双方当事人的合意，经过婚姻登记机关的登记之后，发生婚姻关系，双方成为配偶。

婚姻自由原则

婚姻关系缔结的基本原则是婚姻自由。如果一个人达到了结婚年龄，具有婚姻法律行为能力，依照法律规定，他有权自由地选择是否结婚或者离婚，不受拘束、不受控制，也不受非法干预。

婚姻自由原则是婚姻关系的基本原则，非常重要。《民法典》第1041条第2款规定，"实行婚姻自由"。不只《民法典》保护婚姻自由，宪法也保护。《宪法》第49条规定，"禁止破坏婚姻自由"。

婚姻自由主要包括三项内容。

第一，依法行使婚姻权利。婚姻权利就是《民法典》在第110条规定的婚姻自主权,这也是一个具体人格权。依法行使很容易理解,自然人有自主决定婚姻行为的权利,但是要按照法律的规定来实施行为。

第二,当事人缔结或者解除婚姻的时候,要保持其自由行使的状态,也就是行为人不受拘束、不受控制,也不受非法干预。这一点是婚姻自由的基本要求。

第三,婚姻自由包括结婚自由和离婚自由。前者是缔结婚姻关系的自由,后者是解除婚姻关系的自由,两个方面互为补充,构成完整的婚姻自由。

法律保障婚姻自由的态度是坚决的。除了上文提及的两条,《民法典》第 1042 条第 1 款还规定:"禁止包办、买卖婚姻和其他干涉婚姻自由的行为。"包办婚姻、买卖婚姻和其他干涉婚姻自由的行为,都违反婚姻自由原则,都是违法行为。按照法律规定,如果遇到了违反婚姻自由的行为,受害人可以依照侵权请求权或者身份权请求权,保护自己的权利。

结婚的要件

一对男女的婚姻想要成立,需要满足四项条件。

第一,必须具有结婚合意。结婚必须是男女双方完全自愿,这是结婚的首要条件,也是保障婚姻自由的前提。法律要求男女双方建立婚姻关系的意思表示真实、一致。只有一方自愿不行,需要双方都自愿。只有双方父母或者介绍人愿意也不行,得是本人自愿。另外,勉强同意也不行,需要完全自愿。在本节案例中,瑶瑶虽然和李强领了结婚证,但很显然瑶瑶是被胁迫的,不具有真实的结婚合意。

第二，必须达到法定婚龄，也就是法律规定准许结婚的最低年龄。《民法典》第 1047 条规定："结婚年龄，男不得早于 22 周岁，女不得早于 20 周岁。"到了这个年龄，法律才认定当事人具有婚姻行为能力，可以结婚。

第三，符合一夫一妻制。我国法律禁止重婚。凡是已经有配偶的人，不得再结婚，也不能和明知有配偶的人结婚。重婚是入刑法的，如果构成重婚，还要依法追究刑事责任。结婚还有一个禁止要件，就是结婚的当事人不得是法律规定范围内的血亲关系，这也叫禁婚亲，是指法律规定的禁止结婚的亲属范围。我国的禁婚亲是指直系血亲和三代以内的旁系血亲。

第四，婚姻成立的方式及程序须符合法律的要求。这是婚姻成立的形式要件。当代各国民法典大多规定要式婚，也就是合法婚姻要符合特定形式。这个形式可能是进行登记，也可能是举行公开仪式。我国规定的结婚形式要件只有一个，就是经过登记程序，也就是我们常说的领证。婚姻一旦经过登记成立，马上发生法律效力，配偶之间产生了权利义务关系，以婚姻为中介产生的亲属关系和社会关系也会因此形成。

结婚领证，在大部分城市居民看来是常识，但在比较偏僻的地区，很多人仍然没有这个认识。男女双方办了结婚仪式，可能还生了孩子，但一直没有领结婚证，如果两人产生矛盾想要分开，就会产生很多麻烦，这种情况在民法里叫事实婚姻，不能适用《民法典》关于夫妻关系的规则。

结合上文分析，我们再来看一下本节案例。

在本节案例中，瑶瑶认为李强不是自己的意中人，不愿意与其结婚，李强却死缠烂打，甚至以暴力相威胁，逼迫瑶瑶与自己结婚。婚姻自由是双方的自由，须双方结婚的意思表示达成一致，形成婚姻合意，才能到婚姻登记机关进行登记结婚。在李强的胁迫下，瑶瑶被迫与其结婚，违反了婚姻自由原则。对此，《民法典》第1052条第1款规定，因胁迫结婚的，受胁迫的一方可以向人民法院请求撤销婚姻。婚姻撤销以后，男女双方仍然是未婚状态，而不是离婚。

延伸课堂：

按照我国法律，年满18周岁就是完全民事行为能力人，理论上也就具备了选择配偶的能力。那么，我国把法定婚龄定于男性22岁、女性20岁，是出于哪方面的考虑呢？

这和法定婚龄的立法演变有关。

1950年刚颁布《婚姻法》的时候，规定法定婚龄是男性20岁、女性18岁。在"文化大革命"期间，要求晚婚晚育，还曾经在很长时间要求男性到26岁、女性到24岁才能结婚。

到1980年第一次修订《婚姻法》，根据当时的社会状况，把法定婚龄又改为了男性22岁、女性20岁。等到2001年再修改《婚姻法》时，因为还在强调计划生育，对法定婚龄就没有做任何修改了。

在编纂《民法典》的时候，我们也提出过要调整法定婚龄。当时有两种建议，一种是恢复男性20岁、女性18岁的法定婚龄，第二种是规定法定婚龄与完全民事行为能力的年龄相一致，男女都一样，都定为18周岁。我比较赞成第二种做法，因为通常来说，男女在18周岁时就已经性成熟了，在法律上也具备了完全民事行为能力，那为什么不能结婚呢？并且，规定男性一定要比女性年龄大才可以结婚，这也没什么道理。

其实，国外在规定法定婚龄时，基本上都与民事行为能力的年龄相一致，例如法国和日本，它们的法律就规定一个人年满18周岁，具备了完全民事行为能力，也就达到了法定婚龄。同时，如果还不具备完全民事行为能力的未成年人要结婚，例如在16周岁以上但不满18周岁的，也可以，但需要他们的法定代理人的同意。

《民法典》最终没有修改法定婚龄，是为了要保持国家结婚制度的稳定，因为突然改变法定婚龄，可能会引起比较大的社会反应。

053 婚姻无效

表哥和收养的表妹没有血缘关系，两人能结婚吗？

结婚要符合《民法典》规定的特定要件，如果不满足这些要件，就属于违法婚姻。违法婚姻一共有两类，分别是无效婚姻和可撤销婚姻，这一节讲解无效婚姻。

还是先从一个案例说起。

小南与小乔是表兄妹，但因为小乔是小南姨妈的养女，因此他们并没有血缘关系。两人暗中相爱多年，悄悄到婚姻登记机构办理了结婚登记，成了夫妻。没过多久，两人的母亲知道了，劝他们离婚，两人坚决不同意。两位母亲无奈，就起诉到了法院，要求确认小南与小乔的婚姻关系无效。

可能有的人会认为，虽然表兄妹不能结婚，但小南与小乔没有血缘关系，他们的婚姻应该是有效的。但事实上，在这种情况下，两人就算结了婚，也是无效的，他们的行为属于和三代以内的旁系拟制血亲结婚，是被法律禁止的。

什么是无效婚姻

无效婚姻其实就是违反了法定结婚要件、不具有法律效力的两性结合。

除了行为规范，《民法典》还有裁判规范，是指引法官判案的。《民法典》对无效婚姻的规定就属于裁判规范，法官要依据它确认什么情况下婚姻无效。这个裁判规范加上结婚条件、结婚程序等行为规范，就构成了我国结婚制度的完整内容。

根据《民法典》第 1051 条的规定，有三种法定事由会导致婚姻无效，分别是：重婚，有禁止结婚的亲属关系，以及未达法定婚龄。

第一种是重婚，就是同时保持两个婚姻关系。它包括法律上的重婚和事实上的重婚。法律上的重婚，是前一次婚姻和后一次婚姻都领了结婚证，都发生了法律效力，但后一次应当被宣告无效。事实上的重婚指的是事实婚姻。事实婚姻就是男女双方没领结婚证，但对外以夫妻名义共同生活，周围的人也都以为他们是夫妻。如果前一次和后一次婚姻里，只有一个领了证，另一个是事实婚姻，也属于重婚。这种情况，只有一次婚姻经过登记，就不需要通过民法宣告婚姻无效了。无论是法律上的重婚还是事实上的重婚，都会触犯刑法规定的重婚罪。

第二种是有禁止结婚的亲属关系，也就是禁婚亲。《民法典》规定，直系血亲和三代以内的旁系血亲禁止结婚。凡是在这个范围里的亲属，无论是全血缘还是半血缘、自然血亲还是拟制血亲，都不得结婚。本节案例就是这种情况，小南和小乔虽然没有自然血缘关系，但属于三代以内的旁系拟制血亲，两人结婚是无效的。

第三种无效婚姻是未达法定婚龄。我国的法定婚龄为男 22 周岁，女 20 周岁。编纂《民法典》时，我们曾经提议法定婚龄可以修改，一个原因是男女应当平等，没有理由男子一定要大两岁；另一个是鼓励成年人早结婚，可以增加生育。最后由于要保持婚姻制度的稳定，还是维持了原来的规定。

这三种情形是全面列举。也就是说，**如果拿这三者之外的其他情**

形去申请宣告婚姻无效，都没有法律依据，法院会判决驳回当事人的申请。例如，以双方情感不合或者家暴为理由主张宣告婚姻无效，法院都不会支持，因为这两种情况当事人可以选择自行离婚，而不用国家强制力来干预，宣告婚姻无效。

违法婚姻的请求权及其行使

那么，如果一段婚姻里出现了法定无效事由，谁能去法院起诉，请求宣告婚姻无效呢？

婚姻关系的当事人肯定可以，他们是切身利益最相关的一方。例如，张三隐瞒已婚事实和李四重婚，被前婚的太太小芳发现了，小芳就有权起诉，请求法院宣告张三和李四的婚姻无效。当然，如果是李四发现了，她也有权起诉，请求宣告自己这段婚姻无效。

当然，这个权利不能只赋予婚姻的当事人。比如本节案例中的小南和小乔，两人本来就不愿分开，也不会主动到法院申请宣告自己的婚姻无效，但双方的婚姻关系又确实违法了。在这种情况下，法律还会把请求婚姻无效的权利赋予其他利害关系人。首先是双方的近亲属。比如小乔和小南的母亲，她们就属于近亲属，有权向法院申请宣告婚姻无效。有一种情况比较特殊，如果是重婚，利害关系人的范围就会变大，除了近亲属，还包括重婚当事人住所地的居民委员会、村民委员会、妇联等社会团体，以及户籍管理机关。重婚导致的婚姻无效涉及公序良俗，是严重的违法行为，因此需要更严格的监督。其他国家也有类似的情况。甚至在欧洲一些国家，检察机关发现有人重婚，都有权向法院主张婚姻无效。

宣告婚姻无效的请求权比较特殊，和其他一些不及时行使就会失效的权利不一样，它没有行使时限的限制。婚姻无效是比较严重的违法行为，需要更严厉的督促，只要发现了婚姻无效的法定事由，婚姻当事人或利害关系人在任何时候都可以到法院起诉，请求宣告婚姻无效。

婚姻被宣告无效的后果

婚姻被确认无效后会产生三个方面的法律后果。

首先，当事人之间的婚姻关系自始无效，也就是从婚姻开始到被宣告无效的这一段时间里，产生过的权利义务关系都不再有效。比如双方刚结婚，还没来得及共同生活，婚姻关系就被宣告无效了，这时"结婚"的彩礼就应当归还。

其次，婚姻被宣告无效，不改变子女的婚生地位。这么规定是为了保护子女的利益。虽然非婚生子女和婚生子女享有的权利是一样的，但在社会生活上有可能受到歧视，所以婚姻无效不改变原来子女的法律地位，仍然视为婚生子女。

最后，是对财产的法律后果。婚姻被宣告无效不同于离婚，不适用夫妻财产制的有关规定。例如，双方的财产不属于夫妻共有财产，不能直接对半分割。根据《民法典》第1054条的规定，同居期间所得的财产，由双方协商处理，协商不成，由人民法院根据照顾无过错方的原则判决。如果张三隐瞒已婚事实和李四结婚，李四不知情，李四就属于无过错方。如果最终是由法院判决分配财产，李四会获得更多份额。此外还要注意，如果无效婚姻是重婚导致的，处理无效婚姻财产的时候，不能侵害合法婚姻当事人的财产权益。例如，张三与李四重婚，婚姻被宣告无效，两人要卖掉共同使用的轿车，但车是张三与合法婚姻的太太小芳一起购买的，这时车就不能卖，因为它属于合法婚姻的财产。

不仅合法婚姻的当事人要特别保护，违法婚姻里的无过错一方也需要法律特别保护。比如，李四对重婚不知情，是无效婚姻里的无过错方，婚姻关系被认定无效后，让她在财产或精神上都受到了损害，她还有权要求张三承担损害赔偿责任。以前的《婚姻法》没有这个规定，只规定了婚姻无效后对人身关系、财产关系的一般处理方式，《民法典》在第1054条新增了这个规定，也叫婚姻无效的损害赔偿请求权。

结合前文分析，我们再来看本节案例。

虽然小乔与小南没有实际血缘关系，但两人是表兄妹，属于旁系拟制血亲，根据《民法典》的规定，这属于禁止结婚的亲属关系。两人结婚后，他们的母亲作为近亲属，有权向法院申请宣告两人的婚姻关系无效。法院判决确认后，婚姻关系会自始不存在。在这个违法婚姻关系里不存在过错方，所以不涉及婚姻无效的损害赔偿。

其实，这种没有血缘关系的表兄妹，如果坚持保持婚姻关系，可以解除小乔与小南姨妈的收养关系，消灭拟制的血缘关系，也是解决问题的一个方法。

054 可撤销婚姻

婚后发现对方隐瞒患有重大疾病,该如何维权?

违法婚姻除了无效婚姻,还有另一种类型——可撤销婚姻。我们结合一个典型案例看一下。

小琴经介绍与小忠相识,没几个月两人就登记结婚了。婚后不久,小琴发现小忠一直患有血友病,这是一种严重的遗传性疾病。小琴很气愤,要求离婚,但小忠和他的家人都不同意。无奈,小琴就诉到了法院,要求撤销双方的婚姻关系。

小忠在婚前就明确知道自己患有重大遗传病,还故意对小琴隐瞒。在这种情况下,根据《民法典》的规定,这就属于隐瞒重大疾病,属于可以撤销的婚姻。

什么是可撤销婚姻

男女双方结婚的前提是双方有结婚合意,也就是对确立夫妻关系这件事,双方的意思表示真实且一致。而**可撤销婚姻,就是缺乏真实合意的婚姻关系**。

出现两种情况,会让婚姻关系缺乏真实合意。

第一种是胁迫结婚。《民法典》第 1052 条规定,因胁迫结婚的,受胁迫的一方可以向人民法院请求撤销婚姻。胁迫行为的一般性规则前文提到过,在这里也适用,比如,客观上要存在胁迫行为,实施胁迫时要出于故意，以及胁迫行为要让他人产生心理恐惧等。被胁迫的对象既包括婚姻关系的当事人，也包括其近亲属。胁迫的方式包括威胁要损害他人的生命、健康、身体、名誉、财产等。

第二种是隐瞒重大疾病。本节案例就是这种情况。《民法典》第1053条规定，一方患有重大疾病的，应当在婚前如实告知；不告知或者虚假告知的，另一方可以向人民法院请求撤销婚姻。

以前的《婚姻法》并没有规定隐瞒重大疾病的婚姻可撤销，而是直接规定了患精神性疾病和患传染、遗传性疾病的禁止结婚。例如痴呆症、艾滋病、血友病等。当时的考虑是，夫妻之间相互扶养要有必要的行为能力，而精神疾病患者通常行为能力不足，除此之外，还要避免重大疾病的传染和遗传。现在《民法典》改变了这一做法，更加注重婚姻当事人的自主选择。结婚时，一方患有重大疾病不再被禁止结婚，而是在结婚时有告知义务，告知后对方仍同意结婚的，依然可以缔结婚姻关系。

无效婚姻与可撤销婚姻的区别

婚姻被撤销和被宣告无效，虽然最终结果都是让夫妻关系变得无效，但这两个行为规则还是有很大区别的。

首先，也是最基本的，是两种行为的产生原因不同。无效婚姻是触犯了法律对重婚、禁止亲属结婚、法定婚龄等规定，这都是法律的强制性规定，也叫结婚的公益要件，就是与社会公共利益相关的要件。撤销婚姻不一样，它基本具备了婚姻成立的法定条件，只是违反了法律对结婚自愿的要求。结婚是否出于自愿，主要和婚姻双方的私人利益相关，所以也叫违反了结婚的私益要件。

其次，两种行为的法律后果不同。无效婚姻的法律后果是行为当然无效。当然无效是指双方当事人对婚姻的效力没有决定权，只要法院通过程序宣告了婚姻无效，无论当事人愿不愿意，婚姻关系都一律无效。然而，在撤销婚姻的情况下，婚姻效力的决定权还在当事人手里。只有当事人申请撤销，法院才会依照法律予以撤销，婚姻自始无效；如果当事人不撤销，那婚姻还能继续存在，仍然发生效力。

再次，宣告婚姻无效和申请撤销的请求权人不同。有权向法院申请宣告婚姻无效的，不光有婚姻关系的当事人，还包括相关利害关系人，例如近亲属。能向法院申请撤销婚姻关系的，只有婚姻当事人，并且仅限于受胁迫或者被隐瞒重大疾病的一方。婚姻撤销与否主要和当事人的结婚意愿有关，其他人不得干涉。

最后，是请求宣告无效或者撤销的时限不同。宣告婚姻无效没有时间限制，只要这个人有向法院申请宣告无效的请求权，在任何时候都可以起诉。但请求撤销婚姻关系，必须在一定的时限之内进行，因为它是撤销权。约束撤销权的时限是除斥期间，超过除斥期间没有行使撤销权，权利就会彻底消灭，再也不能撤销了。

无论是胁迫结婚，还是因另一方隐瞒重大疾病、在不知情的情况下结婚，行使撤销权的除斥期间都是一年。不过，这两种情形起算除斥期间的时间点不一样。

婚姻撤销权的除斥期间如何计算

如果是被胁迫结婚，按照《民法典》的规定，撤销权应当在胁迫行为终止后的一年内行使。如果胁迫的情形特别严重，非法限制人身自由，把人囚禁起来了，那就只有在囚禁结束后，恢复人身自由那一天开始计算。撤销权应当在恢复人身自由之日起一年内行使。

如果是隐瞒重大疾病这种情况，撤销权在被隐瞒者知道另一方患有重大疾病时起算。案例中的小琴，在发现丈夫患有遗传性疾病那一天起，除斥期间就开始计算了，她必须在一年内决定是否向法院起诉撤销婚姻。不过，如果小琴一直没发现，撤销权也并不是永久存在，《民法典》第152条规定了撤销权行使的最长除斥期间，为五年，这是从婚姻关系成立时就起算的。也就是说，假设案例中小琴一直没发现丈夫患有重大疾病，结婚后一起生活了五年，五年后才发现，就不能再主张撤销婚姻关系了，因为撤销权会消灭。虽然不能撤销，但小琴如果想结束婚姻关系，还可以选择协议离婚或者诉讼离婚。

撤销权一旦被实现，婚姻关系就会从生效变成无效。婚姻关系被撤销，也涉及损害赔偿责任。曾经被胁迫、被隐瞒的一方，也就是无过错方，有权向法院起诉，要求另一方支付因婚姻被撤销造成的损害。

结合前文的分析，我们再来看本节案例。

小忠隐瞒了自己患有重大疾病的事实，和小琴结婚。这样的行为违背了《民法典》第1053条的规定，属于患重大疾病一方，没有在婚前履行如实告知义务。两人的婚姻属于可撤销婚姻。小琴发现真相后，有权在一年内向人民法院起诉，请求撤销婚姻关系。一旦法院判决撤销，两人的婚姻关系就会从生效变成无效。如果小琴愿意，她还可以请求有过错的小忠赔偿因婚姻被撤销带来的损失。

055 配偶权

丈夫出轨,妻子能签忠诚协议让他"净身出户"吗?

我们已经了解,无效婚姻和可撤销婚姻是违法婚姻,在法律上都有瑕疵。如果一段婚姻关系是正常成立,也没有任何瑕疵,在夫妻之间会产生哪些权利义务呢?想解答这个问题,就要了解配偶权。

先来看一个典型案例。

小王与小美登记结婚,婚后育有一女。后来,小王与小丽发生婚外情,发展到了同居的地步。妻子小美知道后,为了给女儿一个完整的家庭,没有提出离婚,但要求小王签订忠诚协议。双方约定:"今后互相忠诚,如果因一方过错行为(婚外情等)造成离婚,过错方放弃夫妻名下所有财产,并补偿无过错方人民币20万元。"小王同意了,承诺回归家庭,签了协议。然而,小王还在背地里与小丽交往,并且和小丽生了一个儿子。小美忍无可忍,起诉离婚,请求法院按照"忠诚协议"判决,但小王不认,要求按法律规定分割夫妻共同财产。

这样的夫妻忠诚协议有效吗?小王最终会是"净身出户",还是依然能分割夫妻共同财产呢?这就得说到配偶权。

配偶权的含义

配偶权是男女双方依法结婚后,享有的支配配偶利益的基本身份权,是集权利和义务为一体的权利。历史上原本没有配偶权,在欧洲叫归顺夫权,在中国是夫权。这两个词里面都有一个"夫",说明男方地位更高,配偶之间是不平等的。到了近代,男女平权的思想出现,才产生了配偶权。

当代的配偶权主要有两个法律特征。

第一,也是最基本的,配偶权的主体为配偶双方。配偶利益要由双方共同支配,任何一方都不能单独决定。例如,双方结婚后,如果没有特别约定,就发生夫妻共同财产,用共同财产买房、买车时,要夫妻双方共同决定。此外,配偶双方还需互享权利,互负义务,比如夫妻两人都对孩子有教育的权利,有共同生活的义务,等等。

第二,配偶权的权利性质是绝对权,也叫对世权。也就是说,除了配偶之间有义务,配偶之外的其他任何人,也都是配偶权的义务主体,都负有不得侵害配偶权的义务。本节案例中,小丽与小王同居,婚姻关系之外的小丽就违反了对配偶权的不可侵害义务,侵害了小美的配偶权。

配偶权的内容

配偶权不是具体的某一个权利,而是一系列夫妻之间权利义务关系的统称。

首先是夫妻姓氏权,这是夫妻关系平等最显著的体现。姓名是一个人很重要的人格利益,夫妻有权使用自己独立的姓名,不会因为结婚就要改姓,这就体现了配偶人格独立、夫妻平权的原则。

除了人格独立,夫妻之间还得有行动自由,**对应的就是夫妻之间的职业、学习和社会活动自由权**。例如,丈夫是企业老板,生意做得很大，强制要求妻子在家里做全职太太，不准她上班，也不准她参加其他社会活动，这样的行为就属于侵害了妻子的权利。当然，夫妻之间相互还有知情权，做一些重大选择，例如换工作的时候，还是有义务提前告知、相互商量的。

最后，家事代理权。丈夫或者妻子不仅有权决定自己的事务，也有权决定一些夫妻共同事务。例如买个菜、叫个保洁、添置某样家具等，这些家庭日常事务，夫妻任何一方都有权单独决定，实施后由夫妻双方一起承担法律后果。

除了权利，配偶权也包含不少义务。

首先是同居义务，这是夫妻间的本质性义务。配偶之间的同居，包括夫妻共同生活、相互扶助和进行性生活。同居义务是配偶共同的义务，也是平等的义务。如果婚后一方要求，我可以找你共同生活，你不可以主动找我共同生活，就违反了平等义务。

其次，配偶间有相互扶养、扶助的权利义务。夫妻双方不得彼此放弃。例如，夫妻一方生病，另一方有义务照顾。如果一方陷入危险，比如落水、被他人伤害，另一方有法定的救助义务，要及时施救或者报警。此外，如果一方不履行扶养义务，比如妻子病重，但丈夫不愿陪在身边照顾，那丈夫还有义务给妻子扶养费，让她用于就医和生活。

再次，配偶间有忠实义务。通常我们理解的"忠实义务"，就是夫妻有义务不出轨，不实施婚外性生活。其实，忠实义务还包括不得为第三人的利益牺牲、损害配偶的利益，例如为了救治自己的其他近亲属，强制配偶捐献器官，损害配偶的健康。

最后一项配偶权的内容是生育权。具体来说，建立了婚姻关系，双方都有生育权，有权要求对方一起繁衍后代。当然，如果双方都主张"丁克"，拒绝生育，也是在支配生育权，他人不得干涉。

对配偶权的保护

在日常生活中,保护配偶权,就是不能违反刚才说的配偶权的主要内容。比如与他人同居、重婚,违背的是夫妻间的同居义务和忠实义务。其中重婚还触犯了刑法,重婚里的双方都要受刑事追究。再比如,虐待和遗弃行为违背了夫妻间相互扶助、扶养的义务。虐待最典型的表现就是家庭暴力,家庭暴力不仅侵害了配偶权,还侵害了健康权。除此以外,像不给饭吃、不给水喝、长期讥讽等等,也属于虐待。遗弃是指在夫妻关系存续期间,一方对另一方不管不顾,例如抛弃重病、残疾的配偶。

除了这些侵害配偶权的常见行为,《民法典》还规定了一类兜底情况,也就是"其他侵害配偶权的行为"。例如,强迫妻子、上门女婿改姓,干涉夫妻一方选择职业、参与社会活动的自由等等,这都不同程度地侵害了配偶权。

如果配偶权被侵害,《民法典》规定了两类请求权。

首先是《民法典》第1001条规定的身份权请求权。它和前文提到过的人格权请求权相似。例如,本节案例中小美发现小王出轨了,就有权要求他立即停止相关行为,并且赔礼道歉。这对应的就是身份权请求权里的停止侵害、赔礼道歉,除此之外还有恢复名誉、消除影响、继续履行等。

其次,如果侵犯配偶权给对方造成了实际损害,并导致离婚,受损害的一方有权请求侵权损害赔偿,这就是离婚过错损害赔偿。

此外,有一些侵犯配偶权的行为因为太恶劣,不仅在民法里属于违法行为,还会构成刑事犯罪。对这类行为可以依法报案、起诉,追究加害人的刑事责任。例如重婚罪、虐待罪等,都受刑法制裁。

小王的行为严重侵害了小美的配偶权

结合前文分析,再来看本节案例。

案例中,小王与小美是合法夫妻,互负忠实义务。而小王与小丽婚外同居,还生了一个非婚生子女,违背了夫妻间的忠实义务,是对小美配偶权的严重侵犯。所以,小美不仅有权提出离婚,甚至还可以要求小王支付离婚损害赔偿。

不过在案例中,小美提出的并不是损害赔偿请求,而是要求法院按"忠诚协议"判决。虽然忠诚协议是小王与小美真实的意思表示,但是也有违反法律规定的内容,例如"要求小王放弃所有夫妻共同财产"。如果小王同意放弃,当然可以,然而小王不同意,忠诚协议的这部分内容就没有法律强制力,还是应当依照《民法典》的规定处理。

在我看来,因为小王的行为严重侵害了小美的配偶权,在分割夫妻共同财产,以及在损害赔偿责任上,可以参考两人协议中不违反法律的内容,向小美做适当的倾斜,这才是妥当的判决。

延伸课堂:

什么样的忠诚协议才有法律效力?

关于夫妻忠诚协议是否有效,说到底就要看它与法律的强制性规定是否冲突。

忠诚协议的本质是夫妻之间的忠实义务。对忠实义务,《民法典》已经做了规定，夫妻一方违反忠实义务，例如进行婚外性生活，引起离婚，另一方有权要求过错方少分夫妻共同财产，以及支付离婚损害赔偿，这些都是法律明确规定的。

夫妻愿意履行忠诚协议，没有问题，即使忠诚协议中有违反法律的规定，如果自愿履行了，民不举官不究。不过，如果一方不愿意履行，最后需要法院来裁决，这就得分情况来看了。

如果忠诚协议约定的内容不违反《民法典》的规定，那认定夫妻忠诚协议有效，和依照法律认定过错方承担民事责任其实没有什么区别，法院通常也会支持忠诚协议的约定。问题是，有些忠诚协议的约定会和法律规定相违背。比如，要让违反协议的一方净身出户，这就不符合法律规定。《民法典》规定，违反忠实义务造成离婚后果，无过错方有权让过错方少分财产，但不能完全不分，甚至收走对方的其他个人财产。这种情况下，法院就不能确认这部分约定有效，只能依照法律的规定来判决。

虽然意思自治是《民法典》里的基本原则，但意思自治也要受其他原则约束，例如公平原则、守法原则等。合同的订立是契约自由，但不是绝对自由。

056 间接侵害配偶利益

丈夫被撞伤丧失性功能，妻子能主张损害赔偿吗？

配偶权不仅要求夫妻之间要相互履行义务，夫妻关系之外的其他任何人也负有不得侵害配偶权的义务。然而，现实很复杂，有时候一个行为看起来不是在侵害配偶权，但实际上却会间接侵害配偶利益。

还是先从一个案例说起。

某环卫公司的司机倒车，不小心把正在关车厢的同事张先生撞伤了。经法医鉴定，除了其他伤害之外，撞伤还造成了张先生阴茎勃起障碍。张先生提出了工伤事故赔偿诉讼，但妻子王女士认为，丈夫因工伤丧失性功能，今后双方都将面临不完整的夫妻生活，这也给自己造成了严重的身心伤害，除了工伤赔偿，还应该追讨一笔另外的精神损害赔偿。于是，王女士起诉，请求法院判决环卫公司再支付一笔侵害配偶利益的精神损害赔偿。

张先生在工作时受到伤害，要求工伤赔偿，这没有问题。但他的妻子王女士也主张自己的权益受到损害，法院是否会支持？可能有的人觉得，应该不会。毕竟王女士又没受伤，而且有工伤赔偿了，再赔一笔对环卫公司不公平。然而实际上，法院是应该支持的。因为工伤赔偿通常只会包含可量化的直接损害，比如医疗护理费、误工费等，但案例中这个侵权行为可不只有直接损害，还给王女士造成了间接损害，侵害了她和张先生之间配偶的性利益。

什么是间接侵害配偶利益

间接侵害配偶利益是一种保护配偶权的特殊情形,指的是一个行为在侵害个人健康权的同时,还损害了其性功能,会间接损害另一方配偶的利益。目前在《民法典》里,还没有一个具体条文来规定这类侵权的情形,因为这类案件在实践中并不是很多。不过,虽然是少数情况,民法也应该保护,因为这类案件一旦出现,给当事人带来的损害都是比较大的。

我们可以借鉴美国侵权法关于"间接干扰婚姻关系"的规则。当侵权行为损害他人的人身健康,造成性能力丧失时,侵权人不仅要对受害人本人承担责任,对受害人的配偶也要承担责任。本节案例就属于这种情况,法院最终判决,环卫公司不仅要赔偿对张先生健康权的损害,还要赔偿张先生的妻子,也就是王女士受损害的配偶利益。

如何认定间接侵害配偶利益的行为

在实践中,认定一个行为构成间接侵害配偶利益,主要有四个要件。

第一,得确定行为本身是否构成侵权。如果行为本身都不侵权,那说明行为不值得谴责,也不用再去判断它是否间接侵害了配偶利益。认定一个行为是否构成侵权责任,要按照《民法典》第1165条的规定,首先是有违法行为,也就是撞伤张先生的倒车行为,它违反了对健康权的不可侵犯义务;其次是有损害事实,张先生构成工伤,性功能也受到了影响,说明健康权和配偶之间的性利益都受损了;最后是有因果关系和过错,两类损害都是伤害的行为引发的,这是因果关系；撞伤张先生，司机虽然不是故意，但也是因为疏忽大意，这属于有过失，也符合过错要件。这些要件都符合，才能根据《民法典》第 1165 条的规定，确认存在侵权行为，进而才能确认侵权行为是不是还间接侵害了配偶利益。

第二，间接侵害配偶利益，是一个独立的侵权行为同时侵害了两种不同权利，产生了两个不同的侵权法律关系。案例中张先生被撞伤，这是行为侵害了健康权，会产生一个人身损害赔偿法律关系，这是主要的侵权法律关系。同时，这个行为还间接侵害了张先生夫妻二人的配偶利益，会引发另一个侵权法律关系，也就是侵害配偶利益的精神损害赔偿。虽然两个损害结果都是由一个行为引发的，但这是两个不同的法律关系，如果只有一个法律关系，是不能主张两份赔偿的。在主要的侵权关系里，受害人只有张先生；在次要的侵权关系里，受害人是张先生的配偶王女士，她的配偶权受到了损害。

第三，还要确认间接侵害配偶利益行为的归责原则。既然间接侵害配偶利益是次要的侵权关系，那它的归责原则就要随着主要的侵权法律关系确定。民法里的归责原则主要有三类。本案的主要侵权法律关系是工伤事故，应当适用无过错责任原则，也就是不管环卫公司是否有过错，都不影响它要承担的侵权责任。劳动者相对于公司是弱势方，需要侧重保护，尤其是在工伤的情况下。对应的，认定间接侵害配偶利益，也适用无过错责任原则，不考虑环卫公司是否有过错。如果本案不是起诉工伤事故，而是起诉开车的工人，那就是一般侵权行为，确定侵权行为时就要适用过错责任。只有工人有过错，才要承担赔偿责任。假设工人和张先生不是同事，是张先生故意去撞机动车想"碰瓷"，或者故意利用机动车自杀，这时工人就没有过错，不承担侵权责任，当然也不用对配偶利益的损害后果赔偿。

如果适用的既不是无过错责任，也不是过错责任，而是过错推定责任，那间接侵害配偶利益同样实行过错推定，也就是举证责任倒置。假设张先生不是在工作期间受伤，而是走在路边被广告牌砸伤，丧失了性功能。这时，张先生不需要证明安装广告牌的公司有过错，而是由安装公司来证明自己没有过错，如果不能证明，就要对张先生的健康损害和配偶利益损害都承担赔偿责任。

第四，行为间接侵害配偶利益，应当赔偿精神损害抚慰金。这种侵权行为间接侵害的是配偶权中的性利益，不会造成财产的损害，只会给另一方配偶造成精神痛苦，因此侵权人承担的是精神损害赔偿责任。

在本节案例中，环卫公司司机倒车时撞伤了张先生，会构成侵权责任。这个侵权行为不仅损害了张先生的健康权，还损害了其配偶王女士的配偶利益。因为本案的主要侵权关系是工伤事故，适用无过错责任原则，所以，认定间接侵害配偶利益时，也不考虑环卫公司是否有过错。环卫公司不仅要支付工伤赔偿，还要再承担一笔精神损害赔偿。

057 家事代理权

丈夫为还赌债私自出卖共有房屋，妻子该怎么维权？

家事代理权是指夫妻一方能代理另一方决定一些家庭事务。这个规定乍一听挺简单，但落到现实里可就不一定了。还是先从一个典型案例说起。

小金与小向是夫妻，婚后共同买了一套房。小向出的钱更多，房子也就登记在他名下。后来，小向欠了大量赌债，被逼无奈要卖房，没和小金商量就直接找了买家，签了房屋买卖合同。正要办房屋过户的时候，小金发现了，极力劝阻，但小向不听，认为卖房自己能做主，买家也坚持要继续交易。小金很无奈，就诉到了法院，请求撤销买卖合同。

在这种情况下，小向有没有权利单独决定卖掉房子呢？有的人觉得可以，因为买房时小向出的钱多，房本也写了他的名字。况且，夫妻之间有家事代理权，买卖房子也算家事。但实际上，这套房子是两人共同购买、共同使用的，小向独自卖房已经超出了家事代理权的范围，他没有权利这么做。要理解这个结论，得先了解什么是家事代理权。

家事代理权的含义

家事代理权规定在《民法典》第1060条，也叫家庭日常事务代理权，即夫妻一方在与第三人就家庭日常事务实施民事法律行为时，有权代理对方行使权利。

理解这个权利，要把握两个关键。

第一，家事代理权应由夫妻双方共同享有。无论哪一方行使这个权利，实施了民事法律行为，后果都由配偶双方共同承担。

第二，家事代理权是法定代理权，没有法定的原因不得加以剥夺或者限制。例如，在一些不平等的婚姻关系中，丈夫很强势，要求一切家事自己说了算，不让妻子代表家庭对外实施任何民事法律行为，这就是违法的，侵害了妻子的配偶权。不过，如果一方患有精神疾病，属于限制民事行为能力人，这时候患病一方的家事代理权就会受限制，只能代理实施与他辨认能力相适应的家事行为。买小额的日常生活用品没问题，但要是置办大家电、大家具就不行了。

在过去，我国的《婚姻法》从来没有规定过家事代理权，因为以往的民事立法崇尚简略，只规定主要的行为规范，并不注重细节的规则。因此，在之前的司法实践中，有的法院认可家事代理权，有的法院不认可，很多案情相似的案子判决结果完全不同，这叫"同案不同判"。现在，《民法典》明确规定了这个权利，在家事代理权的问题上法官就有了统一的裁判尺度。

家事代理权的行使

在日常生活中，配偶之间行使家事代理权，有几点应当注意。

首先，既然是家事代理，顾名思义，代理的事务就仅限于家庭日常事务。《民法典》没有明确规定家庭日常事务的范围，我们可以参考立法机关所编的婚姻家庭编释义书，其中对"家庭日常事务"的界定是：为满足夫妻共同生活和家庭生活所必需的一切事务。比如购买食物、衣服等生活用品，正常的娱乐、保健、医疗的支出，以及通常的子女教育、老人赡养等费用。

家庭日常事务的范围非常广，无法穷尽列举。在司法实践中，如果对这个范围有争议，通常得要法官来自由裁量。法官会结合夫妻的经济状况、当地一般社会生活习惯来判断。

比如，同样是购物，对大部分家庭来说，买个几百元的家具属于家庭日常事务，夫妻都有代理权。但如果是买一辆大几十万的高档汽车，或者像案例中那样卖一套房子，它们应该是家庭重大决策，得由夫妻双方共同决定。再如，如果是家庭的对外经营活动，比如开办公司、对外投资等，也不认为这是家庭日常事务，不能由一方代理另一方做决定。

其次，在紧急情形下，家事代理权的范围可以适当扩张。在紧急情况下，夫妻一方对原本没有家事代理权的事务，为了婚姻共同生活的利益考虑，可以推定为有代理权。比如，夫妻拿家庭的共同财产投资股市，某天股票暴跌，眼看就要跌破买入成本了，丈夫迟迟联系不上妻子，或者妻子因意外仍在昏迷，无法表示同意，为了止损，丈夫有权单独决定卖出。这就是在紧急情况下，可以推定丈夫对超出家庭日常事务的重大决策有代理权。

最后，为防止滥用家事代理权，夫妻之间还可以对彼此的家事代理权进行适当限制。例如，双方明确约定，价值在万元以上的花费需要共同决定，那么法院判断的标准就是看这笔花费是否超过了一万元。

家事代理权行使的后果

根据《民法典》第 1060 条的规定，夫妻一方实施的行为符合家事代理权的要求，对夫妻双方都发生效力；造成不利后果，也由双方共同承担。例如，一对夫妻在家里囤了很多食物，吃不完，丈夫为了消化库存就对外卖了一部分，结果有些食物过期了，买家吃完后上吐下泻。在这种情况下，商品虽然是丈夫一个人卖的，但也要由配偶双方共同承担责任。

此外还要注意，夫妻一方行使家事代理权不得对抗善意第三人。例如，夫妻双方约定消费 3000 元以上必须双方共同决定，结果丈夫独自买回来一台 4000 元的电脑。这时，只要商家对夫妻俩的约定不知情，妻子就不能主张这个行为超出了家事代理的范围，要撤销交易。设置这款规定的意图也是为了保护善意第三人的利益，保障全社会的交易安全。

小向擅自卖房的行为是无权处分

结合前文分析，再来看一下本节案例。

这个案件审理的时候，《民法典》还没有出台，没有规定家事代理权，所以依据的是民法里处分共有财产的规则，房屋是夫妻共同财产，小向擅自卖房的行为是无权处分，房屋买卖合同对小金不生效。

假如房产不是夫妻共有的，是小向的婚前财产，他婚后单独签房屋买卖合同，就不能算是无权处分了，买卖合同会生效。不过，房屋卖出后，丈夫也有义务安排好夫妻共同生活的居住问题。

现在《民法典》规定了家事代理权，处理这类案件的时候，也可以根据家事代理权，确认小向私自出售夫妻共有房产的行为不属于"家庭日常生活需要"，超出了家事代理权的范围。小金可以向法院请求撤销房屋买卖合同，让合同从生效变成无效。

如果把案例变形一下，假设小金是在房屋过户之后才发现的，她还能主张合同无效，要回房屋吗？这就得分情况来看了。如果买房人对小向私自出售房屋不知情，属于善意第三人，那房屋过户后，小金就不能主张再把房子退回，因为家事代理权不能对抗善意第三人。然而，如果买房人不属于善意第三人，明知房屋是小向夫妻两人共有，还要跟小向签房屋买卖合同、办过户手续，这就不属于善意购买。哪怕过户完成，小金要主张合同无效，仍然能把房屋要回。

058 夫妻共同财产

丈夫舅舅送他一套房，离婚时可以共同分割吗？

从本节开始，我们来集中解读夫妻关系中一个很重要的问题，也就是婚姻财产问题。这一节先解读其中最基本的制度——夫妻共同财产。

先看一个典型案例。

老李和小王是夫妻。老李是演员，常年在外拍戏，小王是全职太太，负责照看老人和孩子。二人聚少离多，感情逐渐变淡，也有了离婚的打算。老李有一个舅舅在国外独居，因为年纪大了，就想把自己在国内的一套房产赠与老李，老李告知了舅舅自己可能要离婚，两人就签了一个赠与协议，协议写明这套房只归老李所有。后来老李与小王诉讼离婚，小王提出，除了已经分割的财产，老李在婚姻期间还得到过他舅舅送的一套房，这部分也属于夫妻共同财产，应该进行分割。

案例的情况大致就是这样。在本案中，老李与舅舅的赠与协议已经写明"赠与的房屋只归老李所有"，那么老李的这套住房是否应当作为夫妻共同财产呢？要理解这个问题，得先知道到底什么是夫妻共同财产。

夫妻共同财产制

夫妻共同财产不是单指某种财产由夫妻共有，而是指一种夫妻财产制度。具体来说,它是结婚后由夫妻一方或双方取得的一种共同共有关系,也就是夫妻双方依法对婚后财产共同享有所有权。

要理解这个概念,要把握三个关键词。

第一是"夫妻"。夫妻共有财产的权利主体是夫妻二人,以此与家庭共有财产相区别。也就是说,在夫妻共同财产中,没有其他家庭成员的财产加入。例如,张三和李四结婚后开了一个火锅店,这个店是夫妻共同财产。如果生意很红火,忙不过来,两人的父母也入股并帮忙打理,夫妻店就会变成家庭共有财产。

第二是"共有"。夫妻共有财产的性质为共同共有,也就是不管家里谁赚得多、谁赚得少,夫妻双方对所得的共同财产不分份额,都享有平等的处理权。

第三是"婚后所得"。夫妻共同财产的来源为夫妻双方或一方的婚后所得。案例中,老李在外赚钱,小王当全职太太,虽然收入来源都在男方一人,但因为都是婚后所得,所以都是两人的共同财产。

夫妻共同财产的范围

然而,并不是凡属于婚后所得都是夫妻共同财产。根据《民法典》第1062条的规定,能成为夫妻共同财产的婚后所得,其实只有五类。

第一,夫妻双方的工资、奖金和其他劳务报酬。这三类都是劳动所得,不论是脑力劳动还是体力劳动,所得财产都算。

第二,夫妻一方或双方通过生产、经营、投资等行为创造的收入。前面举例说的夫妻火锅店就属于生产、经营收入。再如,在本节案例中,假设结婚后,老李悄悄拿自己拍戏的片酬去炒股,赚了很多钱，这也属于夫妻共同财产，是夫妻一方的投资收入。这里要特别说明的是股权，是指不上市流通的股权，和我们平时说的股票不一样。即使婚后夫妻当中有一方成了公司的股东，获得股权，也不能认为这就是夫妻双方的共同财产，因为股权只能登记在一人名下，不仅代表了出资份额，还包括对公司的重大事项的投票权，所以只能由夫妻一方享有，除非夫妻二人都作为独立的股东入股。不过，股权带来的分红、股权卖出后的价款，都属于夫妻共同财产。

第三，知识产权的收益。如果夫妻共同取得了知识产权，如共同写作书籍取得了著作权，共同完成发明取得了专利等等，这些知识产权本身以及权利带来的收益，都属于夫妻共同财产。然而，如果只是一方取得了知识产权，那权利本身还是个人所有，只有权利带来的经济利益才是夫妻共同财产。比如，我写了本书，我对它享有著作权，但写书获得的报酬则是我和太太的共同财产。

不过，如果这个经济利益是在婚姻关系中的预期利益，也就是可能会取得、但实际未取得的，不属于夫妻共同财产。例如在婚姻存续期间，妻子写了一本小说，但没有出版。离婚后小说出版了，获得了稿费，因为这是在婚姻解除后获得的财产，所以不属于夫妻共同财产，离婚后丈夫不能主张再分割这部分收益。

第四，继承或受赠的财产。假设案例中，老李没有获得舅舅的赠与，而是通过法定继承，获得了父亲留下的遗产，继承后，这笔遗产会属于夫妻共同财产。但这里有一个例外，《民法典》第1063条规定，如果一笔遗产或者赠与明确指定了只能归夫或妻一方，那它就不能被认定为夫妻共同财产，而只能是夫或妻婚后拥有的个人财产。本节案例就是这种情况，舅舅在赠与协议中写明了房子只归老李，小王离婚时就不能主张分割。

第五，其他应当归夫妻共同所有的财产。这是一条兜底条款，包含的内容很多，例如一方或双方取得的债权，一方或者双方获得的资助、捐助等，这都是夫妻共有财产。

理解了这些，本节案例的情况就很清楚了。小王是全职太太，家庭的婚后所得主要来自老李，根据《民法典》第 1062 条的规定，老李的这些劳动收入都属于夫妻共同财产，小王对它们也享有所有权。至于舅舅赠与老李的这套房子，虽然也是婚后所得，但因为赠与合同中写明了"房子只归老李所有"，所以，这套房就是老李婚后的个人财产，小王自然也不能在离婚时主张共同分割。

可能有的人会想，老李跟其舅舅这样签赠与协议，好像是在规避法律，损害女方的合法权益。事实上，《民法典》这样的规定是在保护财产赠与人对自己财产的合法支配权。老李的舅舅究竟要把财产给谁，这是他的自由，也是法律赋予的权利。

我国夫妻财产制的立法变化

现在很多人都知道夫妻财产共有，这算是当代人的常识了。但实际上，在 1950 年我国刚制定《婚姻法》的时候，根本就没有规定夫妻财产制，规定的是家庭财产制。把夫妻财产和家庭财产混到一起，权利边界非常不清晰，这对保护个人和夫妻的财产权都很不利。

直到 1980 年第一次修订《婚姻法》，我国才规定了夫妻财产共同制，而且不仅规定夫妻财产共有，还规定了夫妻有权在结婚后选择财产分别所有。这是一个立法进步，是对个人财产、个人意志的一种尊重。不过，当时还是太过于强调夫妻共同财产制的"共同"性质，因此立法和司法还是出现了一些侵害夫妻一方个人财产的情形。例如，最高人民法院曾经出台过一个司法解释，规定只要双方结婚超过一定年限，个人财产就要自动转化为夫妻共同财产：如果是大型财产，比如房子，年限是 8 年；如果是一般财产，则为 4 年。这样的做法混淆了个人财产和夫妻财产的界限。一个人的婚前财产，如果在婚后另一方完全没有对财产的增值和保值做出任何贡献，为什么经过一定时间的夫妻共同生活，就要转化为共同财产呢？这完全没有道理。

因此，在 2001 年修改《婚姻法》时，就改变了这样的规定。现在，《民法典》在此基础上又进一步完善，有了现行的夫妻财产制。《民法典》里不仅有夫妻财产共同制，还详细规定了夫妻约定财产制，也就是到底选择共有、还是分别所有；是哪部分共有、哪部分别所有，夫妻之间都可以自主决定。

059 婚内分割共同财产

妻子擅自将共有的房屋卖给父亲,丈夫可以请求分割卖房款吗?

一般情况下,只要两人还是夫妻,对夫妻共同财产就不能主张分割,但是有一个例外,就是《民法典》第1066条规定的特殊情形。

先来看一个典型案例。

小浩和小莉是夫妻,婚后两人共同购买了一套房屋,登记在妻子小莉名下。后来,小莉与小浩发生矛盾,一气之下,小莉瞒着小浩把房子卖给了自己的父亲,也办理了过户手续。小浩得知后坚决反对,主张要回房屋,但小莉不同意。小浩气不过,但又不想离婚,于是就诉到法院,请求分割卖房款。

法院会支持小浩的诉讼请求吗?要理解这个问题,得先知道,夫妻双方对于共同所有的财产,究竟享有哪些权利、负有哪些义务。

夫妻对共有财产的权利与义务

夫妻对共有财产的权利主要有两条。

一是平等权利。这个平等有两层意思:一方面,丈夫或者妻子对于夫妻共同财产享有平等的权利,一律平等地享有所有权,包括占有、使用、收益和处分权,任何一方不得歧视对方;另一方面,每个人的权利都是针对全部夫妻共同财产的,是完整的权利。如果有人说，一方对一部分财产有权利，另一方对剩下的财产有权利；或者一方享有哪几项权利，另一方享有剩下的权利，都是不对的。这种情况就不是夫妻共同财产制，而是夫妻约定财产制了。

二是夫妻对共同财产享有处理权。处理权可以分成两类，共同处理权和单独处理权。共同处理权是针对处分夫妻共同财产重大事务的权利，比如卖房，这叫变卖夫妻共有财产；抵押房子，这叫在夫妻共有财产上设置他物权。凡是重大事务，必须由配偶双方共同决定处理，任何一方都不能独断专行。至于某些具体的小事，比如将家里不用的废品卖给他人，或者相互委托进行的事务，比如丈夫委托妻子去卖房，一方就有单独的处理权。

夫妻共有财产义务主要有五项。

第一，对于夫妻共有财产，双方有义务将其用于夫妻共同的生活所需。夫妻双方不管是一方管钱，还是各管各的，或者是各自留有"小金库"，都不改变夫妻共同财产的性质。比如夫妻双方的"小金库"，如果是婚后所得，本来就是共同财产，要是攒出一套房，房子也还是共同财产。

第二，夫妻对两人的共同财产负有维修、保管、改良义务。比如家里的房子漏水了，车坏了，两人都有义务去维修。具体操作可以由夫妻一同实行，也可以只由一方实行，所支出的费用，以夫妻共同财产支付。

第三，对所欠债务的连带清偿义务。家庭共同生活、共同经营中所欠的债务属于夫妻共同债务，夫妻须负连带清偿义务，配偶为连带债务人。比如夫妻俩买房，向亲戚借了 20 万元，就应当用共同财产清偿。

第四，共同赔偿义务。夫妻一方造成他人损害，比如一方开车撞伤了行人，或者夫妻共同财产致他人损害，例如夫妻养的狗咬伤了他人，都应当用夫妻共同财产承担赔偿义务。

第五，在夫妻关系存续期间，双方都有义务保持共同共有关系。这一条特别重要。这项义务的目的在于保持共有关系的稳定性，保护共有人的合法权益。一对夫妻之间的财产关系是共同共有，如果其中一方要求分清楚，这部分是你的，那部分是我的，或者就像案例中那样偷偷把房子卖掉，共同共有的财产关系就受到了破坏，很可能引起夫妻之间的相互怀疑，甚至感情破裂。所以法律规定，凡是在婚姻存续期间，对于共有的财产，任何一方不得要求划分份额，不能要求分割，也不能擅自处分。

然而，这里也有例外。《民法典》第1066条有规定，如果有某些法律规定的情形，夫妻一方可以向人民法院请求分割部分夫妻共同财产。在比较早的司法实践中，夫妻共同财产是不允许分割的，出现这个特殊规定，是因为20世纪80年代的一个案例。

有一对夫妻，男方是经济上强势的一方，女方是弱势一方。妻子父母生病了，看病的费用，丈夫不准妻子用夫妻共同财产支付。这时候，妻子要求分割一部分共同财产就非常必要了，因为这是在保护弱势一方的合法权益。因此，最高人民法院承认了这种做法的合理性，编纂《民法典》的时候，把这样的规则确认下来：在婚姻关系存续期间，出现了重大理由，一方就可以请求分割部分共同财产。这是正当要求，与保持共有关系的义务并不矛盾。

婚姻期间主张分割部分夫妻共同财产的条件

那么,怎样才算有"重大理由"呢?主要分成两大类。

第一类是一方有严重损害夫妻共同财产利益的行为。《民法典》规定了六种情形:隐藏、转移、变卖、毁损、挥霍夫妻共同财产或者伪造夫妻共同债务,都属于这一类。

有这样一个案例,丈夫有了婚外情,把夫妻共有的房屋赠送给情人,这就属于转移夫妻共同财产了。这时候如果不准许妻子分割部分共同财产,就会使她的权益受到严重损害。这里的六种情形,只要具备了其中的一种,对方就可以请求对部分共有财产进行分割,不需要等到这些条件全都具备。

第二类就是一方负有法定扶养义务的人患重大疾病需要医治,另一方不同意支付医疗费用的时候。例如妻子的父母、兄弟姐妹患重大疾病需要医治,丈夫不同意支付医疗费用,这时候就可以请求分割。这是人道主义问题,也是善良风俗的要求。在这种情况下,如果还不准许分割夫妻共同财产,不仅不符合法理,也不符合情理。

要注意,在这些法律规定的情形出现时,一方可以请求分割的,只能是与分割理由对应的那部分共有财产,而不能分割全部共有财产。例如,夫妻俩有100万元共同财产,妻子需要25万元给自己病重的姐妹做手术,但手头上现金不够,丈夫也不同意支付。这个时候,妻子就有权从共同财产里分割出25万元,但不能要求把100万元全部分割,和丈夫一人50万元。如果全都分了,和离婚分割财产就没区别了。分割出来的这部分财产就成为个人财产。主张分割的一方对分割所得的部分享有所有权,可以依照自己的意志进行处分。

小浩有权要求分割卖房款

小莉擅自将夫妻共同所有的房屋出售给自己父亲，这是严重损害夫妻共同财产利益的行为。首先，小莉在婚姻关系存续期间，自己做主把夫妻共有房屋出卖，这是不对的，明显违反了保持夫妻共同财产的义务。其次，小莉是在与小浩发生矛盾后才卖房的，不能排除她具有实施行为的故意，符合《民法典》第1066条第1项规定的法定情形，可以认为小莉是故意变卖夫妻共同财产，严重损害了小浩的财产利益。即使两人还保持着夫妻关系，小浩也有权提前要求分割出售房屋的价款。

像卖房这样处分夫妻共有财产的行为，已经超出了家事代理权的范围，夫妻一方是不能单独决定的。小莉单独处分了房屋，小浩其实有权向法院请求撤销交易，但他没有这么做。如果他坚持要回房屋，并且能举证岳父不属于善意第三人，比如明知小莉无权单独出售房屋，还购买，这个交易是能撤销的。即使房屋被过户了，也还能要回来。

然而如果不能举证，房屋就没法要回了。小莉私自卖房给小浩造成的损失，在离婚后，他可以向小莉追讨赔偿。

060 夫妻约定财产

丈夫欠下巨债，妻子能以财产 AA 制为由，不共同还债吗？

夫妻约定财产制是一种与夫妻共同财产制对称的制度，也就是我们俗称的"夫妻财产 AA 制"。这一节我们就来学习这个制度。

还是先看一个典型案例。

小楚与小丽是夫妻。某天，夫妇俩为了买房向朋友小郑借款 350 万元，借条是妻子小丽写的，但只写明"小楚向小郑借款 350 万元"。三人关系不错，小郑没多想就把钱借给了他们。借款到期，小楚没有能力还钱，小郑就找到小丽，但她也拒绝偿还。小郑无奈，就起诉到法院，要求夫妻俩共同承担债务。答辩时，小丽拿出证据，说自己和小楚在结婚时签过协议，明确约定了婚后个人财产归各自所有，个人负债独自偿还。借款协议是以小楚名义签的，所以这笔债务和自己无关。

在这种情况下，小丽要不要和小楚一起还债呢？要回答这个问题，得先知道什么是夫妻约定财产制。

什么是夫妻约定财产

我国的夫妻财产制只有两种，一种是夫妻共同财产制，也叫法定财产制；另一种是约定财产制，夫妻有权约定夫妻财产不共有，两人自主选择婚后的财产所有关系。例如，可以约定婚后财产仍归各自所有，或者一部分归各自所有，另一部分夫妻共有，等等。

在法律地位上，夫妻财产共有是我国基本的夫妻财产制，约定财产制是对它的补充，夫妻财产共有更加普遍。然而，在效力上，只要夫妻双方有约定，那就是约定的财产制优先，按照双方的约定确定夫妻财产的所有方式。如果夫妻俩对财产制没有特别约定，那就默认婚后适用夫妻共同财产制。

约定财产制在效力上优先，是因为缔结婚姻关系本质上也是一种约定，需要双方合意。而男女对婚后财产的约定只是对婚姻合意的进一步细化，具体约定了婚后怎样安排财产，这种合意也应当得到法律承认。不过，夫妻对财产的约定不能独立存在，只有婚姻关系生效，这种约定才能生效。

夫妻实行约定财产制需要遵守三个原则。

第一，也是最基本的，自愿原则。订立还是不订立这种夫妻财产协议，是在婚前还是婚后订立，以及订立后可否变更或者撤销，都由当事人自主决定。此外，双方在约定夫妻财产制时，必须出于自己的真实意志，夫妻一方不得强迫对方接受自己提出的内容。如果一方采取欺诈、胁迫等手段，让另一方违背自己真实意志接受了约定内容，则约定无效。比如，张三和李四结婚，张三以做生意规避风险为由，欺骗李四签了夫妻财产协议，约定婚后财产都归自己所有，然后卷款跑了。这种出于欺诈目的签的财产约定就是无效的。再比如，李四婚后要求签订所有财产都归自己所有，张三无权支配夫妻财产的协议，否则就要投河、上吊，张三无奈在协议上签字，这就是一个受胁迫的财产制约定，也是无效的。

第二，公平原则，也就是在约定夫妻财产协议的具体内容时，要

做到权利义务对等，防止不公平。如果张三和李四在协议中约定，婚后张三的财产归自己所有，但张三的债务却由夫妻共同承担，这就属于约定内容违背公平原则。此外还要注意，在适用公平原则时，更应当着重保护妇女的合法权益。对夫妻财产约定的协议进行解释时，如果约定不明确，应当向有利于女方解释。在社会生活中，从总体上说，女方还是弱势，需要得到特别的保护。这就像交易关系的主体是平等的，但是法律采取倾斜政策，侧重保护好消费者的权益，道理是一样的。

第三，合法原则。夫妻之间实施约定财产制本质上也是在实施民事法律行为，所以《民法典》对民事法律行为的一般性规定，也当然要遵守。不能违反法律、行政法规的强制性规定，也不能违背公序良俗。

实施夫妻约定财产制的要件

除了一般性规定，夫妻约定财产制要想生效，还必须满足两个要件：**首先，婚姻关系当事人必须有订约能力**，也就是男女双方要达到法定婚龄，其中男性要年满 22 周岁、女性要年满 20 周岁。**其次，约定夫妻财产时还必须符合特定形式**。根据《民法典》第 1065 条的规定，订立夫妻财产协议时，必须采用书面形式，口头约定无效。根据现行法律，满足这两个要件，就可以订立夫妻财产协议了。不过，这和签普通的合同毕竟不太一样，约定夫妻财产是一件正式、严肃的事情，还会长久地影响婚后的夫妻共同生活。所以我建议，订立书面协议后，最好还要通过正式的程序确认，例如对协议进行公证，增强其公信力。

除了公证,我在立法时还曾建议过,民政部门在进行婚姻登记时,应该同时登记夫妻是否选择约定财产制,也就是设立夫妻财产约定的登记程序,不过目前没有被采纳。国外一些民法典在规定夫妻约定财产制的时候,通常会列出几种不同的示范性财产制,当事人可以在其中选择。我国没有采纳这样的方法,只能靠夫妻双方自己确定内容。因此,夫妻选择约定财产制时要慎重,最好能约定清楚双方分别所有的方法和范围,避免发生纠纷。

夫妻财产约定的效力

夫妻财产协议订立后,会产生对内效力和对外效力。对内效力很好理解,也就是夫妻要遵守协议里对婚姻期间所得财产,以及对婚前财产的约定。夫妻财产协议的对外效力是夫妻对婚姻财产的约定能否对抗第三人。我国法律规定,第三人知道夫妻对财产关系另有约定的,就能产生对抗第三人的效力,只以夫妻一方的个人财产承担民事责任。第三人不知道的,不能对抗第三人,要用夫妻共同财产来承担民事责任。

在本节案例中,小楚夫妇俩在结婚时选择不采用夫妻共同财产制,而是约定个人的财产和债务由各自负责,这是可以行使的权利,约定生效后也对双方有法律约束力。可是,他们的约定没有对外公示,第三人小郑不知道,所以在小郑要求还款时,两人就不能以夫妻约定财产制对抗,只以一个人的财产还款,而是要夫妻双方共同还债。

并且案例中还有一个细节,借条是由小丽出具的,两人借350万元是为了买房,属于共同使用,小郑就更有理由相信夫妇俩对这一次的借款有共识,是夫妻双方的共同债务,应当由两人共同偿还。因此，小丽和小楚对夫妻财产分别所有的约定对第三人小郑不发生效力，如果最后小楚实在还不上钱，小郑有权要求小丽也共同偿还，因为这属于夫妻共同债务。假设小郑事前知道两人是分别财产制，还答应小楚用自己的名义借钱，就不能要求小丽一起还债了。

延伸课堂：

对于夫妻共同债务，如果用夫妻共同财产清偿以后仍然不够，还会用夫妻个人财产来清偿吗？

《民法典》对这个问题还没有明确规定，只是在第1089条规定了：离婚时，夫妻共同财产不足以清偿夫妻共同债务的，由双方协议清偿。协议不成，由人民法院判决。至于法院应当怎样判决，就没有下文了。

在我看来，为了更好地保护债权人的合法权益，对夫妻共同债务，夫妻双方应当承担连带清偿责任。也就是说，对不足以清偿的部分，夫妻一方有个人财产的，应当用个人财产继续清偿。至于夫妻个人分别承担的比例，如果夫妻双方有约定，就按照约定；如果没有约定，则是每个人负担50%。不过，这种承担比例只在夫妻内部生效。对债权人来说，他还是可以要求任何一方清偿全部债务。

在改革开放前，我国民法更侧重保护债务人。因为当时普遍有一种观念，认为债权人总是会剥削债务人，所以，在审理债权纠纷的时候,总是要看债主是不是有剥削行为,债务人是不是有借钱的苦衷,综合了这些因素才会作出判决。直到1990年,这个观念才有所转变。在当时的全国第五次民事审判工作会议上,明确了今后对债务人和债权人都要平等保护。

  道理其实也很简单,如果不能平等保护债权人,他们就不愿意把钱借出去,这对资金流通以及整个社会的经济发展都是不利的。理解夫妻共同债务时也是这样。虽然法律没有规定,夫妻对双方的共同债务要承担连带清偿责任,但根据平等保护债权人的民法精神,也应当解释为:对不足清偿的部分,还需要用夫妻个人财产继续清偿。

061 夫妻个人财产

婚前拆迁获得房产,婚后加上了妻子的名字,房子由两人共有吗?

夫妻之间可以采用财产共有制,也可以约定婚后财产不共有,而是仍归各自所有。但不论采用哪一种方式,夫妻之间依然有一部分财产是无法共有的,只能属于自己。还是先来看一个案例。

小李在结婚前,获得了拆迁补偿的两套房屋,也签了拆迁补偿协议。结婚后,他给这两套房办产权登记,办理时写明:产权人为小李,共有人是他的太太小菊。登记结婚后,小李和小菊都没使用和管理过房屋。后来,夫妻俩对两套房屋的所有权产生了争议。小李认为两套房屋都是自己的婚前个人财产,所有权只归自己;小菊则主张自己也是共有权人,并且有产权登记为证。两人争执不下,就诉到了法院。

这个案件最终的判决认定了房子是小李的婚前个人财产,而非夫妻共同财产。要理解这个判决,就要说到夫妻个人财产这个概念了。

夫妻个人财产

一说到夫妻个人财产,很多人会想到夫妻一方攒的"小金库""私房钱"。这其实不是夫妻个人财产,只是配偶一方从共有财产里私下保留了一部分,方便自己使用,本质上还是夫妻共有财产。夫妻个人财产在法律上是独立的，不属于夫妻共同财产。你可以把它理解为是一个婚后的合法"大金库"，并且所有权只属于夫或妻一方。

根据《民法典》第1063条的规定，只属于夫妻个人的财产有五类。

第一，也是最基本的，婚前个人财产。 婚前个人的存款，开办的公司、厂房，以及自己吃穿用住的一切物品，这些在结婚前就是个人的，结婚后当然还是归个人所有，不属于夫妻共同财产。

当个人财产在婚后增值，增值的部分如果是个人财产在婚后产生的孳息和自然增值，那还属于个人财产，比如婚前个人房产、股票的自然上涨等。除了孳息和自然增值，其他情形下个人财产增值了，都应当认定为夫妻共同财产。例如，在婚后出租婚前个人房屋，取得了租金，这就不能算是自然增值，应该属于夫妻共同财产。不过，如果是把婚前房产直接卖掉，获得的房款仍然是个人财产。再比如，男方婚前办厂，结婚后夫妻共同管理。离婚后，妻子就有权分割婚后工厂股份的增值部分。因为这是婚前个人财产经过夫妻共同经营而取得的，增值的这部分也属于夫妻共同财产。

第二，是受到人身损害时获得的赔偿和补偿， 例如夫妻一方因受人身伤害而获得的医疗费、残疾人生活补助等。这种财产具有人身性质，是保障受害人生活的基本费用，必须归个人所有，不能作为夫妻共有财产。我之前在最高人民法院办过一个案件，女方被车撞伤，几乎丧失了劳动能力，获赔了40多万元，这在当时是很大一笔钱。后来她和丈夫离婚，男方就要求分割这笔赔偿金。当时还没有规定人身损害赔偿金属于夫妻个人财产，如果作为夫妻共同财产，离婚时就要分给对方一半，女方的生活会受到严重损害。最后我们批复，这种赔偿金应该属于个人财产，男方无权要求分割。

第三，遗嘱或赠与合同中确定只归夫或妻一方的财产。 如果小李和小菊结婚后，小李的父亲又送给他两套房，并且指明房产只能归小李，不能作为夫妻共有财产，小李接受赠与后，房产也就只会是他的个人财产，不算是夫妻双方共同所得。这是为了保护被继承人、赠与人支配自己财产的真实意志，是对个人财产所有权的保护。

第四，一方专用的生活物品， 例如个人衣物、资料、化妆品、其他私人用品等。这部分财产无论婚前婚后都应该属于个人，因为通常极具个人属性。不过，既然说是"生活物品"，就不应该包括婚后所得的贵重物品和其他奢侈品，因为这些物品价值很大，完全归一方所有是不公平的。例如，张三嫁入豪门，获赠了一枚价值几十万元的婚戒，如果离婚时要分割共同财产，张三可以保留戒指，但得对物品折价，补给另一方相应的金钱。

第五，其他应当归一方所有的财产。 这是一个兜底条款，包括的内容很多。比如，退伍、转业军人的转业费、医疗补助，夫妻一方的人身保险金，等等，这些财产也具有比较强的人身性，应该归个人所有。再如，与个人身份密切相关的奖杯、奖章，国家资助的科研津贴，个人创作的手稿、文稿、艺术品设计图、草图等，也永远为个人所有，不属于夫妻共有财产。

法律如何保护夫妻个人财产

法律保护夫妻个人财产的方式主要有三项。

首先，既然保护的是财产，那肯定得符合《民法典》里有关物权和其他财产保护的一般规则。未经财产所有权人同意，其他任何家庭成员包括夫妻对方,都不能侵害夫妻个人财产的所有权。

其次,夫妻个人财产不受侵犯只是防御性权利,除了防御性权利,夫妻一方还有权根据自己的意愿主动支配财产,有权占有、使用、处分自己的财产,不受他人非法干涉。

最后,在夫妻关系终止后,夫妻个人财产不参与共同财产分割。比如离婚时,夫妻个人财产不作为夫妻共同财产分割,完全归自己所有。再如夫妻一方死亡时,夫妻的个人财产要和夫妻共有财产分开继承,假如张三的太太李四去世了,李四在共有财产里的份额会被继承,李四自己的个人财产也会被继承,两类财产不能混在一起。

结合前文分析,再来看一下本节案例。

小李在给房屋办产权登记时写了妻子小菊的名字,按理说小菊就应当是共有人之一。然而,小李在婚前就与房产开发公司签了拆迁补偿协议,明确了可以获得两套房屋补偿,从这一点看,其实房屋小李在婚前就取得了,只是婚后才补了登记手续。此外,婚后双方都没有对房屋进行过使用和管理,也就是说,小菊其实一直没有参与过对这份财产的维护。因此,法院最终会认定房屋仍然是小李的个人财产,而非婚后所得的夫妻共同财产。

延伸课堂：

结婚时送了彩礼，离婚后男方可以要求返还吗？

彩礼，通常是男方在结婚前或结婚时，根据民间风俗赠送给女方或其父母的财产。最高人民法院最新司法解释规定，处理结婚彩礼的具体规则如下：

一是，双方当事人未办理结婚登记手续，亦未共同生活的，完全属于婚约彩礼纠纷，因未达结婚目的，给付彩礼一方当事人请求返还按照习俗给付的彩礼的，如果查明属实，法院应当予以支持，收受彩礼的一方应当予以返还。

二是，双方未办理结婚登记但已共同生活，虽无婚姻关系之名，但有男女共同生活之实的，由于未达结婚目的，支付彩礼一方请求返还按照习俗给付的彩礼，不属于借婚姻索取财物的，法院应当根据彩礼实际使用及嫁妆情况，综合考虑共同生活及孕育情况、双方过错等事实，结合当地习俗，一是确定是否返还，二是确定应当返还的要确定返还的比例。

三是，双方当事人已经办理结婚登记手续但确未共同生活，有婚姻之名而无婚姻之实的，在离婚中，给付彩礼的一方当事人请求返还按照习俗给付的彩礼的，如果查明属实，法院予以支持，收受彩礼的一方负有返还义务。

四是，双方已办理结婚登记，且共同生活时间较长的，在离婚时，送彩礼的一方当事人请求返还按照习俗给付的彩礼的，法院一般不予支持。这是因为，双方当事人虽然未能永久共同生活，但是已达结婚目的，且长时间共同生活，因而原则上不应返还彩礼。如果收彩礼的一方在离婚中有严重过错，或者有彩礼数额过高等其他正当事由，也可以适当返还部分彩礼。

五是，双方当事人已经办理结婚登记手续，但是共同生活时间较短，且彩礼数额过高的，法院可以根据彩礼实际使用及嫁妆情况，综合考虑彩礼数额、共同生活及孕育情况、双方过错等事实，结合当地习俗，确定是否返还，以及返还的具体比例。如何认定彩礼数额是否过高，应当综合考虑彩礼给付方所在地居民人均可支配收入、给付方家庭经济情况以及当地习俗等因素确定。

给付彩礼的目的是双方结婚并长期共同生活，共同生活时间长短应当作为确定彩礼是否返还以及返还比例的重要考量因素。不过，对双方共同生活时间较长或者较短的标准，没有具体规定，应当根据实际情况掌握。例如，在"闪离"的情况下，对相关返还彩礼的诉讼请求应当予以支持，应当返还彩礼。

062 夫妻共同债务

婚姻期间丈夫独自借款，妻子要共同偿还吗？

本节我们来学习一个很重要的问题——夫妻共同债务。先看一个典型案例。

小志和小妍是夫妻。在婚姻存续期间，小志向小江借款，借款到期后，还有290万元没还上。小江认为这笔债务是夫妻共同债务，就诉到法院要求小志和小妍共同偿还。小志在答辩时提出，这笔债务与小妍无关，都是自己使用的，不应该用夫妻共同财产清偿；小妍也答辩对这笔债务不知情。

这笔债务是小志的个人债务，还是夫妻共同债务呢？一方面，这确实是小志以自己名义借的款，小妍并不知情；但另一方面，这笔钱确实是在婚姻期间借的。要理解这个问题，我们得先知道，到底在什么情形下会形成夫妻共同债务。

如何认定夫妻共同债务

夫妻共同债务规定在《民法典》第1064条，主要有三层内容：

第一，夫妻双方基于共同意思表示所负的债务，属于夫妻共同债务。 比如，张三和李四是夫妻，借款时两人在借条上都签名了。有两人的签名，就表明借款是双方共同的意思表示，也叫"共债共签"，会形成夫妻共同债务。再如，借条上只有张三的签名，签名后，债主拍照给李四发微信确认，李四也认可了。这就叫配偶一方签名，另一方事后追认，也算是形成了共同的意思表示，会形成夫妻共同债务。

第二，就算只是夫妻一方以个人名义借钱，也没有得到另一方事后追认，但是钱用到了家庭日常生活需要，也属于夫妻共同债务。这属于行使家事代理权。丈夫或妻子出于家庭日常生活需要，无论是进行消费还是借债，对夫妻双方都生效。例如，为购置家庭生活用品、修缮房屋等而负的债务，以及为抚育子女、赡养老人所负的债务。在这种情况下，**借的钱必须是用于家庭日常生活，如果超出这个使用范围，通常就不能认定为是夫妻共同债务**。例如，张三和李四结婚后，经常去赌博，输光后还要借钱再赌，这时欠下的赌债就不能算夫妻共同债务，不能用夫妻共同财产清偿。再比如，张三结婚后公司一直亏损，不但没给家里赚钱，还一直从家里往外掏钱，如果他以个人名义借钱给公司员工发工资，这就不能算是夫妻共同债务，因为这笔钱压根没用于家庭生活。**不过，如果债权人能证明张三这笔钱实际用到了夫妻生活里，或者是用于夫妻共同生产经营，那么债务仍然属于夫妻共同债务**。例如，张三虽然是借钱经营公司，但只要公司一有盈利，他就拿钱给妻子买车买房。如果最终公司资不抵债破产，清算完了还不上钱，多出来的债务就属于张三夫妇俩的共同债务，要用夫妻共同财产来偿还。

除了上面的情况，还有一种情形也要注意，就是夫妻采用约定财产制。法律准许夫妻双方约定婚后的财产所有关系，可以约定财产是否共有，也可以约定债务是否共担。比如，张三李四结婚时就提前约定了，婚后各自对自己的债务负责，并且周围的人也都知道，这就不存在夫妻共同债务的问题了，无论夫妻一方谁欠钱不还，都不能要求另一方共同偿还。

夫妻共同债务的清偿

夫妻共同债务要用共同财产清偿，这是基本原则。除了在婚姻期间偿还夫妻共同债务，在离婚时，也会涉及夫妻共同债务的清偿。具体来说，有两种情况：第一，先清偿，后分割。离婚时，先从夫妻共有财产中拿出一部分来清偿夫妻共同债务，然后再分割剩余的夫妻共同财产。清偿时以共同财产为限，清偿后不剩余共同财产的，不再分割。第二，先分割，后清偿。同时分割共同财产和共同债务，然后各自以分得的财产来清偿债务。这种情况，通常是在离婚时，夫妻共同债务还没到期，两人又不着急先还债。在实践中，第一种方式其实对债权人更有利，因为方法简单易行，清偿债务后，夫妻能分多少就分多少，不容易发生争议。

结合上面的分析，我们再来看看本节案例。

这个案例里，要确认欠款是不是夫妻共同债务，关键是看小志到底把钱用到了哪里。如果是用于夫妻共同生活，即使只有一方签名，也属于夫妻共同债务。然而，如果借款没有用于夫妻共同生活，小江就不能要求小妍一起还债了。

这个案例最终的结果是小江举证不足，没法证明这 290 万元用于夫妻共同生活，所以，法院无法认定这笔借款属于夫妻共同债务，不能判决小妍也要一起清偿。

《民法典》这样规定，其实更有利于保护夫妻一方。对债权人来说，借款时风险就变大了。毕竟，只要借款时夫妻没有"共债共签"，出现了纠纷，就都得由债权人来证明这笔债务属于夫妻共同债务。对小江这样的债权人来说，举证难度确实比较大。假设案例中只有小志签名，妻子小妍实际上知情但不说，并且这笔借款有一部分还用到了家庭生活。两人为了不还债假离婚,把大部分财产分给了小妍。这时候小江来要债,又举不出证据,就只能向小志要债,如果小志没有钱还,小江的利益就受损了。

既然如此,《民法典》为什么还要这样规定呢?这其实和夫妻共同债务的立法演变有关。

夫妻共同债务规则的立法演变

最开始,2001年的《婚姻法》第41条只规定:离婚时,原为夫妻共同生活所负的债务,应当共同偿还。这条规定比较简单,也没有规定夫妻双方要共同签名,所以有一些人就钻了法律的空子,社会上出现了比较多假离婚、真逃债的行为。针对这个情况,最高人民法院在2003年出台了一个司法解释,其中的第24条就规定,夫妻一方在婚姻期间以个人名义借的债务,首先按共同债务处理。这么规定,举证的责任就不在债权人身上了,而是由否认夫妻共同债务的一方配偶承担,如果举证不了,就得按共同债务处理。

这个司法解释出台后,引起了很大的争议。很多人认为这样规定会侵犯配偶一方,特别是女性配偶的合法权益。甚至,还有人专门成立了一个社会组织,叫"反24条同盟",来谴责这个司法解释。

到2017年,最高人民法院对这条司法解释做了修改,补充规定:夫妻一方与第三人串通、虚构的债务,以及在从事赌博、吸毒等违法犯罪活动中所负的债务,不属于夫妻共同债务。这在一定程度上缓和了夫妻一方的举证责任负担,有些债务不需要举证了。

到2018年,最高人民法院又发布了一个新的司法解释,规定了"共债共签"原则。这就彻底改变了2003年出台的司法解释,不再优先推定夫妻一方的债务为夫妻共同债务,也就意味着,配偶一方不用承担"否认夫妻共同债务"的证明责任。到这时,关于夫妻共同债务的争论才算平息下来。

编纂《民法典》的时候,对于要不要把夫妻共同债务规则写进来,其实也有很大的争议。有学者认为,在司法实践中已经解决了的问题不必在立法中规定。不过,由于社会上要求立法规定"共债共签"的呼声还是比较强烈,所以最终还是把这个司法解释内容规定到了《民法典》第1064条。

063 亲权

未用丈夫精子做人工授精，离婚后，能要求男方支付对子女的抚养费吗？

亲权是《民法典》中的重要权利。《民法典》通过亲权规范父母与未成年子女之间的权利义务关系。那么，亲权都包括哪些权利义务呢？

先从一个案例说起。

老李和小周是夫妻，一直想要孩子，但因为老李的精子成活率不高，一直没有成功怀孕。两人最终决定到医院实施人工授精，最后生了一个女儿小李。后来两人协议离婚，约定小李由小周独自抚养。因为生活艰难，母女俩找到老李要求支付抚养费。老李拒绝，他认为当年人工授精的时候，用的是精子库里的精子，不是自己的，因此小李不是他的孩子，他也没有抚养义务。

案例的情况大致就是这样。一方面，人工授精当年是夫妻俩共同决定实施的；但另一方面，小李确实不是用老李的精子所生。那么，老李是不是应该支付抚养费呢？要理解这个问题，我们得知道老李和小李之间到底有没有亲权法律关系。

什么是亲权

亲权和配偶权一样，是一个基本身份权。它是由一系列权利和义务组成的。并且，这些权利义务是父母专有的，目的是维护未成年子女的人身、财产权益。同样，未成年子女也是亲权权利人，有权请求父母履行亲权义务。

理解这个概念，要注意三个关键词。

第一，是"权利义务"，这是在说，亲权是一个权利义务的集合体。亲权作为父母与未成年子女间的身份权，一方面是父母的权利，另一方面也是一种义务。比如，相比其他人，父母有保护和教育未成年子女的权利，同时，这也是父母必须履行的义务。作为权利，亲权受法律保护，不能被非法剥夺；而作为义务，亲权也不能由父母抛弃或非法转让。

第二，是"父母专有"。亲权只有父母享有，其他近亲属都不享有，而且亲权具有一定支配性质，父母有权支配抚养、教育以及保护未成年子女的身份利益。

第三，是"未成年子女"，亲权特指父母对未成年子女的权利义务。只有在子女尚未成年时，父母对子女才享有亲权。子女成年后有了完全民事行为能力，就会脱离亲权保护，父母对子女的身份权会变为亲属权。亲属权不仅包括父母和成年子女的法律关系，还包括祖孙、兄弟姐妹这类其他近亲属之间的法律关系。这里还要注意，亲权里说的"未成年子女"，不仅是指有血缘关系的婚生子女、非婚生子女，还包括没有血缘关系的养子女，以及形成了抚养关系的继子女。

说到这，其实本节案例的答案已经很清晰了。既然父母和没有血缘关系的养子女、继子女都能形成亲权，那通过人工授精生育的子女当然也能形成亲权，不论两人之间有没有血缘关系。案例中，老李既然决定以人工授精的方式生育小李，那无论用的是不是自己的精子，生育的子女都要视为亲生子女。

亲权的内容

亲权包括两大类，一类叫人身照护权，它与未成年子女的人身权益有关；另一类叫财产照护权，主要保护未成年子女的财产权益。

人身照护权包括管教权，也就是父母可以对未成年子女进行管理和教育；还包括住所、居所指定权，也就是父母有权指定未成年子女的住所或居所。如果未成年子女被人诱骗、拐卖、隐藏了，亲权人发现后，有权请求交还子女，这是子女交还请求权。当然，这种情况还可以追究行为人的刑事责任。同时，因为未成年子女属于无民事行为能力人或限制民事行为能力人，不能独立决定人身事项，所以父母还对子女的民事法律行为有代理权。例如，广告公司要邀请未成年人拍广告，就必须由未成年人的父母同意，并且作为法定代理人签订协议。

除了权利，人身照护权里还包含了父母必须履行的义务。 比如抚养义务，也就是父母要给未成年子女的健康成长提供必要的物质条件。抚养义务是无条件的义务，不能以任何借口而免除。例如，张三很花心，结婚后还在婚外生了一个儿子小明，这时，即使小明是非婚生子女，张三也不能以子女非婚生为由拒绝抚养。如果张三不能亲自抚养小明，就必须支付抚养费。又比如赔偿义务。既然父母对未成年子女有管教权和代理权，那当子女损害了他人权益，父母等亲权人也应当代替子女承担赔偿责任。这种责任是法定责任，亲权人不得推诿。

理解了人身照护权，财产照护权就更好理解了，无非是把父母能管理、代理的事项，从未成年子女的人身权益扩展到了财产权益。比如，父母有权代理未成年子女实施财产行为。就像过年亲戚给小孩子包红包，如果数额比较大，父母就可以代理子女接受，并且把这部分被赠与的财产保管起来。再比如，父母对未成年子女所有的财产，还享有占有、收益、处分等权利。如果有人给未成年子女送了一套房，由父母来代理看护，这是占有。如果父母把房屋出租换取租金，这是收益。如果是为了子女日后上学方便，要把房子卖掉，再换一套，这属于对财产的适当处分。

亲权的丧失、中止和消灭

亲权是父母专有的，甚至还有一定的支配性质。但这不意味着只要父母取得亲权，相应的权利义务就会一直存在。在实践中，还存在亲权变动的情况。

比如，亲权可能会丧失。之前有一个案例，有一个未成年女孩，母亲跟人私奔了，女孩和父亲一起生活，但是遭到了父亲的侵犯，于是民政局就向法院起诉。这种情况属于亲权人滥用亲权，给子女造成了严重的身心损害，法院可以依法宣告剥夺父亲的亲权，并且指定民政局作为女孩的监护人。

除了被依法剥夺，还有一种情况是亲权人主动转移。比如收养，收养行为经民政部门审批后，原亲权人丧失亲权，收养人会取得亲权。

还有一种情况是亲权的消灭，也就是亲权因一定事由而自然消灭了，比如子女死亡、养父母子女之间解除了收养关系等。当然，未成年子女成年也会让亲权消灭。子女成年后，和父母的法律关系就由亲属权调整。

亲权受侵害的民法救济

如果父母等亲权人严重损害了未成年子女的身心权益，法院会重新指定亲权人。除此之外，法律还会如何保护亲权呢？这得看侵害行为是由谁造成的。如果侵害人是父母，不履行抚养义务，断绝未成年子女的生活来源，法院应该责令父母继续履行义务；仍不履行的，法院可以强制执行其财产，用于支付对子女的抚养费。如果侵害人是父母之外的第三人，例如张三被李四开车撞伤了，要卧床很长时间。首先，李四肯定得赔一笔给张三的医疗费、误工费，如果张三有一个未成年的儿子小明，李四还得赔偿一笔对小明的抚养费，因为李四造成的人身损害，还影响了张三正常行使对儿子的亲权。

在本节案例中，虽然小李是人工授精而生，并且用的还不是老李的精子，但这是夫妻俩共同决策的。既然如此，老李就不能否认自己和小李有亲子关系。因此，老李和小周对小李都负有抚养义务。离婚后，老李未对小李履行抚养义务，根据《民法典》第1067条的规定，小李有权要求老李支付抚养费。如果老李仍然拒绝，小周作为母亲，有权代理小李起诉到法院，要求法院判决老李支付抚养费。

064 亲属权

儿子能以将来不赡养为由，阻止父亲再婚吗？

除了配偶权和亲权，还有第三类身份权——亲属权。它要规范的，是兄弟姐妹、祖辈与孙辈，以及父母与成年子女之间的权利义务关系。

还是先来看一个案例。

老宋婚后育有两个儿子。儿子成年后，老宋和妻子离婚，没多久又再婚了。三年后，再婚的妻子因意外离世，老宋又想和另一位女士结婚，两个儿子坚决不同意，声称老宋如果再结婚，以后就拒绝给他养老。老宋非常生气，说"不养就不养"，仍然结婚了，还搬出去和妻子共同生活。多年后，夫妇俩年老体衰，没有经济来源，老宋就要求儿子们赡养，被拒绝。老宋无奈，就诉到了法院，要求两个儿子支付赡养费。

在这种情况下，老宋还能找两位儿子赡养吗？当然是可以的。虽然当时老宋表示过不需要儿子们赡养，并且还搬出去住了，但是他与儿子之间的权利义务并不会因为一句话就消灭。这背后的法律依据，就是亲属权。

亲属权的内容

亲属权也是《民法典》里的一个基本身份权。与配偶权和亲权相比，它算是一类兜底性身份权。配偶权只保护近亲属中的配偶，亲权则是保护父母与未成年子女。除此之外的其他近亲属，例如兄弟姐妹之间、祖父母外祖父母与孙子女外孙子女之间，以及父母与成年子女之间，他们的身份地位和权利义务就都由亲属权来保护。

虽然亲属权涉及很多主体，但权利内容都不难理解，归纳起来，基本上都是扶养权。扶养是一个广义的概念，在亲属权里，根据不同的权利主体，扶养权可以分为三大类：

第一，长辈对晚辈的抚养。这里说的抚养和亲权里父母对未成年子女的抚养不一样，是指父母对不能独立生活的成年子女也有抚养义务。比如，张三成年了，但患有精神疾病，属于无民事行为能力人，不能独立生活，父母就仍然要抚养他。这很好理解。不过要注意，这里说的是"不能独立生活"，和"是否具备完全民事行为能力"还不太一样。假设张三精神正常，但刚满18周岁，还在上学，在这种情况下，张三也具备了完全民事行为能力，但仍然可以认为还没有独立生活的能力。所以，他的父母仍然有义务继续提供抚养费和教育费。然而，如果张三成年后，既没有继续上学，也不出去工作，只是在家"啃老"，这就属于子女有独立生活的能力，但是不愿意靠劳动来养活自己。这种情况，父母有权不履行抚养义务。

除了父母对成年子女的抚养义务，亲属权里还有一种情况，就是祖父母、外祖父母对孙子女、外孙子女的抚养。不过，祖孙之间要产生这种抚养义务，要满足特定条件。

首先，必须是被抚养人的父母无法履行抚养义务，比如死亡了，或者因意外成了植物人，丧失了抚养能力。其次，祖父母、外祖父母自己得有负担能力。如果祖父母、外祖父母经济条件不允许，或者本身年纪就很大了，还需要别人照顾，都属于不具备负担能力，可以不履行抚养义务。

第二，晚辈对长辈的赡养。赡养其实和抚养相对。前面说父母对未成年子女和不能独立生活的成年子女有抚养义务，反过来也一样，在子女成年后，如果父母没有劳动能力、生活有困难，子女也有义务赡养父母，这是法定义务，必须履行。孙子女、外孙子女对祖辈的赡养也是一样。如果祖父母、外祖父母需要他人赡养，但他们自己的子女又没有赡养能力，这个时候，只要孙辈有负担能力，比如已经成年了、经济条件也允许，就有义务赡养自己的祖父母、外祖父母。

第三，是同辈之间的扶养，也就是兄弟姐妹之间的相互扶养义务。假设案例中老宋和第一任妻子都病逝了，留下两个儿子，一个成年了，另一个未成年，两人的爷爷奶奶、外公外婆都没有负担能力，那其中的兄长就对自己的弟弟有扶养的义务。当然，前提也是兄长自己得有负担能力。如果案例中爷爷奶奶和兄长都对老宋的小儿子有负担的能力，他们也都可以对小儿子履行义务，不用像继承顺位一样，还要分先后顺序。

除了这三大类扶养权，亲属权里还有一个权利，叫祭奠权。具体来说，个人有权对已故的近亲属进行祭祀，共同的近亲属相互之间应当尊重对方的祭奠权，相互通知、相互协助。

《民法典》虽然没有明文规定祭奠权，但它是存在的，是亲属权的派生身份权，在司法实践中也已经被认可了。比如曾经有一个案例，弟弟离家出走，一直没回来。父亲去世时，哥哥也不通知弟弟。直到几年后，弟弟回家看望父亲，才知道父亲已经去世，就到法院起诉，追究哥哥隐瞒父亲去世的消息、侵害其祭奠权的责任，要求精神损害赔偿，最后法院也支持了。在这种情况下，哥哥不光侵害了弟弟的祭奠权，还侵害了他的继承权。

亲属权的民法保护

如果亲属权被侵害，法律会如何保护呢？主要有三种情况。

最基本的，是继续履行。在有亲属权法律关系的近亲属之间，义务人如果不履行法定义务，权利人有权要求其继续履行。比如，案例中的两个儿子对父亲老宋有赡养义务，如果他们不愿意赡养，老宋就有权起诉，要求其继续履行义务。如果判决后，两个儿子拒不执行判决，法院可以依法强制执行，比如变卖两人的财产来一次性支付赡养费，或者按期支付赡养费。

从不履行义务，到能继续履行，这是比较理想的情况，毕竟没有造成更大的伤害。然而，如果因为没有及时履行义务，给近亲属造成了实际损害，义务人还应当承担相应的损害赔偿责任。例如，假设老宋还身患疾病，因为兄弟俩没有及时履行赡养义务，让父亲没有钱看病、吃饭，加重了病情，这时就不光要继续履行赡养义务，还得承担赔偿责任。

在亲属权里，除了近亲属不履行义务会损害亲属权，近亲属之外的第三人也可能会损害亲属权。假设老宋的两个儿子乘大巴时，因为司机驾驶不当出了车祸，两人受了重伤，丧失了劳动能力。这种情况，就属于第三人的侵害行为，让老宋失去了赡养来源，大巴公司肯定是要赔偿的，除了给两位儿子赔偿医疗费、护理费、精神损失费，还应该给老宋赔偿必要的生活费。

案例回顾

案例中，老宋的两个儿子因为父亲多次再婚，在父亲年老后不愿意赡养他,这就违反了亲属权中成年子女对父母的赡养义务,侵害了老宋的亲属权。现在老宋向法院起诉,如果两位儿子仍然不愿意亲自赡养,那法院可以根据《民法典》第1067条,判决两个儿子向老宋支付赡养费。

其实,不论是父母再婚还是离婚,子女都应该尊重父母的选择。不能以将来不赡养为由,干涉父母的婚姻自由权。根据《民法典》第1069条的规定,子女应当尊重父母的婚姻权利,子女对父母的赡养义务,也不会因为父母的婚姻关系变化而终止。

延伸课堂:

子女小时候被家暴,成年后还要对父母尽赡养义务吗?

只要有赡养的条件,就要承担赡养义务。

子女对父母的赡养义务,规定在《民法典》第26条和第1067条,主要有两层意思。

首先,成年子女对父母负有赡养义务,父母对成年子女有请求赡养的权利。赡养义务是无条件的,只要成年子女有了收入,对父母就负有赡养的义务。即使父母对子女曾有过虐待、歧视、打骂等行为,成年子女也不能推脱赡养义务。父母即使被剥夺了监护权,也必须对未成年子女负担抚养义务。同样的道理,父母有过不当行为,甚至被剥夺了监护权,成年子女在父母困难时,也需要承担赡养义务。

近亲属之间的权利义务不是对等的,而是以义务为中心,不是父母给子女多少,子女就给父母多少,而要看实际是否需要。

其次,如果父母缺乏劳动能力或者生活有困难,要求子女承担赡养义务,哪怕子女自己的生活也有困难,也不能推脱,而是应当尽其所能地履行义务。

如何才算尽其所能,法律对此没有明确的标准。既没有规定到底应该是多少,也没有规定赡养费应占工资的百分比。在我看来,成年子女提供的赡养,至少要能保障父母的基本生活。

我记得有一个案例,儿子未尽赡养义务,父母起诉到法院,要求支付赡养费,儿子说了要养老婆、养儿子等一大堆困难,但法院最后还是判决了要支付赡养费。这就说明,只要有收入,既然能养老婆、孩子,当然也就要赡养没有生活能力的父母。

065 亲子关系否认和确认

丈夫发现儿子不是亲生的，可以否认父子关系吗？

亲权和亲属权这两类身份权，基本把父母与子女之间的权利义务关系都涵盖了。然而，现实生活很复杂。在父母与子女的法律关系里，还有一个问题也非常重要，就是亲子关系的否认和确认。

咱们还是先从一个案例说起。

大光与小丽结婚不久，独自到省外务工。不久，大光就听说妻子怀孕了。九个月后，大光回家陪产，小丽生了一个儿子，叫小亮。儿子出生后没多久，大光又离家工作。因为长期分居两地，夫妻感情逐渐变淡，决定协议离婚，约定儿子由大光抚养。独自抚养期间，大光努力挣钱照顾小亮。后来，他听别人说，小亮可能不是自己的亲生儿子，就去做了亲子鉴定，两人果然没有亲子关系。大光非常生气，就诉到了法院，请求否认自己与小亮的亲子关系，并且要求小丽返还自己对小亮的抚养费，以及赔偿精神损失。

法院会支持大光的诉讼请求吗？要回答这个问题，得先知道在民法里什么是亲子关系。

什么是亲子关系

亲子关系，也就是民法上的父母与子女关系，是关系最近的直系血亲。亲子关系可以因出生事实或者法律拟制而发生，它的范围很宽，按照有无血缘关系可以分为两大类：第一类是通过自然血缘成立的父母子女关系，包括父母与婚生子女和非婚生子女；第二种是法律拟制的亲子关系，也就是两人本来没有血缘关系，但通过收养、父母再婚等行为形成了亲子关系，如养父母子女和形成抚养关系的继父母子女。

本节说的亲子关系确认和否认，适用的是婚生子女和非婚生子女。

婚生子女推定与亲子关系否认

婚生子女是在父母婚姻期间受胎而生的子女。无论是在婚姻期间怀孕，还是婚前怀孕、婚后生产，都是婚生子女。认定婚生子女与父母有亲子关系的规则，叫婚生子女推定。也就是说，只要子女在婚姻期间受胎或者出生，就会被法律推定为是丈夫的婚生子女。

婚生子女推定其实只是推定子女与父亲有亲子关系，母亲不需要推定，因为有分娩的事实能证明。不过，既然是推定，就难免会有例外。比如，案例中的大光和小亮，两人实际上没有亲子关系，但因为符合推定的条件，法律还是推定大光是小亮的生父。为了应对这种推定不符合实际的情况，《民法典》第1073条规定了亲子关系否认规则，也就是否认婚生子女。具体来说，是在婚生子女推定的前提下，丈夫可以用证据否认子女与自己有亲子关系。

申请否认亲子关系，主要得满足两个条件。

第一，提出申请的人有主体资格。只要是现存夫妻、子女关系中的主体，都有权向法院提起否认亲子关系诉讼，比如丈夫、妻子、子女，但如果是这三者之外的其他近亲属，就都不行。假设案例中大光在知道小亮不是自己的亲生子后,没有向法院起诉,仍然愿意抚养他,但爷爷奶奶不愿意,要代替大光去法院起诉,这是不行的,爷爷奶奶没有主体资格。

第二,有能否认亲子关系的客观事实。要想知道两人有没有亲子关系,最好的方式是做亲子鉴定。不过,亲子鉴定也不是想做就能做的,如果其中一方不配合,很多时候也做不了。要是实在没有亲子关系鉴定,如果请求否认的一方已经提供了其他必要证据来证明,比如怀孕前夫妻双方未在一起同居,或者丈夫有不孕不育症等,另一方没有相反证据,又拒绝做亲子鉴定的,法院仍然可以判决否认亲子关系。

亲子关系否认之后,通常纠纷还没结束。就像案例中的大光,否认亲子关系后,他还能不能向小丽要回这些年自己支付过的抚养费呢?这里就涉及欺诈性抚养的问题了。欺诈性抚养是我创造的概念,已经被司法实践接受了,它的意思是,在婚姻期间乃至离婚后,妻子明知子女不是丈夫亲生的,但一直在欺骗丈夫,让他承担抚养义务,这就叫欺诈性抚养。有欺诈性抚养的,在亲子关系解除后,被欺诈人有权要求返还自己支出过的抚养费。也就是说,案例里大光要求小丽向自己返还抚养费,法院是应该支持的。

非婚生子女与亲子关系确认

非婚生子女就是没有婚姻关系的男女所生的子女。确认非婚生子女的亲子关系,也就是子女与父亲之间关系的确认。与母亲相比,非婚生子女与父亲之间不存在分娩的事实。

确认非婚生子女与父亲的关系主要通过认领。**在认领之前,子**

女的非婚生性其实尚未证明，只有经过认领，才能确认存在的亲子关系，非婚生子女的权利义务才与婚生子女相同。

认领的方式有两种。一种是任意认领，是生父的单独行为，无须非婚生子女或生母的同意。认领之后，生父对非婚生子女就有相应的权利、义务，至于子女是否愿意和生父一起生活，那就要双方再协商了。另一种是强制认领，也叫亲之寻认。比如，非婚生子女年幼需要生父抚养，生父逃避认领责任，但母亲和非婚生子女要求认领，这时就可以起诉到法院，请求以判决的形式来确认亲子关系。

这里要注意一个特殊情况。如果子女出生后，父母的婚姻关系被宣告无效或者被撤销了，这种情况，法律仍然把子女视为婚生子女，而不是非婚生子女。他们不需要进行亲子关系确认。这样的规定能更好地保护子女的利益。

结合前文分析，再来看看本节案例。

大光和小丽在婚姻期间生了小亮，根据婚生子女推定原则，首先推定小亮是大光的婚生子，两人成立亲子关系。这也表明，大光有向法院起诉否认亲子关系的主体资格。后来两人做了亲子鉴定，证明双方不存在亲子关系。这就出现了能否认亲子关系的客观事实。

因此，大光起诉后，法院根据查明的事实，应该依法判决否认他和小亮的亲子关系，并且认定大光此前对小亮的抚养构成欺诈性抚养关系，判决小丽向大光返还抚养费，并且承担精神损害赔偿责任。

延伸课堂：

代孕子女的父母该如何确定？如果提出代孕的夫妻一方反悔，可以申请否认亲子关系吗？

现在都说中国的法律禁止代孕，其实我国的法律没有任何一个条文规定禁止代孕。禁止代孕的，是卫生部在2001年发布的《人类辅助生殖技术管理办法》，内容是医院禁止进行代孕手术，但这个管理办法并不是法律，只是行政规章，而且管理的对象是医院，而不是公民。之前在修改《计划生育法》的时候，有关部门还曾经提出了一个禁止代孕的条文草案，但遭到舆论反对，立法机关最终还是把它删掉了。

虽然中国的公立医院不得进行代孕手术，但目前有两种现实情况：一是地下代孕，这是非法的。二是到代孕合法的国家和地区实施代孕手术，生了孩子后带回国内，孩子在国外也有合法的出生证明。

既然可不可以代孕还没有法律规定，现实中又有这样的行为，那么如何确定代孕所生子女的法律地位呢？在我看来，代孕所生子女应当视为婚生子女。

上海的法院曾判过一个案例，一对夫妻在结婚后，使用他人捐赠的卵子，通过代孕生育了一个孩子。父亲车祸去世后，孩子的爷爷奶奶起诉到法院，要否认孩子与母亲的亲子关系，理由是母亲既没有提供卵子，也没有怀孕，没有血缘关系。法院认为，虽然母亲与子女没有自然血缘关系，但是代孕生育子女，是夫妻在婚姻期间共同决定的，应当视为父母与子女形成了亲子关系，所以最终驳回了爷爷奶奶的诉讼请求。

除了实际案例，还有一个司法解释也可以作为依据。夫妻双方共同决定人工授精的，哪怕使用的不是丈夫的精子，所生子女也应当认定为婚生子女。那么，夫妻双方共同约定采用他人卵子代孕，生育了子女，道理也是一样的。既然视为婚生子女，那父母就不得否认其与代孕子女的亲子关系。

在我看来，不论是人工授精还是接受捐赠卵子代孕，不管父母的行为合不合法，出生的孩子都没有过错，他们生的尊严应该得到法律保护。

066 监护

姑姑和舅舅,谁更有资格当小女孩的监护人?

从本节开始,我们来学习监护的问题。《民法典》把监护规定在总则编,但在多数学者看来,它应该是一个亲属法的问题。为什么这么说呢?还是先从一个案例说起。

小芸两岁时父亲因意外去世了,后来母亲也离家出走,再也没有消息。爷爷奶奶因为年龄太大,常年住在养老院。小芸的日常生活主要由姑姑照顾。在小芸刚满八周岁的时候,姑姑请求法院指定自己作为小芸的监护人,但小芸的舅舅不同意,表示应该由他来监护,因为自己的经济条件更好,可以给小芸更好的生活。

一边是小芸的姑姑,另一边是小芸的舅舅,究竟谁当监护人更合适呢?想回答这个问题,得先知道什么是监护。

监护的内容

《民法典》没有给监护下一个明确的定义。根据现行法律来归纳,监护,其实就是对未成年人,以及丧失或者部分丧失民事行为能力的成年人,进行监督和保护的法律制度。其中,被监督和保护的叫被监护人,实施监护行为的是监护人。

在亲权中,父母对未成年子女有抚养和保护的权利义务,这和监护制度是有所重合的。《民法典》在规定保护未成年子女时,确实让亲权和监护有重合。比如,《民法典》第26条第1款规定了"父母对未成年子女负有抚养、教育和保护的义务",这说的就是亲权;第27条第1款又规定"父母是未成年子女的监护人",说的又是监护权。这就导致在实践中,父母在主张对子女的权利时,既能以亲权为依据,也能以监护权为依据。

在学理上,大陆法系民法,比如德国、日本等,都认为亲权与监护权是各自独立的。未成年子女由亲权保护,亲权人是父母。当没有亲权保护时,才应该为他们设置监护人,也就是说,监护人应该是父母之外的其他人。海洋法系,比如英国、美国等则没有亲权的概念,因此都说是监护人。

在《民法典》中,父母与未成年子女的权利义务,除了在婚姻家庭编里做了规定,在总则编的监护制度里也规定了。除了对未成年人的监护,有一些成年人也需要监护,就是无民事行为能力人或者限制民事行为能力人。以前我国民法不这么规定,只规定了对患有精神疾病的成年人才需要设立监护人,但编纂《民法典》时做了修改。因此,现在的成年监护制度不仅保护患有精神疾病的成年人,也保护其他丧失或者部分丧失民事行为能力的成年人,比如植物人、痴呆症患者等。

监护的方式

我国《民法典》规定的监护方式主要有三种。

第一,法定监护,也就是法律直接规定了监护人的范围和顺序。法定监护人可以由一人或多人担任,比如,对未成年子女来说,父母二人都是他的监护人,而且还是第一顺位监护人。如果未成年人的父母死亡，或者丧失监护能力，比如出车祸成了植物人，这时，就得从父母之外的其他近亲属里确定监护顺序。《民法典》规定的顺序，首先是祖父母、外祖父母，其次是未成年人的兄长和姐姐。如果近亲属中也没有人能担任监护人，还可以由近亲属以外的、其他个人或者组织来担任，但这种情况必须经过未成年人住所地的居委会、村委会或者民政部门同意。

对于无民事行为能力或者限制民事行为能力的成年人，根据《民法典》第28条，首先，要看他的近亲属里有没有人能监护，具体的顺序，一是配偶，二是父母、子女，三是其他近亲属，比如兄弟姐妹，祖父母、外祖父母等。如果这个成年人没有配偶，是个孤儿，也没有其他亲属，这个时候就只能由近亲属以外的、其他愿意担任监护人的个人或者组织来监护。这种情况也需要得到相关居委会、村委会或者民政部门同意。

虽然法定监护已经规定好了监护人的范围和顺序，按说根据规定来确认监护人就可以了，但现实很复杂。比如，有监护资格的人都不愿意担任监护人，或者像案例中小芸的姑姑和舅舅那样，两人都想当监护人。出现这些情况，又该怎么办呢？**这就得说到第二种监护方式——指定监护**。对监护人的确定有争议时，应当由被监护人住所地的居委会、村委会或者民政部门来指定监护人。根据司法解释的规定，指定监护人时，不仅要判断监护人有没有监护的能力和意愿，以及有没有不利于履行监护责任的犯罪前科，比如性犯罪；还要考量监护人的品行，以及与被监护人生活、情感联系的密切程度。如果依据这些因素指定后，有关当事人对指定不服，还可以向法院申请重新指定。当然，有关当事人也可以在有争议时，不找居委会、村委会或者民政部门，而是直接向法院申请指定。

当然，现实中还会出现一种情况，即相关部门在审查的时候，发现争议的各方竟然都没有监护资格。比如李四是未成年人，父母和爷爷奶奶等近亲属都去世了，只有一个哥哥李三和一个姐姐小芳，两人都想单独监护李四。结果法院审查发现，哥哥李三有性犯罪的前科，不适合监护；姐姐小芳没有经济收入。这时，李四的监护人就只能由民政部门担任，或者由具备监护条件的当地居委会、村委会担任。

指定监护的过程比较复杂，尤其是审查监护资格，可能得花不少时间。在这段审查的时间里，被监护人往往会处在一个无人保护的"真空期"，这时候，就应该由被监护人住所地的居委会、村委会或者民政部门来担任临时监护人，当然，还有一些法律规定的有关组织也可以，比如妇联、未成年人保护组织等。

监护人被指定后，任何人，包括被指定的监护人都不得再擅自变更监护人。擅自进行变更的，不能免除监护人的责任。假设案例中是小芸的姑姑被指定为监护人，但私底下她又把小芸交给舅舅监护，结果损害了小芸的权益，这个时候姑姑仍然要承担对小芸监护不力的损害赔偿责任。

第三，意定监护，也就是根据当事人的意愿来设立监护。意定监护本质是一种意思自治，它不像法定监护、指定监护那样，必须先在近亲属的范围里选监护人。例如，张三终身未婚，年老后想找一个监护人给自己日后养老送终，他既可以从自己的亲属里选，也可以选择和自己非亲非故、但愿意履行监护职责的个人或者组织，比如养老院等。

案例回顾

因为小芸的父母、爷爷奶奶都不能做她的监护人,根据《民法典》第 27 条的规定,此时就应该由其他愿意担任监护人的个人或者组织,来对小芸履行监护职责。

芸的姑姑和舅舅都想成为监护人,此时就需要法院来指定。在我看来,虽然舅舅经济条件更好,但是在小芸的父亲去世、母亲出走之后,一直都是姑姑在照顾小芸的生活,她既有负担能力,也和小芸的情感联系更紧密,所以由姑姑担任监护人更加合适。这个案例的最终结果是法院审查了小芸姑姑和舅舅的经济条件,并且征求了当地村委会和小芸本人的意见,最终确认由姑姑来担任小芸的监护人。

延伸课堂:

父母可以通过遗嘱为未成年子女选定监护人吗?

父母用遗嘱为子女选定监护人,完全没有问题。只要父母的遗嘱不损害被监护人的合法权益,就应当按照遗嘱内容来确定监护人,这也是《民法典》第 29 条明确规定的。

有一个真实案例。张甲和张乙是兄弟俩,大哥张甲是限制民事行为能力人。他们的母亲黄某在去世前立有遗嘱,写明遗产由兄弟二人各自继承一半,并且指定弟弟张乙为张甲的监护人。黄某去世后,弟弟除了继承自己的那份遗产,还一直持有着大哥分得的现金。大哥认为自己的权利被侵害了，就找到律师起诉弟弟侵权。

法院最终驳回了大哥的诉讼请求，理由是：黄某通过遗嘱指定弟弟张乙为张甲的监护人，符合法律规定。并且，张乙只是在正常管理张甲分得的遗产现金，并没有霸占或挥霍，这属于依法行使监护权，而不是侵权行为。

通过遗嘱指定监护人，需要满足三个条件。

第一，遗嘱人必须是被监护人的父或母。比如刚才说的案例，假设张乙后来也身患重症，在弥留之际，通过遗嘱又为张甲指定了新的监护人，这就不行。张甲的新监护人，应该由张乙通过变更监护关系的方式指定。

第二，遗嘱人必须是后死的父亲或者母亲。比如张三是未成年人，父亲去世了，但母亲还健在。父亲去世前，通过遗嘱指定张三以后由爷爷奶奶监护，不由母亲监护，这就不行，因为张三的母亲还在世，可以照顾未成年子女，先去世的父亲无权通过自己的单方意思表示，就改变母亲的监护权。除非这个遗嘱是张三的父母共同设立的，并且在张三的父亲去世后，他的母亲也认可这个遗嘱。

第三，遗嘱监护还必须符合法律规定的其他遗嘱生效要件。比如，亲笔遗嘱没有签字和注明年月日，代书遗嘱或者打印遗嘱没有两个以上的见证人在场见证，等等。出现这些情形，都会导致遗嘱监护无效，仍然需要依照法律规定确定监护人。

067 监护关系

母亲被撤销监护资格后，还需要对女儿承担抚养义务吗？

本节我们来学习监护法律关系的设立、变更以及消灭。先来看一个典型案例。

小雨的父亲因车祸身亡，母亲王某领取了所有的赔偿款。一段时间后，王某把小雨交给了爷爷奶奶抚养，自己带着所有赔偿款和别人结婚了。爷爷奶奶气不过，就诉到了法院，要求王某返还小雨应得的赔偿金，并且申请撤销王某的监护资格，转由自己来监护。

王某在丈夫去世后，确实有权利再婚，毕竟上一段婚姻关系结束了。但是，她把所有赔偿金，包括赔偿给小雨的生活费都带走，这肯定是不对的，应该留出给小雨的部分。但问题是，出现这种情况，爷爷奶奶就能申请撤销王某与小雨的监护关系吗？毕竟王某可是小雨的亲生母亲，而且是第一顺位监护人，监护的优先级比爷爷奶奶更高。

要回答这个问题，得先知道监护关系是怎么产生的。

监护法律关系的设立

监护关系的产生，也叫设立监护关系，其实就是确定监护人。我国的主要监护方式是法定监护。也就是说，监护人的可选范围和顺位，法律已经规定好了。然而，这并不意味着一个人只要在监护人的候选范围里，并且顺位比其他人靠前，就一定能担任监护人，法律还要考虑"候选监护人"的监护资格和监护能力。

监护资格是一种消极资格，也就是法律规定了哪些人不能担任监护人。比如，正在受刑罚处罚的人、去向不明的人，以及不具备完全民事行为能力的人。这几类主体，要么是自由受限，要么是下落不明，又或者是民事行为能力不足，自身还要他人照顾，都不能担任监护人。如果一个人不属于刚才说的三种情况，但是可能危害被监护人的利益，也不能担任监护人。比如，张三有性犯罪的前科，他恰好有一个未成年表妹无人监护，他想当监护人，法律是不会准许的。

除了监护资格，还要认定监护能力。根据最高人民法院发布的司法解释，认定监护能力时，对自然人和组织要分开确定。如果是自然人，首先肯定得成年，并且有良好的经济负担能力和身心健康条件。例如，李四结婚后，因为意外成了植物人，他的妻子也因此受了精神刺激，成了限制民事行为能力人。虽然妻子年龄适当，经济条件也合适，在法律上还是丈夫的第一顺位监护人，但她显然不能监护丈夫，因为身心健康条件不允许。这时要考虑让丈夫的父母、子女和其他近亲属来监护。如果是认定有关组织的监护能力，应当根据组织的资质、信用、财产状况等因素确定。

监护法律关系的变更

监护关系设立后，最理想的状态是保持稳定，直至被监护人不再需要监护。但现实情况很复杂，有些时候，就算设立了监护关系，监护人还是会因为种种原因不再能继续履行监护职责，此时就需要由其他人来继任。这种监护人发生变化的情况就叫变更监护关系。

变更监护关系的前提是个人还有被监护的需要。例如，张三是个孤儿，智力正常，未成年时一直由福利院监护。在张三成年的时候，福利院无法继续维持，此时就不用给张三变更监护人，因为他已经成年了，不再需要被监护。

需要变更监护关系的情况有三种。

一是监护人死亡或丧失监护能力。比如监护人成了植物人；或者患了精神疾病，成了限制民事行为能力人，这都属于原监护人无法再履行监护职责，需要变更监护关系。

二是监护人辞职。监护人有正当理由的，可以要求退出监护。比如，监护人要出国定居，但因为政策限制，又无法带上被监护人，这就属于有正当理由无法继续履行监护职责，可以要求变更监护人。如果没有正当理由，例如监护了一段时间后嫌烦，就要辞职，那是不行的。《民法典》里没有规定监护人辞职的具体情形，实践中在认定时，通常会结合监护人提出的辞职原因以及个案的实际情况来综合判断。

三是监护人资格被撤销。本节案例就是这种情况，爷爷奶奶诉到法院，请求撤销母亲王某的监护资格。撤销监护人资格的具体情形很多，但归纳起来就是一点——监护人严重损害了被监护人的利益。例如，父亲作为监护人，性侵了未成年的女儿，后来民政部门向法院起诉，撤销了父亲的监护资格。除了这种以作为的方式，严重损害被监护人的利益外，还有一种情况，是监护人怠于履行监护职责，以不作为的方式损害被监护人的利益。比如在本节案例中，母亲王某在丈夫死后，领走了所有赔偿款，与他人再婚后对女儿不闻不问，就属于以不作为的方式严重侵害女儿的利益。在这种情况下，爷爷奶奶作为小雨的第二顺位监护人，有权申请撤销王某的监护资格。

监护人资格被撤销后，就不再对被监护人享有监督、管理的权利,但是,他们原本要负担的义务并不免除。也就是说,即使法院撤销了王某对女儿小雨的监护资格,王某仍然要负担女儿的抚养费,直到女儿成年。

监护法律关系的消灭

根据《民法典》第39条的规定,监护法律关系的消灭主要有以下几种情况:

首先,是被监护人取得或者恢复了完全民事行为能力。比如,未成年人年满18周岁取得完全民事行为能力,监护关系自然消灭。再如,患有精神疾病的无民事行为能力人或限制民事行为能力人被治愈了,恢复了民事行为能力,也会消灭原有的监护关系。

其次,是监护人丧失监护能力或者死亡。被监护人死亡,也会消灭监护关系。这里我们要注意一种情况,如果被监护人没有死亡,并且还需要被监护,但原监护关系又消灭了,这时就涉及前面说的监护关系变更,需要为被监护人设立新的监护关系。

最后,也是一类兜底情形,就是出现了"法院认定监护关系终止的其他情形"。例如,张三被收养了,张三和父母原有的监护关系就会消灭,和收养人会建立新的监护关系。

068 监护职责

叔叔担任监护人，可以抵押侄子的房产去炒股吗？

监护关系设立后，监护人应当承担哪些职责呢？我们先来看一个案例。

9岁的小龙在父母病逝后，就一直由叔叔老林监护。父母去世时给小龙留下的一套房产也由叔叔代为出租，用于负担小龙的生活费。叔叔因为早年赌博，一直欠着一些外债。在小龙13岁的时候，他看到股市环境很好，就想把小龙的房子拿去抵押借钱，想着赚钱后，既能让小龙的财产增值，也能帮自己还掉债务。小龙知道后坚决不同意，觉得房子是父母留下的，不能这样处理。但叔叔认为自己是小龙的监护人，也一直在维护和出租小龙的房子，所以对房产有使用和处分的权利。

叔叔能不能拿小龙的房产去抵押呢？要解答这个问题，得先知道，叔叔作为监护人，对小龙负有哪些监护职责。

监护职责的内容

根据《民法典》第34条的规定，监护人的职责，是要保护被监护人的人身、财产等合法权益，以及代理被监护人实施民事法律行为。

分开来看，监护职责主要就是三大类。

第一，人身监护权。这与亲权里的人身照护权有些类似，在这两个权利里，有些内容也是一致的。比如住所、居所指定权，人身事项同意权，以及未成年子女或被监护人被隐藏、诱骗后的交还请求权等。不过，这两个权利也有很多不同。首先，人身照护权里包含了父母对未成年子女的管教权，但人身监护权里则不一定。如果监护人刚好就是父母，那父母对被监护的未成年子女仍然具有管教权。但如果监护人不是父母，而是其他近亲属，比如祖父母、兄弟姐妹等，或者是福利院等社会组织，对被监护人就只有一般的教育、管理责任，而没有管教权。两者的区别在于，管教权中包含了适当的惩戒权，比如父母对犯错的孩子踢了一脚，只要不超过必要限度，不会被认为是违反职责。但福利院作为监护人就不能这么做，否则就属于体罚被监护人，会违反监护职责。其次，人身照护权只保护未成年子女的人身权利，但人身监护权除了保护未成年人，还保护需要监护的成年人。在监护成年人时，有一些特殊规定。比如张三是成年人，也有自己的财产，但是患上了精神疾病，现在由父母监护。父母在监护时，就不用对张三承担抚养和教育义务，因为张三的生活费可以从自己的财产里支出，而且他也不需要上学。监护张三时，父母要做的更多是保护他的人身和财产安全，以及监督他不去侵害他人的权利。

第二，财产监护权。 监护人应该全面保护被监护人的财产权益。首先是对被监护人财产的管理。假设张三是未成年人，在父母过世后无亲无故，现在由邻居担任他的监护人。如果张三还另外有财产，比如父母留下的房产、存款等等，邻居就需要对这些财产进行清点、登记造册，清点时民政部门等相关人员需要在场证明。除了清点，监护人还需要日常维护这些财产。具体的维护方法要根据财产类型来确定。如果被监护人有债权的，监护人应当积极讨债，使债权得到实现。假设张三的父母是因车祸去世的，那肇事司机赔偿给张三的抚养费、抚恤金，邻居要积极去追讨。如果被监护人有房产、存款的，监护人应当做好维护，使其保值。

父母对未成年子女的财产，享有使用、处分等权利。比如，父母可以居住、出租未成年子女所有的房产。但是，如果未成年子女的监护人是父母之外的其他人，这些监护人通常不能使用和处分被监护人的财产。就像本节案例中，小龙名下有一套房产，叔叔不能因为小龙的房子更大，就让自己的家人住进去；或者拿小龙的房子去出租，给自己赚钱。当然，如果出租是为了负担对小龙的抚养费，那是可以的。处分也是一样的道理，如果不是特别紧急地要维护小龙的利益，叔叔不能处分小龙的财产。叔叔因为股市环境很好，就想抵押小龙的房产去借钱炒股，这是不行的，因为炒股风险太大，很有可能钱没赚到，反倒会损害小龙的利益。

第三，对被监护人的代理权，也就是监护人有权代理实施民事法律行为。要注意的是，代理被监护人实施民事法律行为，和对被监护人的人身事项行使同意权不一样。比如，李四是成年人，但是智力发展迟缓，属于限制民事行为能力人，只能从事简单的劳动。父亲代理他买房，属于履行代理权，但如果是与李四协商后，为他找了一份能胜任的工作，以李四的名义签署了劳动合同，这属于对李四的人身事项行使同意权。

违反监护职责应承担的民事责任

监护职责的内容非常多，监护人除了享有权利，更多的还是要对被监护人履行义务。监护人在履行职责的时候，法律也会对其进行监督。《民法典》第34条规定：监护人不履行监护职责或者侵害被监护

人合法权益的,应当承担法律责任。这一条其实说了两种情况:

一是监护人不履行职责。假设在小龙反对抵押后,叔叔就停止了供养,让他挨饿受冻,这就属于不履行监护职责。还有一种情况,是监护人监督不力,让被监护人侵害了他人的民事权益。比如,家长明知未成年子女带了水果刀去上学,也不制止,结果子女在学校里划伤了其他学生。这时,监护人要承担替代责任,也就是家长要代替子女给受害的学生赔偿。

二是滥用监护权。这是指监护人故意损害被监护人的合法权益。假设叔叔在小龙实施反抗行为后特别生气,不仅决定停止供养,还把小龙打伤了,这就是故意损害小龙的人身健康。

无论是不履行监护职责,还是滥用监护权,只要是损害了被监护人的人身或财产权益,监护人都要承担赔偿责任。如果造成的损害严重,比如打伤被监护人、霸占被监护人的财产等等,还要撤销其监护资格。

结合前文分析,我们再来看本节案例。

案例中,小龙在父母病逝后,一直由叔叔老林监护。叔叔对小龙的财产也确实享有监护权,可以代理小龙维护其名下的房产,甚至出租房屋来负担小龙的生活费,这都没问题。然而,叔叔想抵押小龙的房产去炒股,这就不行了。因为炒股风险太大了,很有可能会损害小龙的财产利益。

如果叔叔真的未经小龙同意,抵押房产去炒股,而且还亏了,给小龙造成了严重的财产损失,那叔叔不仅要向小龙承担赔偿责任,还会被撤销监护资格。

延伸课堂：

小龙的叔叔作为其监护人，在案例中不可以抵押房产贷款，如果换成小龙的亲生父母，他们作为法定代理人是否可以呢？

亲生父母是可以的。这个问题的本质，是亲权人与监护人在职责范围上有区别。

我国民法把亲权与监护权放在一起规定，其实是模糊了亲权与监护权的界限。之所以会这样，主要是在制定《民法通则》时，采纳了英美法的监护制度，不区分亲权和监护权。编纂《民法典》时，也没纠正过来，采取了折中的态度。

其实在大陆法系国家，亲权与监护是不同的制度。未成年子女的亲权人就是父母，他们之间是最近的直系血亲，也叫一亲等直系血亲。亲权的内容比较广泛，父母几乎可以决定未成年子女在人身和财产方面的所有事项。即使父母拿未成年子女的钱去炒股，或者用未成年子女的房子去抵押贷款，就算造成了财产损失，未成年子女一般也没办法找父母要求赔偿。

但如果未成年人丧失父母，或者父母的亲权被剥夺，那就要为他们设置监护人。监护人和父母就不一样。他们不是与未成年子女最近的直系血亲，甚至干脆就没有血亲关系，这样的监护人对被监护人就只有一般性的管理和监督职责。父母之外的监护人对被监护人没有适度惩戒权，通常也不能使用和处分被监护人的财产。

069 成年意定监护

老年人与养老院签了监护协议,儿子还能取回监护权吗?

意定监护是一个很特别的监护制度,它最大的特点就是意思自治,"被监护人"有权自主选择监护人。我们先看一个案例。

老王的老伴去世了,儿子外出务工多年,也一直没回过家。在 70 岁的时候,老王搬进了养老院,受到了很好的照顾,也结识了很多朋友。很快,老王就表明要和养老院签署长期协议,约定在自己生活不能自理后,由养老院来实施监护。

几年后,儿子回来了,想把老父亲接回身边。老王不太愿意,养老院也提出,双方已经签过了协议,未来会由养老院来实施监护。儿子坚决不同意,认为自己是亲生子,父亲应该由自己来监护。

一边是老王的儿子,他是法定监护人,也有监护意愿;另一边是和老王已经签署了监护协议的养老院,到底谁才能担任老王的监护人呢?要回答这个问题,就得理解意定监护。

什么是成年意定监护

意定监护主要有两种,一种叫遗嘱监护,是父母给未成年子女设置的,比如单亲妈妈患了重病、无法医治,她可以通过遗嘱为自己的未成年子女选定监护人。另一种就是成年意定监护,是指有完全民事行为能力的成年人，可以通过签订监护协议给自己选择监护人。

我国最开始并没有规定成年意定监护，因为以前的成年监护制度更侧重保护交易安全。比如，当时的成年监护也被称为"禁治产"制度，也就是为丧失或者部分丧失民事行为能力的成年人设置监护，主要的考虑是不让他们管理自己的财产，以维护全社会的交易安全。

后来这种观念转变了，变成要最大化维护被监护人的合法权益。因此，在2015年修订《老年人权益保障法》的时候，我提出设立成年意定监护，要先从老年人的意定监护开始。立法机关接受了这个意见，在该法的第26条规定了对老年人的意定监护。编纂《民法典》时这个规定又被借鉴过来，这才把意定监护的适用范围从老年人扩展为所有成年人。比如，张三在40岁时患了"渐冻症"，医生说，他在未来三年内会逐渐失去行动能力，这种情况下，即使张三还未步入老年，他也可以找一个自己信任的人，与他设立意定监护。

成年意定监护协议的成立

设立意定监护，双方当事人首先得签订监护协议。双方当事人都需要是完全民事行为能力人。其次，成年意定监护协议必须以书面形式签订，口头约定无效。当然，意定监护协议也是协议，自然也要受《民法典》的一般性规则约束，不能有欺诈、胁迫，而且约定的内容不能显失公平、违背公序良俗等。最后，签了意定监护协议后，最好还要公证。这一条不是意定监护成立的必备条件，但它和前文说的"夫妻实施约定财产制，最好去公证"是一样的道理。设立意定监护会对被监护人的后续生活产生很大影响，为了确保双方行为的真实性和严肃性，最好在协议签订后及时公证。

满足了这些条件，意定监护关系就算是成立了。

不过，意定监护协议和日常一手交钱、一手交货的买卖合同还不一样，不是签订即生效的。它要生效，还得满足特定条件，也就是被监护人成为了无民事行为能力人或者限制民事行为能力人。假设老王在签订协议五年后，反应能力开始下降，也逐渐认不清身边的人，这时，监护协议就应该生效了。

协议生效后，意定的监护人就要开始履行监护职责。具体的监护职责，成年意定监护协议有约定的，依照约定，没有约定的，应当依照《民法典》第34条和第35条的规定进行监护。

此外，还有一种情况要注意，**在意定监护协议成立之后、生效之前，无论是监护人还是被监护人，都有权主动解除协议**。假设案例中老王和养老院签好了意定监护协议，但后来养老院觉得长期监护风险太大，要反悔，这是可以的，但必须在老王的意识还清醒的时候提出。如果老王不愿意解除，诉到法院，法院一般都会判决解除，毕竟意定监护生效后需要长期履行，必须要双方充分合意。然而，如果养老院是在老王已经丧失或者部分丧失民事行为能力后，才提出解除意定监护，这就得看情况了。如果解除时没有正当理由，不能解除监护。比如养老院履行到一半，觉得老王也太长寿了，一直长期监护不划算、想反悔，这就属于理由不正当。如果有正当理由，比如养老院经营不善要破产，无法再继续履行监护义务，这种情况是可以解除的。但是，在解除之前，养老院也必须为老王找到新的监护人，或者请求法院指定监护。

对成年意定监护的监督

意定监护人要受《民法典》第 36 条的约束,可能会被撤销监护资格。假设养老院开始监护老王以后,每天只给他吃一顿饭,衣服也经常不换不洗,让老王身体越来越差,这就属于监护人怠于履行职责,严重损害了被监护人的身心健康,应当被撤销监护资格。撤销的方式是由有监督权的个人或者组织向法院提出申请,比如近亲属、村委会、居委会、民政部门,以及依法设立的老年人组织等。

除了用撤销监护资格的方式来监督,还可以在签订意定监护协议的同时,让成年人与自己信任的人或者律师再签订一个对意定监护的监督协议。当意定监护协议生效,这份监督协议也会同时生效,监督人开始履行监督职责,督促监护人恰当、及时地履行监护义务。

说到这,我们来看看本节案例。

老王虽然已经年过七旬,但意识清楚,属于完全民事行为能力人,符合设立意定监护的基本条件。他与养老院达成合意后,双方可以签订意定监护协议。现在儿子出现,要求以后由自己来监护父亲。如果老王不愿意,当然可以拒绝,并继续保持与养老院设立的意定监护关系。一旦监护协议生效,老王将由养老院监护,儿子不能非法干预。

为了确保监护协议适当履行,老王在签订意定监护协议的同时,还可以与律师再签订一个对意定监护的监督协议,约定在协议生效后,由律师来监督,确保养老院能恰当履行监护职责。

当然,如果老王想让儿子监护,在协议生效前,他也有权解除签订过的成年意定监护协议;如果签署协议时养老院收取了老王的财产,在协议解除后,应当依法返还。

070 登记离婚

丈夫对妻子实施家暴，登记离婚时也需要经过离婚冷静期吗？

本节讲解离婚的一个基本规则——登记离婚。先来看一个案例。

大鹏和小燕是夫妻。最近几年，大鹏养成了酗酒、赌博的习惯，夫妻俩为此经常吵架，有时大鹏还会对小燕拳打脚踢。小燕忍无可忍，要求离婚，但大鹏不同意。两人又争吵、僵持了很久，大鹏才终于答应。等到了婚姻登记处，两人又被告知，要登记离婚，得先经过30天的离婚冷静期。小燕坚决不同意，要求立刻办理，理由是大鹏曾对自己多次家暴，她不愿意再保持婚姻关系。

小燕不是一时冲动，她是无法忍受家暴，而且，她好不容易才说服了大鹏一起来办理登记离婚。这种情况，是否应当准许马上办理？要回答这个问题，得先知道《民法典》对离婚是怎么规定的。

什么是登记离婚

离婚也叫解除婚姻，是夫妻双方依法解除婚姻关系的身份法律行为。它有两种方式，一是登记离婚，二是诉讼离婚。本节我们重点来看登记离婚。

登记离婚，也叫协议离婚、自愿离婚，是夫妻双方先达成合意，再经过行政登记而解除婚姻的离婚方式。

这个表述中有三个关键。

首先，登记离婚的前提，是双方要达成合意。如果只有一方想离，另一方不想，就没办法登记离婚。如果双方始终不能达成共识，就只能选择诉讼离婚了。

其次，登记离婚的性质是协议离婚。也就是说，离婚后会产生的法律后果，比如财产怎么分割、子女由谁抚养等，以当事人的离婚协议为准。

最后，登记离婚要产生效力，必须得到法定程序确认。登记离婚和登记结婚一样，都必须经过婚姻登记机构确认。只有拿到离婚证，才算是真正解除婚姻关系。

我国法律不承认别居制度。也就是说，即使夫妻之间分居，各过各的，婚姻关系也仍然存在。在英国和意大利等国家，夫妻无法同居达到一定年限，就可以通过法院判决或者双方合意，暂时或永久地免除夫妻之间的权利义务。

登记离婚的条件

申请登记离婚，需要满足三个条件。

第一，也是最基本的，离婚的双方都必须是完全民事行为能力人。本节案例中，大鹏和小燕是合法夫妻，智力也正常，都具备完全民事行为能力，能意识到离婚会带来什么法律后果，如果达成了共识，当然可以选择登记离婚。

如果要离婚的一方不是完全民事行为能力人，即使夫妻双方达成了离婚合意，也不能登记离婚。这种情况只能选择诉讼离婚。比如，假设案例中的大鹏患有轻度精神疾病，是限制民事行为能力人，即使两人合意,小燕也不能和他登记离婚,应当起诉到法院,由法官来裁决。

第二,既然登记离婚也叫自愿离婚,那夫妻俩光有完全民事行为能力还不行,还得有离婚合意,并且是真实的离婚合意。如果是为了实现其他目的而假离婚,就不属于有真正的离婚合意。例如,张三和李四为了规避限购假离婚,如果离婚后张三不愿意复婚,李四要撤销假离婚,就得向法院起诉。由法院宣告登记离婚无效,恢复婚姻关系。不过,前提是张三在离婚后没有和其他人再结婚,以及李四必须提供证明假离婚的证据。如果证明不了,法院也不会支持。

第三,夫妻需要在离婚协议中,对子女的抚养教育和夫妻共同财产作出具体、可行的安排。协议中应当包括子女由哪一方抚养,不抚养的一方如何负担抚养费,以及抚养费的支付期限、支付方式等。协议还需要写明对共同财产如何分割、对共同债务如何清偿,以及一方离婚后有生活困难的,另一方要如何给予适当的经济帮助等。

满足了这三个条件,也就具备了登记离婚的实质要件。要是在《民法典》编纂前,夫妻直接去婚姻登记机关就能办理离婚,但现在还得再经过一段离婚冷静期。

登记离婚的冷静期

离婚冷静期规定在《民法典》第 1077 条,更准确的表述应该是"登记离婚冷静期",只有在登记离婚的时候,才会受到这个 30 天的期限约束,诉讼离婚是没有冷静期的。

规定登记离婚冷静期,是要减少现实中草率离婚、冲动离婚的情况,这对维护家庭稳定、保护子女利益,以及改善社会不良风气都有正面的意义。当然,也有观点认为,结婚自由和离婚自由是我国民法的基本原则，是必须保障的，不应当对离婚自由加以任何限制。现在规定登记离婚冷静期，就是限制离婚自由，违背了婚姻自由原则。在我看来，《民法典》仍然保障离婚自由，规定登记离婚冷静期，是倡导考虑清楚之后再下决心离婚，而不是冲动离婚，特别是"闪婚闪离"。

登记离婚冷静期的具体规则很好理解。归纳起来就是两个 30 天：**第一个 30 天，从婚姻登记处收到离婚申请时开始计算**。在这 30 天里，任何一方不愿意离婚的，都可以向婚姻登记处撤回离婚申请。如果双方在 30 天里没有撤回离婚申请，那就可以申请离婚证了。申请时也应该双方都到场。拿到离婚证后，两人的婚姻依法解除。

申领离婚证也有期限限制，同样也是 30 天。也就是说，在第一个 30 天期满之后，如果双方没有及时申请离婚证，结果又过了 30 天，就会被视为撤回登记离婚申请。如果重新提出登记离婚，要再经过一轮离婚冷静期。

大鹏和小燕需要经过离婚冷静期

本节案例中，大鹏和小燕都是完全民事行为能力人，两人也形成了离婚合意，共同提交了登记离婚的申请，但登记机构还不能马上给他们办理离婚。因为根据《民法典》第 1077 条，两人还得经过一个 30 天的登记离婚冷静期。尽管大鹏对小燕有家暴行为，但这种情况并不能突破离婚冷静期的限制。事实上，只要双方选择登记离婚，根据法律规定，就都要经过 30 天的冷静期，没有例外。

其实在我看来，登记离婚冷静期应该更有弹性，而不是一律必须等满 30 天。不然，像小燕这种情况，登记离婚的难度就太大了，也不利于她尽快摆脱家暴的威胁。

如果冷静期完成后,大鹏不愿意离婚,小燕可以选择诉讼离婚。如果在冷静期内,大鹏又实施了家暴,这时小燕就应该及时报警,先保护好自己,同时带上证据,直接向法院提起离婚诉讼,不必再等到冷静期结束。

延伸课堂:

离婚时有生活困难,可以要求另一方给予经济帮助吗?

离婚时,对生活困难的一方给予适当经济帮助是必需的。这在《民法典》第1090条有明确规定。理解这个规则要注意以下几点。

第一,这不是一种道义上的帮助,而是法定义务。男女结婚后,法律会推定双方都对维持婚姻做了努力,其中就包括了个人的自我牺牲和自我损失。既然如此,在婚姻关系终结时,如果一方生活困难,法律就会要求另一方尽到扶助义务。

第二,是认定生活困难的标准。如果一方离婚后分得的财产不足以维持其合理的生活需要,或者离婚后不能通过从事适当的工作维持生活需要等,都可以认定为生活困难。

比如张三和李四结婚后,妻子李四搬到了丈夫所在城市,住在丈夫的婚前房产里。婚姻期间李四一直没有固定工作。后来两人离婚,李四分得的夫妻共同财产,不足以维系她在当地的生活,而且她也没有住房。这种情况,就可以认定李四存在生活困难，有权向前夫主张离婚经济帮助。

　　第三，是给予帮助的数额和方式。对这些内容，双方可以先协议。比如还是前面说的案例，双方可以协商，由张三向李四一次性支付一笔经济帮助金，也可以是张三准许李四继续使用房屋等。如果双方协议不成，再由法院根据实际情况判决。判决时，法院通常会考虑以下因素：双方的收入和财产、就业能力、子女抚养情况、婚姻期间的生活水平等。

　　此外还要注意，在认定一方对另一方的经济帮助时，不考虑个人在离婚时是否有过错。如果有生活困难的是离婚中的过错方，他也有权要求适当的经济帮助。这是因为，过错方在被判决离婚时可能就已经受到了惩罚，比如少分财产或者承担离婚过错损害赔偿。

071 诉讼离婚

妻子怀孕期间,丈夫发现孩子不是自己的,可以起诉离婚吗?

前文说到,夫妻双方达成共识,并且对夫妻共同财产、子女抚养等做出妥善安排后,可以选择登记离婚,依法解除婚姻关系。但现实很复杂,有些时候要么是夫妻一方想离,但另一方不愿意;又或者双方愿意离婚,但在子女抚养、夫妻财产分配等方面达不成共识。出现这些情况,要是还靠夫妻协商解决,通常都搞不定,还是需要法院来依法裁决,也就是诉讼离婚。

还是先从一个案例说起。

小刚和小洁婚后一年,小洁怀孕了。在妻子怀孕期间,小刚做了一次体检,检查结果表明,小刚实际上没有生育能力。回家后小刚就质问小洁,小洁承认自己在怀孕前有过婚外性行为。小刚提出要登记离婚。小洁不愿意,希望小刚能原谅自己。然而,小刚还是无法接受,就到法院起诉离婚,但法院拒绝受理,理由是女方怀孕期间,男方不能起诉离婚,建议他回去和小洁协议离婚。

案例的情况大致就是这样。法院不受理小刚的起诉,是想要保护怀孕妇女的权益,这可以理解。然而我认为,在这种情况下,法院应该受理小刚的起诉。因为小洁怀的并不是小刚的孩子。最终是否会判决离婚是另一回事,但法院至少要组织双方先调解,而不是直接拒绝受理。

要理解这个结论,我们得知道《民法典》对诉讼离婚是怎么规定的。

什么是诉讼离婚

诉讼离婚也叫裁判离婚，是法院通过调解或判决，依法解除夫妻婚姻关系的离婚方式。

与登记离婚相比，诉讼离婚有三个特点。

第一，诉讼离婚是对有争议的离婚进行裁判。这里说的争议不仅是指双方在离婚意愿上有分歧，还包括双方虽然同意离婚，但是在财产分配、子女抚养等方面无法达成共识。第二，诉讼离婚必须实行调解先行程序。法官在审理离婚案件之前，必须先组织夫妻双方调解，只有调解无效了，法院才能审理和判决。第三，诉讼离婚是典型的合并之诉。也就是说，在审理离婚诉讼的时候，不仅要判决双方能否离婚，还要对离婚后会引起的其他法律后果合并审理，例如子女抚养、财产分割、离婚过错损害赔偿等。

诉讼离婚的一般程序主要有三个阶段。

第一个是起诉和答辩阶段。在这个阶段，要注意离婚案件的法院管辖。民事纠纷通常由被告住所地的法院管辖，离婚案件也是这样。如果被告住所地与经常居住地不一致的，由经常居住地法院管辖。比如，张三和李四要诉讼离婚，两人之前一直在北京生活，但最近三年分居了，李四一直住在深圳，如果是张三提起诉讼，那李四就是被告，该离婚案件应该由深圳的法院管辖。

法律还规定了一些特殊管辖规则。比如，如果夫妻双方是军人，离婚诉讼要由军事法院管辖。再如，夫妻双方是中国公民，都在国外但未定居，如果一方向法院起诉离婚，原告或者被告原住所地的法院都有权管辖。

确定法院管辖后，紧接着就是第二阶段——调解。离婚案件未经调解，法院不能直接判决离婚。如果出现未经调解就判离的情况，当事人上诉，上级法院应当撤销原判，发回原审法院重审。如果经过调解，夫妻双方和好了，那通常是原告撤诉，或者双方达成和好协议，终止离婚诉讼。如果双方未能和好，但是在调解过程中达成了离婚协议，法院会按照离婚协议制作调解书，送达当事人。双方签收后，婚姻关系依法解除。

如果未能调解成功，就要进入第三阶段——案件审判。在审判阶段，法院判决离婚的标准是夫妻感情确已破裂。如果法院查明夫妻感情确已破裂，应当判决双方离婚，并对子女抚养、财产分割等一并作出宣判。无论判决结果是准许离婚还是不准离婚，当事人对判决不服、想要上诉的，需要在收到判决书的第二天起，向法院申请。上诉的期限是15天，在15天内如果双方都没有上诉，离婚判决发生效力，两人的婚姻关系依法解除。

如果当事人上诉，二审法院在审理前，也应当先行调解，调解无效的，再依法审判，作出准予离婚或者不准离婚的判决。

如果上诉后，二审法院也判决不准离婚，那么，坚持离婚的一方如果再次提起离婚诉讼，法院就应当判决准予离婚。不过，为了防止这种"再次起诉的权利"被滥用，法律对它也有特别的限制，也就是夫妻双方需要分居满一年，才能再次提起离婚诉讼。

对诉讼离婚请求权的限制

除了上述离婚诉讼裁判外，还有两个特点会限制起诉离婚的请求权。

第一种是对男方离婚请求权的限制。女方在怀孕期间和分娩后的一年内，男方不得提出离婚。此外，如果女方流产，在流产后的6个月内，男方也不得提出离婚。设置这些规定，是为了保护妇女和子女的合法权益，因此，这个起诉离婚的限制是针对男方的。如果是女方在怀孕、流产等期间提出离婚，并不受限制。

不过，这种限制也不绝对。如果法院认为确有必要受理男方的起诉请求，也可以突破这些期间限制。比如，妻子经常对丈夫实施家暴，让丈夫的生命安全处在危险当中；再比如，在本节案例中，小洁虽然怀孕了，但孩子并不是小刚的。这时，法院就不应该以妻子怀孕为由，限制男方起诉离婚的权利，而应该受理起诉，并组织双方先调解。

第二种是对现役军人配偶离婚请求权的限制。《民法典》第1081条规定，现役军人的配偶要求离婚，应当征得军人同意。如果军人一方有重大过错则不受此限制。比如，张三是军嫂，因为无法忍受丈夫常年不在家，就到法院起诉离婚，这种情况下，法院可以受理。但是，如果张三的丈夫不同意离婚，法院不能判决离婚，除非她的丈夫有重婚、婚外同居等重大过错。这样的立法目的就是保护军婚，使在职的军人能够安心部队工作。如果军人退伍，就不适用这条规定了，而是按一般的诉讼离婚规则处理。

案例回顾

在妻子小洁表示不愿意登记离婚后，小刚选择诉讼离婚。虽然小洁在怀孕期间，但这也是可以的，因为小洁怀的并不是小刚的孩子。

为了保护女性权益，法律确实有规定，在女方怀孕时，男方不得提出离婚诉讼。但这种对起诉离婚的限制并不绝对。小刚这种情况就属于法院确有必要受理起诉的情形,因为小洁违反了夫妻忠实义务,严重侵害了小刚的配偶权。

不过,就算法院受理了起诉请求,也不能直接进行审判,还是应当先组织双方调解。如果夫妻俩经调解和好,那婚姻关系继续保持;如果调解不成,双方也未能达成离婚共识,那法院就要依法对离婚案件进行审理,确认是否可以判决离婚。

延伸课堂:

以配偶实施家庭冷暴力为由提起离婚,法院会支持吗?

家庭冷暴力情节比较严重的,也能认定为家暴。家暴属于法定离婚理由。根据《反家庭暴力法》第2条的规定,家庭暴力,是指家庭成员之间以殴打、捆绑、残害、限制人身自由以及经常性谩骂、恐吓等方式,实施对身体、精神等侵害行为。

光看这一条里列举的行为,好像看不出冷暴力是否在其中。然而,学者们在解释家庭暴力的概念时,认为它是应该包括冷暴力的,主要的形式是对家庭成员冷淡、轻视、放任、疏远和漠不关心,致使对方在精神上和心理上受到伤害。

典型的案例是安徽省肥西县法院判的一个案件。

周某脾气暴躁,经常为一些芝麻蒜皮的小事就谩骂、冷淡妻子方某。方某认为时间长了,丈夫会改掉这个毛病,但是几十年如一日,丈夫每日谩骂不休。后来方某在子女的鼓励下,下决心起诉丈夫，要求离婚。丈夫辩解自己的谩骂是口头禅，不是家暴。但法院认为，对配偶一方漠不关心，将语言交流降到最低程度，以及用暗示性的言语持续谩骂对方，虽然不是殴打、虐待等家庭暴力，但实际上是一种精神虐待，属于冷暴力。

  这个案例虽然最终是双方达成了离婚调解协议，但即使调解不成，法院最终也会判决离婚，因为家庭冷暴力也应当认定为家庭暴力，属于法定离婚理由。

072 法定离婚理由

婚后发现女方没有女性特征,两年后男方还可以请求离婚吗?

本节讲解诉讼离婚的法定离婚理由。这部分内容比较复杂,先来看一个案例。

小方经亲戚介绍认识了小兰。两人认识后相处得很愉快,没多久就结婚了。婚后,小方发现小兰没有女性特征,无法进行性生活。原因是小兰先天性染色体异常,一直没能治愈。小兰苦求丈夫原谅,并且请求不要退婚,否则自己在别人面前抬不起头来。小方很痛苦,但为了照顾小兰的面子,双方仍然在一起勉强生活。两年后,小方还是无法忍受不完整的婚姻生活,就向法院起诉离婚。小兰不同意,她认为夫妻双方还有感情,应当继续维持婚姻。

案例的情况大致就是这样。小兰在结婚前隐瞒了患有重大疾病的事实,小方发现后,本来是可以在一年内请求撤销婚姻的,但他当时没有这么做。现在双方结婚两年,小方起诉离婚,而且小兰还不同意。这种情况下,法院会支持小方的诉讼请求,判决两人离婚吗?

要回答这个问题,就得说到法定离婚理由。

什么是法定离婚理由

法定离婚理由,规定在《民法典》第 1079 条里。法院判决离婚的基本事由是夫妻感情确已破裂，也就是夫妻间感情已不复存在，不能期待双方还有和好的可能。不过，夫妻俩心里到底是怎么想的，法官并不知道。所以，在审判时，法官还需要结合一些客观标准来确定。

首先，是调解无效。调解是诉讼离婚的必经程序，如果调解后，双方当事人达成一致要离婚，可以认为是夫妻感情确已破裂。然而，有些情况，光靠调解还不能判断夫妻感情是否破裂，比如夫妻只有一方想离，但另一方不愿意。这种情况在法理上叫片意离婚，与之前说的合意离婚正好相反。

片意离婚就需要法院结合更具体的离婚法定理由，来综合判断夫妻感情是否破裂。《民法典》规定的具体离婚理由主要有五类。

第一，重婚或者与他人同居。重婚行为也是宣告婚姻无效的法定理由。张三和李四结婚后，与王五重婚，那李四作为合法婚姻里的一方配偶，可以诉到法院，请求宣告张三与王五的重婚法律关系无效。然而很多时候，就算法院宣告了婚姻无效，原有的合法婚姻也很难维系。所以法律规定，重婚同时也是法定离婚理由。假设张三在重婚被宣告无效后，还想继续过日子，但李四不愿意，这时，李四就可以同时向法院起诉，要求离婚，法院也应当支持。与他人同居可以理解为是一种"事实上的重婚"，也就是两人虽然没有领证，也不以夫妻名义相称，但却在一起共同生活。这也是严重违反夫妻忠实义务的，所以也属于法定离婚理由。

第二，实施家庭暴力或虐待、遗弃家庭成员。这里要注意，家庭暴力的受害人是指配偶一方。而虐待、遗弃的受害对象则不限于配偶，还包括其他家庭成员，比如子女、配偶的父母等。并且，对配偶来说，如果受到了经常性的、持续的家暴，也会构成虐待。这三类行为都会严重侵害配偶或者其他家庭成员的合法权益。所以,出现这些行为时,不仅能说明夫妻感情确已破裂,可以请求判决离婚,对情节严重的,还应当追究加害人的刑事责任。

第三,有赌博、吸毒等恶习,并且屡教不改。 配偶一方有恶习,是各国民法通常的离婚法定事由。除了赌博和吸毒行为,还有一些行为如果也达到了屡教不改的程度,也能认定构成恶习,可以作为法定离婚理由,比如酗酒、嫖娼、卖淫等。如果配偶一方只是曾经有过赌博、吸毒等行为,现在没有了,或者这些行为情节轻微可以改过,不能认为是"恶习"。例如,丈夫爱打麻将,经常在周末一打就是一个通宵,妻子以"恶习"为由起诉离婚,法院最终就没有支持妻子的诉讼请求。

第四,因感情不和分居满两年。 分居,是指配偶双方拒绝在一起共同生活,互不履行夫妻义务。判断这个离婚理由时,不能只看客观方面,也就是夫妻双方是否分居以及分居的时长,更重要的,是要确定夫妻双方有分居的主观意愿,拒绝在一起共同生活。比如,配偶一方因公务长期出差,超过两年,这就属于因客观原因而引起的"分居",而不是夫妻俩不想共同生活。就算分居时间满两年,配偶一方向法院起诉离婚,也不会得到支持。

除了这四种具体的离婚理由,还有一个兜底条款,就是"其他导致夫妻感情破裂的情形"。 这里的其他情形,无论是什么行为,都必须足以直接引起夫妻感情破裂,并且经调解后仍无法挽回。例如,张三被判处了10年以上的有期徒刑或者无期徒刑,长期无法履行夫妻义务,这种情况可以视为夫妻感情破裂;或者张三犯了强奸、强制猥亵等罪名,这类犯罪行为会严重影响配偶另一方的名誉,损害夫妻感情,也应该视为夫妻感情确已破裂。但理解这些情况时要注意,并不是配偶一方只要有违法犯罪行为，就必然会导致夫妻感情破裂。比如，假设某明星没有犯强奸罪，只是某次嫖娼被警方通报了。明星的太太觉得很难堪，就起诉离婚。这种情况，就不能认定为属于其他法定离婚事由，而是要结合其他证据来确定夫妻感情是否破裂。假如妻子举证，这位明星除了警方通报的那一次，实际上还有多次嫖娼经历，屡教不改，这就有可能认定夫妻感情确已破裂。

特别的离婚法定事由

以上这五类法定离婚理由，无论是重婚、家庭暴力还是有恶习，它们都有一个特点，就是夫妻一方的行为主动损害了另一方的配偶利益。这时候法院判决双方离婚，是应有之义。除此之外，还有一些情况，是一方没有主动损害对方的利益，但法院也应该判决双方离婚。

第一种，夫妻一方被法院宣告失踪，夫妻双方在事实上已经终止了夫妻共同生活。

这种情况，无论失踪的一方是因为什么而下落不明，如果另一方配偶提起离婚诉讼，都表明其已经失去了对婚姻的期待，应当认定为夫妻感情确已破裂，准许其离婚。即使失踪的一方不能出庭，法院也可以缺席判决，宣告双方婚姻关系终结。宣告之后，双方就不再存在婚姻关系，可以再婚。如果失踪的一方回归了，配偶还没有再婚，双方要继续共同生活，就需要进行恢复婚姻关系的结婚登记。

第二种，法院判决不准离婚后，双方又分居满一年，并且一方再次提起离婚诉讼。 这种情况，也能说明夫妻感情确已破裂，应当准予离婚。这个分居的时间原来只是 6 个月，编纂《民法典》时将其改为一年。从 6 个月改为一年，是有利于稳定婚姻的。不过，客观来说，也增加了诉讼离婚的难度。所以，也有人将这一点说成是增加了诉讼离婚的冷静期。

案例回顾

小兰没有女性特征，导致她和小方在婚后无法拥有完整的夫妻生活，给小方造成了精神痛苦。这种情况不属于《民法典》明确规定的具体离婚理由，但可以将其解释为属于"其他导致夫妻感情破裂的情形"。虽然小方没有在刚结婚时就撤销婚姻，而且还与小兰共同生活了两年，但这是为了照顾小兰的面子，不能因此认为双方夫妻感情仍未破裂。

在国外，这种情形通常称为"无法履行同居义务"，或者"不能尽人道"，都概括在兜底性的离婚法定理由中。在这种情况下，小方提出离婚，理由是充分的，法院应当判决两人离婚。

> **延伸课堂：**
>
> 结婚时只有程序审查，诉讼离婚时却要审查离婚事由，是干预离婚自由吗？
>
> 诉讼离婚时审查离婚事由，这并不是对婚姻自由的过度干预。
>
> 首先，从根本上，就不存在绝对的自由，这也是我国《宪

法》规定的原则。一个人在行使自由和权利的时候，不得损害他人的自由和权利。

其次，对结婚的审查，也不只是形式审查。比如结婚时，婚姻登记员肯定要问双方当事人的意愿，初步判断双方是不是有胁迫、欺诈等不符合婚姻自由的问题。这也是一种实体审查。

至于法律为什么要特别规定具体的离婚事由，来确定双方感情是否破裂，是因为在诉讼离婚里，双方通常不能达成离婚合意。此时，法院判离还是不判离，必须有法律依据。只要判决是依照法定离婚理由作出的，就有了合法性基础，即使一方不愿意离婚，也没有办法不服从。

在这里，当然也有降低离婚率、稳定家庭和社会关系的考量。但其中更重要的，还是尊重和保证婚姻自由，特别是对于不愿意离婚的一方，只有综合双方的实际情况作出判决，才能做到即使是违背一方的意愿，也能保证离婚自由原则。

073 离婚过错损害赔偿

丈夫在分居期间出轨,妻子诉讼离婚时可以要求赔偿吗?

我们知道,很多法定离婚事由通常意味着婚姻关系中存在有过错的一方,比如夫妻一方重婚、与他人同居,以及实施家庭暴力、虐待等。出现这些情况,除了诉讼离婚,法律对其中无过错一方的利益也要进行保护。这就得说到离婚过错损害赔偿。

先来看一个案例。

小林与贞贞结婚五年,因琐事经常吵架,两人的感情越来越差,贞贞搬回娘家居住。三年后,丈夫小林向法院起诉,要求与贞贞离婚。贞贞同意离婚,但答辩时她还举证提出,导致双方感情破裂的不是分居,而是小林在分居期间有过一次出轨行为,违背了夫妻忠实义务,所以判决离婚后,小林还需要向自己承担离婚过错赔偿。

在这个案例中,夫妻双方主动分居满两年,已经构成了法定离婚事由,小林起诉离婚,法院是应该判离的。但问题是,小林在分居期间,还有过一次出轨行为,离婚后他是不是还要向贞贞承担离婚过错损害赔偿责任呢?

可能有的人认为,小林需要赔偿。两人虽然分居多年,但毕竟在法律上还有夫妻关系。小林出轨是违背了夫妻忠实义务,应当赔偿。但其实,小林这种情况是不用赔偿的。他在分居期间的出轨行为,不能认定为《民法典》第1091条规定的重大过错情形。

要理解这个结论,我们得先知道《民法典》对离婚过错损害赔偿是怎么规定的。

什么是离婚过错损害赔偿

离婚过错损害赔偿,是夫妻一方出于过错,实施了妨害婚姻关系和家庭关系的行为,导致夫妻双方离婚,过错方应当对此承担损害赔偿责任。

离婚过错损害赔偿不是一个新制度,它在世界上出现得很早。早在 1907 年,《瑞士民法典》就规定了这一制度;到 1920 年,北欧各国的民法典也基本做了同样的规定。我国是在 2001 年修订《婚姻法》时规定了离婚过错损害赔偿,编纂《民法典》时也把这个制度整合了进来。

认定行为构成离婚过错损害赔偿,有四个要件。

第一,夫妻一方具有违法行为。这里说的违法行为,规定在《民法典》第 1091 条里,主要有五类:重婚,与他人同居,实施家庭暴力,以及虐待、遗弃家庭成员,还有一类是"有其他重大过错",这是兜底条款。前四类和我们上一节学习的一部分法定离婚事由是相同的。这些违法行为除了会导致夫妻感情破裂,同时还会给配偶造成严重的人身损害或精神损害,所以,出现这些情形时,不仅能主张离婚,还能请求离婚过错损害赔偿。此外,"有其他重大过错"这个兜底情形的设置,能更弹性地确定离婚过错损害赔偿的适用范围,有利于保护离婚诉讼中的无过错方。比如,丈夫花心不改,外遇成了家常便饭,妻子多次劝说,他也不听。这种情况,丈夫虽然没有构成与他人同居,不符合《民法典》第 1091 条明确列举的四类情形,但可以认定为属于有其他重大过错。妻子在诉讼离婚时，可以同时请求离婚过错损害赔偿。

不过，如果是本节案例中的情况，小林在分居期间出轨了一次，不能认定为"有其他重大过错"，因为构成重大过错的严重程度至少要和前文列举的重婚、婚外同居等情形相当。

第二，既然认定的是损害赔偿责任，那光是夫妻一方有违法行为还不够，还必须认定行为造成了损害事实。如果造成的是人身损害，确认赔偿数额时，要根据《民法典》第1179条的规则来确定。如果是普通的人身损害，通常只需要赔偿医疗费、护理费、误工费等等，但如果造成了残疾、死亡等严重情形，则还要赔偿对应的残疾赔偿金，或者死亡赔偿金。如果行为造成了精神损害，则应当依照《民法典》第1183条的规定，请求精神损害赔偿。这里还要注意，损害事实不是必须发生在配偶身上。比如前文说的一类违法情形，就是"虐待、遗弃家庭成员"，这里说的家庭成员，既可以是配偶，也可以是父母、子女以及其他共同生活的近亲属。

第三，违法行为和损害事实之间要具备因果关系。这里说的因果关系有两重含义，一是行为引起了前文说的人身损害或精神损害，二是行为还必须造成离婚后果。如果不离婚，只是要求过错方赔偿损失，这就是婚内侵权行为了。

那么，婚内侵权能不能要求赔偿呢？目前在理论上，认识还不统一。比如，赔偿后这部分财产是夫妻共同财产，还是个人财产呢？以及，夫妻会不会通过这样的行为来恶意转移财产呢？这些问题，在实践中认定起来都比较困难。所以，如果主张只赔偿、不离婚，多数都得不到法院支持。

第四，行为人有主观过错。其实，只要配偶一方实施了前面说的几类违法行为，比如，家庭暴力、婚外同居等等，通常都能认定为有主观故意，也就是加害人明知行为会造成人身损害、精神损害等后果，还希望其发生。此外还要注意，认定赔偿责任时，必须是单方有过错，不能是双方都有过错。《民法典》第1091条也明确规定，"无过错方有权请求损害赔偿"。如果双方均有过错情形，比如夫妻俩都有婚外同居行为，这时无论谁提出离婚过错损害赔偿请求，法院都不会支持。

提出离婚过错损害赔偿的程序

如果能认定一方有导致离婚的重大过错，无过错方在提起离婚损害赔偿时，有几点需要注意。

最重要的是提出的时间。离婚过错损害赔偿，应当在起诉离婚时一并提出。比如，丈夫有婚外同居行为，妻子是无过错方，妻子在提起离婚诉讼时，就应该一并提起离婚过错损害赔偿。如果妻子一开始不知道自己有这个权利，经法院告知后也没有提出赔偿请求，则视为主动放弃权利。

除此以外，还要注意过错方起诉离婚的情况。比如，假设是婚外同居的男方提出了离婚诉讼，女方不愿意离，也没有提出离婚过错损害赔偿，但最后法院还是判离了，这时，对女方来说，她应该在离婚后的一年内，重新提出离婚过错损害赔偿，否则也会被视为放弃权利。如果女方在离婚诉讼中，不光要求男方承担离婚过错损害赔偿，还要求他少分割夫妻共同财产，这也是可以的。《民法典》第1087条有明确规定，法院在判决分割夫妻共同财产时，应当根据照顾无过错方权益的原则判决。

案例回顾

说到这,我们再来看看本节案例。

虽然小林在分居期间有出轨行为,这属于违背夫妻忠实义务,但是,因为贞贞只能举证证明小林有一次出轨行为,这种情况不属于《民法典》第1091条明确列举的重婚、婚外同居等四类重大过错情形,同时也不能认定为属于导致离婚的"其他重大过错"。所以,法院不会支持贞贞提出的离婚过错损害赔偿请求。

如果双方没有分居,小林是在夫妻共同生活时出轨了一次,贞贞要起诉离婚,法院也不会准许离婚的。婚内出轨一次也不能构成法定离婚理由,无法确认夫妻感情确已破裂。法院准许两人离婚的真正原因,其实是两人因感情不和分居满两年。但这个离婚原因不属于请求离婚过错损害赔偿的情形,因为是两人的主动选择。

074 离婚后子女抚养

离婚后孩子一直由母亲抚养,8 年后父亲还能申请变更抚养权吗?

本节我们要学习一个在离婚诉讼中同样很重要的规则,就是离婚后的子女抚养。先来看一个案例。

小陈和小蔡结婚后生了个儿子。在孩子 1 岁的时候,夫妇俩因性格不合协议离婚,双方约定:儿子随母亲小蔡生活,小陈每月支付抚养费 1500 元。儿子 8 岁的时候,小蔡把他送到省会城市上学,平时让儿子寄宿在亲戚家。第二年,小陈起诉,请求变更抚养人,由自己抚养儿子。理由是,儿子曾表示过想跟自己共同生活,而且自己也住在省会城市,能更好地照顾孩子。

在这种情况下,法院会支持小陈的诉讼请求吗?有的人会认为,应该不会。毕竟小蔡照顾了儿子那么多年,两人的感情联系更亲密。然而小陈的说法也有道理,既然儿子表示过愿意与他共同生活,而且他现在也有抚养条件,似乎由小陈来抚养更合适。

要回答这个问题,得先知道《民法典》对离婚后的子女抚养到底是怎么规定的。

离婚对子女抚养发生的法律后果

夫妻离婚的直接法律后果是消灭原配偶之间的配偶权,同时,父母与未成年子女的亲权也会变更。要注意，这里是亲权变更，而不是亲权消灭。即使父母离了婚，他们与未成年子女的血缘关系也不会变，所以亲权不会消失。

亲权会发生变更，具体来说，就是直接抚养人由原来的双方变更为单方。变更后，没有直接抚养子女的父亲或母亲在行使亲权时会受到一定的限制，比如，不能与子女在一起长期生活，只享有探望权。

在《民法典》第1084条，针对如何确认子女的直接抚养人，规定了两类基本情况。

第一，子女不满两周岁的，以母亲抚养为原则。

子女不满两周岁时，通常还处于哺乳期，由母亲直接抚养，对子女的健康成长更有利。然而，如果由母亲抚养会严重损害子女的利益，也可以突破这个原则。比如，母亲患上了严重的传染性疾病，或者有抚养条件，却不愿意尽抚养义务等。出现这些情况，也可以在子女不满两周岁时，让父亲任抚养人。

以前《婚姻法》并没有规定两周岁这个年龄标准，而是将未成年子女分为哺乳期内的子女和哺乳期后的子女。不过，当时的法律并没有规定哺乳期究竟应该是多长，这就导致在司法实践中判断尺度不统一。后来，最高人民法院出台司法解释，规定哺乳期的时间为子女出生后两年。编纂《民法典》的时候，整合了这个司法解释，不再采取哺乳期的表述，而是直接规定，对不满两周岁的子女和已满两周岁的子女，在确认抚养人时要采取不同的规则。

第二，对已满两周岁的子女，确定抚养人时，首先要看父母双方有没有协商。 如果已经协商好了，那就依据抚养协议确定。**如果协商不成，法院要按照最有利于未成年子女的原则判决。** 例如，配偶一方已做绝育手术，或者因其他原因丧失生育能力的，对未成年子女有优先抚养权。又或者，一方无其他子女，而另一方有其他子女的，无其他子女的一方有优先抚养权。如果父母抚养子女的条件基本相同，但子女单独随祖父母或者外祖父母共同生活多年，且他们还能继续帮助照顾子女的，也可以作为父或者母优先抚养子女的条件。

不过，毕竟不同案件，具体情形不一样。到底由谁抚养才算对未成年子女最有利，还是要法官在具体案件中综合认定。此外，如果离婚时，子女已经年满8周岁了，法院在确定抚养人时，还要特别考量子女的真实意愿。本节案例就是这样。小陈与小蔡的儿子已经9周岁了，不再是无民事行为能力人，而是已经具备了一定的判断能力，可以判断究竟是随父还是随母生活对自己更有利。法院在判决时，就必须征求他的意愿。当然，征求意见不等于直接依据子女的意愿确定。如果未成年子女的选择对他们的成长明显不利，法官也可以作出另外的判决。比如，假设儿子特别想跟父亲共同生活，但是父亲有酗酒、赌博等恶习，对孩子健康成长不利，法院也不会判决由父亲抚养。

子女抚养关系的变更

如果离婚时能把子女的抚养关系最终确定，这是最好的，但现实很复杂，子女抚养关系确定后，也可能出现要变更抚养人的情形。出现以下四类情形之一的，可以起诉变更子女抚养关系。

第一，原抚养人丧失抚养能力。比如，与子女共同生活的一方父母得了重病，自身都需要他人照顾；又或者是因意外伤残，丧失了劳动能力，无法再继续抚养子女。

第二，原抚养人有严重损害未成年子女利益的行为。比如，假设案例中小蔡在离婚后结识了新男友，从此对儿子不再上心，不仅经常让他饿肚子，而且每次和男友吵架后，还拿他出气，对他拳打脚踢。这就属于既没有适当履行抚养义务，同时还虐待子女。两类行为都会严重损害子女利益。再如，小蔡没有虐待儿子，平时也积极抚养，但就是有赌博的恶习，经常会带一些三教九流的人回家，这也不行。未成年人在这样的环境下长期生活，对他的身心健康非常不利。

第三，8周岁以上的未成年子女，提出要随另一方生活，而另一方也愿意，并且有抚养能力的，这时也应当变更抚养关系。

最后是一类兜底条款，也就是有其他正当理由需要变更子女抚养关系。 比如孩子随母亲生活，母亲再婚，继父经常打骂孩子，也是可以变更抚养关系的。

当然，除了用起诉的方式请求变更子女的抚养人，法律也准许父母双方主动协商变更对子女的抚养关系，但前提是双方协商的变更没有违法事项，不会影响子女健康成长。

比如，父母双方协商要将孩子送给孤儿院，这就不行，因为这样的约定是放弃自己的抚养义务，是违法的。再如，父母双方协商，孩子由患严重传染性疾病的母亲抚养，父亲只负担抚养费，这也不行，因为对子女健康成长不利。

子女抚育费、姓氏的变更

变更子女抚养关系是离婚后对子女关系一个比较大的变动。除此之外，在生活中还有一些常见的、与子女关系相关的小变动。

首先，对子女抚养费的变更。《民法典》第1085条规定，离婚后，不直接抚养子女的一方，应当负担部分或者全部抚养费。并且，抚养费的数额以及负担的期限长短，需要在离婚时就确定好。然而，我们也知道，随着未成年子女长大，要花钱的地方会越来越多。这个时候，子女有权向不直接抚养的一方父母要求合理增加抚养费。比如，如果案例中儿子在去省会上学后，生活开销增加了，小蔡作为直接抚养人，就可以代理儿子向小陈要求增加抚养费。如果小陈不愿意，她可以代理儿子起诉，请法院判决增加抚养费。

除了抚养费变更，还有一类问题是子女姓氏变更。 离婚后，父母一方单独抚养子女的，有权让子女随自己的姓氏。假设案例中小蔡在抚养儿子一段时间后，要将儿子从姓陈改为姓蔡，这没有问题。并且，小陈不能因为儿子随母亲姓，就从此拒绝支付抚养费。如果小蔡和老王再婚，小蔡要把儿子改姓王，原则上也是可以的，并不违反法律规定。但前提是，小蔡必须征得小陈的同意。如果小蔡擅自更改儿子姓氏，小陈又不同意，那他可以诉到法院，请求认定改变姓氏的行为无效。

案例回顾

小陈与小蔡离婚时，儿子尚未满两周岁，当时两人协议由母亲小蔡做直接抚养人，这没有问题，对儿子的健康成长也有利。现在小陈起诉小蔡，以她平时不能照顾儿子为由，起诉变更自己为直接抚养人。法院会不会支持呢？

在我看来，小蔡把儿子送到省会读书，这没有问题，但寄宿在别人家，使其得不到父母的照顾，客观上不利于子女成长。现在儿子也已经9岁了，如果法院在征求儿子的意见后，查明儿子确有意愿与小陈共同生活，并且小陈有条件陪伴和照顾孩子，那么应该变更小陈为直接抚养人，这样也有利于保护子女的最大利益。

这个案例的最终结果,是法院确定了小陈具备抚养条件,同时在组织儿子与母亲协商后,也确认了儿子有随小陈共同生活的意愿,最终是判决了变更抚养人,由小陈来直接抚养。

延伸课堂:

离婚后,孩子可以由父母双方轮流抚养吗?

离婚后的父或者母对未成年子女可以轮流抚养。

最早规定轮流抚养的,是1991年出台的一个司法解释。《民法典》实施后,也还是坚持这样的立场,也就是父母双方协议轮流直接抚养子女的,法院应当支持。不过,这里有一个前提条件,就是有利于保护子女利益。如果轮流抚养协议不能保护子女利益,甚至还会损害子女利益,这样的协议就是无效的。

比如,轮流的周期不能太短。假如每周轮流一次,就过于频繁了。孩子没有一个安定的生活环境和条件,这不利于健康成长。

至于轮流抚养可能引发的诉讼,如果双方当事人都同意轮流抚养,只是对轮流的时间和方法有争议,那可以由法院判决,确定一个有利于子女利益的方案。但如果对是否轮流抚养发生争议,一方要求轮流抚养,但另一方不同意,那法院就不能判决支持轮流抚养,因为轮流抚养的前提是双方达成合意。

075 探望权

离婚后，父亲能以儿子备考为由，拒绝让母亲探望吗？

夫妻离婚后，父母对未成年子女的亲权会变更，子女只能由一方抚养，另一方对子女享有探望权。本节讲解探望权，先来看一个案例。

小曹和小朱结婚后，生了儿子小明。后来，双方协议离婚，离婚时约定：第一，离婚后，儿子随男方小曹生活，抚养费也由男方负责；第二，在提前通知后，女方小朱每周可到男方家探望儿子两次，可在周六接儿子外出游玩。儿子在 9 岁的时候，表示想要减少探望次数。于是小曹代理儿子向法院起诉，要求减少小朱的探望次数。小朱一开始不愿意，但经法院调解，最终改为每月探望两次。某次，小朱在约定探望时间内，想带儿子外出游玩，但小曹没有同意，理由是儿子要准备期末考试。小朱忍无可忍，就向法院申请强制执行。

虽然法律没有明确规定探望权可以强制执行，但在司法实践中，法院都会受理这类请求。也就是说，如果小曹故意阻挠小朱探望，法院可以采取强制措施，保障小朱的探望权实现。然而，本节案例中，小曹不准小朱探望，并非故意阻挠，而是为了让儿子专心备考，这种情况下，法院还会同意小朱的强制执行申请吗？

要回答这个问题，我们得先知道什么是探望权。

什么是探望权

探望权，是夫妻离婚后，不直接抚养子女的父或母对未成年子女享有的探望权利。与之对应的，是直接抚养子女的一方，有义务协助探望权实现。

探望权起源于英美法系。规定这个权利，是要保证夫妻离异后，非直接抚养子女的一方能够定期与子女团聚，这有利于弥合家庭解体给父母子女造成的情感伤害。

理解探望权的内容，要把握两个方面。

首先是探望权的权利主体，也就是不直接抚养子女的父或母。探望权是与直接抚养权相对应的权利。父母离婚后，直接抚养未成年子女的一方，取得抚养权，非直接抚养方则取得探望权。探望权是自动取得的，也就是说，探望权不产生于父母之间的协议，也不需要法院判决确认。假设案例中小曹和小朱离婚时，约定男方抚养孩子，女方不用负担任何抚养费，但是从此不得探望孩子，即使女方同意，这也是无效的。如果事后女方反悔，起诉到法院要实现探望权，法院也会支持。

除了父或母，按照目前《民法典》的规定，未成年子女的爷爷奶奶、外公外婆是没有探望权的。在起草婚姻家庭编草案的时候，也曾经规定过祖父母、外祖父母对孙辈的探望权，因为有很多人强烈要求，而且很多时候，祖孙之间是"隔辈亲"。然而法院强烈反对，因为目前光是保障父或母的探望权执行，对他们来说已经不堪重负了。当事人一旦要求强制执行探望权，法院执行庭就得派人一同前往。如果再规定爷爷奶奶、外公外婆也有探望权，那他们将面临更大的执行压力。因此，最后删除了这个条文。

了解了探望权的主体，还要注意探望权的行使方式。

《民法典》第1086条规定,行使探望权的时间、方式,首先由当事人协议确定;协议不成的,由人民法院判决。归纳起来,行使探望权的方式就是两种。一种是看望式探望,比如本节案例里,小曹和小朱离婚时约定,小朱每周两次到男方家看望孩子,就属于看望式探望。还有一种叫逗留式探望,也就是在约定或判决确定的探望时间内,探望权人可以领走未成年子女,但必须按时送回。无论采取哪种探望方式,行使探望权时,都应该考虑子女的意愿。如果子女在探望时间内不愿意被探望,不得强行探望。

如果探望人要行使探望权,子女也没有不同意,但直接抚养人不同意,这个时候就得分情况来看。如果直接抚养人没有正当理由就拒绝,那不能限制探望权。假设本节案例中,小曹不让小朱探望,不是因为儿子要备考,而是自己嫌小朱太烦,这显然不是正当理由,小朱可以申请法院强制执行。如果有正当理由,那就可以,比如出现了探望权中止的情形,也就是在一定时间内,由法院判决探望权人暂停行使探望权。

探望权的中止和恢复

虽然探望权是法定权利,法律应该保护。但是,探望权也涉及抚养方和子女的利益,行使不当,也可能损害抚养方和子女的合法权益,所以也有必要从立法上加以限制。

探望权中止的法定理由只有一条,就是不利于子女身心健康。它既是法院判决的法律依据,也是对法院自由裁量权的限制,保证了探望权不被任意剥夺。比如,享有探望权的一方患有传染病,为了保护子女的身体健康,抚养人可以申请中止探望。然而,如果探望人只是身体受了外伤,抚养人就要申请中止探望权,理由就不正当。又或者，假设本节案例中儿子已经高三了，小曹以儿子要封闭复习为由，向法院申请中止小朱一年的探望权，这就不行。母亲在高考期间探望儿子不会影响子女身心健康。此外，因为中止探望权，对探望人以及未成年子女都影响巨大，所以《民法典》还规定，判定中止探望权的主体只能是法院，其他个人、组织或机关没有权利中止探望权。并且，法院中止探望权必须通过审理，充分听取抚养人与探望人的理由，以判决的形式作出，不能像宣告失踪、宣告死亡那样，只要符合法律规定的条件，就直接作出宣告判决。

中止事由消失后，探望权应当依法恢复。探望权的恢复，首先由当事人协商。协商不成的，由法院查明，法院在确认中止原因消灭以后，应当判决恢复探望权。

案例回顾

小曹和小朱离婚后，儿子随小曹生活。小曹是直接抚养人，不直接抚养的小朱则享有探望权。儿子小明在9岁的时候，提出希望减少探望次数，这没有问题，因为小明已经是限制民事行为能力人了，对行为有了一定的辨别能力，能够做出自己的决定。即使小曹和小朱当时没有协商一致，法院审理时也会尊重小明的意愿，判决减少探望次数。

那么，这一次小曹以儿子考试为由，不同意小朱行使探望权，小朱能否强制执行探望权的关键，也是要看儿子的意愿，如果儿子并没有拒绝被探望，是小曹单方面不同意，那法院应该支持小朱的强制执行申请。如果儿子更想专心备考，小曹作为直接抚养人，当然有权拒绝小朱的这一次探望。如果小朱坚持申请强制执行，就这一次的探望，法院可以不予支持。

076 夫妻共同财产分割

妇女离婚后搬出村子，对结婚时分到的承包土地还有权益吗？

这一节讲解一个与财产相关的问题，就是离婚后的夫妻共同财产分割。还是先来看一个案例。

20多年前，小袁与小罗结婚，户籍迁入了丈夫小罗所在的村子。结婚后，夫妻双方承包了土地12亩，妻子小袁对其中6亩土地享有承包经营权，承包期限是30年。结婚5年后，双方办理了离婚登记，约定孩子由女方小袁抚养，除了土地承包经营权外，其他夫妻共同财产归男方所有。离婚后，女方带着孩子回娘家生活，户口没有迁出。后来，小袁想行使对6亩土地的承包经营权，委托其他村民耕种，但男方不同意，理由是离婚后女方不再是村集体成员，无权再经营承包的土地，村委会也认同他的观点。协商不成，小袁就起诉到法院，要求确认自己对6亩土地的承包经营权。

在这种情况下，小袁对6亩土地还有承包经营权吗？要回答这个问题，我们得先知道《民法典》对离婚后夫妻共同财产分割是怎么规定的。

夫妻共同财产的分割

离婚后分割夫妻共同财产，首先要确定夫妻双方的离婚时间。无论是登记离婚还是判决离婚,离婚时间都是夫妻共同财产关系终止的基准时点。从这时起,夫妻共有财产关系不复存在,夫妻共同财产开始分割。如果是登记离婚,离婚时间就是夫妻双方领取离婚证的时候。裁判离婚的时间是调解或判决离婚的法律文书生效之时,一般就是法律文书送达双方当事人的时候。双方送达时间不一致的,以后收到一方的送达时间为准。

例如,夫妻俩登记离婚。在离婚冷静期的30天里,丈夫收入了一笔咨询费10万元,他认为是个人财产,因为离婚协议已经提交给婚姻登记处了,里面没有约定要分割这10万元。然而,实际上,如果妻子主张这是夫妻共同财产,这10万元是应当共同分割的。因为在冷静期里夫妻财产关系并没有终止,这笔收入还是夫妻共同财产。其实,就算这10万元是在领了离婚证之后才收到的,但如果在冷静期时就能确定丈夫能获得这10万元,这也能认为是夫妻共同财产,可以在离婚时请求分割。

确定了分割时间,也就确定了要分割财产的范围。夫妻共同财产分割的主要原则是"均等分割,适当差别"。

最基本的原则是均等分割,这也是我国司法实务一直坚持的方法。不过,在均等分割的原则下,如果夫妻一方对某些财产在生产、生活时特别需要的,也允许适当地有所差别。比如,丈夫是出租车司机,平时使用自有的出租车,离婚时将这种生产资料分给男方,就对发挥他的技术特长更有利。又如,夫妻一方身体残疾,生活上需要护理,离婚时就应当适当多分一些财产予以扶助。

"均等分割,适当差别"这个原则的具体落实,需要结合不同财产类型来看,主要有四类。

第一种情况,夫妻共同财产被拿去与他人合伙经营了。比如,张三拿夫妻共同财产和其他人合伙开了一家律师事务所。这时，夫妻共同财产就会变成合伙共同财产。合伙共同财产不仅包括合伙时的原始出资，还包括经营期间取得的盈利和其他收入。所以，在律所倒闭、合伙清算之前，张三夫妻哪怕离婚，也不能要求分割出律所中的夫妻共同财产，因为这样会破坏合伙关系。这时，如果要分割在合伙中的夫妻共同财产，就只能是将合伙的财产分给张三所有，张三再给妻子其他财产补偿。当然，补偿的财产价值要相当于合伙财产的一半。还有一种方式是将合伙财产分为两份，双方均作为合伙人参加合伙，但这种情况必须征得全体合伙人的同意，否则不能这样分割。

第二，夫妻共同财产属于生产资料。比如前文说的出租车的情况。这种分割方法是让有经营条件和能力的一方分得该生产资料，另一方则获得其他财产补偿。补偿部分要与该生产资料的一半价值相当。当然，夫妻俩也可以另行采取其他分割方法，比如变卖生产资料，折现后两人各分一半现金。

第三，对夫妻共同经营的养殖、种植业的分割。这种财产通常是由集体所有的，夫妻对其只有承包经营权。所以，能分割的只能是收益部分和经营权。分割当年有收益的，对收益部分先共同分割。无收益的，如果是农村土地承包经营权，因为有30年不变的规定，因此，应当平均分割经营权，由夫妻个人享有。本节案例就是这种情况，小罗和小袁离婚时，就是每人分得了对6亩土地的承包经营权。如果是其他承包、租赁经营权，比如果园、鱼塘等，则可以分割，也可以不分割。不分割时，未来在这些果园、鱼塘里得到的收益，应当分给另一方一半。

第四，夫妻共有房屋的处理。应根据双方住房情况和照顾抚养子女方或无过错方等原则，把房子分给一方所有，另一方有权得到相当于该房屋一半价值的补偿。如果夫妻两人都坚持要分到房子，一方没得到，就主张要变卖房产，那法院也只能判决卖房分钱。

除了这几种情况，我们还要注意，分割夫妻共同财产也包括分割夫妻共同债务。

侵占夫妻共同财产的责任与再次分割

前文说的是离婚时分割夫妻共同财产的一般情况，然而，现实很复杂，有些时候，还会出现一方恶意侵占夫妻共同财产的情况。比如，丈夫早就想和妻子离婚，就在离婚前用夫妻共同财产给情人买房，这是故意转移夫妻共同财产，属于恶意侵占。此外，如果夫妻一方有故意隐藏、挥霍、变卖、毁损夫妻共同财产等行为，也能认定为恶意侵占。再如，假设丈夫没有挥霍、转移等行为，但是他伪造了一份夫妻共同债务，在分割共同财产时让假债主来讨债，要求先还债再分割，这也属于恶意侵占。出现这些情况，妻子在举证之后，就有权请求法院对丈夫少分或者不分夫妻共同财产。如果绝大部分财产都被丈夫恶意侵占了，法院应该判决其返还财产，对不能返还的部分，则要判决承担赔偿责任。此外，如果妻子在离婚时没有发现丈夫侵占财产，是在离婚后才发现的，同样可以向法院起诉，请求再次分割被侵占的那部分夫妻共同财产。

结合前文分析，我们再来看看本节案例。

小罗和小袁在结婚后取得了对 12 亩土地的承包经营权，这属于夫妻共同财产，在离婚时也应按均等原则依法分割。小袁在离婚时虽然放弃了分割其他夫妻共同财产，但她没有放弃分割土地承包经营权。尽管承包地是村集体所有,并且小袁离婚后也不再是村集体经济组织的成员,但小罗也不能因此就占有小袁享有的土地承包经营权。土地承包经营权每三十年才会重新确定一次,如果因为小袁离婚就剥夺她的承包权,她就将在离婚后的二十多年里成为失地农民,这等于剥夺了小袁的生产资料,会严重损害她的合法利益。同时,严格保护离婚妇女的承包权益,这在《农村土地承包法》和《妇女权益保障法》里也是明确规定的,同样不能违背。所以,法院应当判决小袁对6亩土地享有承包经营权,直至承包期限结束。

延伸课堂:

如果离婚时一方为了逃债,选择净身出户,把所有财产留给另一方,债权人可以怎么维权?

这种情况涉及的是债权人撤销权。在欠款到期的情况下,债务人故意逃债,比如主动放弃自己的到期债权,或者无偿转让财产等,债权人发现后,就有权起诉到法院,要求撤销这样的恶意逃债行为。

关于债权人撤销权,我第一次遇到的案件,是一个煤矿的矿长打伤了自己的工人。伤人后,他为了逃避人身损害赔偿责任,在入狱之前匆忙跟妻子离婚,自己净身出户。最终,这个矿长被判了四年有期徒刑,但是坚决不赔偿。在那个时候,还没有债权人撤销权的概念。我在中国人民大学进修,老师讲了债权人撤销权的原理，我就结合这个原理，指导审理了案件，最后撤销了矿长放弃夫妻共有财产份额的行为，判决他承担赔偿责任。

这个案件结束后，我写了第一篇关于债权人撤销权的文章，正式提出这个概念。后来，这个制度在1999年写进了《合同法》，现在则规定在《民法典》第538条和第539条。

如果配偶一方为逃避债务，在离婚时选择净身出户，这属于无偿转让财产。债权人发现后，有权在一年内申请撤销这个转移财产的行为，让财产回到债务人手中，进而清偿债务。

077 家庭财产

婚前和父母共同生活劳动，结婚后能要求分割家产吗？

本节我们学习一下家庭财产的相关知识。它跟夫妻共同财产可不是一回事，怎么区分呢？我们还是先从一个案例说起。

小晋高中毕业后，跟着父母在家劳动，所有收入都交给了父母。六年后，小晋与小芳结婚。与父母住了一年后，两人申请了宅基地，盖了房子，与父母分开另过。父母除了在盖房时给了部分资助外，没有再给过小晋其他钱财。妻子希望小晋跟父母商量再分一部分家产，毕竟这么多年赚的钱都在父母手里。

在这种情况下，小晋能请求分割家庭财产吗？可能有人会觉得，小晋这么多年的吃穿用住都是家里出的，现在"娶了媳妇忘了娘"，结婚了就要和父母分财产，应该不行。然而事实上，小晋这个要求是合法的。他和父母共同劳动这几年，形成了家庭共同财产，家庭财产里有他一份。

要理解这个结论，得先来看看什么是家庭共同财产。

什么是家庭共同财产

家庭共同财产，是指家庭成员在共同生活期间，把共同所得和各自所得的财产，约定为或实际形成为共同共有财产。理解这个概念要注意三个要点。

第一，产生家庭共同财产的前提是主动约定或实际形成。家庭共同财产与夫妻共同财产发生的条件完全不同——夫妻双方不做特别财产约定，默认形成的就是夫妻共同财产。要形成家庭共同财产则需要家庭成员主动约定财产共有，否则不会发生。当然，还有一种情况是没有明确约定，但家庭成员在事实上把所得收入集中在一起了，也能成立共有关系，产生家庭共同财产。本节案例就是这种情况。

第二，家庭共同财产的来源是家庭成员的共同所得和各自所得。共同经营的收入、共同继承的遗产、共同接受赠与等，都算是共同所得，能形成家庭共同财产。除了共同所得，如果家庭成员是各自取得收入，但按时上交给家庭，也能形成家庭共同财产。

第三，家庭共同财产的性质是共同共有。各家庭成员对家庭共同财产平等享有权利、负有义务。

在实践中，确定家庭共同财产的范围有三项主要规则。

首先，看共有人之间的约定。家庭成员之间只要有约定，那无论是把全部财产，还是部分财产作为家庭共同财产，都是可以的。**其次，如果没有约定，或者约定不明确，则需要确认每个人在家庭共有财产中的贡献大小。**在本节案例中，假如小晋只是偶尔与父母共同劳动，大部分时间是自己打工，所有收入也都上交家庭，如果小晋能确定自己的打工总收入，也就能认定他在家庭财产中的贡献大小。**最后，如果对某些财产，实在无法查明是否属于家庭共同财产的，都推定为家庭共同财产。**比如，假设小晋第一年劳动分红，用分到的钱给家里买了一台彩色电视机，但是后续使用时父母也多次出钱维护、保养。分家时，小晋认为电视机属于自己，但父母认为这是家庭共同财产，此时就应该认定为家庭共同财产，所有家庭成员都对其享有权利。

家庭共同财产的效力

家庭共同财产的性质是共同共有。也就是说,所有家庭成员对家庭共同财产都平等享有权利、负有义务。

首先,**每一位家庭成员对家庭共同财产都享有平等的所有权和处理权。此外,还有代表权和推举权**。全体财产共有人可以推荐一名共有代表。这位代表会代理主持家庭共有关系里的各项经济活动,比如按协议分配家庭共同收益、收取形成家庭共同财产的费用等。

但有一种情况,家庭代表人不能自主决定,也就是在家庭共同财产上设置负担性权利。比如,给家庭共有的住房设置抵押、把家庭共有的土地经营权出租等等。要设置这些权利,必须先由全体家庭成员协商一致,最后由代表人代理实施。

其次,对家庭共同财产,家庭成员不只有权利,还负有义务。

第一,**最基本的是履行约定的义务**。家庭共同财产可以通过约定产生,约定后,各共有人就有义务按照约定,将自己的部分所得或是全部所得交付给家庭代表人,让个人财产成为家庭共有财产。

第二,**每个家庭成员都对共有物有维修、保管、改良的义务**。具体操作可由部分共有人负责,所支出的费用由共同财产支付。

第三,**是对所欠债务的连带清偿义务**。在家庭共同生活、共同经营中所欠债务为家庭共同债务。每一位共有人都对其负有连带清偿义务。此外,家庭共同财产致他人损害的,也由每位家庭成员承担连带赔偿责任。比如,家庭共有的房屋倒塌,砸伤了行人。受伤的行人有权要求任意一位共有人向其赔偿全部损失。

第四,**是保持共有关系的义务**。具体来说,在家庭共同生活还在继续的时候,对于共有的财产,任何一方不得擅自处分,也不能要求分割。不过,这一条并不绝对。因为保持家庭共有关系的前提,是家庭共同生活还在维系。如果家庭共同生活消灭,共同财产就可以分割,转变为个人财产。

家庭共同生活关系消灭和夫妻关系消灭还不太一样。婚姻关系只能由两人构成,夫妻双方只要离婚或一方死亡,婚姻关系即刻消灭;而家庭关系由父母子女等近亲属构成,一般应当有三人以上,也包括一方父或母与家庭其他成员,父母离婚或者某一家庭成员死亡还不会引起家庭关系全部消灭,只会引起部分消灭。如果只是部分消灭,通常不能请求分割家庭共同财产。**然而也有例外,就是共有人分出,也就是我们俗称的"分家析产"。**和婚内分割夫妻共同财产不一样,法律对分家析产没有限制,完全由共有人自己决定。本节案例就是这样,小晋因为结婚,要与父母分家,此时,应当把属于他的那部分财产分割出来。

小晋成年后,多年在家里劳动,收入归家庭所有。虽然他和父母没有事先约定实行家庭共同财产,但在事实上,他们之间已经形成了家庭共同财产,共有人为父母和他本人。虽然家庭财产共有人有维持共有关系的义务,但这种义务不绝对。小晋与小芳结婚后,决定分家另过,这种情况可以突破维持家庭共有关系的义务,小晋可以选择结束自己在家庭共有财产中的共有人地位,主张分割家庭财产。其父母也应当考虑小晋对家庭的贡献,协商分割家庭共有财产,使小晋分家后的生活更有财产基础。

078 收养

收养儿童多年后，被发现曾有犯罪记录，收养行为还有效吗？

收养相关规则是《民法典》婚姻家庭编的最后一部分内容。虽然《民法典》把收养规定在婚姻家庭编的最后，但它的相关条文还是比较多的。本节主要解读收养行为里比较重要也比较难懂的规则。

先来看一个案例。

老金曾因交通肇事罪入狱数年。出狱后，小明的父母因老金未婚、没有子女，于是与老金签订了收养协议，约定小明由老金收养。双方办理了收养登记。几年后，老金因意外事故死亡，留下了一笔遗产。他的姐姐金甲、金乙诉到法院，要求确认老金收养小明的行为无效，理由是小明的父母当年尚有抚养能力，不具备送养条件，而且老金有犯罪记录，也不具备收养能力。

在这种情况下，虽然两个姐姐的主张似乎有道理，但小明的养子地位不能被否定。因为收养关系已经形成多年，并且老金的姐姐主张收养无效，用意是要否定小明的第一顺位法定继承人身份，法院不应支持她们的诉讼请求。

我们看看《民法典》对收养是怎么规定的。

收养关系的成立要件

收养，是自然人领养他人子女为自己子女，依法创设拟制亲子关系的身份法律行为。虽然这种亲子关系是拟制的，但它与自然血亲关系具有同样的权利和义务。

在实践中，建立收养关系需要满足几个条件。

最基本的，是要符合《民法典》的规定的实质性条件。收养关系里有三方主体，分别是收养人、被收养人和送养人。他们要符合的条件不一样。

首先是被收养人。根据《民法典》规定，只有未成年人能被收养。一种是孤儿，也就是父母自然死亡或者被法院宣告死亡的未成年人。另一种是查找不到生父母的未成年人。比如被遗弃的儿童，或者父母被宣告失踪的未成年子女等。最后一种，是生父母有特殊困难无力抚养的子女。比如，父母无经济负担能力、患有严重疾病，以及因丧失民事行为能力等原因，无法或者不宜抚养子女。出现这些情况，其子女可以被收养。此外还要注意，如果被收养人是 8 周岁以上的未成年人，还应当征得本人同意。

再来看送养人要满足的条件。第一种就是刚才说的，有特殊困难无力抚养子女的生父母。这里要注意，生父母送养时，必须是父母双方共同送养。如果生父母一方死亡或下落不明，只能由单方送养，也是可以的，但这种情况还要看祖父母、外祖父母有没有来主张优先抚养权。比如，假设小明的父亲去世了，只有母亲能单方送养。在送养时，小明的爷爷奶奶要求由自己抚养孙子。出现这种情况，如果母亲不愿意自己抚养，就不能把小明送养给其他人，而要交由爷爷奶奶抚养。除了生父母可以送养，还有两类主体也可以：一类是儿童福利机构；另一类是孤儿的其他监护人，比如监护未成年人的叔伯姑舅姨等。在这里我们要注意，如果是其他监护人送养孤儿的，必须先征得孤儿的抚养义务人，也就是父母之外的其他近亲属同意。比如，张三是孤儿，还在世的亲人只有爷爷和叔叔，现在他由叔叔监护。如果叔叔想把张三送养，就必须征得爷爷的同意，否则不能送养。如果爷爷始终不同意，叔叔又不愿意履行监护职责，就要重新为张三指定监护人。

最后，收养人也要满足一定条件。这些条件规定在《民法典》第1098条，都不难理解。收养人要年满30周岁、要有抚养教育被收养人的能力，以及无子女或只有一名子女。还有，收养人不能有不宜收养子女的疾病，比如传染性肝病、肺病等。此外，收养人还不能有会影响被收养人健康成长的违法犯罪记录。比如，案例中老金曾犯过交通肇事罪，这种犯罪记录就对小明的健康成长没有影响。如果老金犯的是故意伤害罪、虐待罪等，就不能担任收养人了。

上文这些都是一般情况下收养要满足的条件，此外还有一些特殊情况。

第一，如果收养的是三代以内同辈旁系血亲的子女，也就是俗称的"过继"，条件要适当放宽。假设案例中小明是被自己的大伯、姑姑等人收养的，那就不要求小明的生父母在送养时一定要有特殊困难、无力抚养。

第二，如果父母一方再婚，继父母收养继子女，条件也应适当放宽。这时不要求生父母在送养时有特殊困难。继父母也不受《民法典》第1098条里对子女数量、违法犯罪记录、年龄等的限制。

有了建立收养关系要满足的实质性要件还不够，**收养关系要产生效力，还要经法定程序确认，也就是必须到民政部门进行收养登记**。

收养的效力和收养关系解除

收养生效后，会引起一些法律效果。

首先，会在养父母、养子女之间创设新的亲子关系。这种效力不仅及于养父母和养子女，也同时及于养父母的血亲。比如，案例中老金在收养小明之后，老金的父母以及两位姐姐都会成为小明的拟制血亲，与他产生亲属身份，发生相应的权利义务关系。

其次，既然收养会建立新的亲子关系，相对应地，也会消灭原有的亲子关系。养子女与生父母等近亲属的权利义务完全消灭。

收养关系毕竟只是拟制血缘，和真正的亲子关系还不一样。在出现特定事由时，收养关系可以解除。

第一种情况，是收养人严重损害了未成年养子女的利益。假设老金在收养小明后，没有好好履行抚养义务，甚至还家暴他，这时小明的生父母就有权起诉，请法院判决解除收养关系。当然，如果老金对小明也很好，只是小明的父母舍不得孩子，想要解除收养关系，这种情况也是可以的。小明的父母需要和老金协议解除收养关系，协议后也需要到民政部门登记。

第二种情况，是成年养子女与养父母关系恶化，无法共同生活。这种情况，因为养子女成年了，所以首先是养父母与养子女之间协议解除收养关系；协议不成的，再由法院判决。收养关系解除后，养子女与养父母的权利义务关系消灭。养子女已经成年，他有权决定是否还与生父母等近亲属恢复法律关系。如果双方都愿意，那没问题，但如果有一方不愿意，这就不能恢复了，生父母也不能再要求被送养的成年子女尽赡养义务。

老金和小明的收养关系有效

老金确实犯过交通肇事罪，但这种犯罪记录并不会影响被收养人健康成长，不能依据这一点来否认收养关系的效力。

小明的父母当年还有抚养能力，根据法律规定其实是不能送养子女的。但是，这个案例情况比较特殊，当年登记机关在审核时有疏忽，仍然为双方办理了收养登记，让老金在事实上收养了小明多年。如果因此认定收养行为无效，那小明将被剥夺对老金的继承权，合法权益会受到严重损害。这不符合《民法典》第1044条规定的"收养应当遵循最有利于被收养人的原则"。因此，这个案例中，法院认定老金和小明这种情况视为形成了合法的养父子关系，最终驳回了金家姐妹的诉讼请求，判决收养行为有效。

不过，要说明的是，这毕竟是一个特例，法院对此做了自由裁量。现在民政部门进行收养登记时都会根据《民法典》第1105条的规定，依法进行收养评估，一般不会再出现送养人资格不符的情形了。

延伸课堂：

法官介入调取证据，会影响审判的公正性吗？

在1982年《民事诉讼法（试行）》颁布之前，法院审判民事案件和今天不太一样，法官查证是责任，当事人只要递交一份诉状，对方提交一份答辩状，查证就是法官的事了。案件在当地的，就骑自行车到处去查证；在外地的，还得出差去外调。

《民事诉讼法（试行）》的实施改变了这样的局面，确立了"谁主张谁举证"的原则。原告主张，原告就必须得证明；被告提出积极主张，比如反诉原告有过错，要求赔偿，也必须要证明。

虽然确立了"谁主张谁举证"的原则，但是法官也还有职务调查的权利。《民事诉讼法》规定，当事人一方因客观原因不能自行收集的证据，或者法院认为审理案件需要的证据，法院应当调查收集。比如，由国家部门保管、通常不公开的档案材料，以及涉及商业秘密或个人隐私的证据材料，当事人一般无法取证，需要由法院调取。

法官在审理中，如果认为应当收集证据证明事实，还是有权依法调查的。并且调查也是为了阐明事实，正确适用法律，不能认为是法官在帮助一方打官司。

第四章

—

生存发展的财产基础

079 物权

农民经批准代建电网,被国家收回后可以请求补偿吗?

从这一节开始,我们进入了本书的第四章:生存发展的财产基础,对应《民法典》的物权编。

物权的客体是物,也可以理解为是我们拥有的静态财产。一个人没有财产,就无法生存。《民法典》调整财产关系的方法,是赋予每一个民事主体物权。了解物权以及物权的行使规则,对我们来说非常重要。

先来看一个案例。

小沈经乡政府和水电管理站同意后,花了三万元购买电力器材,雇佣工人,支付了占地补偿费,架通了从乡政府到他们村一条长达三公里的高压线路,解决了100户村民的生产、生活用电。后来,电力公司进行电网改造,把小沈建成的高压线路全部回收,直接用于该村的农网改造,没有给小沈任何补偿。小沈很不服气,要求电力公司补偿,但被拒绝。

这是一个典型的物权纠纷,小沈有权要求补偿。虽然电网是国家所有的,电力公司有权收回,但建设电网时花的材料费,以及为此支付的人工费、占地补偿费,这些都是小沈的财产,小沈对其享有物权。就这部分物权损失,电力公司应该补偿。

要理解这个结论,得先来看看什么是物权。

物权的定义

所谓物权,就是民事主体在法律规定的范围内直接支配一定物的权利。民事主体我们都很熟悉了,不仅包括你我这样的自然人,还包括公司、社会团体等法人和非法人组织。

理解物权,需要把握它的三个特点。

第一,物权是绝对权。如果一个民事主体对某物享有物权,那么除他以外的任何人,都是义务人,都负有不得侵犯物权的义务。

第二,物权具有排他性。一个物品不能有两个不相容的物权。比如,一台电脑,不能既是你的,也是我的。这台电脑不能有两个所有权,这就是物权的不相容性。如果你和我各出一半的钱,去买一台电脑,形成共有,这是可以的,但是共有对外还是一个所有权。

第三,物权是对物的直接支配权。这种支配包括自用,也包括通过这个物获得一定收益。举个最简单的例子,咱们自己的房子自己可以住,也可以租给他人使用,收取房租。

这么看,好像物权就是人与物的关系,其实不是。**物权的本质,还是权利人和义务人对特定物的权利义务关系**。比如,你有一套房子,你对房子享有权利,义务人是谁呢?总不能是房子吧?义务人就是除你之外的其他所有人,他们都不得侵害你对房屋的所有权。围绕着房子这个物权客体,你和其他所有人形成的权利义务关系,就是物权。

我国《民法典》规定的物权体系

《民法典》规定的物权种类很多,比如所有权、建筑物区分所有权、建设用地使用权、土地承包经营权、宅基地使用权、居住权、地役权、抵押权、质权和留置权，等等。这些物权看起来很多，根据权利人的不同情况，可以归纳为三大类。

第一，所有权。所有权指的是物权的权利人就是财产的所有人，所以也叫它自物权。如果一个东西属于你，你就可以依法对这个物享有占有、使用、收益、处分的权利。在《民法典》中，所有权的体系被进一步细化。根据所有权的主体，可以分出国家所有权、集体所有权和私人所有权。

第二，用益物权。顾名思义，就是在他人的财产上，设立一个以使用、收益为目的的物权。比如在我国，城市土地是国家所有的，但开发商可以在土地上盖房子、卖房子。这里体现的就是建设用地使用权，是一种用益物权。又如，农村土地是集体所有的，农民在集体所有的土地上建设住宅、耕种、养殖等，对应的就是宅基地使用权和土地承包经营权。这些也都是用益物权。用益物权的权利人不是财产所有人本人，而是根据法律或合同确定的其他人，所以，在学理上也把用益物权称为他物权。

第三，担保物权。担保物权也是他物权的一种，和债权债务关系相关。举个例子，我向银行借了10万块钱，用我的房子做抵押，如果我无法偿还这10万块钱，银行就可以拿我的房子去拍卖，并且优先偿还借款。这种拿担保财产优先受偿的权利，就是担保物权。在《民法典》里，担保物权除了抵押权，还包括质权，也就是债务人或者第三人可以主动将自己的动产，比如手表、债券等，质押给债权人作为担保。此外还有留置权。比如你去裁缝店做衣服，如果你不交加工费，裁缝店就可以留置你加工好的成衣。如果你最后实在还不上，他可以变卖衣服偿还加工费。

总的来说，所有权、用益物权和担保物权这三类权利的分类标准，实际上是看物权的权利主体是否为财产的所有人。权利主体是所有人本人的，为自物权，比如所有权。不属于自物权的物权都是他物权，也就是用益物权和担保物权。

其实在法理上来说，物权的分类标准不只一种，例如按照动产不动产划分，可以分为不动产物权和动产物权；按照权利的主次关系来分，物权还可以分为主物权与从物权。

小沈有权要求电力公司补偿

了解了物权的定义和我国《民法典》规定的物权体系，我们再来看看本节案例。

首先要明确，虽然小沈经乡政府、县水电管理站同意，自筹资金架通了村子的高压线路，但并不意味着他就有了对高压线的所有权。国家电力设施不能为私人所有，小沈的行为只是代替建设，电网的所有权仍然归国家。不过，代建的材料费、人工费、占地补偿费等，又确实是小沈享有所有权的。因此，县电力公司进行农网改造，收回了小沈购买和建设的全部电力设施，却对小沈付出过的费用没有任何补偿，这是侵害所有权的行为了。

对此，小沈要求电力公司补偿，是完全合理的。如果电力公司仍然拒不补偿，小沈可以诉至法院，请求补偿其对电力设备以及人工的损失。法院应当支持小沈的正当诉求，判决电力公司承担民事责任。

延伸课堂：

"二房东"对房子享有用益物权吗？

所有权包含了占有、使用、收益、处分四项权能。房东出租自己所有的房子，是把对房子的占有、使用和收益权能有偿转移给了房客。但这些转移过去的权能，不能认为是用益物权，只能说是租赁权，这是一种有偿使用物的债权。

用益物权是对他人物的利用，而租赁权只是对他人物的使用、收益。使用，主要指发挥物的性质和用途，比如租赁房子，可以用屋内空间居住、存储，甚至把房子转租。

但利用，不仅指有权"使用"物，还包括有权"处分"物。如果张三是租户，他不能把自己的租赁权抵押出去借款；但如果张三是开发商，他有权抵押自己对某块地享有的建设用地使用权。建设用地使用权是一种典型的用益物权，这属于处分用益物权。

此外，在民法理论中，还有一个债权物权化的说法。租赁房屋产生的租赁权，就是一个典型的债权物权化。意思是，租赁权本来是一个债权，但是这个债权又具有一些物权的属性，比如依据租赁合同，房客能享有对房屋的占有、使用、收益等物权权能。也正因为房客取得的租赁权带有物权的属性，尤其是有收益权能，所以，房客对于承租的房屋是可以转租的。

不过，转租也有前提，就是应当经过房东的同意。如果房东不同意，房客还是转租了，这就是违约行为。房东有权单方面解除和房客的租赁合同，进而要求转租的第三人腾出房屋。第三人有损失了，也只能找房客赔偿。但如果转租是经过房东明确同意的，或者房东知道了也没有提出反对意见，那转租就成立，能形成转租合同关系。这时，房客就能变成合法的"二房东"，可以向次承租人也就是转租的房客，收取租金。但是转租合同的期限不能超过原租赁合同的期限。

080 物权法定

抵押房子借款，约定抵押期为半年，超过半年后抵押权还有效吗？

物权是我们物质上富足的法律保障。享有了物权，个人就能依法支配自己的财产，不受任何人非法干涉。那么，一个人如何依法支配物权呢？这就涉及物权法定原则。

为了更好地理解这个概念，还是先看一个案例。

小张用自家三间房做抵押，向信用社借款 10 万元。双方签了合同，办理了抵押登记，还约定了抵押期为半年。借款到期后，小张因为手头还缺钱，又拖欠了半年多没有还，信用社就要变卖小张抵押的房子还债。小张说："咱们合同上签订的抵押期限只有半年，看看日历，早过清偿期限了，这个抵押权不作数了，你不能变卖我的三间房。"

在这种情况下，信用社能不能变卖小张抵押的房子还债呢？

可能有人会认为，既然双方办理抵押时约定过期限，现在期限过了，信用社不能再要求变卖房产。然而实际上，如果小张还不能还债，信用社仍然有权申请变卖他的房产。抵押权是物权，《民法典》规定，设立抵押权时不能设置期限，就算设置了，也无效。这背后体现的就是物权法定。

什么叫物权法定原则

物权法定是《民法典》规定的一项物权基本原则。相比于债权,首先考虑的是当事人之间的意思自治、你情我愿,物权首先要看法律是怎么规定的。

物权法定,"定"的主要是两点:物权的种类和内容必须由法律规定,当事人不得自由创设。

首先,物权的种类法定,也叫类型强制。哪些权利属于物权,哪些不属于物权,都必须按照法律规定。前文说过,《民法典》只规定了三大类物权,即所有权、用益物权和担保物权。如果有人在这三大类之外设定其他物权,都是没有效力的。比如老张突然手头缺钱了,就把自己的劳力士牌手表押给了老李,跟老李借了10万块钱,这就叫用手表设立了一个质权。质权是担保物权的一种。要注意,法律只规定了用动产设立质权,或者用股票等财产权利设置质权。如果老张把自己的儿子质押给老李作为人质,就违反物权法定原则。当然,这不仅违反物权法定的种类法定,也侵害人的尊严和权利。

其次,物权的内容法定,也叫内容强制。这是说,一个人有了某个物权之后,能做什么,不能做什么,都必须按照法律规定。还拿质权举例,法律规定质权必须要转移占有,就是说老张要设立质权,必须把劳力士牌手表从自己的手腕上转移到老李的手腕上。如果老张拉着老李的手说:"老李啊,我很喜欢我这块手表啊,做质押的手表还戴在我的手腕上,行不行啊?"就算老李人好,同意了,法律也不认可,因为双方约定质押财产不转移占有,如果转移占有,就违背了物权的内容法定。

物权法定原则的缓和

物权法定包含种类法定和内容法定，听起来好像很绝对，但在实践中，是有讨论的余地的，就是物权法定原则的缓和。

如果规则一成不变，经济生活在不断变化，长此以往，物权制度就会与社会脱节，跟不上时代发展了。因此，物权法定原则应该缓和。很多人认为我国《民法典》规定的物权法定是绝对的，理由是第116条只规定了物权法定原则，并没有规定物权法定缓和。这种看法是只看到了第116条，没有放眼其他法律规定。比如，《民法典》第388条第1款就规定了"其他具有担保功能的合同"也能产生担保物权，这就体现了物权法定缓和。如果只有法定的几种担保方式才能产生物权效力，一些民间借贷的合理担保就无法实现了。比如，开发商在银行那里借不到钱的时候，通常会向私人借贷。开发商倒是可以拿建设用地使用权来抵押借款，但是，在建设用地使用权上设置担保会影响商品房的销售，毕竟没有业主愿意购买做了担保的商品房。于是民间智慧就创造了一种新的担保方式，用商品房买卖合同做借款担保。也就是说，开发商和出借人先签订商品房买卖合同，但暂时先不履行，如果开发商到期不能清偿债务，债主有权申请拍卖房产，用拍卖所得还债，多退少补，清偿债务。这么一来，开发商的贷款也拿到了，商品房销售也不受影响。我给这种新型的担保行为起名叫"后让与担保"，现在这种担保方式也逐渐被接受。这就是一种"其他具有担保功能的合同"，也能产生担保物权。

违反物权法定原则的效果

如果当事人之间的约定违反了物权法定原则,那么违反物权法定的那部分约定无效。不是说这个约定全部无效,不违反物权法定的部分该有效的还是有效。比如《民法典》规定,设定抵押权时,不得约定流押条款。也就是说,如果甲乙两人约定,甲无法按期还款,抵押的房子直接归乙所有,就违反物权法定原则,这个具体约定是无效的。不过,抵押合同还是有效的,只不过要按照抵押权的法定规则,协议折价、拍卖或变卖甲的房子,用取得的价款清偿债务,多退少补。

讲到这里,本节案例就很容易理解了。抵押权是物权,需要遵守物权法定原则。法律规定,抵押权依附于债权,只要债权未消灭,抵押权就不会过期。按照物权法定原则,当事人之间就不能设置抵押期限,小张和信用社约定了抵押期限为半年,这是无效的。小张不得以期限过了为由,拒绝信用社变卖他的三间房抵债。

为何要规定物权法定原则

物权法定的思想在罗马法时期就有了。到近现代以来,更加强调物权法定,理由可以归纳为三点。

第一,坚持物权法定,有利于防止物权滥用。物权是非常霸道的权利,比债权要强大得多,一个人对某物享有物权,就享有了绝对支配权。只要不违法,谁都不得干涉。

这么大效力的物权,如果允许随意创设,就很可能损害当事人或第三人的利益。比如在本节案例的情况,如果允许随意创设抵押权期限，就可能造成债权人损失。

第二，坚持物权法定，便于物权公示，确保交易安全。比如说买房一定要过户、用房做抵押借款一定要抵押登记，这些都是法律明确规定的物权公示方法，有利于保障其他潜在交易者的知情权。

第三，坚持物权法定，还能防止旧物权的复活。现代物权制度是在废除封建物权的基础上建立起来的。封建物权其实就存在于100多年前，离现在并不遥远。在封建时期，物权制度和身份制度是一体的，人也是能被支配的客体。例如，封建时期就存在典妻制度，也就是把妻子作为商品买卖。物权法定把物权和身份制度明确分开，就是清算旧物权，固定新物权，防止旧物权死灰复燃。

延伸课堂：

约定"还不上钱后财产归当铺"，是法律禁止的流质条款吗？

我先解释一下什么是流质条款。简单来说，就是张三向李四借钱，借钱时，张三把自己的手表押给了李四。双方还约定，要是还不上钱了，手表就直接归李四。借钱时约定质押手表，这没问题，这叫设立质权，是一种为借款担保的行为。但是，约定还不上钱手表就直接归李四，这就属于流质条款，是无效的。

然而，还不上钱时，当物归典当行所有，这不属于流质条款，因为这里有行业习惯和行政规章的确认。典当里的"当"在学理上叫营业质，是指以质押借贷为营业。这是一种适用当铺业管理规则的特殊质权。设立营业质权，是债务人以一定的动产作为当物，向债权人也就是当铺，借贷一定数额的金钱，并且设定一个回赎期限。在回赎期限内，债务人还债后就能取回质押物；但如果到期不能还债，那质押物就归当铺所有。

营业质与一般质权的根本区别在于：营业质不受禁止流质的限定，因为当铺是接受国家特殊监管的。如果允许个人随意设定流质条款，在发生纠纷时，债务人的利益很可能受到损害。

典当是我国古代民法的物权制度，分为典和当。"当"刚才说过了，就是设立营业质权。那什么是"典"呢？举个例子：假设你有一间闲置房屋不想使用，就可以为房屋设立一个典权，把房屋典给别人。对方只要交房价的一半，就可以对你的房屋享有占有、使用和收益的权利。如果约定典期10年，到期后，你就可以交付典价，赎回房屋；如果付不出典价，出典的房屋也无法收回。而且，如果到期后，再超过双方约定的一定期限没还款，还可能会绝典，也就是房屋归承典人所有。当然，如果到期后不想回赎，也可以"找价作死"，意思是可以让房屋的使用人，也就是承典人，把房价全部交齐，进而转移对房屋的所有权。

我国的典权一直延续到1980年代，据说现在南方在民间也还有使用，但在北方已经见不到了。在韩国有典权制度，叫传贳权。韩国学者说这是他们创造的物权，但我们认为是借鉴了典权。不过，我们的现行立法中也确实没有规定典权。

081 不动产登记

买房后一住三年忘了过户,能实际取得房屋所有权吗?

我们知道,坚持物权法定,有利于物权公示。物权公示的最大作用,是在物权变动时,能让交易各方明确知道这个物到底归谁所有,保障交易安全。

我国《民法典》主要规定了两种物权公示方法,一是不动产的登记,二是动产的交付。本讲先讲解不动产登记。不动产登记制度可不只是买房过户那么简单,它还包括了在不动产所有权有争议的时候,当事人可以如何保护自己。

先来看一个案例。

老张花了 120 万元,从老李手里买了一套房,钱房两清后,双方约定买家老张自己去过户。老张拿到房本后,就住进了房子,可这一住就是三年,忘了过户。三年后,卖家老李得知了这种情况,就起诉到法院,请求解除房屋买卖合同,要回房子。老张不服气,认为自己钱也付了,房也住了,怎么能因为一个小本本上的名字没改,房子就不属于自己了呢?他要求法院驳回老李的诉讼请求。

案例的情况大致就是这样。在这种情况下,虽然老张已经在房子里住了三年,但从法律上说,现在房子确实还是卖家老李的,因为老张当年没有及时办理不动产登记。

要理解这个结论,我们得先知道《民法典》对不动产登记是怎么规定的。

不动产登记制度

不动产登记,就是权利人到登记机构申请,将不动产物权变动的事项,记载在不动产登记簿上。

可别嫌登记麻烦,以为这不过就是走个形式。依照《民法典》的规定,不动产物权的设立、变更、转让和消灭,只有依法登记,才能发生效力;如果不进行登记,就不发生效力。比方说,张三抵押房产跟李四借钱,两人签了借款合同,张三还把房本交给债主李四,但就是没办抵押登记。这时候,抵押权就不算生效。要是还款期限到了,张三还不上钱,同时还有其他债主追债,那即使把房子拍卖了,还钱时也不会优先还李四,要等登记的债主接受清偿后才能轮到李四受偿,这样,他的债权很可能无法全部实现。

当然,法律也规定了一些特殊情况,即使物权变动了也不需要登记。比如,经过判决取得的不动产权,或者不动产被国家强制征收。

我们知道,不动产登记并不只是各方把材料准备好了,来登记机构走个程序就行了。有些时候,还可能会出现信息错误、购房纠纷等争议。因此,我国法律还规定了三种特殊的物权登记制度,来及时保护真正的权利人。

第一种,更正登记。不管是因为工作人员失误,还是权利人提供的信息不准确,不动产登记簿在登记时难免发生错误,比如把120平方米的房子登记成了20平方米。当然,最严重的是把所有权人写错了。比如,房子是夫妻双方共有的,但登记的时候把丈夫的名字漏了，只写了妻子的名字。这个时候，如果妻子未经丈夫同意，把房子以市场价卖给张三，并且办理了过户登记，那么房子就真归张三所有了，就算丈夫事后发现，也没法要回来，因为买家在交易时没有过错，会构成民法上的善意取得。

针对登记错误，更正登记就是相应的补救措施。不过，申请更正登记是有条件的，要么被登记的名义权利人同意更正，要么申请人有充足证据证明，也可以申请更正登记。

然而，很多情况下，屋漏偏逢连阴雨，不仅登记簿上的名义权利人不同意更正，证据也暂时不确凿，怎么办呢？

这就要说到第二种登记，异议登记。这里说的异议是指对不动产产权有争议。异议登记，就是把对产权的争议记录在登记簿上。比如，在刚才的例子中，房产虽然在妻子名下，但其实属于夫妻共有财产，如果女方不同意做更正登记，男方就可以申请异议登记。异议登记不需要登记机构再审查，一经权利人提出，登记机关就应当办理。在异议登记期间，有争议的不动产就不能再进行交易了。

正因为异议登记会限制不动产交易，所以，根据法律，异议登记只有 15 天的有效期，当事人在申请异议登记后，必须在 15 天内向法院起诉，由法院确定其是不是真正的权利人。如果没有在 15 天内向法院起诉，那么异议登记会自动失效，不动产就又可以进行正常的交易了。当然，这个异议登记如果被法院判决请求不当，而且还给权利人造成了损失，比方说权利人本来是可以把房子卖出去的，但买家一看有异议登记就不买了，这个时候异议人也要承担赔偿责任。

第三种，预告登记。在不能及时办理不动产登记的时候，预告登记也特别重要。比如在商品房预售的时候，地产商还没把房子盖好，也可以买卖，只是买房之后还不能办理过户登记，这时候买家就可以办理预告登记。办理预告登记后，开发商如果还想把房子卖给出价更高的李四，不动产登记机构就不会为他们办理过户，这就防止了一房二卖。

并且，预告登记后，登记人还对不动产有优先受偿权。如果地产商房子没盖起来就破产了，还欠了一屁股债，业主只要办理了预告登记，就可以优先于其他普通债权人，先把钱要回来。不过要注意，预告登记也是有时间限制的。如果申请人已经可以办理正式的不动产登记了，但是三个月内还没办，前面所说的预告登记的效力就消失了。

因此，不管是办理异议登记，还是预告登记，一定要注意期限问题，否则前功尽弃。

法院不会支持老李的请求

说到这，我们可以来回顾本节案例了。

在买家老张和房主老李的买卖行为中，我们要先做个区分，也就是把物权的效力和合同的效力分开。

首先，看物权变动的效力。不动产物权变动一定要登记，如果没有登记，就算买家老张拿到了房本，甚至在里面住了三年，也不会取得对房子的所有权，法律仍然认为房子归老李所有。这也是老李能去起诉的原因。

其次，再来看合同的效力。老张和老李是有签订房屋买卖合同的。合同一签订，买卖行为就有效。按照合同，卖家老李有义务配合老张过户。因此，在整个案情中，虽然老李有点小聪明，看到了买家老张的纰漏，但是他的行为显然违背了诚信原则。他请求解除房屋买卖合同，法院是不会支持的。

当然，如果房主老李的诉讼请求被法院驳回后，心一狠，决定要按照购房合同上的责任条款违约，不愿意配合老张办理过户，那老张仍然无法取得房子，只能要求老李赔偿。

延伸课堂：

有一种做房产抵押放贷的方式，比如说，张三有50万元要贷出去，放贷人会帮张三找一个有房的借款人，然后签一个借款合同，同时把房子直接过户给张三，如果对方还不上钱，就直接卖掉房子。这种做法有法律效力吗？

这种情形是让与担保，是合法的担保方式，也是一种非典型担保。

我国最开始没有让与担保制度。这个制度最早产生于19世纪的德国。当时的德国商人，在没有办法通过抵押、质押等途径获得融资时，就会和债主签订一个房屋买卖合同，同时把房屋的所有权过户给债主，用这种方式担保借款。如果商人还钱了，债主会把房屋所有权再过户回来；如果到期没有还钱，那房子就归债主所有。德国法院最开始不承认这种担保方式，认为它是规避法律，判决其不是担保，只认为是普通买卖合同。但后来这样的事情多了，德国法官逐渐改变了态度，认可了这种担保形式。具体来说，就是商人还钱后，债主有义务退回房屋；要是还不上，房屋也不能归债主，而是应当依法拍卖、变卖，拍卖、变卖后的价款要优先给债主还债，有多出来的部分再退给商人。随后，这种担保形式因为不受财产形式限制，也不损害债权人和债务人利益的优势，很快就影响了全世界，大多数国家都确认了让与担保。

中国原来没有规定让与担保。但是，随着经济的发展和融资的需要，使用让与担保方式融资的情况越来越多，特别是股权让与担保。例如，借钱时即使把股权转让给债主，债务人还能继续行使实际股东的权利，债主也有股权作担保。双方都有益处。

现在我国的让与担保规则，规定在《民法典》担保制度司法解释的第68、69条里。根据法律规定，债务人把房子过户给贷款人后，还能继续占有、使用这所房子，同时也取得融资。在还清借款后，贷款人要把房子的所有权返还给债务人。如果不能按期还款，贷款人也可以变卖房产，用变价款清偿债务，多退少补。股权让与担保的规则也是这样。

082 动产交付

还不上钱拿设备抵债,破产后,设备还会被取走吗?

动产的物权变动规则就是动产交付。动产交付听起来很简单,好像就是"一手交钱,一手交货",但在现实中,还真没那么简单。

先来看一个案例。

某服装公司欠了纺织公司 100 多万元,没钱还。双方就协商,约定以物抵债,服装公司把 7 台设备折价抵偿给纺织公司。然而,协议签订后,债主纺织公司因故没有取走设备。后来服装公司破产,进行清算,纺织公司要来取走 7 台抵债的设备,但清算组不同意,说当时没有及时取走,设备还是服装公司的。双方产生了争议。

我们知道,买卖完成的房子,即使买主已经住在里面比较长时间了,只要在法律上没有完成过户手续,房子还是不属于他的。而本节案例中说的是设备,是动产,动产转移所有权通常是不需要过户的。这种情况,应该怎么认定呢?我们来看看《民法典》对动产物权变动是怎么规定的。

动产交付的过程和形态

动产物权要发生变动,必须是当事人之间完成了动产交付。动产交付包括两个要素:一是转移,二是占有。

转移很好理解，就是当事人一方将动产转移给另一方。这里要注意的是，转移的前提是各方当事人要达成合意。比如，张三将收藏的名画卖给李四，李四当场付钱，约定三天后来取。后来张三反悔，不想卖了，但李四擅自把画拿走了。在这种情况下，李四虽付了钱，画也拿到手了，但双方并未形成合意。所以，虽然买家张三取得了对价款的所有权，但是李四还是不能取得对画的所有权。

第二个要素是占有。占有就是受让人实现了对物的实际控制。形成实际控制不一定要直接占有动产，也可以间接占有。假设我把车借给张三开，张三就是直接占有。而我作为所有权人，享有对汽车的返还请求权，有权利让张三把车还我，这就属于间接占有。无论是直接占有还是间接占有，都可以完成动产交付。

了解了动产交付的过程，再来看动产交付的形态。

当代物权法很完善，确认了多样化的交付形态。除了"一手交钱，一手交货"这样的现实交付，它还认可另一种不同的交付形态，就是观念交付。观念交付是指，尽管在事实上没有交付行为，但是在人的观念中已经完成了交付，动产的物权仍然会发生变动。

在物权法规则中，观念交付主要有三种类型。

第一种叫简易交付。如果在物权转移之前，受让人已经占有了动产，那么仅需当事人之间达成让与所有权的合意，交付就算完成。比如，你借用了邻居的自行车，一直在用，后来双方协商说你买下来，在这种情况下，你不需要把车还给邻居，邻居再把车交付给你。达成购买的合意后，付了钱就等于是交付了。

第二种是指示交付。双方在交易时，被交易的动产正在被第三人占有，这时候只需要双方约定，转让人把他对第三人的返还请求权移转给受让人，就算完成了交付，动产的所有权发生转移。比如说，邻居甲把自行车借给邻居乙使用,而你要买这辆自行车,邻居甲说:"车子在乙的手里,你去他那里取吧。"这就是邻居甲把他对自行车的返还请求权转移给你了,你直接去找乙拿自行车就行了。指示交付也叫返还请求权的让与,同样属于转移了所有权。

第三种观念交付是占有改定,指双方约定,受让人虽然取得对物的所有权,但是这个动产还是由转让人继续直接占有。比如,你想买邻居的自行车,邻居说:"车可以便宜点卖给你,但你要借给我用一段时间。"你答应了,付了钱。这时,虽然自行车还是被邻居直接占有,但你取得了对自行车的所有权,这种以间接占有替代现实交付的方式,就是占有改定。占有改定的本质其实是两个约定。第一个是动产所有权让与合同,转让人把动产所有权让与给受让人。第二个是转让人继续占有动产的借用、保管、租赁等合同。

这里要注意一个规则。对交付方式没有明确约定的,就应当是现实交付,如果要用占有改定等观念交付的方式,必须明确约定。比如在本节案例中,债务人服装公司和债主纺织公司只签了所有权让与合同,但是没有做第二个约定,没有明确约定是服装公司借用或者代为保管这7台设备,所以不能成立占有改定。

这7台设备属于动产,只有交付了才能发生物权变动,受让人才能取得所有权。服装公司只是跟债主纺织公司约定了以物抵债,也签了协议,但一直没有把设备交给对方,现实交付没有完成。在占有改定也不成立的情况下,这7台设备的所有权还在债务人服装公司手里,从始至终都没发生过物权变动。现在服装公司破产,这些设备也应该划入破产清算的范围,成为破产财产,债主纺织公司不能再取走这7台设备。当然,纺织公司的债权还是可以实现的,不过只能成为破产债权,与服装公司的其他债权人一起,接受破产财产的平等清偿。

083 物权请求权

商场要开业,部分业主拒不装修,其他业主应当怎样维权?

如果正常行使物权的时候受到妨碍,就涉及物权请求权。为了更好地理解物权请求权,我们还是先看一个案例。

在某市的黄金地段,有一个商场开盘了,一百多家业主买了里面的商铺。甲公司很看好这个地段,意图低价取得整个商场,就在买下商场 1/4 的商铺后,故意不装修,让整个商场不能全面装修,无法正常开业。甲公司希望通过这种方式迫使其他业主低价出让商铺,结果多方沟通未果,这些商铺长期空置。

在本案例中,虽然甲公司对商场 1/4 的商铺享有所有权,但其故意不装修,显然是在滥用权利。对甲公司这种恶意行为,其他业主有什么办法来保护自己呢?答案就是向法院起诉,主张自己的物权请求权,以此对抗甲公司的所有权。

什么是物权请求权

物权请求权是保护物权的方法。它指的是物权受到妨害或有可能遭受妨害的时候,物权人有权请求妨害人,把自己的物权恢复到不受妨害的圆满状态。

这里要注意的是,当物权遭受侵害的时候,有两种救济方法,除了物权请求权,还有一个叫侵权请求权。两者最关键的区别就是,主张物权请求权,不要求物权人遭受了财产上的损害;主张侵权请求权,必须是物权人已经遭受了财产损失。比如说,张三夺走了李四的手机,李四就可以行使物权请求权,把手机要回来。但是,如果张三把李四的手机一把夺过来,扔在马路上,这时候刚好过来一辆汽车,直接把手机碾得稀碎,手机完全毁了,李四只能行使侵权请求权,让张三承担损害赔偿责任。

物权请求权是对物权本身的保护方法,而侵权请求权是因为权利受到损害,又产生了一个新权利,可以向对方要求赔偿。

物权请求权主要有四种类型。

第一种是物权确认请求权。顾名思义,当物权的归属和内容发生争议,利害关系人可以请求法院确认权利。比如,房子明明是张三的,房本上却写着李四的名字,那么张三就可以请求法院确认自己的物权。当然,张三得证明不动产登记簿的记载与真实权利状态不符,自己才是房子的真实权利人。不过,一般认为,物权确认请求权并不是严格的物权请求权,只是在物权的权属发生争议时,物权人有权请求法院确认权利。前文讲不动产登记的时候也讲过,房本上的名字错了,张三也可能不需要请求法院确认,跑一趟当地的房产局做个更正登记,一下子就解决了。但是,如果李四不同意更正,张三和李四关于房子的权属问题发生争议,就没这么简单了,这时候房主就需要向法院主张行使物权确认请求权。

第二种是返还原物请求权。权利人在自己的所有物被他人非法占有时,可以请求对方返还原物。如果对方不返还,就可以请求法院责令其返还。主张返还原物请求权有两个条件。

第一个条件是,所有权人只能向非法占有人请求返还。如果对方是合法占有,那权利人就不能请求了。比如,张三借了我的电脑,又把我的电脑卖给李四。如果买家李四知道电脑是我的,张三无权卖,却仍然买了,那么李四就属于非法占有我的电脑,我有权向李四主张返还原物请求权。但如果李四并不知道电脑不是张三的,以正常的市场价把电脑买了,那么这就属于民法上的善意取得。李四能合法占有我的电脑,我也就没有权利要他返还。

第二个条件是,非法占有人现在还占有着原物。如果现在不占有了,或者原物毁损灭失了,也不能请求返还原物,只能请求赔偿损失。比如张三的手机被扔到马路上碾碎了,那他也只能要求侵权人赔偿损失,无法要求返还原物。

一般我们说的返还原物,就是你拿了我的东西得给我还回来,但还要注意另一种情况。张三抓了邻居家的鸡,鸡后来还生了两个蛋,那要返回的就不只是鸡了,蛋也得还回来。正式的说法叫原物所生的孳息须一并返还。这里说的孳息,就是原物产生的额外收益。

第三种物权请求权是排除妨碍请求权。当物权受到妨碍的时候,权利人可以请求排除妨碍。在生活中,物权受到妨碍的情况比比皆是。只要他人非法妨碍权利人行使物权,就会构成妨碍。比如,有人把杂物堆到你的门前,影响了通行,这就构成了妨碍。你可以请求妨碍人把杂物挪开。这里要注意,只有行为超出了合理容忍限度,才构成妨碍。

比如甲向法院起诉,楼上的邻居乙安装的防盗窗影响了自家采光,而邻居乙说安装防盗窗是为了保护孩子安全。那么,虽然防盗窗可能对楼下采光有一定影响,但这种情况属于在合理的容忍限度内,不构成妨碍,甲不得行使排除妨碍请求权。

第四种物权请求权是消除危险请求权。这是指加害人还没有对权利人的物权施加妨害，但是已经形成了危险，导致妨害可能发生。这时候，物权人有权防患于未然，请求法院责令加害人消除危险，以免造成实际的财产损失。比如，我家隔壁邻居的院墙倾斜，有倒塌砸到人的危险。这时，我就有权行使消除危险请求权，主张其维修或者加固。危险还没有发生，如何判断是否可以行使这个权利呢？不需要去计算什么概率，只要根据一般人的常情常理，判断危险发生的可能性比较大就可以了。

物权请求权的保护期限

我们知道，如果一个人的权利被损害了，权利人要在诉讼时效内向法院起诉，否则，这个权利就不受保护了。那么，物权请求权的诉讼时效是多久呢？

原则上，物权请求权不适用于诉讼时效的限制。只要对物权的妨害存在，不管经过多长时间，都可以行使物权请求权。不过有一个例外，返还请求权的诉讼时效是三年。但这个时效针对的是一般动产，比如手机、电脑等。如果是对那些登记了的动产，比如汽车、船舶，以及不动产，返还原物的请求权也是没有诉讼时效限制的。

我们再来看看本节案例。

甲公司作为商场的业主之一，决定不装修自己所有的商铺，可以认为是在行使自己的不动产物权。但是，行使权利的前提是不能损害其他业主的合法权益。也就是说，甲公司处置自己专有的商铺时，不能妨害其他业主享有的对物权的使用、收益等权利。现在，不装修的行为已经让整个商场无法正常开业了，严重损害了其他业主的物权。

对此，业主们可以向法院起诉，主张自己的排除妨碍请求权，请法院判决甲公司限期装修好商铺，保证商场开业。而对于延迟开业已经造成的损害，业主们还可以行使侵权请求权，要求甲公司赔偿损失。

延伸课堂：

物业公司拒绝业主提出的公共设施修缮请求，或者不向业主定期公示物业费的收支情况，属于妨碍业主的物权吗？

这两种情况其实都不是物权请求权解决的问题，而是物业管理合同的问题，涉及物业公司是否违约。

物权请求权只保护物权，不解决债权问题。比方说，物业公司为了减少对小区绿地和体育设施的维护，就在这些地方加围栏，还经常上锁，妨碍了一些业主使用，或者干脆损坏了这些共用部分，这才是物权问题。业主和业主委员会可以行使物权请求权，请求物业公司排除妨碍；对损坏的部分，还有权要求赔偿。

物业公司拒绝业主提出的修缮请求，或者拒绝定期公示物业费收支情况，这其实是违反了物业管理合同。简单来说，在物业合同里，业主有义务按时支付物业费，物业公司则有义务管理好小区。如果物业公司违反义务，应该做的事情没有做，这就是违约行为。对此，业主委员会可以依据合同，追究物业公司的违约责任，甚至向法院起诉，判决其继续履行。如果物业公司还不改正，那业委会还有权召开业主大会，决议解除物业合同。

084 所有权

把牛卖给肉联厂后,发现稀有牛黄,这笔意外之财归谁所有?

所有权有多种类型,一种是单一所有权,另外两种是共有权和建筑物区分所有权。本节先学习单一所有权。

还是先来看一个案例。

老张将自己的两头牛卖给肉联厂,双方约定,牛肉以每斤 18 元的价格结算,牛头、牛皮、牛内脏归肉联厂所有。宰杀的时候,肉联厂在一头牛的内脏中发现了稀有药材牛黄。这下厂长乐坏了,马上就把牛黄变卖,得款 5000 元。老张听说后,跑去找厂长,索要卖牛黄的 5000 元,但被厂长一口拒绝。双方就产生了争议。

可能有的人会觉得,老张卖牛的时候,不知道牛肚子里有牛黄,所以跟肉联厂商量价格的时候,只算了牛肉的价格,没有约定要卖牛黄。因此,卖牛黄的钱应该还给老张。

但事实上,牛黄应该归肉联厂。因为牛一旦交付给肉联厂,所有权就转移了。牛黄是牛的一部分,所有权也应该跟着转移。

怎么理解这个结论呢?这就要说到《民法典》对所有权的规定了。

所有权的定义和权能

所有权，是权利人对自己的物享有的全面支配权利，他人不得非法干涉。

理解所有权，要把握住它的三个法律特征。

第一，所有权具有完全性，权利功能非常完整。权利人可以按照自己的意思，任意支配所有物，包括占有、使用、收益和处分。

第二，所有权具有弹力性。虽然所有权具有完全性，但它的内容可以自由伸缩。例如，出租房子就是让渡了所有权中的占有权和使用权，一旦出租，所有权人使用房子就会受限制，但租约结束，所有权又会恢复完全状态。

第三，所有权具有永久性。只要物没有灭失或者被转让，谁也不能对物的所有权设定存续期间。所有权因为物的存在而永久存在。

所有权的权能是指权利人对所有物可以怎么支配。所有权里包含了四项权能，分别是占有、使用、收益和处分。

占有就是对所有物形成实际控制。占有不一定都是直接占有，还包括间接占有。

第二个权能是使用，也就是按照物的性能和用途加以利用。比如你的车你可以开出去兜风，你的房子你可以出租。这里要注意，虽然占有是使用的前提，但有些时候，占有了，也不一定能使用。比如，老李向老张借钱，把自己的劳力士牌手表质押给债主老张，那么老张占有了劳力士手表，就能戴着它出门显摆吗？答案是不能，依照法律规定，质押人虽然能占有质押物，但不能使用。也就是说，债权人老张只能瞅着它看，但不能擅自使用，如果造成损害了，还要赔偿。

所有权的第三个权能是收益。收益包括经营活动产生的利润和孳息。孳息前文提过，就是一种原物产生的额外利益，比如鸡下了蛋、树木结出果实，这叫天然孳息。而租房收取的租金、存款产生的利息，叫做法定孳息。

第四个是处分权能。处分涉及财物的命运，关乎所有权的发生、转移和消灭。处分主要有两种方式，一种是事实上的处分，也就是对所有物实施变形、改造或毁损等，比如拆除房屋、撕毁书籍。另一种是法律上的处分，是指转移或限制物的所有权，比如买卖、赠与，或者在物上设置抵押权等。

这四项权能中的每一项都有相对独立性，是可以分开行使的。比如，我把房子出租给李四使用，就是我把房子的占有、使用权能交给李四，自己享受收益权能。除此之外，我还可以在出租的房屋上再设定抵押，向银行贷款，这是同时行使了处分权能。

所有权的取得和消灭

一个人要取得所有权，主要有两种方式。

一种叫原始取得，是指不基于原所有权人的意志，而是根据法律规定直接取得所有权。比如，劳动生产取得收入、收取孳息，以及国家强制。国家强制就是国家通过罚款、征收和税收取得所有权。再如，取得添附。比如租户给出租屋贴了墙纸、换了地板，墙纸、地板与房屋形成一体，成为附合物。在租户退租后，房东可以取得这些添附物的所有权。此外，我国法律还特别规定了取得遗失物，也属于原始取得。比如发布遗失物招领公告后，一年内无人认领，这个遗失物归国家所有，由国家妥善保管。要注意，个人不能通过取得遗失物原始取得所有权。比如张三捡了一条金项链，十几年了失主一直没来要回。张三是可以占有，也可以使用这个项链，甚至还可能把它卖了，但这都不能说明张三取得了所有权。但凡失主出现，要求张三返还，张三还是得把项链还给人家。如果卖了还不了，他还得给人赔偿。

取得所有权的第二种方式是继受取得。继受取得是指财产所有人通过某种法律事实，从原主人那里取得了所有权。比如，通过买卖、赠与、互相交换取得所有权，此外，被继承人去世，还能通过继承与遗赠取得财产所有权。

所有权是永久性物权，不能给所有权设定存续期间，但所有权也是会消灭的。消灭的原因和取得的方式相对应，比如，所有权被国家通过没收等方式原始取得了，或者被以买卖、赠与等方式继受取得了，那对原权利人来说，就是所有权消灭。另外还有的情形，是所有权主体或客体消灭，比如自然人死亡或者公司等法人组织解散；再如前文举过的例子，手机被汽车压成碎片了，财产本身都消灭了，所有权当然也不复存在。

老张无法主张牛黄的所有权

结合上述分析，再来看本节案例。

首先要明确，肉联厂通过买卖，继受取得了对牛的所有权。在卖牛的时候，谁也说不准牛的身体里有没有牛黄，因为天然牛黄非常罕见。所以，不能说双方只约定卖牛，不卖牛黄的所有权。

其次，要弄清牛黄与牛的关系。牛黄是牛的组成部分，可以认为是牛的天然孳息，也就是在牛身上产生的额外收益。根据法律规定，天然孳息当然归所有权人所有。肉联厂取得牛的所有权后，对牛的天然孳息也就是牛黄，当然也有所有权。因此，老张主张牛黄的所有权没有卖给肉联厂，是不行的。

在我看来，肉联厂取得牛黄，毕竟是意外之喜，如果直接判归肉联厂所有，也难免会让人觉得不公平。所以，法院最好还是先进行调解，尽力促成双方平分变卖牛黄的 5000 元价款。

延伸课堂：

人体器官因故被分离，被分离部分所有权归谁？

对这类问题，我做过专门的研究，简单说一下背后的原理。

一个人身体的组成部分，比如器官、组织等，由个人的身体权保护，都不是物。但这些部分与人体分离以后，就会变成物，会产生所有权，这个所有权当然还是属于个人。

我举一个场景来说明。一个人要捐赠自己的肾，救治一个肾衰竭的患者。当捐赠人决定把自己的肾脏摘下来的时候，这是行使身体权，让身体的组成部分与自己分离，让肾脏成为一个独立的物，会产生所有权。当这个人决定要捐赠了，就是把这个脱离于自己身体的物，通过赠与的方式，捐赠给了患者。这是在行使所有权。患者接受了这个肾脏，也就取得了对肾脏的所有权。当肾脏成功被移植，它就不再是物了，而是变成了患者身体的组成部分，这又会让肾脏重新受身体权支配。我们献血、输血，其实也是这个道理。

这些从人体演变而来的物，都涉及所有权的问题，我把这类物分为三种。

一是脱离身体的器官和组织，比如捐赠时摘下来的器官和献出来的血液，都是这种人体分离物。

二是人体医疗废弃物，比如在手术中切除的患者身体组成部分，这些已经没有生命属性的物，也会产生所有权，权利归属于患者。

三是遗体，也具有物的属性。曾经有一个案例，有一位妻子，在怀孕8个月时得了重感冒。她丈夫心急乱投医，结果找了个庸医开药。妻子吃完以后，发现胎儿好像没有生命迹象了，就到医院进行引产手术，引出的是一个死胎。丈夫找公安机关报案，要举报那个庸医。公安机关说，要有死胎作为证明，还要进行检验。夫妻俩找医院要这个死胎，但医院说已经当成医疗废弃物销毁了。这对夫妻很生气，起诉医院要求损害赔偿。

案件曝光后，我写了一篇文章，说明人体医疗废弃物的所有权归属于当事人，医院应当承担赔偿责任。最后法院也确实判决了医院承担损害赔偿责任，并且认定为财产损害赔偿。

085 善意取得

丢失的玉镯被他人转卖，失主发现后还能追回吗？

原始取得，是民事主体可以不基于原所有权人的意志，依据法律直接取得所有权。在原始取得里，最典型的就是善意取得。

还是先来看一个案例。

小王是某公司职工，某次去卫生间，不小心把玉镯遗忘在了洗手台。玉镯被小王的同事老林捡到了。老林知道这个玉镯是小王的，但没有还给她，而是以1万元的价格卖给了同乡张姐。这款玉镯的市场价是1.5万元。某次，小王偶然发现自己丢失的玉镯在张姐手上，就要求她归还。张姐坚决不同意，认为玉镯是自己真金白银花钱买的，小王无权要回。双方产生了争议。

这是一个有关善意取得的典型案例。可能很多人会觉得，张姐能构成善意取得，小王无法要回玉镯了，只能找同事老林赔偿。但事实上，小王是有权取回玉镯的，因为玉镯是小王的遗失物。请求返还遗失物能突破善意取得规则。

善意取得的构成要件

所谓善意取得，是指一个人非法转让了他人的财产，但是，只要买家取得该财产时出于善意，买家仍然可以取得对财产的所有权。善意取得其实是一个很霸道的规则：卖家对出卖的东西明明没有所有权或者没有处分权，但买受人却能够买到所有权。

根据《民法典》第 311 条的规定，认定善意取得，主要得看四个条件。

第一，要构成善意取得，必须是在交易时以合理价格取得。这句话里有两个关键。一是交易，也就是转让行为必须指的是买卖、债务清偿、出资等具有交易性质的行为。如果是赠与、继承等非交易行为，就不适用善意取得。比如张三送给我一部手机，但实际上这部手机不是他的，现在手机主人要来取回。这时候，我不能说自己不知情，不把手机还回去，因为获赠手机本来就是平白无故得了好处，这种情况下是应该归还的。继承也是一样的道理，都不是交易行为。第二个关键是合理价格。交易时的价格必须是合理的。至于怎么界定价格是不是合理，这就要看实际情况了。在司法实践中，会结合财产的性质、转让时交易地的市场价格等因素来综合认定。

第二个条件，是买家在取得财产时必须出于善意。有一个根本原则：转让人对财产没有处分权，但买受人对此不知情。拿本节案例来说，玉镯属于小王所有，同事老林虽然捡到了玉镯，但其实没有所有权。交易的时候，买家张姐对此不知情，这就能说明她的购买出于善意。但要注意，这个不知情，必须是合理的，要符合社会一般观念。比如，根据法律规定，善意取得人对"从谁处取得、何时取得"应有记忆。如果张姐刚买到玉镯还没几天，就被失主小王发现了，但是她非说自己想不起来是在哪里买的，那就会被法律推定为不属于善意。又比如，大街上有个人鬼鬼祟祟，凑过来说："我这有部旧手机，便宜卖给你要不要？"这种情况法律也会认定为不合理。不光价格不合理，交易人的身份和交易场所也不合理，因为正常情况下不会有人在大街上凑过来卖手机。如果这时候买家还说不知道交易有问题，法院也不会支持。

归纳起来，不能认定为善意的情况，无非就是两种：要么就是明明心里有数，假装不知道；要么就是没有好好审查。审查时要注意交易人的身份是否可疑，交易的场所和时机，以及交易价格是不是符合正常交易习惯。

第三个条件，是转让的不动产或者动产按照法律规定，应当登记的已经登记，不需要登记的已经交付给受让人。

最后一个条件，是受让的财产必须是法律允许流通的。 如果交易的是毒品、淫秽物品等法律禁止流通的财产，那交易本身都会无效，更不用说还适用善意取得了。这些违禁物品还会被没收。

取回遗失物不受善意取得限制

了解了构成善意取得的四个条件，我们结合一下本节案例，看看张姐买玉镯的行为是否构成善意取得。

第一个条件，买受人必须是在交易时以合理的价格取得动产。在本案中，老林把玉镯卖给了张姐，这是买卖行为；转让价格为1万元，市场价1.5万元，毕竟是二手交易，这个价格应当认定为合理，第一个条件满足。

第二个条件，就是张姐买这个玉镯的时候，是不是善意。这个玉镯是小王所有的财产，老林拾得遗失物，按说是应该归还失主的，但她却卖给了张姐，这是无权处分。但是，毕竟玉镯是谁都可以持有的首饰，不愿意要了，就可以出让。买家张姐并不知道她没有处分权，可以认定为尽到了必要的审查义务，没有过失。第二个条件满足。

第三个条件,是转让的财产已经登记或者交付。老林与张姐的交易是一手交钱一手交货,完成了交付,第三个要件也符合。

第四,受让的财产必须是合法流通的。案例中的财产是玉镯,这是法律允许流通的动产,不是禁止流通物或者限制流通物。第四个条件也满足。

这么看,张姐是善意取得的四个条件都符合了,但为什么说小王仍然有权取回玉镯呢?

这就要说到善意取得的例外规定了。《民法典》第312条规定,遗失物通过转让被他人占有的,权利人有权向受让人请求返还原物。即使张姐在购买时不知道玉镯是卖家老林捡的,是出于善意,而且也是用市场价合理买入,但只要玉镯主人小王发现此事,她就有权让买家张姐归还。张姐不能以善意取得对抗。不过,这个请求返还玉镯的权利,小王必须在发现玉镯后的两年内行使,如果过了两年,那也无权要求返还。至于张姐的损失,只能找卖家老林赔偿。

如果玉镯是张姐从拍卖行或者其他有经营资格的商店里购买的,那还要不要归还呢?答案是需要归还。不过这种情况,张姐有权让小王补偿自己购买玉镯的花费。小王的损失需要向无权处分的卖家老林追偿。

因此,本节案例的结论就是,小王有权取回玉镯,张姐不能以善意取得对抗。如果张姐执意不返还,那小王可以在两年内向法院起诉,请求法院判决张姐返还玉镯。张姐返还玉镯后,有权向卖家老林要求赔偿。赔偿的范围包括买玉镯的花费,以及因此给张姐造成的其他损失。

086 相邻关系

树木自然生长拱裂了邻居家围墙，会构成侵权吗？

相邻关系是所有权里的一个特殊问题。相邻关系规范的，是不动产相邻各方之间的权利义务关系。

为了更好地理解这个制度，我们还是先从一个案例说起。

小贾和小陈是邻居。小贾院中有一棵百年古树，根系尤其发达，延伸到了隔壁小陈家的地基下，把小陈家的墙壁挤裂了。邻居小陈就去找小贾理论，要求切断树根。但小贾坚决不同意，理由是这棵百年古树十分珍贵，如果剪了树根，可能会影响树的生长，进而给自己带来财产损失。小陈无奈，只好到法院起诉，请求判决剪除古树根系。

这是一个相邻关系的典型案例。案例中，小陈家的墙壁被树根挤裂，这是物权受到了妨害。这种情况，按说邻居小陈可以行使物权请求权，要求小贾排除妨害。但这个案例麻烦就麻烦在，妨害物权的并不是一个堵在邻居门前、能轻易挪走的杂物，而是无法挪动的树根。一方面，树根是自然延伸顶裂了墙壁，这不是小贾故意的；另一方面，这还是珍贵古树的树根，一旦剪除可能会给小贾造成财产损失。

对此，法院会怎么认定呢？要回答这个问题，就要先理解相邻关系。

什么是相邻关系

相邻关系也叫相邻权。具体来说，是相邻的一方，应该在另一方行使权利时提供必要的便利，对应的，自己行使权利时应该接受一定的限制。这种提供便利、接受限制的权利义务关系，就是相邻关系。

例如，甲承包的土地被乙承包的土地包围了。甲去耕地的时候，得经过乙的土地，那么甲乙之间就发生了相邻关系。根据相邻权，乙应当允许甲通行，这就是乙为甲提供了必要的便利。当然，甲在选择路线的时候，也应当选择对乙损害最小的路线，不能踩着人家的菜苗子过。因为甲行使相邻权时，也不能损害乙的合法权益。甲乙的这种相邻关系，也叫"袋地通行权"，一块土地就像装进了另一块土地的口袋里，是个很形象的说法。

除了袋地通行权，生活中还有不少相邻关系，《民法典》也规定得比较细致，大致可分为四种。

第一种，建筑物的通风、采光、排水等相邻关系。通风和采光就是相邻各方修建房屋或其他建筑物时，应保持适当距离，不得妨碍邻居的通风、采光。相邻的用水关系比较复杂，要遵循"由远及近、由高至低"的原则。什么意思呢？比如，甲住在河上游，乙住在河下游。一个上游，一个下游，就是由远及近；上游河床高，下游河床低，就是由高至低。那么，用水的时候就要遵循自然流水的方向用，甲先用，乙后用。乙不得心存不满，跑到上游去把河道给截了。

第二种，相邻土地通行、利用关系。袋地通行权就属于这种相邻关系。再比如历史通道，也就是由于历史原因形成的必要通道，这也是一种相邻关系。像北京的四合院，里面住了很多家，但只有一家有门洞。那么，所有人就都可以走有门洞这一家的通道。这一家不能说门洞从我家开,不准你们过来。这是不合法的。袋地通行权和历史通道,主要是从相邻土地上通行。还有一种情况是相邻土地的利用,也就是必须占用相邻方的土地或建筑物。例如,相邻一方因为盖房子,需要临时占用隔壁的土地放建材,隔壁邻居应当允许。当然,占用方也应该和邻居约定好临时占用的时间,工期结束就赶紧恢复原状。如果不是临时占用,而是长期占用,比如必须通过另一方的土地或建筑物来架设电线、埋设电缆、煤气管、下水道等管线,根据相邻权,这种情况也是允许的。

第三种,相邻地界关系。本节案例中,小贾和小陈的土地挨着,首先面临的就是分界的问题。假设小贾想建一道分界墙,或者挖一条分界沟,原则是谁修建的,这道分界墙或者分界沟就归谁所有。但必须在自己的土地上修建,不得越界。如果是双方在分界线上共同修建,那就是双方的共同财产,由双方共同维护。同样,小贾如果想在自己的地上盖个房子,原则就是要和地界保持适当距离,不得紧贴边界,更不准越界侵占邻居小陈的土地。关于适当距离的规定,要看实际情况,也要看当地的通常习惯。如果是在城市里,地价比较高,距离非常窄,也是合理的。如果是在农村,距离几十米也可能是适当距离。

我还在法院工作的时候,遇到过一个案例。一家新盖了房子,房子盖得很高大,虽然地基没越界,但房檐越界了,压在邻居的房檐之上,两家发生了纠纷,诉到法院。最后法院判决拆除越界的房檐。

本节案例中,小贾在自己家种树,当然可以,但应该和地界线保持适当距离,预防树木的根枝越界侵入小陈的土地。但是也有可能,种的时候没有越界,长着长着就伸到对方的地盘去了,就像案例中的百年古树,根系太发达了,那怎么办呢?对这种情况,如果没有产生影响，根据相邻权，邻居小陈应当容忍。但如果树根让房子的墙都裂了，那小陈有权要求小贾把越界的根系剪断。而且，对已经破损的墙体，小陈还可以要求小贾承担赔偿责任。其实，我国民法没有明确规定对越界树根要如何处理，但《民法典》规定，处理相邻关系时，法律、法规没有规定的，依据习惯处理。在世界各国的司法实践中，处理越界树根的习惯都是一致的，就是法院应当判决剪除越界根系。

不过，树木毕竟还会再长，所以更理想的方式，还是把树移栽到离地界线更远的地方。但如果古树实在不方便挪动，小陈也不能强人所难，毕竟相邻权是要相互给予便利的。双方可以约定，由小贾定期检查，避免树木根系再次越界。

第四种，相邻防险关系。这主要有两种情况，一种是相邻一方的建筑物有倒塌的危险，会威胁另一方的人身、财产安全，受威胁的一方，有权请求相邻方提前拆除或者加固。另一种是相邻一方进行地下施工，比如挖掘沟渠、水池、地窖等，这时，施工的一方不得让相邻方的地基动摇或发生其他危险。

延伸课堂：

以"损害风水"为由，阻止邻居装修房屋，法律会支持吗？

在处理相邻关系时，风水只能说是一个参考的因素，可以认定为民间习俗。处理这一类纠纷，首先要考虑的，还是法律确定的相邻关系规则。如果没有阻碍通风、采光，符合相邻关系规则，也符合民间习俗，这是最好的。但如果没有违反相邻关系的要求，只是不符合民间习俗、风水，法律是不会支持的。

如果前一排房子想加层，对后一排的居民采光、通风没有影响，只是说破坏了他家的风水，那么只要前排居民的加层符合规定，经过了合法批准，后排居民就无权请求他停止侵害；盖好了以后，也不能请求强制拆除。

最后，我再补充一个相邻关系的案例。

20世纪80年代，最高人民法院院长看到本院的干警住房非常困难，就向政府申请盖新房，此外，还在西交民巷把最高人民法院干警住的平房拆除，要盖成六层的家属楼。

然而，因为西交民巷的居民大多住的是平房，在盖到四层的时候，居民们就向区法院起诉，要求拆除妨害他们通风、采光的部分。最终，区法院判决最高人民法院败诉，拆除了三层及以上的部分，把六层楼改成了两层楼。

这个案件比较有意思，也是最高人民法院带头遵法、守法的一个典型案例。

087 添附

租客装修房屋后，出租房增加的价值归谁所有？

本节，我们来学习一个与所有权有关的特殊问题——添附。

用法律语言说，添附就是"不同所有人的物被结合、混合为一个新物，或者将别人之物加工成新物"。说白了，添附就是添加、附合，让不同权属的物结合成为一个新物，或者付出劳动，把他人的物加工成新物。举个例子，小王租了老李的房子，为了方便孩子生活和学习，进行了全面装修。虽然房子是老李的，但是装修的材料，比如水泥、砖头、地板等，全都是租客小王的，小王把这些东西都添加到老李房子的墙上、地面上，使两个不同所有人的物相互结合，成为房子的组成部分，变成了一个所有权。这就是一种添附行为。

添附前，各个物是属于不同人的，那添附之后形成的新物到底该归谁所有呢？比如说，本来双方约定房屋至少租六年，但因为房价上涨和资金需要，在第四年的时候，老李就打算把房屋卖掉。小王也同意搬走，但觉得自己装修花了那么多钱，现在才住到第四年老李就要卖房子、不让租了，不划算，坚持让老李补偿装修费用。然而老李认为，装修是小王自己的选择，小王要是愿意，可以把装修材料拆走，总之自己不可能补偿。双方协商不成，就诉到了法院。

这就是一个关于添附规则的典型纠纷。根据生活经验我们知道，很多添附行为发生后，再想让不同的物恢复原状是很难的。在案例中，老李同意小王把建筑材料拆下来拉走，这可能吗？就算能做到，拆下来后也不再是装修材料了,而是建筑垃圾,又要运走,经济上也更不划算。换句话说,恢复原状在事实上不可能,经济上不合理。

我们看看《民法典》对此是怎么规定的。

添附的种类

按照《民法典》的规定,添附行为分为三种,分别是加工、附合和混合。

加工,是指一方付出劳动,将他人的物加工改造成具有更高价值的物。它的特点是,添附的不都是物,还包括一方的劳动。比如,你请篆刻大师把自己的印章石刻成了印章,你提供的是印章石,是物;大师提供的是刻章服务,是劳动;两者的结合最终形成了一个印章,这就是加工。

附合是指不同所有人的物紧密结合在一起而成为一种新的物。本节案例中的装修就是附合。再比如,把邻居的砖石砌在自己家的墙上,也是典型的附合。

混合和附合有共同之处,也是不同所有人的物结合在一起。不同的是,如果这些物结合在一起成为一个新物,彼此还能分辨,就叫附合;如果两个物融合在一起,彼此难以分辨、难以分开,就叫混合。比如,把邻居的砖石砌在自己家墙上,虽然砖头变成了墙,但是砖头还是能分辨的,这就属于附合;而如果是把邻居的水泥和自己的沙子搅在一起,形成了混凝土,又或者是把邻居的金属与自己的金属熔化,形成了新的合金,这时候不同的物识别不了,难以分开了,这就属于混合。

简要总结一下,一方出物,一方出劳动的,是加工;一个物附着于另一个物,虽然还可以分辨各自的物,但是已经形成了一个新的物,是附合;而两种物掺和或者融合在一起,难以识别各自的物,并且难以分开的,就是混合。

添附的所有权确认

根据《民法典》第322条的规定,确认添附物的归属,首先要看双方约定。如果没有约定,那就按照法律确定的规则和原则处理。但是,《民法典》里没有具体规定确认添附物所有权的规则,只是在原则上规定,认定添附物所有权时,要充分发挥物的效用,以及保护无过错当事人。虽然条文里没有具体规则,但在习惯法上是有确定规则的,而且《民法典》第10条也规定了,处理民事纠纷时,法律没有规定的,可以适用习惯。这些习惯上的规则,归纳起来,有几种情况。

首先是加工。加工物的所有权归属比较简单,就是归属于物的所有权人。例如出印章石请篆刻大师雕刻印章,不能说大师的手艺高,雕刻的印章价值超过了印章石的价值,就把加工的印章所有权归属于雕刻大师。所有权还是属于定作人,也就是印章石的所有权人。即使双方没有加工合同,是大师私自拿了印章石雕刻,加工后的印章也属于所有权人。

附合的情况比较复杂一些。如果是动产附合于不动产之上,就由不动产所有人取得附合物的所有权。比如修建房屋时,房主擅自把邻居家的石板砌在了自己的墙上。在这种情况下,石板肯定是要不回去了,只能是房主根据石板的价值向邻居赔偿,毕竟不能因为一块石板就让房主把房子拆掉。这也体现了法条里规定的"充分发挥物的效用"原则，要尽量做到物尽其用。假如这块石板是邻居祖传下来可以流通的文物，那么就需要拆下来还给邻居，因为文物的价值肯定是高于房屋的。这也是"充分发挥物的效用"。并且在拆墙后，房主还不能要求邻居补偿，因为纠纷不是他引发的，邻居没有过错，这也体现了法条规定的"保护无过错当事人"原则。

动产与动产的附合其实也差不多。有主从之别的，比如把邻居不用的旧车换上新的发动机，车肯定是主，发动机是从，那就由主物的所有人，也就是邻居，取得附合物的所有权。当然，邻居有义务支付适当补偿；没有主从之别的，可以由双方共有。比如，在别人的玉吊坠上加上金链，变成项链，两个物没有主从之分，项链就可以由双方共有，也可以一方所有，另一方补偿。例如吊坠值 4000 元，金链值 2000 元，项链的价值就可以以二比一的比例变价分割，或者一方补偿另一方。

最后是混合。混合物一般由原物的价值比较大的一方取得，给另一方适当补偿。如果原物的价值相差不多，也可以各方共有。当然，如果混合物能分割的，可以按照原来各自所有的数量进行分割。比如，一百斤大米和一百斤大米混合成为二百斤大米，每人分一百斤就好了。

老李享有房屋所有权

结合前文分析，再来总结一下本节案例。

小王对老李的房屋进行了装修，显然属于附合，而且是把动产附合到了不动产上，按照刚才说的，原则上是不动产的所有人获得添附物的所有权。也就是说，装修的材料已经成了老李房屋的组成部分，老李享有所有权，并且应当给小王补偿。装修材料继续在房子里发挥价值，也符合"充分发挥物的效用"的原则。老李让小王把装修材料拆走，是没有道理的，不符合添附的规则。

此外，小王当初之所以装修，也是因为双方约定的租期为六年，租期比较长。现在老李提前解约，属于有过错的一方，按照"保护无过错方"的原则，老李也得对小王给予一些补偿。当然，把小王装修的费用全部补偿给他也不合理，装修虽然增加了房屋的价值，但新的房主可能不喜欢，也有拆掉的可能，小王添附的价值有限。具体要补偿多少，首先看双方协商，如果协商不成，那法院可以根据解约后租期还剩两年的情况，大概估计添附物的价值，最多判决补偿三分之一。

延伸课堂：

房东同意租客装修，退租后，租客可以请求补偿吗？

这要分情况来看。

如果是企业租赁房屋，并且租的还是精装修房，很多时候承租的公司都有义务保持房屋现状，不得进行破坏性的硬装，只能是添置软装。但也有很多企业，比如健身房、餐厅等，在租房后必须根据自身经营需要进行大面积改装，这时，房东就得准许企业按照经营需求装修。不过，因为这类装修只符合特定经营需求，新的租客租赁后通常也不会继续使用，所以原租客退租时，也就无权主张装修补偿。

至于个人租赁房屋，如果需要装修，应当经过房东同意。房东不同意就进行装修的，是违约行为。房东发现后，不仅有权解除合同，甚至还可以要求赔偿损失。如果是房东同意装修，退租时，个人能不能要求房东对装修进行补偿呢？原则上是不行的。因为房客装修租赁房屋，也是满足自己的使用需要，既然已经达到了使用目的，退租时原则上就不应当请求补偿。

正文中说租客可以获得补偿，一个很重要的前提是房东提前解除了租约，让租客对装修物的使用减少了两年。假设案例里的房客是自己主动退租，这就不能向房东请求补偿。

如果租房时想要装修，退租后又想要获得补偿，最好的办法就是事先约定。例如在租房协议里写明：退租后，装修新增的设施由房东继续使用，并由房东给予房客一定补偿。当然，如果房东出租的是毛坯房，房客装修后显然增加了房屋价值的，并且后续房东也要利用这些装修成果。这时，即使事前没有约定，房客退租时要求房东给予补偿，也是完全合理的。

088 征收征用

征收居民住房，可以以安置房的价格计算补偿金吗？

征收和征用是国家取得财产所有权或者使用权的行为规则，它们与个人利益和集体利益也都息息相关。

为了了解征收和征用，我们先从一个案例说起。

某县政府决定征收县城北区的房屋，出台了征收补偿方案。方案规定，选择安置房补偿的，如果安置房面积超过被征房屋面积，业主要补足差额部分房价。选择现金补偿的，被征收房屋按照该地块安置房的价格计算补偿金。老孔的房屋也在被征收的范围内，他选择了现金补偿。协商时老孔认为，目前的现金补偿不合理，补偿金不能按安置房的价格计算，应该按照同类商品房的市场价格计算，但县政府不同意这个提议。双方协商未果，老孔就诉到了法院。

这是一个有关征收的典型案例。我们知道，国家在出于公共利益时，有权征收个人房屋，征收后也应该给予合理补偿。但问题是，案例中县政府提出的现金补偿方案是否合理呢？

要回答这个问题，得先知道《民法典》对征收是怎么规定的。

什么是征收

征收，是国家依据法律规定将集体或者个人的财产，强制征为国家所有,最典型的是征收农村土地为国有土地,拆迁个人房屋用于城市基建。

征收的法律后果非常严重,会直接消灭集体或者个人的所有权。所以,法律对征收有严格限制。归纳起来,主要有三点。

第一,征收必须是为了公共利益目的,而不是一般的建设需要。2007年制定《物权法》的时候,最开始提出的是"国家利益",而不是公共利益。但国家利益的范围还是太宽泛了,国有企业的利益也是国家利益,但国有企业与民营企业和其他社会组织是一样的,都是平等民事主体。不能说为了国有企业的利益,就对私人的财产进行征收。因此,最终还是确定为"公共利益"目的。然而,究竟哪些是公共利益,当时还未能形成共识。所以当时《物权法》也没有具体定义公共利益的范围,只是对公共利益这个概念从原则上做出了规定。

到了2011年,国务院依照《物权法》的规定,出台了《国有土地上房屋征收与补偿条例》,这是一部关于征收房屋的行政法规,也具有法的效力,其中的第8条对公共利益目的做了具体界定。内容比较多,归纳起来有以下几点。

一是出于国防和外交的需要,比如为建设军用机场、大使馆等设施而征地。

二是为了建设能源、交通、水利等基础设施征地,或者为了建设"科教文卫体"等公共事业征地。比如,征地建设铁路、高速公路等,或者为建设公立医院、科技馆征地,这都属于出于公共利益目的。国有企业利益不等于公共利益,如果征地只是为了给国有企业建仓库,这就是不行的但如果是国有企业依法向个人、集体购买这些土地的使用权,这没有问题。此外,如果是政府组织的安居房、廉租房等保障性工程建设,以及政府对危房集中、基础设施落后等地段进行旧城区改建，这些也都属于出于公共利益需要。

当然，最后还有一个弹性条款——法律、行政法规规定的其他公共利益需要。

征收城市里的房屋要出于公共利益的目的，征收农村土地也是一样。征收农村土地要符合的公共利益条件规定在《土地管理法》中，和上文几个条件几乎是一样的。

第二，法律除了对征收的目的有限制，对征收的对象也有要求。具体来说，征收的财产只能是土地、房屋，以及其他不动产，比如水塔、桥梁等构筑物，以及林木。

第三，征收不动产，国家必须支付补偿费，对丧失所有权的人给予合理补偿。如果是征收个人或单位的不动产，那应当依法给予拆迁补偿。要是征收的属于居民住房，那必须保障被征收人的居住条件。本节案例就与这个规则有关，县政府以安置房的价格计算拆迁补偿金，这是低于市场上同类商品房价格的。被征收人领取补偿金后，无法恢复和保持原来的居住条件，这就违背了《民法典》对"保障居住条件"的规定，会损害被征收人的合法利益。

如果征收的是农村土地，应当向农民及时、足额地支付土地补偿金、地上附着物补偿费，以及安置补助费，等等。在这条规定里，原来《物权法》的表述是"足额"补偿，现在《民法典》则改为"及时足额"补偿，立法用意是国家要更好地保护被征地农户的利益。

《民法典》还有一条新增的规定，就是第244条：在征收时，国家对耕地实行特殊保护，要严格限制农用地转为建设用地。《民法典》专门新增这一条，是因为近年来各地对耕地有过度征收的情况，这是要严格约束的。虽然建设用地更有商业价值，但耕地的价值不能用商业价值衡量，它还关乎国家的粮食安全，所以对耕地要实施最严格的保护。

什么是征用

理解了征收,再来看看民法对征用的规定。

《民法典》第245条规定,遇有抢险救灾、疫情防控等紧急需要时,国家可以依法征用组织、个人的不动产或者动产。通俗来说,征用就是国家在紧急状况下强制使用组织、个人财产的行为。

征收和征用虽然都具有行政强制性,但二者其实是两个完全不同的概念,主要有四个区别。

第一,适用条件不同。征收是基于国防、外交、基础设施建设等公共利益需要,而征用则是基于抢险救灾、疫情防控等紧急需要。

第二,适用对象不同。征收的对象仅限于不动产,而征用的对象不仅可以是不动产,也可以是动产。

第三,法律效果不同。征收的法律效果是国家取得被征收财产的所有权,不存在返还的问题事实上,国家要承担合理补偿义务;而征用的法律效果是国家取得了对征用物的使用权,在征用时间或者征用事由结束后,国家有义务把征用物返还给权利人。

那么,国家在征收或者征用公民的财产时,公民可不可以拒绝呢?这得分情况来看。如果征收、征用是符合法律规定和程序的,比如是出于公共利益或者紧急需要,并且补偿也合理,公民不得拒绝。如果公民有阻拦行为,政府部门有权让公安等国家强制力机关来保障征收、征用。但如果征收、征用不符合法律规定的目的和要求,公民可以依法提出异议。比如本节案例中,政府制定的补偿方案不合理,那老孔就有权提出意见,或者是请求法院裁决确定合理的补偿方案。在双方达成共识之前,政府不得强拆。

第四,补偿标准不同。征收的补偿标准比较高。征收时,除了补偿不动产本身的直接损失，还会补偿不动产被征收后可能造成的未来利益损失。比如，前文提到的征收农用土地，土地补助费是对不动产本身的补偿；对土地上青苗的补偿，是对地上物的补偿，这属于对未来利益的补偿。

而征用的补偿不是这样。征用时，国家主要补偿被征用人在征用期间受到的直接损失。比如，张三的货车因为抢险救灾被征用了，在征用期间货车受到了毁损，这时政府会补偿货车本身的损失，但对货车在被征用期间可能带来的预期利益，通常是不补偿的。因为在灾情、险情等紧急情况下，张三通常无法正常使用财产。并且，征用是为了尽快恢复社会秩序，被征用人也应当做出奉献。在我看来，虽然政府在法律上没有补偿预期利益的义务，但其实也应该在征用结束后，对被征用人进行表彰或者适当奖励。

案例回顾

理解了《民法典》对征收和征用的规定后，我们再来回顾本节案例。

案例中县政府制定的现金补偿方案显然不能维护被征收人的合法权益，违背了《民法典》规定的"应当保障被征收人的居住条件"，老孔不服县政府的拆迁补偿方案，起诉到法院，完全有法律依据。

这个案件的结果，是法院撤销了县政府原有的征收补偿方案，判决县政府重新确定补偿金。县政府确定补偿金额时，要参照就近区位新建商品房的价格，并且以被征收人的居住条件和生活质量不降低为准。

089 共有权

对共有的汽车有 70% 份额，能单独决定卖车吗？

所有权有多种类型。善意取得、相邻关系、添附以及国家征收征用都是与单一所有权相关的行为规则。除了单一所有权，还有共有权和建筑物区分所有权。本节讲解共有权。

共有权这个概念我们都不陌生，夫妻共同财产和家庭共同财产都是具体的共有类型。不过，只了解这两种共有类型，还不能理解共有权的全貌。

还是先来看一个案例。

老张和小李共同购买了一辆有营业牌照的个体出租车，其中老张出资 70%，小李出资 30%。双方约定共同运营，收益按照出资比例分配。一年后，有人要出更高的价钱买这辆车，老张觉得比较合算，就自己把车卖了，交易结束后打算分给小李 30% 的钱。小李一听车被卖了，很生气，认为没有经过他的同意，老张无权卖车，除了要回 30% 的卖车款，小李还要求老张额外赔偿。但老张认为，自己对车有 70% 的权利，有权决定是否卖车，不需要赔偿。双方沟通未果，发生了争议。

这是一个有关共有权的典型案例。老张是否有权决定卖车呢？可能有的人会想，应该不行。在夫妻关系这样相对紧密的关系里，任何一方都不能擅自处分共同财产，老张和小李只是因为共同买车才有了联系，是比较陌生的关系。这种情况下，老张应该更没有权利决定单独卖车。

但实际上，在本节案例的情况下，老张还真是有权利单独决定卖车。老张和小李之间形成的共有关系是按份共有，它和夫妻共有、家庭共有都不一样。

要理解这个结论，我们得先来看看《民法典》对共有权是怎么规定的。

什么是共有权

共有权，是指两个或两个以上的民事主体，对同一项财产共同享有所有权。

虽然共有是多个民事主体共同享有所有权，但这不意味着能把所有权按比例拆分。所有权具有单一性，即使对共有物，也仍然是一个所有权。假设在案例中，老张卖车时通知了小李，但小李不同意，在这种情况下，老张不能说自己卖的是自己那70%所有权，跟小李没有关系。因为对外交易时，这辆车的所有权只有一个，要卖只能全卖掉，不能说只卖70%的出租车。

那么，如果小李就是不同意卖又该怎么办呢？这就要说到共有人之间的权利义务关系了。在我国民法里，共有权有按份共有、共同共有和准共有三种类型。

夫妻共同财产和家庭共同财产都是共同共有。在这些不同类型的共同共有中，共有人之间的权利义务都不太一样，前文中我们已经学习过，这里就不再赘述。

按份共有，是指多个所有人对同一项财产按照既定的份额享有权利，负担义务。老张和小李对汽车的份额是7:3，分配收益时，如果没有另外约定，就应该是按 7:3 的比例分配；同样的道理，如果要出钱维修汽车，也是按 7:3 的比例负担费用。此外，如果两人要处分汽车，也要根据份额比例。《民法典》规定，如果有约定，那首先根据约定；如果没有约定，那么，只要占份额三分之二以上的按份共有人同意，就有权处分汽车。在本节案例中，老张对出租车有 70% 的份额，这就属于份额在三分之二以上。不过，即使老张有权决定卖车，在卖之前也有义务通知小李。并且，小李对老张那 70% 份额在同等条件下有优先购买权，比如小李和其他买家都出同样的价格，支付方式、支付时间也都一样，这时候小李有权优先购买。

理解了按份共有，对准共有也就好理解了。准共有是共有权里的一种特殊类型。在准共有中，共有的不是所有权，而是所有权之外的其他物权和知识产权。根据《民法典》的规定，在准共有里，各共有人的权利义务关系，参照按份共有或者共同共有的规则处理。

例如，两人一起写了一本书，共有的就是著作权。对著作权，如果两人能分份额，比如 10 个章节里，一个人写了 7 章，另一个人写了 3 章，就能参照按份共有的规则。分配稿酬时，可以根据 7:3 的比例分配。如果每一章都是两人深度创作的，无法分份额，这就要参照共同共有的规则。分配稿酬时，原则上要平均分配。当然，如果一方能举证自己的贡献更多，也有权适当多分。

共有关系的发生和消灭

共有关系在实践中的产生有几种情况。最基本的，是依照当事人之间的约定，这也叫协议共有。当然，很多时候就算双方没有协议，只是依据法律规定或者共同行为，也能产生共有。最典型的就是结婚。法律会默认双方在婚后实行夫妻财产共有，除非夫妻采用约定财产制，提前约定婚后财产各自所有。再如，数人共同继承遗产，法律规定，在遗产分割之前，各个继承人对遗产也是共同共有。当事人之间实施了共同行为，比如共同创作作品、共同发明专利，对著作权、专利权也就产生了共有。

既然共有关系能建立，对应的，也会被消灭。首先，共有权不过是所有权的一种特殊类型。所以，如果所有权的物质载体本身都没了，那共有关系肯定不复存在。比如，共有的房屋被征收了，或者共有的土地因地震等自然原因而灭失了，等等。此外还有一种情况，就是财产还在，但共有关系消灭了。比如，婚姻关系、家庭关系解体，合伙解散等。

共有关系消灭后，还有一个关键问题，就是分割共有财产。分割的最基本规则当然是先协商。如果协商不成，有三种办法。

第一，**实物分割**。能这么分的前提，是不影响财产使用价值和特定用途，比如在银行的存款可以实物分割。然而，如果是共有的住房，这就不行，因为实物分割之后就成建筑垃圾了。

第二，**变价分割**。这种做法就是把财产变卖，折现后各方分钱。这么分割的前提是各方都不愿意继续保留共有物。

第三，**作价补偿**。如果有一方要保留共有物，但另一方不愿意，那可以通过作价补偿。比如，老父亲去世的时候留下了三间房。在继承的时候，兄弟俩先各自分一间。对第三间，弟弟想卖掉分现金，但是大哥不愿意，这时候，大哥有权保留这间房，但是要补给弟弟现金，补偿金额要相当于一间房产一半的价值。

这里还要注意，共有财产分割后，各共有人都应以所得的财产互负瑕疵担保责任。也就是说，如果共有人分到的财产在权利上有瑕疵，或者财产本身有瑕疵，并且因此遭受了损失，其他共有人有义务按分得的财产比例对受损失者进行补偿。比如，如果大哥在给弟弟作价补偿之后，发现父亲对这第三间房压根没有所有权，房子也被原房主追回了，这个时候，弟弟就得把钱退回来。

老张侵害了小李的共有权

分析到这，我们可以来看本节案例了。这个案例是典型的共有人侵害其他共有人权利。

老张和小李共同购买出租车，成立按份共有。在按份共有中，老张对出租车有70%的份额，共有的份额超过了三分之二。根据《民法典》第301条的规定，他有权决定卖车。如果小李不同意，并且主张优先购买权，在同等条件下，就只能卖给小李。如果不行使优先购买权，那小李不能阻止老张卖车，毕竟老张有其中70%的份额。

但是，在本节案例里，老张卖车时压根没有提前通知，而是直接无权处分了小李对汽车的30%份额，这就侵害了小李的共有权，构成侵权行为。所以，小李在要回属于自己的那份卖车款后，还有权要求老张额外赔偿。但是，赔偿的数额应该适当，毕竟车是以更高价格卖出的。小李按比例收回的卖车款已经比买车时的支出更多了。赔偿款的具体数额，首先还是双方协商；协商不成的，由法院根据车的折旧情况、平日维护的支出以及平时的运营收益等因素综合考量。

延伸课堂：

正文中提到，对车的赔偿款协商不成时，由法院根据车的折旧情况、运营成本等因素综合考量。如果遇到不常见的物品，又超过法官的知识体系，会不会出现误判？

我从事法院审判工作的第一天，老法官就跟我说过一句话：法官是一个终身学习的职业，因为永远都有自己不熟悉甚至完全不懂的案件。这里说的可不只是法律规则，更有案件涉及的其他专业知识。

遇到这种情况该怎么办呢？我想分享自己的三个经验。

第一，自己能学习的，首先自学。我当法官的时候，遇到不熟悉的法律规则，通常依靠书本就能解决；如果是缺少经验，那还可以向老法官请教。

其实不仅是法官，专职从事民法学研究也是这样。比如对代孕子女的法律地位问题，原来我也不懂，那我就把高质量的论文先通读一遍，再结合具体的实际问题，这就掌握了关于代孕行为的基本规则，在此基础上上升到理论层面，看到国内规章目前存在的问题，后来不仅能把相关知识讲给其他人听，还到了香港特别行政区高等法院出庭作证，为香港地区贡献了一个判例。

第二，法官永远不会掌握所有专业知识。法官的专业只是法律，而其他专业知识浩如烟海，即使法官能自发去了解这些内容，也只能是知道这个专业的皮毛。因此，法官在审理案件时遇到专业问题,也必须依靠专家提供帮助。对此,司法鉴定中有专门的鉴定人,他们来自不同的专业,比如痕迹专家、文字专家、医疗损害专家、指纹鉴定专家,等等。这些专家能给法官提供更准确的专业知识,帮助法官建立内心确信,作出正确判决。

不过,这些鉴定人通常都不是法律专家。其实在有的国家和地区,法庭请法律专家提供证言也是一个非常重要的方法,因为即使是法律专业的知识,法官也不一定都懂。这些法律专家出庭作证,能帮助法官建立正确的法律适用方法。在美国,这叫"法庭之友",这种制度已经被很多国家和地区采纳,但我国目前还没有设置。我曾经给美国纽约法院、香港特别行政区高等法院以及香港商会仲裁庭都当过专家证人,有一个案件还帮助我国企业挽回了49亿元的损失。

第三,对任何专家提供的专业帮助,法官都有责任进行审查。很多法官都认为,自己不是专业人士,怎么能审查专家提供的鉴定意见、报告呢?其实不然。比如在医疗损害纠纷中,认定构不构成医疗损害、医院要不要承担责任,都需要结合医疗损害鉴定报告。对这些报告里的数据和结论,即使法官无法从专业知识角度审查,但起码可以对鉴定程序、鉴定专家资格,以及对鉴定过程的逻辑推论进行审查,进而确定是否可以采用。当然,还可以请其他专家进行复核。如果专家说什么,法官就信什么,并据此作出判决,这样就太危险了。因为在目前的社会环境下,专家也是可能被影响的。

090 建筑物区分所有权

物业公司出租小区广告牌取得收入，收入归全体业主吗？

本节讲解另一种特殊的所有权类型，叫建筑物区分所有权，这个表述听起来比较陌生，但它其实是一个与城市居民息息相关的权利。

还是先从一个典型案例说起。

小王是某小区的业主，也是业主委员会的成员。小区建好后，一直由开发商自己设立的物业公司管理。后来，物业公司与广告公司签订协议，约定出租小区内的广告牌，使用费170万元，费用都入账为物业公司收入。小王知道后，主张广告费应该归全体业主，但物业公司不同意，理由是：这些广告牌是楼盘开发时就建好的，所有权属于开发商。双方协商未果，就发生了争议。

在这种情况下，这笔广告费应当归业主所有，还是应当归物业公司所有呢？有的人可能会想，虽然所有权里包含了收益这个权能，但业主们买房的时候也只是买到了对房子的权利，对小区内的广告牌不享有权利。而物业公司是开发商名下的公司，他们利用广告牌获取收益，也是在经营自己的资产。这么看，广告费应该归物业公司吧？但事实上，这笔收入应该归全体业主共有。业主买房可不只是买到了对自己房子的权利，还买到了对小区的其他权利。这些权利加起来，就构成了完整的建筑物区分所有权。

建筑物区分所有权这个表述来自日本民法。虽然听起来有点拗口,但其实意思很好理解,它本质上是一个复合型权利。比如说,你去开发商那里买了一套房子,这套房子是小区里一栋楼中的其中一户。你买了这套房子,其实是同时买到了三个权利。第一,你买来了对自己那套房子的专有权;第二,你买到了对房子之外的其他共有部分,如小区花园、楼道、电梯等的共有权;第三,你买到了对整个小区的管理权。这三个权利,就构成了一个复合型的不动产所有权,也就是建筑物区分所有权。

专有权

在建筑物区分所有权里,最核心的是业主对房屋的专有权。不过,在一栋建筑物里,业主们是上下相邻或者左右相邻的,每个业主都对自己的房子享有专有权。那么,确定业主能行使专有权的范围,也就是专有部分,就很重要了。说到底,就是要确定业主买到的那一户的权利界限究竟到哪里。在学说中,采用的是"壁心和最后粉刷表层"说,意思是,业主行使权利的边界最多可以深入到墙壁、天花板、地板的中心,但实际能使用的,其实是房子的最后粉刷表层。比方说,当你装修房子钉钉子的时候,可以深入到壁心,但你要挂书柜或者挂电视机的时候,就只能是挂在墙上。如果你要在壁心处内嵌一个电视机或者书柜,这就不行,因为你行使权利时超过了实际使用界限。假如对方也在这里打一个书柜,岂不是打通了墙壁吗?

除了要在特定范围内行使权利,专有权人还有一个很重要的义务,就是准许进入的义务,也就是前文说过的,要为相邻方提供便利。比如,业主上下相邻,很多管线在对方的区域内,如果楼上的管线要在楼下邻居的棚顶进行维修,楼下的邻居应当准许。

共有权

业主买到的第二个权利是对小区的共有权。这里说的共有权，是指全体业主对小区中的共用部分，形成了一种不可分割的共有关系。这里的关键是"不可分割"，它和能分割的按份共有、共同共有还不太一样，因为小区里的共用部分，具有不可分割性，不实行共有就没有办法解决所有权的问题。比如，业主对小区里的公共绿地享有共有权，但绿地可以分割成不同的部分，让业主自己种菜吗？显然不能。分割之后，绿地也就丧失原有功能了。

理解这个权利，还要注意两个关键。

第一，认定共用部分的范围。这个范围非常大，无论是建筑物的基本构造，还是其附属部分，都由全体业主共有。比如，楼梯、走廊、自来水和暖气管道等建筑物附属物；再如，建筑物的屋顶、外墙以及地下室等基本构造，也都由全体业主共有。此外，住宅小区的绿地、道路、公共活动场所，以及水电、照明、消防等公用配套设施，也都由全体业主共有。本节案例说的广告牌就属于公用配套设施。

第二，业主们对共用部分享有权利，同时也要负担义务。权利很好理解，无非就是把所有权的权能拓展为全体业主共享，比如共同使用权、收益共享权、共同处分权，以及物权请求权等。本节案例就涉及收益共享权。小区广告牌既然是小区公用设施，那么出租广告牌的收入，应该由全体业主共享，物业公司除了获得相应的维护管理费，对其他收入都不得入账。此外，有权利当然就有义务。最基本的是不得破坏、侵占小区的共用设施，以及业主们要共同负担对共用部分的维修、改良等费用。

管理权

建筑物区分所有权里的最后一项就是管理权。这里说的管理，不是指业主管理自己专有的房屋，而是对小区整体的管理。像上文说的，业主对小区的共用部分可以共享收益，也有权共同处分。那么，收益该如何分配、何时分配，以及对共用部分要如何处分，这些都需要全体业主共同决策。虽然每一位业主都享有管理权，但通常不能直接行使，根据《民法典》第277条的规定，业主行使管理权的方式是设立业主大会。业主大会由全体业主组成，是管理小区的决策机构，它和公司等组织不一样，不具有法人资格，只有一定的民事行为能力和诉讼行为能力。业主大会成立后，还会选举设立业主委员会，相当于是业主大会的执行机构，负责小区的日常管理。

业主的管理权主要包括四项内容。

一是表决权。这是指业主有权参加业主大会，参与制定小区管理规约，以及讨论、表决业主的共同事务。

二是选举权和被选举权。任何业主都有权通过选举，推选适当的业主或者自己担任具体工作。比如，选举业主委员会成员时，任何一个业主都有权给其他业主投票，也有权被选举为业主委员会的成员。

三是监督权。业主对业主大会委派的小区管理人或者物业管理机构，有权进行监督，对不尽职的管理人有权提出批评、改进意见，甚至是建议业主大会决议更换管理人。

最后是一项义务，是要遵守业主大会的决议。比如，业主要承认业主大会通过的小区管理规约，以及要服从业主大会多数成员做出的其他决议。

出租广告牌的收益应由全体业主共有

说到这，我们可以来回顾本节案例了。

首先要明确，小区业主买房，不仅是买到对自己房子的专有权，还买到了对小区共用部分的共有权，对共用部分，全体业主有权共同使用，取得收益后，也要共同分享。

虽然广告牌是开发商建的，但它既然是占用了小区的共用部分，那也应当认定为小区的公用配套设施。现在物业公司出租广告牌，获利了170万元，这就属于利用了小区的共用部分取得收益，这笔收益应该由全体业主共有，不能作为物业公司的收入。当然，物业公司在和业主协商后，可以扣除必要的管理费用。因此，如果物业公司坚持不返还收入，那小王可以在取得业主大会的同意后，以业主委员会的名义向法院起诉，要求判决物业公司返还广告费，法院也应当支持。

延伸课堂：

业主收房后未实际居住，需要交物业费吗？

业主收房后没有实际居住，也应当交纳物业费。这在《民法典》第944条里有明确规定，物业公司已经按约定提供服务的，业主不得以未接受或者无须接受物业服务为由拒绝支付物业费。这是因为开发商向业主交房以后，业主已经享有了对小区的建筑物区分所有权。这时，不管你住还是不住，物业公司都是要进行服务的，比如负责小区的安保、维护小区的共有部分。最简单易见的，就是即使你不住，你家门前的楼道物业也要打扫。这也是一种服务。

所以，业主收了房子就必须交纳物业服务费。如果不按期交纳，物业公司有权请求法院或者仲裁机构做出判决或者裁决，强制业主交纳物业费。

至于逾期交纳物业费，这是违约行为，应当有惩罚措施，比如违约金。至于要交多少违约金，具体要看物业服务合同是如何约定的。没有约定的，可以以未交的物业费为基准收取利息。根据《民事诉讼法》的规定，这个利率一般会比银行同期贷款利率高一倍。这其实也可以理解，毕竟是惩罚性措施。

因此，业主交纳物业费还是要主动，有房不住也要交，不要因此给自己造成更大的损失。

091 住改商

业主买房后将住宅改为商铺,其他业主可以制止吗?

我们知道,一个人买房,实际上是买到了三个权利,分别是对房子的专有权、对小区共用部分的共有权,以及对小区的管理权。这些都是建筑物区分所有权的一般性规定。

在实际生活中,与建筑物区分所有权相关的问题其实还有不少。比如,住改商就是业主行使专有权时会面临的一个典型问题。

还是先来看一个案例。

小张和小李住在同一个小区,是门对门的邻居,平时多有往来。后来,小李买了新房,搬走了。搬走之后,小李把自己的住宅租给了一家娱乐公司。这家公司有20多名员工,平时会有业务接待、开例会等活动,在小区内进进出出,影响了邻居小张的生活。

小张要求房主小李出面协调。但小李拒绝,理由是房子已经出租了,出租后对方会怎么用,那自己就管不着了。小张很生气,一纸诉状告到了法院,要求小李把房屋恢复为住宅状态。

在这个案例中,小李的出租行为就是私自住改商。我们看看《民法典》对住改商是怎么规定的。

住改商的定义和条件

所谓住改商，就是业主把自己享有专有权的那部分建筑物，从住宅改为经营性用房。

《民法典》第 279 条规定："业主不得违反法律、法规以及管理规约，将住宅改变为经营性用房。"也就是说，在一般情况下《民法典》禁止住改商。

禁止住改商的原因很简单，因为住宅和经营性用房的目的完全不同。住宅的要求是安宁清静，哪一个业主也不愿意生活在嘈杂、混乱的环境里。然而经营性用房，比如商铺，追求的就是人来人往。如果法律直接允许住改商，那不仅会破坏小区的安宁，甚至还会带来安全隐患。

规定"一般情况下"禁止住改商，也就是说《民法典》并没有完全禁止住改商。业主毕竟对自己的房子享有收益和处分等权利，如果完全禁止，那也是一种对个人权利的过分干涉。

根据《民法典》第 279 条的规定，业主如果想要住改商，需要满足两个条件。

第一，要遵守法律、法规，以及小区的管理规约。遵守法律、法规很容易理解。假如向小李租房的这家所谓娱乐公司，实际上从事的是卖淫嫖娼活动，那肯定是不行的。

至于小区管理规约，这是全体业主对小区管理的共同约定。如果管理规约中对住改商有特别要求，那住改商时，除了要遵守法律法规，还得符合小区管理规约。比如，有的小区管理规约虽然不禁止业主住改商，但是会明确限定不得改为歌厅、餐厅，或者是明确限定住改商后的房屋使用人数。

第二，要经过有利害关系的业主一致同意。这个是最实质的条件。哪些业主才算"有利害关系"呢？是同一层，同一栋楼，还是同一个小区呢？司法解释提出的标准是，首先，本栋建筑物内的其他业主，都属于"有利害关系的业主"。其次，如果是本栋建筑物之外的业主，也可以被认定为有利害关系，但前提是必须在同一个建筑区划内，比如同一个小区但不同楼。并且，这些业主还要证明自己的房屋价值、生活质量已经受到或者可能受到不利影响。比如，A 号楼的业主住改商，让小区增加了人流，影响 B 楼业主的通行，B 楼的业主能够证明的，也可以主张不得住改商。而且，这个规则明确，必须是有利害关系业主们"一致同意"住改商，而不是"绝大部分同意"。这个标准是编纂《民法典》时新增的。原来的司法解释只是规定了"有利害关系业主"的范围，但到底要有多少相关业主同意才能住改商，当时没有规定。编纂《民法典》时，立法机关认为，应该对住改商有严格限制，以保证业主的正常生活环境。因此，最终确定了"一致同意"这个标准。也就是说，即使 99% 的有利害关系业主都同意了，但有 1% 反对，那也不能住改商。

你会发现，虽然现实中住改商的行为不少，但能完全符合法定条件的可能并不多，因为《民法典》对住改商的限制非常严格。

违反规定条件住改商的法律后果

根据司法解释的规定，违法住改商，没有经有利害关系业主一致同意的，这些业主可以行使物权请求权，请求法院判决违法行为人排除妨害、消除危险、恢复原状或者赔偿损失。

在本节案例中，小李与小张是对门邻居，相隔很近。小李把住宅改成商业用途，出租给商业公司当办公区，不可避免地会影响小张的正常生活。因此，小张肯定是对住改商有利害关系的业主。其实不仅是他，整栋建筑物的业主也都是有利害关系的业主。小张向法院起诉，要求小李把房子恢复到原来的住宅状态，就属于恢复原状。

依照《民法典》第279条的规定，小李要实行住改商，应当取得小张以及其他有利害关系的业主的一致同意。但本节案例中，小李事先并没有征得相关业主们的同意，这就属于违法住改商。所以，法院应当支持邻居小张的诉讼请求，判决小李把房屋恢复为住宅用途。

那么，如果案例中邻居小张不主张恢复原状，只是要求小李和租户在住改商时不妨害自己的生活，这是不是可以呢？原则上是没问题的，但实现起来其实也非常难。因为只有小张自己同意还不行，除非全体有利害关系业主也同意这个方案。而案例中娱乐公司20多人，上下班、业务接待时进进出出的，除了邻居，其他业主通常也会受影响。

假设小李提出抗辩，声称自己的住改商行为，实际上得到了绝大多数业主的同意，只有小张不同意，那也是不行的。《民法典》规定的不是"多数同意"，而是"一致同意"。所以，只要小张反对，法院仍然会驳回小李的抗辩。

延伸课堂:

在住宅内带货直播,属于住改商吗?

业主在居民小区里开设工作室,进行直播带货等商业行为,这不能认为是住改商,而是对自己住宅的合理利用。如果产生了直播噪音、快递收发货等问题,可以用相邻权来解决。一方在住宅内直播带货,不可避免会影响邻居,如果尚可容忍,其实是需要容忍的。但如果直播声音过大,或者收发货影响小区秩序了,那么受影响的业主,也有权要求对方改正,或者请求物业公司介入管理。

092 车位归属

在小区人防工程里建设的车位,归全体业主所有吗?

车库车位是与建筑物区分所有权相关的一个重要的问题。车库车位的问题有时候会涉及小区业主的共有权。

先来看一个案例。

某小区早年建设时,按规划建造了地下车库。一开始车位还够,但随着越来越多业主买车,车位数量明显不够了,很多业主无处停车。物业公司见状,就联系了开发商,双方在小区的地下人防工程里又新建了一批停车位,并把这些车位出租给有需要的业主,取得的收入由开发商和物业公司分享。但业主委员会认为,在小区人防工程里新建的停车位,应该由全体业主共有,物业公司和开发商无权取得租金。各方沟通未果,就产生了争议。

这是一个有关车库车位的典型案例。可能有人会想,业主对小区的共用部分享有共同使用权、收益共享权。小区人防工程显然是全体业主能共同使用的,那么在这里新建车位、取得了租金,也应该归全体业主所有。

但事实上,这个案例还真不是这样。虽然全体业主都有权使用人防工程,但这仅限于战时等紧急状态下。如果是在平时,根据法律规定,开发商和物业公司确实可以在人防工程里新建车位,并以此取得收益。

要理解这个结论，得先来看看《民法典》对车库车位是怎么规定的。

小区车库车位的权属规则

根据《民法典》第275条的规定，确认车库车位的归属，要区分两种情况。

第一种情况，是要根据约定。法条是这么说的：建筑区划内，规划用于停放汽车的车位、车库的归属，由当事人通过出售、附赠或者出租等方式约定。这个规定就表明，在兴建楼盘时就规划好的车位和车库，不是全体业主的共有部分，是要单独设立所有权的。也就是说，这部分车库和车位原始的所有权在开发商手上，只有卖给或者赠给业主了，业主才取得所有权；如果是出租，那业主只能取得使用权。

在这里要强调的是，购买或者受赠取得的车库车位，业主实际上取得的就不再是对小区建筑物的所有权了，而是另外一个独立物权，也就是车库或者车位的所有权。因此，对购买或者附赠的车库车位，是应当单独进行不动产物权登记的。目前，我国大部分地方都要求对车库和车位进行物权登记，但也有一些地方不登记。我们要看到，进行不动产物权登记才是正确的。前文说过，不动产只有登记了才发生物权变动效力，对车库和车位来说也是这样。

第二种情况，是占用业主共有道路或者其他场地的车位属于业主共有。这一点很好理解，因为业主对小区共用部分享有共有权。如果物业公司和开发商不是在人防工程里新建了车位，只是在小区里的一块闲置空地上划出了一些停车位，那出租这些车位取得的租金就应该归全体业主所有。要注意，对这部分全体业主共有的车位，业主们只能通过租赁的方式取得使用权，不能像刚开始买房那样单独购买这些车位的所有权。

人防车位的权属规则

在人防工程里建设的车位是一种特殊情形。虽然全体业主有权使用人防工程，但它并不是小区的共用部分。《民法典》里没有直接规定人防车位的权属规则，但结合《人民防空法》来看，规则还是清楚的。

根据法律规定，不管是人防工程的设施还是土地，所有权都属于国家，因为这关涉国防安全。然而，毕竟人防工程是开发商出钱建设的，所以《人民防空法》也规定，只要不影响战时防空需要，国家鼓励开发利用人防工程。人防工程在平时由投资者使用、管理，收益也归投资者所有。这确立的就是"谁投资，谁使用，谁收益"原则。

本节案例就是这种情况，人防设施是开发商在规划时就修建的，现在它和物业公司再共同投资建新车位。根据法律规定，只要报经相关部门批准，对人防工程里新建的车位，开发商和物业公司有权出租并且取得收益。

规划的车库车位应当首先满足业主需要

虽然兴建楼盘时规划的车库和车位，所有权属于开发商，他们有权出售、赠与或者出租。然而车库车位毕竟是建在小区里的，是整体建筑物的附属部分。所以，它们存在的主要目的首先不是给开发商赚钱，而是要方便小区业主停车。因此，《民法典》第276条规定，开发商开盘出卖商品房时，出售或者附赠车库、车位的，首先要满足业主需要。建设单位应当按照配置比例，将车库、车位以出售、附赠或者出租等方式处分给业主。

这个规则其实有两层含义。

第一，是没有出现按照配置比例，业主不能购买或者租赁车库、车位的情形。这里说的配置比例，就是业主的户数与车库车位数量之间的比例，例如 1:1、1:1.5 等，这是在建筑规划时就确定的。现在新建的小区基本都能做到户数与车库车位数量 1:1，也就是每户都能够配置一个车库车位。但以前并不是这样。我在 20 年前买房的时候，很少有人同时要买车库车位。那时买私家车的人不多，很多人都认为买一个车位没有必要。所以，小区的车库车位都很便宜。对开发商来说，他自然是愿意多建房、少配置一些车库。随着生活水平提高，越来越多的家庭都买了汽车。到了今天，小区的车库车位已经是紧缺资源了。如果在交房的时候，业主无法按照建筑规划的配置比例以及合同约定取得车库车位，那业主有权诉到法院，要求开发商赔偿违约损失，或者要求开发商新建并交付车位。

第二，是开发商没有把车库和车位卖给业主以外的人。要注意，这并不是说在同等条件下，业主对这些车库车位享有优先购买权或者优先承租权，而是不管业主之外的第三人是否提出了比业主更高的条件，都不能首先卖给或者租给第三人。如果连业主的基本需要都还没满足，开发商就把这些车库车位单独出租或者卖给了其他人，经相关业主起诉，法院应当宣告这些买卖合同或者租赁合同无效。

当然，要是有的业主就是不买、不租车库车位，放弃这个权利，那开发商就有权处理剩余的车库和车位，卖给其他业主或者业主以外的其他人。如果业主后来才买车，但小区又没有车位了，这时业主就不能起诉开发商没有首先满足业主需要。

人防工程建设的车库不属于业主共有

说到这,我们可以来回顾本节案例了。

在案例中,小区早年建设的车库车位是根据建筑规划确定的。这批车库车位所有权属于开发商,并且也都出售给了小区业主。这没有问题。现在,小区车库车位数量严重不足。为了解决一些业主的停车急需,物业公司和开发商又利用了小区地下人防工程建设了一批新车位。

虽然业主们对人防设施有使用权,但根据法律规定,人防工程里的土地和设施,所有权归属于国家,并且根据"谁投资,谁使用,谁收益"原则,物业公司和开发商只要报经相关部门批准,在不影响设施防空效能的情况下,可以利用人防工程修建地下车库,而且有权将建好的车位出租给业主使用,并且收取租金。

因此,业主或者业主委员会,认为利用人防工程建设的车位属于业主共有,租金归属于全体业主,是没有法律依据的。

延伸课堂:

一个人一下子买断了小区的全部车位,囤起来,然后高价租给其他业主。这样的做法合法吗?

这种做法是绝对不能允许的,因为违反了"车库车位首先满足业主需要"的法律规则。

开发商在满足小区业主需要之前，不得把车库车位出售、出租给业主之外的其他第三人。这个规则在小区内部也同样成立。开发商不能把车库车位批量出售给某个或某几个业主，而是首先要满足更多业主的需要。

只有在剩余一些车位实在没人租、没人买的情况下，开发商才可以自由处置。不过，这种事情今天不太可能发生。现实情况是，车库车位供不应求，有时候物业公司还得在小区里开辟新的车位，来解决实际使用需要。

如果真的出现一人买断小区车位的情况，业主们可以直接起诉，请法院撤销这样的买卖协议。撤销之后，开发商应该按照建筑规划时确定的车位和小区户数的配比，把车库车位出售或者出租给业主使用。

093 物业管理

业主投票更换物业公司，同意人数过半，决议会生效吗？

物业管理，也就是全体业主对小区的共同管理。每一位业主都对小区享有管理权。如果业主们总能和和气气地把事情商量好了，那没问题，但现实很复杂，很多时候业主们的利益并不能统一。

先看一个案例。

某小区召开业主大会，决议是否更换物业公司。全小区的业主都参与了投票，投票结果显示，过半数业主同意解聘当前的物业公司。于是业主委员会宣布，解聘现有的物业公司。可是小区业主老刘和老郭并不认可这个投票结果。他们认为现在的物业公司服务水平还不错。老刘和老郭调取了选票查验，结果发现，在参与投票的业主中，虽然投赞成票的业主人数过半了，但这些业主在小区的房产面积加起来，还不到小区总面积的一半。也就是说，一些房产面积更大的业主并没有投赞成票。

老刘和老郭就要求业委会撤销决议。但业委会不愿意，认为只要人数过半，决议有效。双方就产生了争议。

案例的情况大致就是这样。在这个案例中，业委会的决议确实是无效的。根据《民法典》的规定，业主大会要想决议更换物业公司，投票时不仅投赞成票的业主人数要过半，这些业主的房产面积在小区的总面积里也要过半。

要理解这个结论，我们先来看《民法典》对小区物业管理是怎么规定的。

什么是物业管理

小区物业管理，就是业主对小区内的共有建筑物以及附属设施的自治管理。管理形式包括共同订立管理规约、组织小区业委会，以及委托物业公司或指定其他管理人日常维护小区。比如，对小区里的楼梯、绿地等共用设施，是否要维修、如何维修，以及本节说的是否要更换物业公司，不是一部分业主一合计，就能私下决定的，而是需要全体业主共同决议。

业主行使共同管理权的方式就是设立业主大会和业主委员会。业主大会是小区的决策机构，业主委员会是其执行机构。

业主大会，顾名思义，就是全体业主开会的自治组织。许多小区都举行过业主大会，但也有很多业主从来没有参加过。所以，不少业主对业主大会的决议规则并不十分了解。

召开业主大会要决定的事项，《民法典》主要规定了八项，但归纳起来是两大类，可以分为"一般重大事项"和"特别重大事项"。这些事项的重要程度不同，在业主大会上的表决规则也不一样。

业主大会如何表决"一般重大事项"

"一般重大事项"包括：共同制订、修改业主大会议事规则和小区管理规约、选举或更换业委会成员，以及使用小区公共维修资金。另外，像本节案例所讲的，选聘或更换物业公司，也属于"一般重大事项"。

对这些事项，业主大会该怎么决议呢？

首先，《民法典》对参与表决的人数有要求。我们可以记住一个表述，叫"双三分之二以上"。"双"的意思，就是要同时满足。也就是说，不仅参与业主大会的业主户数应当占小区总户数的 2/3 以上，并且，这些业主们拥有的房产面积也应当占小区总面积的 2/3 以上。举个例子，假设案例中的小区有 120 户业主，那么参与业主大会的业主至少得占到 2/3，也就是至少 80 户。但是，如果这 80 户业主拥有房产的面积，还不到整个小区总面积的 2/3，那即使这 80 户全都投了赞成票，这次业主大会的决议也是无效的，因为业主大会在召开的时候，组成人数已经不合法了。

其次，《民法典》对于决议通过的规则也有要求。我们可以记住另一个表述，叫"双过半数"。它的意思是，在参与表决的人中，投赞成票的业主，不仅人数要过半，他们的房产面积占比也要过半。只有"双过半"了，决议才能通过。假设刚才例子中投票的 80 户业主，他们的房产面积达到了要求，也就是占整个小区总面积的 2/3 以上了，现在他们要想换物业公司，必须是这 80 户业主里，至少有 41 户同意，这就是"人数过半"，并且这 41 户业主拥有的房产面积，在这投票的 80 户业主房产总面积里，占比也得过半，这就是"面积过半"。只有这样，更换物业公司的决议才有效。

业主大会如何表决"特别重大事项"

《民法典》只规定了小区管理的三个"特别重大事项"。

一个是筹集建筑物及其附属设施的维修资金。要注意，这里说的是"筹集资金"，它和"使用资金"不一样。前面说过，"使用"维修资金,只是"一般重大事项",而"筹集"维修资金,属于"特别重大事项"。因为涉及向全体业主筹钱,表决规则会更严格。

除了筹集维修资金,**另外两个"特别重大事项"分别是,改建、重建小区里的建筑物及其附属设施,以及改变共有部分的用途,或者利用共有部分从事经营活动**。比如,要在小区的一个空闲地块上划出一部分建立小超市,就是这种情况。

对这三个特别重大事项,《民法典》对参与表决的人数没有特别要求,跟"一般重大事项"一样,都需要"双三分之二以上"。但对于决议通过的认定,"特别重大事项"的要求更高,需要"双四分之三以上"的业主同意。假如上文的例子中,小区决议的不是更换物业公司,而是要决议筹集维修资金,那么,在这 80 户参与投票的业主里,表决同意的业主户数,至少得占到 3/4 以上,也就是 61 户,而且这 61 户业主拥有的房产面积,在这 80 户业主的房产总面积里也得至少占比 3/4 以上。只有这样,让业主们共同筹集维修资金的决议才有效。

还要注意对业主人数的计算。原则上,每一个专有部分只算一个业主,比如一套房子就算一个业主。但有两个例外,一个例外是,一个人买了好几套房子,房产面积该多少就是多少,但也只算作一户业主。另一个例外是,对小区里没有出售或者还没交付的其他所有房屋,统一算作一个业主,业主是开发商。

业主大会的决议无效

结合分析,我们再来看看本节案例。

选聘或解聘小区物业公司属于《民法典》规定的"一般重大事

项",应当由小区 2/3 以上的业主参与表决,并且这些业主拥有的房产面积要占小区总面积的 2/3 以上。本节案例中全体小区业主都参与了投票,在参会人数上符合法律规定。

但问题是,案例中表决同意的业主票数不符合法律规定,没达到"双过半数"——投赞成票的业主中,只有业主户数过半了,但这过半的业主们,他们的房产面积占比还不到小区房产总面积的一半。所以,业主大会做出的更换物业公司的决议无效。

业主老郭和老刘有权要求业主大会撤销决议。如果业委会不同意,老刘和老郭可以起诉到法院,要求法院判决撤销。

其实业主大会投票不合法的情况是可以预防的,这样也不会浪费业主们的时间和精力。比如说,在投票时,要求业委会对投票箱进行检查,对投票人员身份进行查验,以及,投票全程还可以邀请公证处人员进行现场监督以及公证录像。

在这里我补充一点,对业主大会依据法律程序表决通过的决议,任何业主都不可以反对,也不得拒绝执行。如果业主认为决议会损害自己的合法权益,应该及时起诉,诉请法院裁决决议是否违法。如果法院认为决议违法,就可以撤销决议,并判决业主大会做出新的决议。如果经审理决议没有问题,是业主拒不执行,业主委员会也可以向法院提出反诉,要求判决业主强制履行业主大会的决议。只有这样,才能对小区其他业主的权益负责。

延伸课堂：

业主诽谤业主委员会，属于侵害名誉权吗？

在我国，业主大会和业主委员会既不是法人，也不是非法人组织，没有民事主体的法律地位，因此不享有名誉权。

对业主大会和业主委员会的法律地位究竟应当怎么规定，其实在 2007 年制定《物权法》，以及后来编纂《民法典》的时候，都讨论过，但一直没有达成共识，所以立法上也一直没有明确。直到现在，业主大会和业主委员都还不属于我国法律规定的民事主体，只能认为是具备一定民事行为能力和诉讼行为能力的特殊团体。

其实在国外，业主大会和业主委员会通常是有法律地位的。因为只有确认了法律地位，它们的权益才能得到更好的保护。比如在美国，业主大会和业主委员都属于法人；在日本，则是规定 29 户以下的属于非法人团体，30 户以上的是法人。

说到这里，就有一个问题了，就是法人和非法人组织的区别。最主要的区别，就是法人承担有限责任，非法人组织承担无限责任。比如公司是法人，所以公司是承担有限责任的，也就是股东以出资范围为限，对公司债务承担责任。比如，公司注册资本是 1000 万元，那一般情况下，股东个人只在 1000 万元的范围内承担债务，超出这个出资范围，就不再承担民事责任。非法人组织不是这样。例如，律师事务所是合伙制企业，属于非法组织。在合伙中，就是所有合伙人对律师事务所承担无限连带责任。假设有律师办错了一个大案件，给当事人造成了很大的损失。在赔偿时，首先要以律师事务所的出资承担赔偿责任，如果赔偿后还不够，全体合伙人还要用自己的个人财产承担无限连带责任。当然，现在的律师事务所基本上都有责任保险，办了错案的赔付，可以由保险公司承担。但保险费还是要由非法人组织自己负担的。

理解了法人和非法人组织的特点，我们就会发现，如果把业主大会规定为法人或者非法人组织，比较大的问题就是承担责任。不管是有限责任还是无限责任，都可能涉及业主要掏钱的问题。立法之所以对此还未作规定，顾虑也就在这里。要让业主往外掏钱，这是很难做到的。

不过，即使业主大会和业主委员会没有独立的法律地位，问题里描述的这种情况还是有解决办法的，那就是让被诽谤的业主委员会成员，以自然人的身份，作为共同受害人起诉，追究侵害名誉权的赔偿责任。

094 土地承包经营权

租了农户的耕地,可以转手抵押给银行吗?

土地承包经营权属于用益物权,是一个与耕地等农业用地息息相关的权利。《民法典》对它也有新的规定。

还是先来看一个案例。

小王和几个人合伙,从某村的农户手中,取得了对 500 亩农村耕地的 15 年土地经营权,并且办理了土地经营权登记。为了扩大生产规模,小王等人就想把这些对耕地的权利抵押出去,向银行借款。但村集体经济组织不同意,理由是如果这几个人还不上贷款,对耕地的权利一旦被拍卖,就可能会危害耕地的后续用途,损害村集体利益,所以坚决不能抵押。双方沟通未果,就产生了争议。

小王等人对耕地的权利是否可以拿去抵押贷款呢?

前文讲过,耕地是关乎国计民生的重要财产,国家对此有特殊保护。无论是村集体对耕地的所有权,还是土地承包经营权,这些权利都不能拿去抵押。但本节案例里小王等人取得的权利叫土地经营权,它和农村土地所有权、土地承包经营权有关联,但还不太一样。根据《民法典》的新规定,土地经营权可以抵押。

说到这里,你会发现,围绕一块农村土地,竟然同时出现了三类权利。对其中的土地所有权,我们是相对熟悉的,它就是前文说的单一所有权,只不过权利由农村集体经济组织享有。土地承包经营权和土地经营权这两个权利也是紧密相关的。我们先来看土地承包经营权。

什么是土地承包经营权

土地承包经营权是指农户等承包人,有权承包集体所有或国家所有的农业用地,并对这些土地享有占有、使用和收益的权利。

理解土地承包经营权,要把握它的三个特点。

第一,权利的标的物为农村土地。这里说的农村土地,主要是指村集体所有的耕地、林地、草地等农业用地。对这类土地,农户会和村集体经济组织签订合同,约定以家庭为主体分得承包地,取得土地承包经营权。除了这些主要的农业用地,还有一类是农村里的鱼塘、养殖场,以及"四荒土地"。"四荒",也就是荒山、荒坡、荒沟、荒地等。对这类土地,通常不按照家庭承包的方式分给农户,而是要采取拍卖、招标等方法确定承包人。因为要经营这类农业用地,投入通常都比较大,所以不适合以家庭承包的方式直接分配。

第二,权利的主体必须是从事农业生产的自然人或集体。土地承包经营权的主体大多是本村的集体经济组织成员。但是也有例外。比如,承包农村的鱼塘、养殖场以及"四荒土地",这些土地必须采取招标、拍卖等方式确定承包人,所以它们的承包人就有可能不是本村农户。

第三,权利的性质是用益物权。在我国,农村土地只能由村集体组织所有或者国家所有,农户等承包人对这些土地只享有占有、使用和收益的用益物权,不能转卖、抵押对土地的权利。并且,这类用益物权还是有明确期限的。根据《民法典》第 332 条的规定,耕地的承包期为 30 年,草地的承包期为 30 年至 50 年,林地的承包期为 30 年至 70 年。如果是承包鱼塘、养殖场以及"四荒土地",承包期限由承包人和村集体经济组织另行约定。

土地承包经营权的内容

承包人在取得土地承包经营权后,能享有的权利主要有三类。

第一,承包人有权占有、使用农业用地,并且对土地上的收获物享有所有权。要注意,承包人对土地的使用,仅限于从事农林牧渔等农业活动。如果是在农地上挖土烧砖,从事非农业活动,这是不行的。此外,即使是进行农业活动,也要合理利用土地。如果承包的是耕地,却非要把它变成林地或者挖成鱼塘,这也不行,因为违背了因地制宜的原则。

第二,获得补偿权。这里要区分两种情况。一种是承包地被征收了,承包人有权获得征收费。虽然承包人不享有对农村土地的所有权,但因为承包期限通常都比较长,动不动就是几十年,所以农村土地被依法征收后,国家除了要给土地的所有权人,也就是村集体经济组织补偿征收费,对承包人也要及时补偿征收费。另一种是对改良承包地的补偿。假设农户张三在承包土地后,在承包地上兴建了农田水利设施,提高了土地的生产能力。那他在承包期限结束、交回土地的时候,有权要求村集体经济组织支付相应的补偿。当然,如果承包人张三要求把建好的附属设施拆走、让土地恢复原状,原则上也没问题。但如果村组织不同意,提出要以市价购买这些设备,承包人也不得拒绝。

第三,依法流转权。流转的方式,主要有两种。一是互换承包土地。假设农户张三和李四,分别承包了30年的耕地和草地,如果一段时间后,两人不想继续经营承包地了,但又不能向村集体重新申请,这时双方就可以协商互换。但要注意,互换的对象必须是本村集体经济组织的成员。另一种流转方式是设置土地经营权,也就是农户有权把土地交给他人经营,自己只获取收益。

农村土地的"三权分置"

《民法典》对农村土地设立了一个新规则,也就是"三权分置"。

"三权分置"就是在一块农村土地上,可以同时形成三个权利,分别是村集体享有的土地所有权、农户们享有的土地承包经营权,以及小王等人取得的土地经营权。这三个权利的关系很像一个三层蛋糕。在土地所有权之上,村集体可以为农户设立土地承包经营权;农户取得承包经营权之后,可以为小王等村外成员再设置一个土地经营权。

为什么法律要新增一个土地经营权,让农村土地形成三权分置呢?在改革开放后,我国农村土地实际上只有"两权分置",也就是在一块农村土地上只有两个权利,一个是土地所有权,另一个是土地承包经营权。当时为了保护农村土地,对土地承包经营权限制比较多。法律规定农户只能自己使用土地,或者与他人互换,但不能拿土地承包经营权去出租、入股、抵押等,这就限制了农村土地发挥效益。一旦农户承包土地后因故无法自己使用,比如要外出打工,那就只能是把土地闲置,无法利用土地获取其他收益。

现在《民法典》规定了土地经营权,情况就有所改变了。农民即使不亲自使用承包土地,也可以在承包地上设置一个土地经营权,用这个权利去出租、入股、抵押贷款,等等。

本节案例就是这种情况,村里的农户们把对500亩耕地的土地经营权流转给了小王等人,小王他们取得权利后,就有权自主经营土地,同时要给农户们支付相应的土地使用费。

案例中小王等人并不是村集体经济组织的成员,这就说明,农户在设置土地经营权时,没有对象限制。其实不仅是小王这样的村外个人可以取得土地经营权,即使是国有企业、民营企业这样的组织,也可以取得土地经营权,例如取得土地经营权后建设农场。

设立土地经营权的方式,主要是通过协议。农户等土地承包人在把土地经营权流转出去后,新权利人就有权在合同约定的期限内占有农村土地,自主开展农业生产经营。当然,也可以拿这个权利去抵押贷款,或者投资、入股取得收益。如果取得的土地经营权期限达到了5年以上,那权利人还可以向登记机构申请土地经营权登记。案例中,小王在取得了15年的土地经营权后,就办理了登记。如果他没有登记,那不得对抗善意第三人。比如,假设农户们在把土地经营权流转给小王等人后,又把权利再流转给了不知情的张三,并且还办理了登记,那权利就归张三了。小王等人即使先签了合同,也无法取得土地经营权,只能找相关的农户赔偿损失。

案例回顾

首先要明确,国家对耕地确实是特殊保护的。对耕地的所有权、土地承包经营权,法律有严格限制。这些权利不能拿去转让、抵押、入股等等,因为有可能减少耕地,损害农民利益。但现在《民法典》规定了农村土地三权分置,在土地承包经营权之上,农户等承包人可以设置一个土地经营权。土地经营权不仅可以流转,还可以用于融资担保,能更好地发挥农地效用。

本案中小王等合伙人,从农民手里取得的权利,就属于土地经营权。他们在经营活动中需要贷款,根据法律规定,有权拿土地经营权去抵押,进而获得融资。村集体经济组织不得无故阻拦。即使小王等人在贷款后还不上债,对耕地的土地经营权被银行拍卖了,新取得权利的买家也只能利用土地从事农业活动,一般也不会损害农村土地的后续用途。

095 宅基地使用权

城镇户口居民能继承父母在农村的宅基地吗?

除了生产,农户的生活起居,比如建设住宅、庭院等也需要土地。在法律上,这类需求我们主要用宅基地使用权来保障。

法律对宅基地使用权的规定和农业用地的规定有所区别,我们先来看一个案例。

小贾的父母在结婚时向村里申请了一块宅基地,分到地后就建了新房。小贾小时候在村里居住,成年后就进城务工了,取得了城镇户口。多年后,小贾的父母去世,留下一栋老屋。小贾想回来继承,但村委会不同意。村委会认为农村宅基地是集体所有的财产,只能由村集体经济组织成员使用。小贾既然已经取得了城镇户口,那就不再是村集体成员,无权再使用农村宅基地。双方沟通未果,就产生了争议。

小贾是否能继续使用父母留下的农村宅基地呢?可能有的人会觉得,村委会的说法有道理。既然农村宅基地只能由村集体经济组织成员使用,而现在小贾的父母已经去世,小贾又取得城镇户口多年,不再是村集体成员了,那村集体应该有权收回当年分出去的农村宅基地。但实际上,村集体经济组织无权收回这块宅基地。即使小贾不是村集体成员了,他也可以通过继承房屋,进而继续使用父母留下的农村宅基地。

要理解这个结论,得先来看看《民法典》对农村宅基地使用权是怎么规定的。

什么是宅基地使用权

宅基地使用权，是指农民有权依法占有和使用集体经济组织所有的土地，利用这些土地建造住宅以及相应的附属设施。

我国现行的宅基地分为农村宅基地和城镇住宅建设用地。城镇住宅建设用地统一由建设用地使用权调整，因为它属于国有土地。本节说的宅基地使用权专指农户在集体所有的土地上为自己建设住宅的权利。

理解这个权利，要注意把握三个特点。

第一，宅基地使用权是用益物权。农户行使权利的方式，是在宅基地上建造住宅以及相应的附属设施。这里的附属设施是指与村民生活相关，并且能辅助住宅发挥作用的建筑，比如在农村地区，很多农户会在住宅旁建储粮房、储物房，如果自家还有燃料、照明等需求的，可能还会建沼气池等。

第二，宅基地使用权具有一定的福利性质。宅基地使用权只能由集体经济组织成员申请。申请宅基地时，不用支付任何费用。取得的宅基地使用权，也和前文提到的对耕地、林地等承包经营权不一样，没有使用期限。要注意，申请宅基地时，村民只能以户的形式申请，并且一户只能享有一处宅基地使用权。在农村家庭里，无论是只有一个孩子，还是多个孩子，都视为一户。孩子成年，结婚后分家另过，才能另算为一户。

此外，虽然宅基地使用权只能由村集体经济组织成员申请，但这里说的只是申请。如果是本节案例这样，小贾因为继承，取得了宅基地上的房屋，这种情况法律就不要求继承人也必须是村集体经济组织成员。因为小贾继承的是房屋，而房屋附着在宅基地之上，所以他仍然有权继续使用农村宅基地，村集体经济组织不能因为小贾的父母去世，就要收回宅基地。

宅基地使用权是一个没有期限的用益物权。这意味着，只要小贾继承房屋后注意修缮、加固，让房屋一直存在，那小贾就有权一直使用宅基地。那么，如果小贾是在继承之后，自己要把房屋拆了重建，这行不行呢？

这就得分情况来看了。如果重建经过了村集体经济组织同意，那没问题。但如果重建没有得到批准，小贾就私自拆了房屋，那村集体有权收回宅基地，因为房屋已经不存在了。同样的道理，如果小贾的父母去世后，小贾没能及时继承，导致房屋年久失修倒塌了，这时，他也不能再主张继续使用宅基地。宅基地会由村集体经济组织收回。

第三，申请宅基地使用权必须经过行政审批。我国法律规定，村民要取得宅基地，不仅要得到村集体经济组织同意，还要由乡（镇）人民政府审核批准。不过，毕竟农村土地的所有权归属于村集体，所以，政府部门的这种审批应当只是一种监督，而不是授权。申请宅基地时只要符合乡（镇）土地利用的总体规划，比如没有占用农田，并且尽量使用村里原有的宅基地和空闲土地的，审批机关一般都会批准。但如果是农户要在耕地上建住宅，村集体还同意了，这时行政部门就有权驳回，因为这违反了《土地管理法》的规定。

宅基地使用权的内容

取得宅基地使用权后，权利人会享有相应的权利，也要负担相应的义务。

最基本的，是权利人有权在宅基地上建造住房等建筑物。这里要注意，村民有合理使用宅基地的义务，也就是不得将宅基地作为生产资料使用，比如私自拿宅基地盖厂房或把宅基地改作鱼塘、耕地等。出现这些情况，村集体组织有权限期改正，拒不改正的，可以收回宅基地。此外，如果村民长期闲置宅基地，这也属于使用不当，集体组织有权收回土地。收回之后，村民不得再申请宅基地。

第二个权利，是农户可以依法转让宅基地使用权。这里说的转让，是指农户有权把自家的住宅转让给同村的其他农户。住宅被转移了，住宅依附的宅基地使用权也会随之转移，也就是俗称的"地随房走"。但是，转让也有条件。一是转让前必须得到村集体同意。二是，转让的对象必须也是同一集体经济组织的成员，而且因为一户只能申请一块宅基地，被转让人必须是无宅基地者。如果农户是以馈赠钱款、索取物资、宅基地入股等方式变相买卖宅基地使用权的，交易行为不产生法律效力。如果出现纠纷，宅基地使用权仍然属于原权利人。

此外还要注意，农户一旦转让了宅基地使用权，以后不得再向村集体重新申请。因为农户申请宅基地不需要支付任何费用，但转让又往往是有偿的。如果转让后还允许重新申请，就会有人用这种方式谋取私利，侵害村集体经济组织其他成员的合法权益。

宅基地使用权的消灭

宅基地使用权一经取得，没有行使期限，但这也不意味着权利会永久存在。比如，宅基地被国家征收了，或者地震、泥石流等自然灾害毁损了宅基地，都会导致宅基地使用权彻底消灭。不过，这些消灭情形，都与公共利益或者自然原因有关，权利人本身没有过错，所以权利消灭后，原权利人可以向村集体重新申请宅基地。当然，如果是国家征收，那还会给农户相应的补偿。

此外，还要注意一种情况，即宅基地的收回和调整。收回好理解，比如，根据乡村发展规划，村集体要新建乡镇企业厂房，这时可以依法收回宅基地使用权。收回宅基地后，村集体也应当为农户另行批准相应的宅基地，以保证农户正常生活起居。调整则是指，比如农户张三生了三胎，家里住不开了，但原有的宅基地又太小，无法改建大一点的新房，这时，他就可以申请将原有的宅基地，调整为一块面积更大的宅基地。再比如，如果村里几家农户分到宅基地后觉得地点不合适，想要彼此置换，这时也可以申请由村集体出面调整。

这几类消灭宅基地使用权的情形，都是权利人自身没有过错。如果宅基地使用权的消灭是因为农户主动放弃权利，比如全家进城，不再使用宅基地了；或者申请宅基地后长期闲置。出现这些情况，村集体有权收回宅基地，收回后，权利人不得再重新申请。

案例回顾

首先要明确，我国农户不享有土地所有权，但对自己的宅基地依法享有宅基地使用权。农民享有这个权利，就可以在集体的土地上建造住房，任何人都不得侵害。

虽然宅基地只能由本村集体经济组织成员申请，但在本节案例中，小贾并不是申请宅基地使用权，而是继承了宅基地上的房屋，所以不必具备村集体经济组织成员的身份。根据我国法律规定，小贾继承房屋后，能同时取得使用农村宅基地的权利，村集体经济组织不能因为小贾的父母去世，就收回宅基地使用权。

延伸课堂：

建小产权房属于违规使用农村宅基地吗？

小产权房是指集体经济组织在农村建设用地上建的房屋。因为这些房屋不是建在国有土地上，没有房管部门颁发的国有土地产权证，所以俗称小产权房。也就是说，小产权房其实和宅基地使用权没关系，它涉及的是乡镇建设用地使用权。

我简单介绍一下乡镇建设用地使用权。我们知道，乡村要发展，除了要有农业用地保障粮食生产、有宅基地保障村民居住生活，还需要一些土地来建设乡镇企业、工厂等商业设施，让村民生活更便利，以及获得更多收益。所以，法律也准许在农村设置一些乡镇建设用地使用权。而且，因为乡镇土地本来就是村集体的，所以他们利用这些土地也不用交出让金，只要得到有关部门批准就可以。

不过，农村土地，尤其是耕地，是国家特别保护的，所以这个批准程序也非常严格。《土地管理法》规定，如果是永久性农田要转为建设用地，需要国务院批准；即使是一般性农田要转为建设用地，也得省级政府批准。乡镇建设用地被批准后，可以建设村或者乡镇办的工厂、企业等等，但不能建设住宅，能建造住宅的土地应该是农村宅基地。

所以，在乡镇建设用地上建住宅，也就是小产权房，其实是不符合规定的。不过，到目前为止，国家也没有强制收回小产权房，很多地方都是维持现状。对此，还得看将来的立法会怎样规制。

096 建设用地使用权

买房后土地使用权到期了,续期时要补缴费用吗?

本节来学习一个规范城市土地使用的用益物权——建设用地使用权。

还是先来看一个案例。

10 年前,老冯买到一套房。居住 10 年后,老冯想把这套房转卖出去,就找到买家签了合同,也收了房款。但在办理过户登记时,相关部门告知,这套住宅的土地使用权期限只有 30 年,已经到期了,现在无法办理过户。如果要过户,得先补缴土地出让金,办理土地使用权续期。老冯认为,其他人的土地使用权都是 70 年,怎么到自己这里就是 30 年了呢?而且自己买房后只住了 10 年,现在却要补缴 40 年的土地出让金,对自己不公平,坚决不同意。

这个案例其实比较复杂。在我国,城市住宅建设用地的期限通常都是 70 年,但因为早年政策原因,也有一部分住宅用地期限不到 70 年,本节案例就是这种情况,老冯使用的土地就只有 30 年期限。那么,现在这类土地期限结束,老冯是不是就应该补缴 40 年土地出让金,办理续期呢?

事实上,续期确实是要续的,但根据《民法典》的规定,应该自动续期,无须政府部门批准。至于续期后是否要缴费,就本节案例的情况来看,老冯并不用缴费。

要理解这个结论，我们得先来看看《民法典》对建设用地使用权是怎么规定的。

什么是建设用地使用权

建设用地使用权是指，民事主体有权在国家所有的城镇土地上，建造并经营建筑物、构筑物。这里说的构筑物主要是指园林景观、水塔、桥梁等不能用于居住的建筑部分。

根据《民法典》的规定，设立建设用地使用权的方式主要有两种。

第一种是出让。也就是国家把城镇土地的使用权在一定期限内转让给土地使用者。转让时，土地使用者需要向国家支付出让金。最典型的出让方式，就是招标、拍卖以及挂牌出让。通过出让取得的建设用地使用权，权利人除了自己在土地上建造建筑物，还可依法转让、抵押，甚至是赠与建设用地使用权。比如开发商卖房，就是把房屋所有权和建设用地使用权同时转让给了业主。

第二种是划拨。划拨和出让的最大区别，就在于划拨是无偿取得建设用地使用权，并且取得后使用权没有期限限制。划拨必须经过县级以上人民政府依法批准，并且划拨的建设用地只能用于公共事业。比如建立使领馆、军事基地等国防设施，以及建立公办学校、医院等公共基础设施。

在房产和地产的交易中，建设用地使用权被流转的，土地上建筑物的所有权也必须共同流转。这也是法律确定的"房随地走"规则。此外，如果是土地上的房屋被转让了，房屋之下的土地权利，也会被一并转让，这就叫"地随房走"。

住宅建设用地应当自动续期

理解了建设用地使用权的取得方式和流转规则，我们再来看这个权利的存续期限。这也是本节案例的矛盾焦点。

通过出让取得的建设用地使用权是有期限的。法律规定，住宅建设用地使用权为70年，如果是非住宅建设用地，期限不一，比如商业、旅游用地等是40年，工业用地则是50年等。

既然有期限，也意味着期限会终结。在我国，建设用地使用权的期限结束，通常有两种情况。

一种是通过国家征收提前结束。征收后，国家不仅要对土地上的房屋以及其他不动产给予补偿，还要退还剩余年限的土地出让金。

另一种是自然结束。根据《民法典》第359条的规定，如果是住宅建设用地，使用权到期后自动续期。至于续期后，是不是还要缴费，《民法典》没有给出明确结论。法条里的表述是"费用的缴纳或者减免，依照法律、行政法规的规定办理"。有观点就认为，法条这么表述，说明实际上还是要缴费的，只是现在还没有明确缴费规则。但实际上，这句话的含义是说缴费还是不缴费，任何一级地方政府都无权决定，只能依据法律或者行政法规确定，也就是只能由中央立法机关或者国务院确定。

虽然《民法典》还没有明确续期后是否要缴费，但针对本节案例这种情况，立法机关已经有了明确的意见：对不足70年的建设用地使用权，自动续期到70年，并且这种续期不准收取任何费用。也就是说，虽然老冯取得的住宅建设用地使用权只有30年，并且已经到期了，但根据立法机关的意见，这类特殊的建设用地使用权应该自动续期到70年，也就是老冯还能使用40年，并且这种续期是不收费的。

这个案例的原型是温州的一批 30 年的住宅建设用地使用权到期。当时，当地政府的初步意见是应当缴费，这就引起了全国的关注。后来，不论是学者还是立法机关都意见一致，确定了这类特殊的住宅建设用地使用权，应该自动续期到 70 年，并且续期后不收取费用。

至于一般的住宅建设用地使用权，也就是期限为 70 年的，根据法律规定，仍然是到期后自动续期。不过，对续期的期限，以及续期后是否缴费，我国法律还没有规定。这些规则，要由将来的法律或者行政法规来确定了。

在这里，我们留意一下法条的表述。法条说的是"自动续期"，而不是"申请续期"。既然不必申请，那也就不存在政府是否批准的问题了。自动续期后又到期了，还是自动续期。这就意味着，住宅建设用地使用权在本质上是一个永久性的用益物权，会成为我们的"恒产"。这背后的道理也好理解。因为每一个人都要生活在土地上，不会因为住了 70 年，就不再需要土地了。而现在住宅建设用地使用权规定到期自动续期，就意味着这是一个无期限的权利，这样也能和人们的实际生活需要相吻合。

非住宅建设用地需申请续期

非住宅建设用地主要是指商业用地、工业用地等。对这类建设用地，就不是"自动续期"了。根据法律规定，非住宅建设用地使用权都是"申请续期"，并且，应当在使用期限结束的前一年提出申请。申请续期时，使用权人应依法办理续期手续，并且支付对应期限的土地出让金。一般来说，对申请续期的要求，土地出让人都应当准许。但是，如果是出于公共利益目的，比如要建设铁路、机场、国防设施等,政府也有权不批准续期,而是期满后就收回土地。

到这里,本节案例的结论就很清晰了。

案例中,老冯通过买房取得的住宅建设用地使用权,是有明确期限的用益物权。《民法典》规定,住宅建设用地到期的,应当自动续期。虽然法律还没有明确规定,住宅建设用地使用权到期后,应当续期多久并且续期后是否应该缴费,但这说的是一般情况,针对的是期限为 70 年的住宅建设用地使用权。

本节案例的情况比较特殊,老冯取得的建设用地使用权只有 30 年,而且已经到期了。处理这类情况,可根据《民法典》第 359 条的规定以及立法机关的意见。首先,对这类期限不足 70 年的住宅建设用地,应当自动续期到 70 年,也就是老冯实际上还能使用土地 40 年。并且,这种续期不能收取续期费用。

因此,案例中的房产登记部门不能以土地使用权到期为由,拒绝为老冯和房产的买家办理过户登记。

延伸课堂:

住宅建设用地使用权的期限是如何确定的?既然会自动续期,为何不直接取消期限限制呢?

住宅建设用地使用权有期限,其实是参考香港地区的做法。我国刚开始开发商品房时,立法规定可以出让建设用地使用权,但是具体用什么方法出让，并没有经验，因为以前使用国有土地都是划拨，没有出让这种方式。

后来的立法借鉴了香港的土地使用权出让的做法。香港在回归之前，土地所有权属于英国女王。个人要使用土地，就要出钱购买使用权，最长不得超过99年。因此，在改革开放初期出让建设用地使用权，就规定了期限。并且，对不同用途的建设用地，采取不同的期限，例如住宅建设用地是70年，商业、工业等建设用地是50年。其中，住宅建设用地又比较特殊，虽然规定最长的期限是70年，但因为人的繁衍是生生不息的，70年后，这一家人还存在，还要住在房子里，因此就存在续期的问题。

其实在制定《物权法》的时候，早期的草案规定到期前要申请续期，申请后得到批准才能续。这样的规定让全国的城市居民很不安，因此，立法机关最后还是改为了"到期自动续期"。这才让城市居民安心了。

在此基础上，我提出了一个观点，因为续期并没有规定只续期一次，既然可以不停地自动续期，那就是永久性的权利，是恒产了。虽然这个观点被广泛接受了，但它毕竟还只是一个理论上的结论，还没有成为法律制度，所以，目前规定的住宅建设用地使用权，就还是有期限的。

不过，既然已经有了这样的理论基础，那再去推动立法，未来还是很有可能让住宅建设用地使用权真正成为没有期限的用益物权。

097 居住权

父亲立遗嘱让保姆在房子里居住,儿子继承房产后有权赶走保姆吗?

《民法典》中有一个新增的用益物权——居住权。居住权,顾名思义,就是个人有权占有、使用他人的房子。那么,这个权利和租房产生的租赁权有什么不同呢?

还是先从一个案例说起。

张老在生前设立了遗嘱。遗嘱写明,自己的老伴在世时身患多种疾病,家中生活起居等各种照料都由保姆承担;老伴走后,保姆也始终任劳任怨、贴心照顾自己。因此,在自己过世之后,如果保姆愿意,可以继续在房子里居住10年。张老去世后,房子由唯一的儿子继承。遗嘱公开后,保姆提出继续居住,但张老的儿子坚决不同意,双方发生了争议。

这是一个有关居住权的典型案例。

我们知道,张老在世的时候,对房子享有所有权,那他想让保姆住多久都可以。但问题是,现在房屋被儿子继承了,那张老之前为保姆设置的居住权还有效吗?要回答这个问题,我们得先知道居住权到底是一种什么样的权利。

什么是居住权

居住权，是指个人依据合同约定或者遗嘱行为，对他人的住宅享有占有、使用的用益物权。理解居住权，要注意把握两个特点。

第一，居住权是一种能长期存在的物权。虽然居住权和租赁权的功能都是占有、使用他人的住宅，但实际上，居住权要比租赁权稳定得多。比如，设置居住权时可以有具体期限，也可以没有期限。假设案例里张老不是给保姆设置了10年的居住权，而是要为她设置一个可终身行使的居住权，法律也是认可的。但租赁权，根据法律规定，最长只能到20年。再如，租赁权设定后，房东仍有可能依据合同主动解除租赁关系，消灭租赁权。但居住权设定后，如果没有出现法定的权利消灭事由，比如期限结束等，居住权不会消灭。

第二，居住权具有人身性。居住权存在的意义是满足特定自然人的生活居住需要，不是为了实现商业目的。所以，居住权和前面说过的建设用地使用权、土地承包经营权等具有商业属性的用益物权不一样，设立居住权通常是无偿的；个人取得居住权后，也不能再对外转让，或者再交由后代继承。

居住权的设立方式

居住权可以通过合同或者遗嘱的方式设立，这在法律上叫意定设立居住权，也就是房屋所有权人在设立居住权时，可以自主决定"为谁设置"以及"设置多长时间"。以意定方式设立居住权的，应当及时向登记机构申请居住权登记。登记后，居住权才会生效。

在本节案例中，张老在遗嘱里为保姆设定了居住权，这是一种单方面指定，和双方签合同设定还不太一样。遗嘱在公开前，保姆也不知道具体内容，没办法及时登记。所以，遗嘱公开后，张老的儿子不能因为保姆没有登记，就主张居住权无效。保姆有权请求和张老的儿子协商一个合理的补登记时间，如果逾期未办理，居住权就不再生效。

除了以意定的方式设立居住权，还有一种情况，是直接依据法律规定产生居住权，这也叫法定居住权。比如在离婚诉讼中，房子归一方所有，但一方如果有经济困难、无房居住等特殊需要，可以向另一方要求适当的经济帮助。这种经济帮助除了支付金钱，也可以是请求继续使用房子。如果法院支持，这就属于依据法律规定取得了居住权。不过，这种情况下取得的居住权通常都是有期限的，在困难方无房居住等特殊事由结束后，居住权消灭。

居住权的效力

居住权包含两条具体内容。

最基本的，是居住权人有权使用房屋，甚至可以对房屋进行必要的改良和修缮。比如装个空调、置换一些家具等，这都没问题。如果房屋已经能满足生活需要，但居住权人想要装修得更豪华一些，或者想把住宅的一部分改为商铺，进而要对房屋做改建、改装，这就不行，因为违背了合理使用房屋的义务。如果居住权人不改建也不改装，但自己不住，而是要把住宅出租，这算不算合理使用呢？原则上是不行的，设立居住权不是为了商业目的。但也有特殊情况。《民法典》规定，如果房屋所有人和居住权人有额外的约定，比如在合同或者遗嘱中写明：设定居住权后，住宅也可以用于出租，那居住权人出租房屋就没有问题。

其次，是居住权不受房屋所有权变动影响。本节案例就是这种情况，张老在房屋上给保姆设置了居住权，后来房屋又被儿子继承了。根据法律规定，儿子继承了房屋，同时也要继承保障居住权实现的义务。居住权在本质上是一种对所有权的限制。所有权转移，这种对所有权的限制也要跟随转移。也就是说，案例中居住权生效后，张老的儿子就有义务让保姆行使居住权，不得以排除妨碍或者返还房屋为由，要求保姆搬出房屋。

居住权的期限和消灭

《民法典》对居住权的期限也有规定。

前文说过，设立居住权没有明确期限限制。双方既可以像本节案例那样，设立10年期限的居住权，也可以设置终身有效的居住权。如果在设立居住权时，没有明确到底是有期限还是无期限，那法律会推定为终身有效。不过，即使是设立了终身有效的居住权，根据法律规定，如果出现以下情形，居住权仍然会消灭。

第一种情形，是居住权人死亡，或者设有居住权的房屋被毁损、被征收了。当然，如果房屋被毁损、征收后，房主能够获得补偿，居住权人也有权请求适当分得补偿。

第二种情形，是居住权人严重损害了房主及其亲属的合法权益。比如，假设案例中保姆在取得居住权后，有毁坏房屋，或者擅自改建、改装等行为，这就属于严重损害房主的合法权益。房主有权起诉到法院，请求撤销保姆已经取得的居住权。如果保姆还造成了其他损失，房主有权要求赔偿。

《民法典》为何要规定居住权

居住权是《民法典》新增的一个权利。新增居住权,有几点特别的用意。

第一,是要充分发挥房屋本身的效能。我国原有的用益物权,只重视对土地的利用,忽视对房屋的利用。像前文说过的建设用地使用权、宅基地使用权、土地承包经营权等用益物权,都说的是对土地的利用。其实,房屋也是不动产,也要充分发挥它的效用,新增了居住权,就有利于实现这一点。

第二,是要充分尊重所有权人的意志和利益。试想,要是没有居住权,张老又想让保姆稳定居住,那就只能是把房屋赠送给保姆。如果是赠送,这就完全转让了房屋的所有权,那张老也无法让儿子继承房屋了。这不符合他的初衷。即使是以极低的价格租给保姆,但租赁权毕竟是债权,不如物权稳定。租赁合同事后很可能被新房主主动解除,也没办法保障保姆的居住权益。这就不利于张老对财产的依法自主支配。

延伸课堂:

在本节案例的情况下,保姆取得居住权后,可以边居住、边出租吗?

保姆把家人接过来住,这没问题,属于合理利用房屋。但是,如果她是自己住,同时还要出租,这就得看情况了。

设定了居住权的住宅原则上不得出租。但是，如果设定时双方另有约定，比如约定过可以出租，那没问题。本节案例中，保姆的居住权是张老通过遗嘱指定的，如果遗嘱上没有表明设立居住权后是否可以出租，那就是不行的。

我也补充一下当时的立法背景。

最早的《民法典》草案其实规定房屋设立居住权后，一律不得出租。当时认为，设置居住权是为了惠及他人，是无偿设立。既然是无偿设立，那居住权人就应该只能自己使用房屋，不能拿房屋去出租、赚取收益，否则就变成有偿行为了，这与居住权设置的初衷相悖。但后来就发现，这样规定过于僵化。如果双方当事人在约定居住权的时候就是有偿的，同时还约定房屋可以用来出租，难道不行吗？

因此，最后《民法典》只是在原则上规定了设立居住权应该无偿，以及设立后的住宅不得用于出租，但也增加了"当事人另有约定除外"这样的规定。这样，就最大程度保留了居住权的恩惠性，同时也不会限制当事人之间的意思自治。

098 地役权

协议约定不得阻碍海景房视野，土地转让后约定还有效吗？

地役权是一种用益物权。这个概念听起来比较陌生，但其实很好理解，就是在他人的土地上设立一定的权利，来提高自己土地的使用效益。比如，甲为了更好地利用土地，可以和乙签个合同，约定他可以在乙的土地上排水、通行、铺设管线等。乍一听上去，地役权好像和相邻权有点相似，都是一方要为另一方的通行、排水等提供方便，但其实这两种物权很不一样。来看一个案例。

开发商甲以"观海"为卖点，建设了一栋高级住宅楼。但在这栋楼前方更靠近海的地方，有一所私立学校。为了防止学校建高层建筑，挡住观海视野，甲是不能用相邻权来限制学校的，因为相邻权保障的是人们最低的生活生产需求，比如不得限制相邻方通行、采光。看海景肯定不属于最低的生活需要，而是一种比较奢侈的享受。开发商如果想确保海景房的视野不受影响，正确的做法是和学校签合同，为自己设定一个地役权。比如，开发商甲可以和学校约定，学校在20年内不建高层，甲则给予学校每年10万元补偿。

如果双方和和气气地把合同履行完，这是最好的。但现实很复杂，假设双方合同履行到第八年，学校就搬走了。搬走后，学校把土地的使用权转让给了开发商乙。乙也看准了海景房的商机，在土地上建起了高层住宅楼。这下开发商甲急了，要求乙立即停止施工。但是乙坚决不同意，认为协议是甲和学校签的，跟自己无关。双方沟通未果，产生了争议。

对此，法律会如何认定呢？要回答这个问题，我们要先来具体说一说什么是地役权。

地役权与相邻权的区别

理解地役权，要注意把握它的法律特征。

首先，地役权产生于当事人之间的意思自治。相邻权是法定的权利义务，是无偿的；地役权则不是法律强制的，而是当事人之间协商的结果。所以一方通常要为另一方提供补偿费用。比如，在本节案例里，开发商甲就是和学校签订了合同，并每年向学校支付10万元补偿。

说到"钱"，就要讲到地役权的本质特征：**地役权设立的目的是提高一方土地的使用效益。**相邻权是为了生产生活的最低需要，所以必须利用另一方土地；而地役权是为了让自己的土地效益更高。案例中就是要满足甲住宅楼观赏海景的更高需求。

地役权中的"利用"也分两种。一种是积极利用（积极地役权），一种是消极利用（消极地役权）。比如案例里甲住宅楼获得的眺望地役权，就属于消极利用。学校只要不作为，别建高层就行了。

除了眺望地役权，还有通行地役权、取水地役权、铺设管线地役权等。这些属于积极地役权，也就是地役权人可以在另一方的土地上积极作为。

此外，地役权还有一个特点是，不受物理距离限制。相邻权要求当事人不动产必须相邻，而地役权没有这个限制。开发商甲和学校就算隔着好几公里也没有关系。

地役权的取得和消灭

地役权主要是双方设立合同取得。然而,就像案例里的情况,如果双方合同都签了,学校又把土地转让给了第三方使用,转让之后地役权还有效吗?开发商乙有义务继续遵守协议,不得建高层吗?

《民法典》规定,**无论是农村还是城市土地,土地使用权转让时,土地上设立地役权的,地役权合同跟着转移**。也就是说,开发商乙购买的建设用地使用权,就是带有地役权限制的。

这里要注意,《民法典》规定,地役权没有登记的,不得对抗善意第三人。

放在本节案例里说,如果开发商甲没有对地役权进行登记,开发商乙也不知道这块土地上有地役权限制,他就可以建高层,甲无权阻拦。所以,如果要设立地役权,为了免除以后的麻烦,一定要去做物权登记。

还要补充一点,**地役权跟其他物权一样,也可以通过继承取得**。假设开发商甲是个自然人,在住宅楼开盘前不幸去世了,他的继承人就可以同时继承楼盘以及眺望地役权,继续要求学校在合约期限内不得建高层建筑。

了解了地役权的设立,我们再来看地役权的消灭。地役权消灭的原因有很多。

最常见的就是期限届满,或者约定消灭地役权的事由出现。比如,学校如果想在土地转让时,消灭地役权,它就可以在地役权合同上约定这一点。

此外,地役权设定的目的不能实现,地役权也会消灭。还拿本节的案例来说,如果在比学校更靠海的地方,还有一个建筑,也建起

第四章 生存发展的财产基础

了高层，那么现在就算学校不阻挡看海的视野，学校前面的建筑也会挡，那么甲和学校的地役权也就可以依法消灭了，甲后续也不用再向学校支付补偿金。

如果使用土地的一方没有按照合同约定使用土地，地役权也会消灭。假设甲和学校约定的不是眺望地役权，而是通行地役权，但甲不仅从学校里借道了，还在学校的地下埋了管线，这就是没有按照合约使用土地，学校有权依法解除地役权合同。甲不仅不能再通行了，而且还要拆除管线，赔偿学校的损失。

地役权消灭以后，地役权人如果在土地上设置了其他建筑和附属物的，应当及时清除。但提供土地的一方想继续使用的，双方也可以协商有偿转让。

讲到这里，本节案例的答案已经很清楚了。

开发商甲想要学校不建设高层建筑，不能通过相邻权要求对方，只能协商设立地役权。可地役权合同还没到期，学校就把土地的使用权转让给开发商乙。这时候，地役权也会跟着转移。如果甲与学校设立地役权时进行了登记，那乙取得土地使用权后，也有义务遵守协议，不得建设高层。但如果甲没有登记，那就不得对抗善意第三人，也就是不得阻拦乙加建高层建筑。

099 抵押权

借款时,约定抵押未来取得的财产,约定有效吗?

担保物权是《民法典》规定的第三大类物权。它从属于债权,存在的最大目的,是保障生产经营中的资金流通。

我国《民法典》规定的担保物权主要有三类,分别是抵押权、质权和留置权。本节我们先来学习抵押权。来看一个案例。

老聂向银行借款 300 万元,借款期限为一年。借款时,双方还签了抵押合同,约定抵押老聂公司所有的动产,包括现有以及将有的设备、原材料、商品等。合同签订后,也办理了抵押登记。后来,老聂到期未能还款,银行要依据合同拍卖老聂公司的所有动产。但老聂提出,拍卖可以,但只能拍卖办理抵押时登记过的财产,公司后续入库的原材料、商品等不能拍卖。双方沟通未果,就产生了争议。

当事人设立物权时必须依据法律规定,不能随意约定物权的内容。案例中的双方约定,除了抵押已有的财产,还要抵押未来可能取得的财产。这是否有效呢?可能有的人会认为,应该不行。既然抵押的目的是担保借款,那只有抵押财产的数量、价值确定了,才能设定担保。双方约定抵押未来的财产,是不确定的,这部分约定应该无效。

但事实上,老聂和银行约定的这种抵押是符合法律规定的。它是一种比较特殊的抵押形式,在学理上,叫动产浮动抵押。

要理解这个结论,我们得先看看什么是抵押权。

抵押权是我们日常生活中最常见的担保物权。在抵押法律关系里,享有抵押权的是债权人;提供担保财产也就是抵押物的人,就叫抵押人。抵押人可能是债务人本人,也可能是债务人的亲友、合作伙伴等其他第三人。

与质权、留置权等其他担保方式相比,抵押权最大的优势就是不需要转移占有。比如说,张三急着要用50万元,手头只有一辆值钱的保时捷轿车,他就可以用轿车作抵押向李四借款。抵押不需要转移占有,所以张三还可以使用这辆车,甚至把这辆车租出去赚取收益。如果债主不接受抵押,要求用质权这种担保方式,按照《民法典》的规定,设立质权就要转移担保财产。假设债主李四不信任张三,觉得轿车在自己手上才放心,要求轿车由自己保管,如果张三同意,那他也能借到50万元,但这就不是抵押,而是质押了,不仅张三无法用车,李四也不得使用,只能是找个车库来保管。

抵押权的设立和效力

设立抵押权,首先需要当事人之间签订抵押合同。但合同签订了,只意味着双方有设立抵押权的合意,抵押权还不一定生效。如果抵押物是不动产,比如房子、车位等,签订抵押合同后,还需要办理抵押登记,登记后抵押权生效。如果是动产,那合同成立了,抵押权也就生效了,但如果不办理登记,就不能对抗善意第三人。本节案例中,老聂向银行借钱,就是抵押了公司的动产。假设他和银行一直没有办理抵押登记,而且借款到期后还有其他债权人也来追债,这时候即使拍卖了公司的所有动产,银行也不能优先受偿,而是要与其他债权人平均受偿。但如果抵押权作了登记，就可以用担保物的变价款首先偿还银行的贷款，清偿之后还有剩余的，其他债权人才可以得到清偿。

抵押权生效以后，会发生的效力主要有三种。

首先是担保的范围。如果抵押人到期不能还款，抵押财产担保的范围除了欠款和利息，还包括实现担保物权的费用，以及没有按时还款产生的违约金、损害赔偿金等。假设老聂不是向银行借款，而是向一家贸易公司买原材料，但是要一年后才能付款。这时候，双方可以抵押老聂公司的财产为货款担保，同时约定：如果到期不能支付，拍卖抵押物后，除了清偿货款和利息，还要清偿违反合同产生的违约金。

其次是对抵押物的效力。债务人还不上钱，抵押物就要被变卖或拍卖。要注意的是，被拍卖的不仅仅是抵押物本身。如果抵押物有从物的，比如汽车的备胎，要一并拍卖；如果抵押物上新增了添附物，比如房子铺设了高级地板，也要一并拍卖。另外，如果抵押物毁坏灭失了，保险公司支付了赔偿金的，比如车险赔偿金，这个赔偿金叫做抵押物的代位物，也要纳入抵押财产的范围。

最后是实现抵押权的顺序。当抵押人就同一个财产设定了两个及以上的抵押权时，抵押权人要按照先后顺序受偿。比如，开发商把大楼抵押给了多家银行借款。因为大楼属于不动产，抵押时要登记，所以等开发商还不上钱、要拍卖大楼了，各家银行就按登记抵押的先后顺序受偿。如果登记顺序相同，就按照债权比例受偿。如果抵押物是汽车等动产，那么登记的优先于未登记的；先登记的优先于后登记的；如果都没有登记，或者同时登记的，就按照债权比例平均受偿。

动产浮动抵押和最高额抵押权

《民法典》规定了两种特殊抵押形式。

第一种，就是本节案例说的动产浮动抵押。它的抵押物就不是具体的动产，而是一个流动性的资产，包括企业现有的以及将有的设备、原材料、产品或半成品等所有动产。比如一个养鸡场可能每分钟都有新的鸡蛋诞生，老的母鸡死亡，新的设备买进，各种商品卖出。这些都能设置抵押。不过，既然抵押的动产具有流动性，所以法律规定，浮动抵押设立之后，抵押人正常买入或卖出财产时，抵押权人不能干涉。如果因为公司的设备、产品等设立了抵押，买入卖出时就要事事都向债权人确认，那抵押人就无法正常经营了，这也不利于抵押人后续向债权人还债。当然，换个角度说，这对抵押权人来说也是一种风险。这时候，就需要双方协议，约定一个合理限度的监督方式，避免抵押人故意转移财产。

在动产浮动抵押中，债权是确定的，具有流动性的是被抵押的财产。如果可能发生的债权不确定，但抵押物是确定的，那就是《民法典》规定的第二类特殊抵押形式——最高额抵押。

简单来说，最高额抵押是针对将来可能发生的一系列借款合同，一次性设立一个最高额的抵押权，免除了每次借款都要设立一个抵押合同的麻烦。假设老聂的公司在一年内经常要向银行贷款，也都能按时还款。这个时候，为了避免每次贷款都重新办理抵押的麻烦，双方就可以约定，老聂把自家房子抵押给银行，在未来一年内，担保总额不超过1000万元的贷款。在最高额抵押的借款期间内，老聂可以有借有还，也可以先欠着，在一年后再确定贷款总额。如果一年后还不上，就根据确定的贷款总额拍卖房子、偿还借款。

其实，不论是最高额抵押，还是动产浮动抵押，都涉及一个确定的问题。只是最高额抵押要确定贷款总额，而浮动抵押要确定被抵押的财产。确定之后，这两类特殊的抵押权就会成为一般抵押权，根据法律规定由债权人优先受偿。

在本节案例中，老聂和银行形成的法律关系就属于动产浮动抵押。

根据法律规定，企业设立动产浮动抵押，可以就现有的以及将有的生产设备、原材料、产品等动产办理抵押。即使登记时抵押物还不能确定，这也没有问题。合同成立，抵押权生效；如果登记了，抵押权还能对抗善意第三人。所以，案例中老聂无法按时还款，还主张后入库的原材料、商品等不能用于拍卖，这是没有法律依据的。对此，银行可以向法院申请，确定浮动的财产，也就是要求法院发布查封抵押人总财产的公告。这就把浮动的抵押财产确定下来了。抵押财产一经确定，银行就可以按照普通抵押权的行使规则拍卖或变卖财产，然后用得来的价款清偿债务，多退少补。

延伸课堂：

多次抵押同一个财产，会不会违背一物一权原则？

多次抵押，并不违反一物一权原则。一物一权主要说的是所有权和用益物权，但不包括抵押权。

打个比方，我只有一辆汽车，但同时答应了借给你和张三，你说能借吗？当然可以。只是要让你先用，等你用完了，再借给张三。这虽然不是设置了物权，但也是在一个物上设立了两个权利。

抵押权设置与这个道理是一样的。一套房子价值1000万元，所有权人抵押房子，向甲银行贷款300万元。抵押后，房子起码还有700万元的价值。他再向乙银行贷款500万元，继续在房子上设置抵押权，这两个抵押权并不冲突。

实现抵押权的时候，法律规定了一个顺位权。必须按照先后顺序一个一个地行使抵押权。这也是抵押权的特殊性。但如果是所有权，那就不行了，因为会有权利冲突。比如，你买了一套房子取得了所有权，如果还允许另一个人也能取得房屋所有权，那这个房子就不知道是谁的了，最终会导致两个人的权利都无法行使。用益物权也是一样的道理。一个人承包了某块土地，或者申请了一块宅基地，那还能让另外一个人也承包这块地，或者也取得这块宅基地吗？这是不可能的。这就是一物一权原则的作用，是要避免权利冲突。

100 抵押财产

开发商抵押车位后，还能把车位转卖给业主吗？

《民法典》对抵押财产规定得比较详细，本节我们来学习一些与抵押财产有关的行为规则。

还是先看一个案例。

某小区开发商因为资金紧张，把自己的 20 个闲置停车位抵押给了老李，借款 500 万元，双方签了抵押合同，也办理了登记。一段时间后，有小区业主提出要买车位，开发商就想卖掉其中 5 个抵押车位，每个售价 20 万元。老李知道后坚决不同意，认为开发商出租车位没问题，但要转让就不行。万一开发商还不上款，要拍卖停车位，如果只剩 15 个车位，就会让自己的债权无法足额受偿。但开发商认为，现在债权还没有到期，而且自己对车位享有所有权，有权决定是否卖出。双方沟通未果，就产生了争议。

前文提到过，如果是设置了动产浮动抵押，那抵押人为了正常经营，确实可以依法转让财产，债权人不得干涉。但本节案例中的车位是不动产，开发商是否可以转卖车位呢？可能有的人会想，这应该不行。虽然抵押后开发商仍有权自主决定如何利用车位，但应该只限于使用和收益，不能买卖，否则，债权人的权利很可能无法保障。

但事实上，在这种情况下，开发商确实有权转让车位，而且转让之后，老李的抵押权还是可以有保障的。《民法典》规定，抵押财产转让后，抵押权不受影响。要理解这个结论，我们需要了解《民法典》对抵押财产是如何规定的。

可以抵押的财产范围

能设立抵押的财产范围很广,甚至可以说"法无禁止即可为"。这些规则,体现在《民法典》第395条和第399条中。法条不光列举了可抵押的财产,还规定了禁止抵押的财产,种类比较多,归纳起来有三大类。

第一类是不动产。在我国,除了土地,以及像公办学校、公立医院等公共设施不可抵押外,其他不动产都可以抵押。比如,住宅、厂房等建筑物,以及像林木、未收割的庄稼等地上附着物。本节案例中说的车位也属于不动产,可以设置抵押。

第二类是动产。可抵押的动产范围就更广了。不仅包括常见的产品、设备、原材料等,即使是船舶和航空器这类大型的动产,也能设置抵押权。

当然,这些不动产、动产可抵押的前提,是这些财产没有被查封或者扣押,以及在所有权上没有争议。

第三类是以权利作抵押。这里说的权利主要是指设立在不动产上的用益物权,比如之前讲过的建设用地使用权和地役权。如果法律对某些用益物权另外规定了不得抵押,要以这些规则为准。比如,前文说过的土地承包经营权、宅基地使用权以及居住权,这些用益物权都不得抵押。还有一类可抵押的权利,叫特许物权,也就是国家特别准许后,赋予民事主体对国家资源的使用、收益权,比如海域使用权、采矿权等。

对抵押财产的特别规定

除了规定什么可以抵押、什么禁止抵押，《民法典》对抵押财产还做了一些特别规定。主要有三点。

第一，建筑物与其建设用地使用权一并抵押。交易房产和地产的时候，要遵循"地随房走""房随地走"的规则，这在设立抵押时也是成立的。假设本节案例中的开发商不是抵押车位，而是把自己名下的房产抵押给老李，那么这套房子对应的建设用地使用权，也就一并抵押了。反过来也是一样的。因为将来拍卖的时候，土地使用权和房子不可能拆开转让。

那么，如果抵押建设用地使用权时，有建筑物还在建设；或者抵押后，又新建了建筑物，这些建筑物能一并用于实现抵押权吗？根据法律规定，这是不行的。比如开发商抵押了建设用地使用权，这些地本来规划建7栋楼，可是现在才建造了3栋，剩下的还是空地。这时候，一并抵押的只包括已经建好的3栋楼。如果开发商后来又新建了4栋楼，这些楼就不是抵押对象。当然，如果开发商到期不能还款，要拍卖建设用地使用权，未设置抵押的这4栋楼也是要一并拍卖的。原因就是，不可能把地和房分开拍卖。但是，拍卖这4栋楼的钱，债权人不得优先受偿。

第二，违法建筑物抵押的效力。比如，如果取得了建设用地使用权，但还没拿到建造许可证，就私自建了住房，这也属于违法建筑。以违法建筑物抵押的，原则上抵押合同无效。但是《民法典》出台后，做了新的规定：当事人被起诉后，如果在一审法庭辩论终结前，能够补办合法手续，那这个抵押合同仍然视为有效。同样的道理，如果抵押的是建设用地使用权，但抵押后，抵押人为了不承担责任，自己举报建设用地上还有违法建筑，主张抵押合同无效，法院也不会支持。

第三，抵押财产在抵押期间可以流转。《民法典》在抵押财产流转上做了新修改。原来的《物权法》对抵押物是否可流转限制得很严格，规定在抵押期间，抵押人要转让抵押物，必须得到债权人同意。而且，即使债权人同意，转让财产后得到的价款也应当用于提前清偿债务或者提存。提存，简单来说，就是把变价款中应当用于清偿的部分交由公证处保管。以前《物权法》的规定更侧重保护债权人，但弊端是严格限制了抵押财产自由流通。现在《民法典》做了修改，新的规则是：在抵押期间，抵押人可以转让抵押财产，不需要经过债权人同意。当然，如果双方提前约定过不得转让，那还是约定优先。本节案例中开发商和老李没有提前约定"不得转让抵押财产"，所以在抵押期间，开发商仍然可以把车位卖给小区业主。

接下来，《民法典》规定的重点是，抵押人将抵押财产转让的，抵押权不受影响。

也就是说，如果到期开发商不能清偿债务，即使车位被卖给小区业主了，但只要车位抵押时经过登记，那老李仍然可以申请变卖或拍卖这些已经出售的停车位。买了车位的业主不得以善意取得对抗。因为抵押就意味着公示，业主们对车位被抵押是知情的。

《民法典》的新规定让抵押物不会一被抵押就变成死物，保障了物尽其用。同时，"抵押权不受影响"的规定，又保障了抵押权人的利益。

开发商有权转让车位

分析到这里，我们知道，在本节案例中，即使车位被抵押，开发商也有权转让。但要注意，虽然开发商有权转让抵押的车位，但在转让时也有义务及时通知老李。通知后，如果老李能证明转卖车位可能会损害车位价值，他可以要求开发商用转让的价款提前清偿债务或者提存到公证处。这也是债权人保障自身权利的一种方式。

同时，因为法律规定"抵押财产转让，抵押权不受影响"，所以，业主们买到的车位本身就是带有抵押权限制的。因此，当开发商到期不能清偿债务的时候，这些车位就还是得被拍卖或者变卖。对业主来说，这其实是一种风险。不过既然双方愿意交易，也可以想见，业主们应该是得了好处，比如这类车位可能相比平时价格更低。

不过，我还是建议，在购买住宅或者车位时，要特别查明是不是设置了抵押权，对被抵押的财产，即使价格便宜，也最好不买，防止抵押权人行使抵押权，使自己受到损害。

延伸课堂：

使用共享单车时交的199元押金有担保性质吗？

在现实生活中有很多适用押金的情形，但到目前为止，还没有一个对押金规定的权威解释。

有的押金具有担保性质，但也不是典型的担保物权，而是应该归纳为《民法典》第388条规定的"其他具有担保功能的合同"。比如现在很多人租房，双方当事人就会签订押金协议，约定"押一付三"或者"押一付一"等。这样的协议就是其他具有担保功能的合同，它产生的押金就有担保债务履行的作用。租客不能支付房租的时候，依照押金协议，房东就可以扣掉押金，抵偿债务。

而共享单车的押金比较复杂。严格来说，这里没有被担保的债权，共享单车公司多数是借"担保及时还车"的名义募集资金。说到底，使用共享单车，一次一两块钱，用的是电子支付，用完了，钱就扣除了。要是有人不及时还车，还会影响个人信用分。在这种情况下，用得着押金担保吗？显然不用。所以我们也能看到，现在的大部分共享单车公司都不收押金，就是使用一次扣一次的钱。

如果收取押金的共享单车公司破产，就会发生退还押金的问题。这也不是按照担保来处理的，因为这是筹措资金的一个办法，差不多相当于融资。这199元押金的返还，应该说是还债，按道理还应当计算利息呢。

101 质权

担保借款的玉石价格暴跌,债主可以转卖玉石止损吗?

本节我们学习另一个重要的担保物权——质权。还是先看一个案例。

小韩急需用钱,就把家里一个价值10万元的羊脂玉吊坠拿来担保,向老方借了8万元,借款期限两年。双方约定,在借款期间,老方有义务妥善保管玉石吊坠。一年后,玉石市场价格低迷,押在老方手里的吊坠价格跌到了5万元,贬值了一半。老方急了,催促小韩追加担保,但对方没有回应。老方见状,就在玉石价格有所回升的时候,以8万元卖掉了羊脂玉吊坠。小韩听说后,就向法院起诉老方,要求赔偿吊坠的损失10万元。老方不同意,认为自己没有过错。双方产生了争议。

这是一个有关质权的典型案例。在这种情况下,债主老方的确有权利卖掉玉石吊坠。《民法典》规定,质押财产在价值明显减少的时候,如果债务人不追加担保,债权人有权处分质押物,保障自己的权利。

要理解这个结论,得先来看看《民法典》对质权的规定。

质权和抵押权不同,它只能在动产或者特定的财产权利上设定。

在我国,质权主要有三种类型:一种是营业质权,主要存在于典当行业。营业质就是典当里的"当",是指以质押借贷为营业。债务人以一定的动产作为当物,向债权人(也就是典当行),借贷一定数额的金钱,并且设定一个回赎期限。在回赎期限内,债务人还债后就能取回质押物;但如果到期不能还债,那质押物就归典当行所有。

另外两种质权分别是动产质权、权利质权,两者的区别就是看被质押的财产是动产还是权利。

动产质权及规则

动产质权是指借贷时,债务人或者第三人把自己的动产交给债权人占有,用动产为债务作担保。如果到期无法履行债务,债权人有权就该动产变价优先受偿。并不是所有动产都可以设定质权。法律规定,设定质权的动产要满足两个条件。

第一,**动产是特定物**。也就是动产必须是某个具体的物。比如双方在合同中约定质押仓库里的大米或者工厂里的汽车,这就不是特定物,只能说是种类物。要想质押,必须具体到是哪一堆大米,数量多少;或者是哪一辆或者哪几辆汽车。要具体到特定的那个物。

第二,**动产必须是法律允许流通的**。如果是毒品、淫秽物品等禁止流通物,那肯定不能出质。

如果质押的动产符合法律规定,双方签订了质权合同,并且交付了质押物,那动产质权就生效了。这里要注意,动产质权生效的要件,不是签订合同,而是完成交付。动产的交付除了立刻转移占有这种现实交付,还包括简易交付、指示交付以及占有改定等观念交付。交付质押物,也可以观念交付,但仅限于简易交付和指示交付。如果是以占有改定的方式交付动产,根据法律规定,质权不会生效。之所以占有改定不能设立质权,是因为质押物还在出质人的手中,没有转移占有。如果双方实在不想转移占有，但又想担保，那前文也说过，可以选择设立抵押权，这就不需要转移占有了。

质权设立后产生的效力

质权设立后会产生的效力和抵押权效力有很多相同之处，相同的部分就不赘述了，我们看一看质权特有的效力。

第一是担保的范围。因为设立质权要转移质押财产，所以实现质权后要偿还的费用，除了债权、利息，以及变价时的必要花费，还包括保管质押财产的费用。假设质押的是牲畜，饲养和看护的费用，都在担保的范围内。

第二是对出质人的效力。出质人也就是提供质押财产的人。质押后，出质人仍然享有对质押财产的所有权和处分权。虽然债权人可以占有质押财产，但法律规定，这种占有仅限于妥善保管，不得使用，更不得擅自转卖。

本节案例的情况比较特殊。由于玉石市场价格波动，导致小韩质押的吊坠价格贬值一半，这属于因客观原因导致质押财产价值明显减少。而且，这种减少已经威胁到了老方的债权，他借出去的是8万元，现在玉石贬值到5万元。要是价格涨不回去，小韩若无法清偿债务，那即使把玉石变价，最终也可能抵不了债。根据《民法典》第433条的规定，这种情况，债主老方可以要求小韩追加担保或者提前清偿部分债务，如果小韩不提供，那老方有权拍卖或变卖玉石吊坠，小韩不能因此要求老方赔偿。

第三是对债权人的效力。这里的重点是债权人享有转质权。假设借钱后，债主老韩自己还欠着张三的钱，而且到期还不上，这个时候，老韩和张三就可以约定，把老韩对小方的债权转让给张三。对应的，质权也要一并转移，也就是玉石吊坠也要由张三占有。

当然，吊坠毕竟是小韩的，转质应当经过其同意。如果未经小韩同意而转质，吊坠还因此损毁了，那老方要承担损害赔偿责任。

权利质权及规则

权利质权是指，借贷时，当事人把物权以外的财产权利质押给债权人，以此为债权提供担保。

因为权利质权参照动产质权的规定，所以权利质权生效后的法律效果和刚才说的动产质权是一致的。我们着重了解一下《民法典》规定了哪些财产权利可质押。归纳起来有五种。

第一，是可转让的基金份额和股权。因为这两者是一种财产权利的份额，不能像动产那样实际交付，所以质押这类财产权利，必须到证券登记结算机构登记，比如俗称的"中国结算"。登记后质权生效。如果质押的是非上市公司的股权，则必须到市场监督管理机关办理出质登记。

第二，是其他有价证券。比如存款单、债券、汇票、支票等货币证券，以及仓单、提单等商品证券。这里说的仓单，就是从仓库里提取货物的凭证。比如，要质押整个仓库的商品，不用非得把货搬走才算交付，可以直接把仓单转移给债权人。提单，主要用于海运。比如，海运的货物被船方装船了，他就会开具一张提单。货物运到后，提单在谁手里，他就向谁交货。这类其他有价证券一般都会有相应的权利凭证，在签订质押合同后，只要把支票、汇票、仓单、提单等单据交付给债权人，质权就生效，一般不用另行登记。

第三，是知识产权。质押知识产权时，只能质押其中的财产性权利，比如著作权、专利权里的许可使用权、转让权等，不能质押其中的人身性权利，比如署名权。质押知识产权同样也是登记生效。

第四，是应收账款。应收账款不仅包括已经存在的债权，也可以是有稳定预期的未来债权。比如，A公司承建过公路、桥梁，享有一定时期内收过路费等权利，那这个已经享有但是还没发生的收费权就可以质押融资。以应收账款出质的，质权也是自登记时设立。

第五是一个兜底性规定，也就是依法可以质押的其他权利。比如一般的借贷债权等。

要注意的是，如果某类权利是基于特定人身关系、信任关系产生的，那不可以用于质押。比如，请求支付退休金、养老金、人寿保险费等权利，以及租赁合同中租客使用房屋的权利。

老方有权变价玉石吊坠

我们来回顾一下本节案例。

小韩向老方借款，用自己的吊坠质押，属于动产质押。老方取得吊坠后，动产质权生效。一般情况下，老方对吊坠只享有担保物权，没有所有权，不能处分质押物。然而本节案例情况比较特殊。质押的玉石吊坠因为不可归责于老方的客观原因价值明显减少了，并且这种减少足以危害老方的债权实现。

这种情况下，老方请求小韩追加担保，小韩置之不理。这时，老方就有权变价玉石吊坠，进而保障自己的债权。小韩不能以老方无权处分为由要求他赔偿。当然，就拍卖后获得的8万元价款，老方也无权使用，而是要与小韩协商，选择提前偿还债务，或者交到公证处提存。

102 留置权

租车公司拖欠修理费,修理厂能扣车催款吗?

设置抵押权和质权都是在产生债权时,就设置好抵押或者质押的财产,债务人一旦不能还债,债权人就有权变价担保财产,用价款优先受偿。如果没有提前设置担保,债务人到期也还不上债,债权人除了起诉,还有一种方式可以救济自己的权利,那就是留置权。

留置权是法律允许的一种私力救济办法。还是先看一个案例。

老杜开了一家汽车租赁公司,经常把自有的故障车送到修理厂维修。经双方对账,老杜拖欠修理厂修理费五万元。修理厂多次催款,老杜一直拖延没有支付。随后,老杜把公司租赁的一辆大铲车开到修理厂修理,厂长知道后就把铲车扣下了,还告知老杜,除非把前面的维修款清了,否则别想取车。但老杜却认为,之前欠的修理费是维修公司自有的汽车,这辆铲车是他租来的,不是一码事,修理厂无权扣留。双方争执不下,发生了争议。

在这个案例里,修理厂确实有权扣车,因为他在行使法律规定的留置权。不过,行使留置权会和所有权冲突,所以必须要符合法定条件。接下来,我们就看看《民法典》是如何规定的。

留置权,是指债务人不按照约定期限还款时,债权人有权依照法律规定留置他的财产。这个权利本质上是一种发生两次效力的法定担保物权。第一次效力发生在留置权产生的时候,债权人有权留置债务人的财产,促使其履行还款义务,债务人不得要求返还财产。第二次效力是留置财产后，债务人超过规定的宽限期仍不还款，债权人有权依法把留置的财产折价，或者拍卖、变卖，并用所得价款优先受偿。

在实践中，经常产生留置权的就是加工法律关系。比如去裁缝铺做衣服，把衣服料子交给裁缝后，并不需要预先交加工费，因为衣料在裁缝手里。衣服做好后，在裁缝手里的衣服肯定比加工费值钱，如果消费者不交加工费，裁缝铺就可以行使留置权，把衣服扣下，直至债务得到清偿。

留置权的成立和效力

留置权是一种法定担保物权，相比前文讲的抵押权和质权，留置权比较特殊，它不依照当事人之间的约定产生，而是符合法律规定的特定条件，就能直接成立。比如本节案例中，双方根本没提前约定过老杜不还钱，修理厂有权扣车，但留置权依然能产生。

根据《民法典》的规定，要产生留置权，必须具备三种事实。

第一，是债权已到清偿期，但债务人无法履行债务。

第二，是债权人基于合法原因占有债务人的动产。本节案例就是这样，老杜因为要修车，和修理厂形成了合法的汽车维修合同，维修厂在这种情况下占有铲车，就是合法占有。但如果是厂长派人偷偷把老杜公司的车开回来一辆留置，这就是非法占有了，属于盗窃行为，不仅无法形成留置权，还可能受刑法追究。

第三，是债权的发生与留置的动产有牵连关系。也就是债权与要留置的动产产生于同一法律关系。就像裁缝铺的例子，加工衣料的合同与成衣就属于同一法律关系。不过，这说的是个人之间的留置。《民法典》还规定，企业之间的留置不一定非要基于同一法律关系。

例如本节案例，维修租来的铲车是一个新合同，而维修老杜公司自有的汽车是旧合同，拖欠的维修费产生于旧合同。这是两个不同的法律关系，但也可以留置。原因就是，企业之间交易频繁，为了加强商业信用、确保交易便捷和安全，企业留置财产，可以不基于同一法律关系。

留置权毕竟是一种私力救济，行使不当也可能侵害所有权，因此，法律对它还有一些限制。

法律规定，如果出现了一些特殊事由，即使符合上文说的三点，也不能产生留置权。这些事由也叫消极要件，它们会阻碍留置权的产生。

一是事先有不得留置的约定。比如裁缝铺的例子，假设消费者做衣服不是自己穿，而是要转手卖掉，回款后再结账，那做衣服的时候双方就可以约定，裁缝铺不能行使留置权。

二是留置债务人的财产不违反公序良俗。比如加工的寿衣，家人急着要出殡，一时交不上加工费，留置显然不符合善良风俗。

产生留置权后，会发生几种法律效力。

最基本的，是在财物的留置期间，债权人能合法占有留置财产。但是，这种占有仅限于合理保管，债权人一般不得擅自使用。假设修理厂留置铲车后，就拿它用于修理厂的扩建，这就属于违法行为。老杜知道后，有权请求支付使用费。当然，"不得使用"也并不绝对，如果被留置的财产必须通过使用才能日常保存，假设铲车需要定期发动、行驶，才能保证发动机和轮胎状况良好，那债权人也能拥有必要的使用权，但这种使用必须是为了维护财产。此外，毕竟财产被留置后，债权人有义务妥善保管，所以，如果债权人为此支付了必要的保管、维护费，那在归还或者变价财产时，可以要求债务人补偿这部分合理支出。

留置权的实现和消灭

债权人能依法占有财产，只是留置权的第一次效力。如果财产被留置后，债务人在宽限期内仍然不偿还债务，就会发生留置权的第二次效力，也就是把留置财产变价优先受偿。这也叫留置权的实现。

不过，要实现留置权，还得经过一些法律程序。

第一，确定宽限期。留置财产后，债权人要给债务人留出一定时间履行债务。确定这个期限的办法，首先是看双方有无提前约定，有约定则从约定，如果没有提前约定，这个期限可以由债权人自行确定。法律规定，无论有没有提前约定，确定宽限期时，最短不能少于60天。

第二，通知义务。留置财产后，债权人得及时通知债务人，并且告知清偿债务的宽限期。如果没有及时通知就把债务人的财产卖了，这就不是行使留置权了，而是无权处分财产，属于侵权行为。如果债务人起诉，不仅变卖财产的价款要退回，还可能要额外赔偿损失。

第三，变价受偿。如果确定了宽限期，也履行了通知义务，但是债务人在宽限期结束后仍然不还债，也不另外提供其他财产来担保，那债权人可以对留置财产折价或者变价。

这里还要注意，如果变价留置财产后，发现财产在之前还被设定过抵押权或者质权，这时，就得考虑变价款应该先清偿哪部分债务了，这在法律上也是有明确规定的，要优先偿还留置权人的债务，偿还后的剩余部分再清偿抵押权人或者质权人的债务。

之所以留置权会有这种优先性，是因为它是法定担保物权，并且发生在交易关系里，效力会优先于基于约定产生的抵押权和质权。

修理厂有权留置老杜租赁的铲车

结合前文分析,我们再来看看本节案例。

案例中,老杜的公司和修理厂有稳定的商业合作关系,但他长期拖欠汽车修理费,并且经催款后仍不清偿,这就属于双方存在债权债务关系,并且债务人无法偿还。现在老杜又要修理铲车,修理厂基于新的维修关系占有了他的铲车,这属于以合法方式占有了债务人的动产,也符合产生留置权的法定条件。尽管铲车是老杜公司租来的,和原来欠的维修费不属于同一个民事法律关系,但因为留置发生在企业之间,不受同一法律关系条件的限制。所以,可以认为动产和债务具有牵连关系,可以留置铲车。

因此,汽车修理厂有权留置老杜租赁的铲车,以实现债权,老杜在清偿债务前,无权要求还车。假设老杜真还不上,修理厂可以变价铲车偿还汽车修理费。因此给铲车主人造成的损失也由老杜来赔偿。

到这里,相信你也能更理解留置权的本质了,它是一种法律允许的私力救济办法。

留置权的存在,能抑制债务人不还债的道德风险,并且,相较于通常的起诉、要求还款等方式,行使留置权还有利于减少烦琐的司法程序和不必要的诉讼支出,可以更快捷地实现自身权利。

延伸课堂：

租客不交租金，房东扣留租客财产，属于行使留置权吗？

这种情况很难构成留置权。经营场所被承租的时候，实际占有场所的就是租客，而不是出租人。在这个场所里存放的租客财产也仍然是租客在占有。既然出租人没有占有租客的财产，就欠缺了行使留置权的要件——基于合法原因占有债务人财产，因此不会产生留置权。没有产生留置权就进行扣留，可能构成侵权，会被追究侵权责任。

遇到这种情况，出租人正确的做法是行使法定解除权，解除租赁合同。合同解除后，再具体结算拖欠的房租。法律规定的方法是向对方出具一个催要房租的说明，并且限定一个期限。这个期限结束后，如果对方还没补交房租，就可以通知对方解除合同。合同解除后，如果对方仍不补交房租，那就向法院起诉，请求强制执行。只有强制执行的时候，才可以依法拍卖出租人存放的财产。

如果债务不能清偿，债权人拉走债务人财产，这些也都不是行使留置权，只能说是以物抵债。以物抵债当然可以，但是也要建立在双方合意的基础上。如果双方没有达成合意，一方就强行拉走债务人的财产，这就是违法行为了，应当承担侵权责任。

103 非典型担保

买家转卖了还在分期付款的汽车，4S 店有权直接取回吗？

非典型担保就是那些法律没有直接规定为担保，但实际上具备担保功能的法律关系。本节讲解两种非典型担保方式——所有权保留和优先权。

所有权保留听着比较陌生，但其实它经常和分期付款合同一起出现。举个例子。

老马到 4S 店买车，选择分期付款。双方约定，只要交了五分之一的车款，就可以把车开走。剩余的车款在一年内分四期交完。交完后，转移汽车所有权。这个交易里就存在所有权保留的担保。虽然车能提前开走，但它的所有权还归 4S 店。保留的所有权，是为了担保剩下五分之四的买车款。一旦老马不能按期付款，4S 店就可以行使所有权，取回汽车。

假设变形一下这个案例：老马把车开走后，欠的四期车款一直没付，后来还把车转卖给了小张。4S 店顺着车的线索就找到了小张，亮出合同，要求把车开走。小张坚决不同意，认为自己对分期买车合同不知情，钱也都付给老马了，双方就产生了争议。

对此，法律会如何认定呢？我们看看《民法典》是如何规定的。

所有权保留只适用于动产

所有权保留,是指在交易中,买家只占有和使用财产,卖家则继续保留对财产的所有权。它不是像抵押、质押那样设定一个优先受偿的担保物权,而是通过保留出卖物的所有权,担保还未支付的交易价款。

所有权保留经常出现在分期付款和赊销合同里,但只适用于动产交易。要注意,人们平时说的"分期买房"并不是所有权保留,它是抵押权。在这种法律关系中,银行已经付了买房的全价,买房者也取得了房屋所有权。只不过,这个房子的所有权是抵押给了银行。所以,买房者分期付的不是给开发商的房款,而是还给银行的贷款债务。要是到期还不上,银行也无权取回房屋,只能是实现抵押权,申请拍卖或变卖房屋。

既然已经有了抵押、质权这类典型担保,法律为什么还要规定所有权保留这种非典型担保呢?因为抵押和质押是有门槛的,贷款人至少得能提供担保财产。但所有权保留就不是这样,个人即使没有担保财产、无法贷款,也能通过这种方式提前消费。并且,这对卖家来说也有保障,一旦发生价金难以追回的风险,他就可以行使所有权,取回出卖物。

所有权保留的成立和生效

成立所有权保留要通过合同,而且必须对所有权保留予以明示。这种明示,可以是当事人在交易合同中约定所有权保留条款;也可以是单独订立一份所有权保留合同。也正因为这种担保是双方约定即生效,所以它有一个最大的缺陷——缺乏公示性。第三人很难知道标的物的权属状态。

因此,《民法典》规定,成立所有权保留后,未经登记,不得对抗善意第三人。比如本节案例中,如果老马和4S店签合同后做了登记,那即使小张买车时不知情,4S店也完全可以取回汽车。

所有权保留成立后,产生的法律效力主要有两点。

一是出卖人的取回权。比如案例中老马不能按期支付余下四期购车款,损害了出卖人的合法权益,4S店就有权取回已经出卖的汽车。除了不按期支付价款,买受人在取得财产所有权之前,如果还有私自出卖、出质等不当处分行为,出卖人也有权行使取回权。

取回商品后,也不是说买卖双方从此就两清了。法律规定,买家可以在一定的回赎期限内补齐价金,恢复交易,继续占有商品。这个回赎期法律没有明确规定,可以双方协商约定,或由出卖人指定一个合理期限。如果买受人没有在回赎期限内补齐价金,比如老马决定不要车了,那4S店就有权继续出卖这辆汽车。得到的价款,在扣除老马未支付的部分,以及必要的折旧费用、使用费后,如果还有剩余,应当返还给老马。如果汽车取回后因为破损、过度使用等原因,即使再转卖也没办法补齐未支付的车款了,对于不足的部分,老马还要继续承担清偿责任。

二是买受人的期待权。也就是买受人在未取得商品的所有权之前,享有期待实现所有权的权利。比如,只要老马能按合同约定分期支付款项,即使车的所有权还在4S店手里,4S店也不得和其他人再签合同,二次转卖这辆车。即使真出现这样的情况,新签的买卖合同也不会发生法律效力。

所有权保留的基本规则就是这些,我们再来看看本节案例。判断

4S店能否取回车，就是看老马和4S店签分期付款合同时，有没有对所有权保留进行担保登记。如果登记了，那即使小张对老马无权处分汽车不知情，也需要返还车辆。因为所有权保留登记后可以对抗善意第三人。因返还汽车给小张造成损失的，由小张向老马追偿。如果所有权保留没有登记，那小张可以主张善意取得，4S店无权取回车辆。当然，4S店的损失，也能向老马追偿。

优先权

理解了所有权保留，再来看另一种非典型担保——优先权。优先权在法理上也叫先取特权，也就是特定的债权人依据法律规定，可以优先于其他债权人受清偿。

变形一下前面买车的案例：假设老马是全款买车，并且也没有转卖。但是他买车后不久就破产了，现在欠着工人工资20万元、税款10万元、银行贷款80万元，总计110万元。而他的汽车只被拍卖了100万元。这100万怎么还债呢？

根据法律规定，首先还20万元的工人工资，再还10万元的税款，最后剩下70万元才还给银行。尽管欠银行的是80万元，但因为只剩下70万元，所以也就只能还这么多了。

工资和税款要优先还，因为工资和税款是特殊债权，相比银行的一般债权，它们可以优先受偿。这就是优先权的担保特性。

虽然同样都是非典型担保，但优先权和所有权保留很不一样。所有权保留是一种意定的担保方式，是否设立由当事人之间意思自治，而优先权不是这样，它只能依据法律规定产生。

优先权的法定性

在我国，法律规定的优先权主要有两类。

第一类是一般优先权，也就是可以就债务人的总财产优先受偿的债权，比如员工的工资债权、劳动保险费等。

第二类是特殊优先权，包括三种：一是司法费用优先权，比如法院对判决的执行费，不管执行回债务人多少钱，都先扣除执行费；二是民事优先权，比如一个人构成刑事犯罪，要被国家没收财产，又要赔偿受害人的损失，就要对个人的赔偿优先；三是国库优先权，比如前面说的税收、罚款等。

优先权的法定性还体现在，如果同一个财产上同时存在多个优先权，法律也规定了"先还哪个，后还哪个"。比如公司欠债还不上，被法院强制执行财产，就是先扣执行费，然后是清偿工人们的工资债权、劳动保险费等，第三是补缴国家税款，最后才是给一般债权人清偿。这里的顺位就是法律规定好的，依次是：司法优先权 > 一般优先权 > 国库优先权 > 其他普通债权。之所以会是司法优先权顺位最靠前，是因为它通常只是一个执行成本，在总债权里占比很少。法律规定，执行金额或者价额不超过 1 万元的，每件交纳 50 元；即使是超过 1000 万元的，就超过部分，也只是按照执行金额或价额的 0.1% 交纳。

延伸课堂：

融资租赁合同也是一种所有权保留吗？

融资租赁合同不是所有权保留，而是一种把融资和租赁结合在一起的典型合同。

融资租赁合同，其实是出租人根据承租人的要求，向供应商购买租赁物，比如某种大型设备等等。购买后，再把租赁物出租给承租人使用。所以，融资租赁合同实际上是两个合同，第一个是融资租赁公司与承租人签订的融资租赁合同，第二个是融资租赁公司与供应商签订的买卖合同。

比如，某建筑公司接了一个大工程，需要买一台大型塔吊，但自己又没有钱买。这时，它就可以签一个融资租赁合同，让融资租赁公司出钱购买该设备，买了以后，再租给自己使用。并且，双方还可以约定，等建筑公司交完了所有的租金后，就能取得大型塔吊的所有权。这里的租金其实就相当于买卖租赁物的费用加上利息，只不过是在租赁期间分次支付的。对建筑公司来说，它既向出租人承租了设备发展生产，又等于是向出租人融资，购买了设备。用"借鸡生蛋，卖蛋还租，租清得鸡"来形容融资租赁合同，还是挺形象的。

有的人认为它像所有权保留，因为通过融资租赁合同承租设备，设备所有权还在出租人手里。这一点，和交易之后所有权仍然保留在卖家的手上是有点像。但是，这确实不是所有权保留。因为融资租赁合同的性质是租赁合同，承租人占有物的权利依据是租赁权。而所有权保留，比如分期付款买车，性质是买卖合同。买家占有车，并不是因为租赁权，而是直接依据买卖合同的债权占有汽车。并且，融资租赁合同最主要的功能其实还是融资。而所有权保留，买受人的目的更多的是取得商品，是为了消费。

104 占有

占有荒山开垦林场，30 年后能取得土地权利吗？

本节讲解占有。这里说的占有，和前文在所有权里讲的占有权能不一样。占有是一种受法律保护的事实状态。而占有权能是从所有权里分出来的一个权利功能，它只是产生占有的其中一种方式。

我们从一个案例说起。

1958 年，在一片无人管理的荒山上，进驻了一批人，设立了一个林场，开始把荒山开垦为林地。过了 30 多年，林地开始有收益了。结果临近的一个村委会找上门来，拿出了土改时确权的书证，证明这块山地属于村集体，还主张林场经营他们的山地是侵权行为，山里的林木也应该属于村集体。林场不同意，认为土地和林木都是自己的。

这是一个与占有相关的经典案例。

案例里，林场对山地的占有，就不是基于所有权的占有权能，因为山地的所有权属于村集体。而且，林场当年也确实没有通过招标、拍卖等方式，从村集体处承包荒山。

那么，林场当年占有并开发荒山，是否侵害了村集体的土地所有权呢？答案是否定的。虽然荒山的所有权属于村集体，但这个案例的最终判决，是法院认定林场占有荒山是合法占有，山上的林木属于林场。

要理解这个判决，要了解到底什么是占有。

占有的含义

占有,是指人对物的实际控制和支配。它不是一种权利,而是一种受法律保护的事实状态。在法律上,也叫人对物形成了事实上的管领力。

既然占有不是一种权利,为什么法律还要专门保护呢?这是因为占有有两个重要功能。

一是表现权利的功能。在我国,对动产是"占有推定所有"。这种推定有利于提升交易效率。比如,张三要买李四的玉镯,不可能要求张三在购买前彻底查清玉镯是不是属于李四,这样既低效,在客观上也不可能做到。但根据"占有推定所有",张三就可以默认玉镯属于李四,进而高效完成交易;即使玉镯确实不是李四的,只要张三对此不知情,就能构成善意取得,这也能保障交易安全。

二是保护功能。也就是占有状态不能轻易打破。即使占有人对物没有所有权,其他人也不能随意破坏这种状态。

占有的成立和分类

虽然占有是一种事实状态,但它毕竟和花开花谢、打扫房间等自然事实和生活事实不一样,占有形成后是受法律规范的。所以,认定占有成立,也要满足特定的要件。

第一,占有的对象可以是动产,也可以是不动产,但必须以有体物为限。比如对电能、煤气等就不能成立占有,因为它们不属于有体物。即使有人偷电,也无法成立占有,不能说让人把偷来的电原物返还,只能是要求赔偿。达到一定数额了,还可以认定为构成盗窃。在本节案例中，林场占有的是荒山，这就是对不动产的占有。

第二，占有人对物形成了实际的控制和支配。这种控制和支配不一定要有物理接触。只要根据社会一般观念，能确认占有人在实际支配物即可。比如对放牧的羊群，即使羊群分散行动，也认为放牧人能支配羊群，属于占有。再如客人使用餐厅的餐具，就只是对餐具的使用，而没有形成占有。

第三，占有人具有占有的主观意思。比如，今天我捡到了遗失物，明天就送去失物招领处，这就不具有占有的意思。而案例中林场把荒山开垦为林地，要长期经营，就显然具备占有土地的意思，而且是要长期占有。

要理解占有，还要把握它的不同类型。不同的占有类型会有不一样的法律效果。我们主要说两类。

第一类是有权占有。也就是基于权利占有物，这是受法律保护的。比如，个人对房子有所有权或对土地享有用益物权，那就能依法占有房子或土地。此外，基于债权也能形成有权占有，比如基于租赁合同占有他人房屋，基于借用、保管合同占有他人财产等。

第二类是无权占有。也就是不基于权利，而是基于行为或特定事实占有物。本节案例林场对荒山的占有就是无权占有。如果无权占有时，行为人是善意的，也就是占有人不知道，也不可能知道自己是无权占有，那这种占有受法律保护，比如前面讲过的善意取得，就是行为人不知道自己是无权占有，但为了维护交易安全，最终也能取得物权。

但如果无权占有是出于恶意，比如明知或应当知道财产可能属于其他人，仍要形成占有，这就不受法律保护。区分无权占有是善意还是恶意，还可以看它的占有手段。如果是以和平、公开的方式占有，那通常是善意；但如果是暴力占有，或者是隐秘占有，那法律会推定为恶意占有。

占有的效力

有权占有和善意的无权占有成立后，会产生几种法律效力。

第一，也是最基本的，占有人有权使用物，以及就该物取得收益。

第二，占有可以对抗所有权。如果占有是由所有权人授权的，那通常来说，在占有期内，占有高于所有权。比如取得居住权或者租赁房屋，权利人有权占有房屋，所有权一般是不能够对抗的。当然，如果居住权人损害了房主利益，或者租客违约了，那所有权就可以对抗占有。

第三，占有保护请求权。也就是前文说的占有的保护功能。它的内容其实和物权请求权一样，只不过保护的不是权利，而是占有事实。具体来说，就是所有权人以外的其他任何人，都对占有人占有的财产负有不得侵犯的义务。比如，张三侵占了李四捡来的玉镯，即使李四对玉镯没有所有权，他也可以请求返还原物。但这个权利，必须在侵占发生后的一年内行使，未行使的，请求权消灭。

占有时效

占有时效也叫取得时效，它其实是取得物权的一种方法。当无权占有为善意占有时，经过一定的期间，占有人可以取得占有物的所有权或者用益物权。

《民法典》没有规定占有时效，主要是认为，既然没有权利，为什么通过占有就能取得所有权呢？这其实是没有理解占有时效的宗旨。占有时效的核心是解决个人长期占有物，但对物没有权利的不稳定状态，进而维持社会秩序稳定。反过来，不规定占有时效，就会出现物的权利的空窗期，容易引起纠纷。比如本节案例，林场经营了山地30多年，村委会才出来主张土地所有权，要求林场撤出、交出林木，那林场的利益又该怎么保护呢？

其实，很多国家，比如日本、德国等，都规定了占有时效，而且这个期间也比较长，通常要20年。在这个期间里，如果所有权人出现，那可以主张权利。但超过这个期间，就由占有人取得占有物的所有权，即使权利人再来主张权利，也不能得到支持，因为所有权已经属于占有人了。

分析到这，本节案例的结论就很容易理解了。

林场误认为荒山是无主山地，因此占有荒山，并把它开发为林地。虽然林场对土地没有所有权，但林场在占有期间并不知道，也不可能知道山地属于村集体，因为是经营了30多年后，临近的村委会才找上门来。同时，林场也是长期、公开地占有荒山，应当推定它是善意的无权占有，受法律保护。

因此，在这个案例里，虽然山地的所有权属于村集体，但是，法院也认定了林场通过长期的占有和开发，已经事实上取得了对山地的使用权，因此山地上的林木也属于林场。当然，毕竟山地的所有权是村集体的，所以基于公平原则，法院也判决了林场要向村集体支付合理的补偿费。至于后续对山地的使用，可以在林木收获后，由林场与村集体协商，确定是否继续使用林地。

在这个案例中，虽然我国法律没有规定占有时效规则，但法院基于公平原则，认定林场基于占有事实取得山地使用权，其实也体现了占有时效的原理。这个判决也说明了确立占有时效规则的必要性。

延伸课堂：

占有物被侵占了，占有人请求返还原物的请求权，必须在一年内行使。但所有权人主张返还原物则不受期限限制。为什么会这样区别规定呢？

这是因为两种请求权的产生依据不同。所有权人的返还原物请求权是基于物权产生的。而占有人的返还原物请求权，则产生于占有的事实状态，不存在权利的问题。

所以，对占有返还请求权，适用的是除斥期间，期限只有一年。一年期限过了，这个请求返还的权利绝对消灭。而对物权的返还请求权，《民法典》规定，不用登记的一般动产适用诉讼时效。诉讼时效通常都比除斥期间长，一般是三年。对于不动产或者需要登记的动产，比如汽车、船舶等，返还请求权则没有诉讼时效的限制。

图书在版编目（CIP）数据

民法典讲义.上/杨立新著.—— 北京：新星出版社,2024.5
ISBN 978-7-5133-5610-7

Ⅰ.①民… Ⅱ.①杨… Ⅲ.①民法–法典–中国–学习参考资料 Ⅳ.① D923.04

中国国家版本馆 CIP 数据核字（2024）第 092703 号